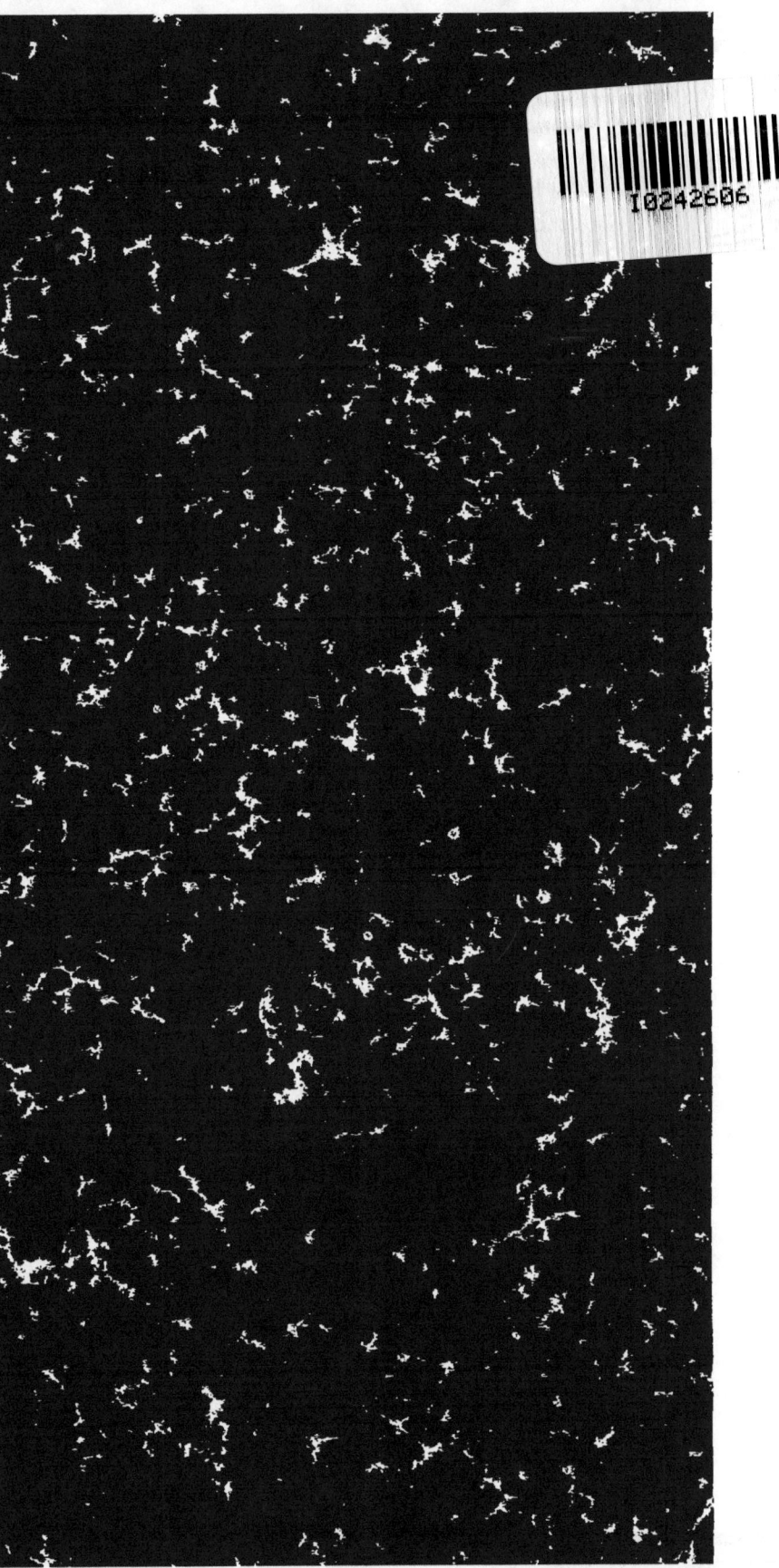

LES
AUTEURS GRECS

EXPLIQUÉS D'APRÈS UNE MÉTHODE NOUVELLE

PAR DEUX TRADUCTIONS FRANÇAISES

L'UNE LITTÉRALE ET JUXTALINÉAIRE PRÉSENTANT LE MOT A MOT FRANÇAIS
EN REGARD DES MOTS GRECS CORRESPONDANTS
L'AUTRE CORRECTE ET PRÉCÉDÉE DU TEXTE GREC

avec des arguments et des notes

PAR UNE SOCIÉTÉ DE PROFESSEURS

ET D'HELLÉNISTES

PLUTARQUE

VIE DE CÉSAR

EXPLIQUÉE LITTÉRALEMENT, ANNOTÉE
ET REVUE POUR LA TRADUCTION FRANÇAISE

PAR A. MATERNE

PARIS
LIBRAIRIE HACHETTE ET Cie
79, BOULEVARD SAINT-GERMAIN, 79

LES
AUTEURS GRECS

EXPLIQUÉS D'APRÈS UNE MÉTHODE NOUVELLE

PAR DEUX TRADUCTIONS FRANÇAISES

Cet ouvrage a été expliqué littéralement, annoté et revu pour la traduction française par M. Materne, inspecteur honoraire d'Académie.

25677. — Imprimerie LAHURE, rue de Fleurus, 9, à Paris.

LES
AUTEURS GRECS

EXPLIQUÉS D'APRÈS UNE MÉTHODE NOUVELLE

PAR DEUX TRADUCTIONS FRANÇAISES

L'UNE LITTÉRALE ET JUXTALINÉAIRE PRÉSENTANT LE MOT A MOT FRANÇAIS
EN REGARD DES MOTS GRECS CORRESPONDANTS
L'AUTRE CORRECTE ET PRÉCÉDÉE DU TEXTE GREC

avec des sommaires et des notes

PAR UNE SOCIÉTÉ DE PROFESSEURS

ET D'HELLÉNISTES

PLUTARQUE

VIE DE CÉSAR

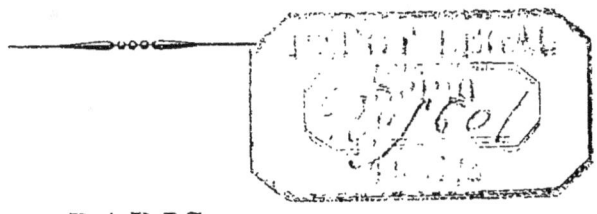

PARIS

LIBRAIRIE HACHETTE ET Cⁱᵉ
79, BOULEVARD SAINT-GERMAIN, 79

1893

AVIS

RELATIF A LA TRADUCTION JUXTALINÉAIRE

On a réuni par des traits, dans la traduction juxtalinéaire, les mots français qui traduisent un seul mot grec.

On a imprimé en *italique* les mots qu'il était nécessaire d'ajouter pour rendre intelligible la traduction littérale, et qui n'ont pas leur équivalent dans le grec.

Enfin, les mots placés entre parenthèses, dans le français, doivent être considérés comme une seconde explication, plus intelligible que la version littérale.

ARGUMENT ANALYTIQUE

DE LA VIE DE CÉSAR.

I. Inimitié de César et de Sylla. — II. César, pris par des corsaires, les traite avec beaucoup de fierté et les fait pendre ensuite. — III. Son grand talent pour l'éloquence. — IV. Sa faveur auprès du peuple. — V. Il fait l'oraison funèbre de sa femme, et épouse ensuite Pompéia. — VI. Il place dans le Capitole les images de Marius et de ses victoires. — VII. Il est nommé grand-pontife. On reproche, à cette occasion, à Cicéron de l'avoir épargné lors de la conjuration de Catilina. — VIII. Le sénat, pour contre-balancer le crédit de César, fait distribuer du blé au peuple. — XI. César se rend en Espagne en qualité de préteur. — XII. Sa conduite dans cette province. — XIII. Il réconcilie Pompée et Crassus. — XIV. Il obtient le consulat par leur crédit. Conduite odieuse de César et de Pompée. César fait arrêter Caton et le relâche aussitôt. — XV. Sommaire des succès de César dans les Gaules. — XVI. Exemples de l'attachement qu'il inspirait à ses officiers et à ses soldats. — XVII. Comment il gagne leur affection. Sa sobriété. — XVIII. Première guerre de César dans les Gaules. — XIX. Seconde guerre, contre Arioviste. Il remporte sur lui une victoire complète. — XX. Il passe l'hiver dans la Gaule cisalpine. Défaite des Belges et des Nerviens. — XXI. Le gouvernement des Gaules lui est confié pour cinq ans. — XXII. Guerre contre les Usipiens et les Tenctères. Pont sur le Rhin. — XXIII. Double expédition dans la Grande-Bretagne. Mort de Julie, fille de César et femme de Pompée. — XXIV. Soulèvement de la Gaule. Défaite d'Ambiorix. — XXV. Révolte des Arvernes et des Carnutes, sous la conduite de Vercingétorix. — XXVI. Après une marche difficile à travers le territoire des Lingons, César parvient à mettre les ennemis en déroute. — XXVII. Il oblige Vercingétorix de se renfermer dans la ville d'Alésia, dont il fait le siège. Une grande armée vient au secours des assiégés. César la bat, et Vercingétorix se rend à lui. —

XXVIII. Commencement des divisions de César et de Pompée. Pompée, nommé seul consul, reçoit de plus le gouvernement de l'Espagne et de l'Afrique. — XXIX. César fait demander le consulat et la prolongation de son gouvernement. Erreur de Pompée sur les dispositions des troupes envers César. — XXX. César offre de déposer les armes, si Pompée veut les déposer aussi. — XXXI. Il se réduit à demander le gouvernement de la Gaule cisalpine. Antoine et Curion se réfugient dans son camp. — XXXII. Passage du Rubicon et prise d'Ariminum. — XXXIII. Effroi que cette nouvelle répand dans Rome. Fuite de Pompée. — XXXIV. Divers sentiments de crainte et de confiance dans la ville. — XXXV. César vient à Rome. — XXXVI. Il passe en Espagne, d'où il chasse les lieutenants de Pompée. — XXXVII. De retour à Rome, il est nommé dictateur, et se met à la poursuite de Pompée. Murmures des soldats. — XXXVIII. Il entreprend de repasser d'Apollonie à Brindes dans une simple barque. — XXXIX. Disette de ses soldats. Pompée victorieux ne sait pas profiter de sa victoire. — XL. César décampe, et Pompée se laisse déterminer, malgré lui, à le poursuivre. — XLI. César s'empare de Gomphes en Thessalie, et l'abondance est rétablie dans son camp. — XLII. Les deux armées en présence à Pharsale. Confiance des Pompéiens. — XLIII. Présages divers. — XLIV. Dispositions des deux généraux. — XLV. César remporte la victoire. — XLVI. Ses paroles et sa conduite après la bataille. — XLVII. Présages de Cornélius. — XLVIII. Larmes de César, lorsqu'on lui présente la tête de Pompée. — XLIX. Guerre d'Alexandrie. Cléopâtre se fait porter chez César dans un paquet de hardes. Il la met sur le trône d'Égypte. — L. Rapidité de ses victoires en Asie. — LI. Son retour à Rome. Insolence d'Antoine et d'autres amis de César. — LII. César passe en Afrique. Disette qu'il y éprouve. — LIII. Il défait en un jour trois généraux, et prend leurs trois camps. — LIV. Pourquoi César composa l'Anti-Caton. — LV. Dénombrement qui fait connaître l'énorme dépopulation causée par les guerres civiles. — LVI. César défait en Espagne les fils de Pompée. Son triomphe. — LVII. Il est nommé dictateur perpétuel. Sa belle conduite depuis la fin de la guerre. — LVIII. Il projette de nouvelles conquêtes et entreprend de grands travaux. — LIX. Il réforme le calendrier. — LX. Il se rend odieux en voulant se faire nommer roi. — LXI. Antoine lui présente le diadème, qu'il refuse. — LXII. Commencement de la conjuration de Brutus et de Cassius. — LXIII. Présages qui annoncent à César sa mort. — LXIV. Il va au sénat malgré les avis qu'il reçoit. — LXV. Billet d'Artémidore. — LXVI. Mort de César. — LXVII. Brutus et Cassius se présentent devant le peuple. — LXVIII. Fureur du peuple contre les meurtriers de César. — LXIX. Mort de Cassius et de Brutus.

ΠΛΟΥΤΑΡΧΟΥ

ΒΙΟΣ ΚΑΙΣΑΡΟΣ.

I. Τὴν Κίννα τοῦ μοναρχήσαντος θυγατέρα, Κορνηλίαν, ὡς ἐπεκράτησε Σύλλας, οὔτ' ἐλπίσιν οὔτε φόβῳ δυνηθεὶς ἀποσπάσαι Καίσαρος, ἐδήμευσε τὴν φερνὴν αὐτῆς. Αἰτία δὲ Καίσαρι τῆς πρὸς Σύλλαν ἀπεχθείας ἡ πρὸς Μάριον οἰκειότης ἦν. Ἰουλίᾳ γὰρ, πατρὸς ἀδελφῇ Καίσαρος, ὁ πρεσβύτερος συνῴκει Μάριος, ἐξ ἧς ἐγεγόνει Μάριος ὁ νεώτερος, ἀνεψιὸς ὢν Καίσαρος. Ὡς δ' ὑπὸ πλήθους φόνων ἐν ἀρχῇ καὶ δι' ἀσχολίας ὑπὸ Σύλλα παρορώμενος οὐκ ἠγάπησεν, ἀλλὰ μετιὼν ἱερωσύνην, εἰς τὸν δῆμον προῆλθεν, οὔπω πάνυ μειράκιον ὤν[1], ταύτης μὲν ἐκπεσεῖν αὐτὸν ὑπεναντιωθεὶς Σύλλας παρεσκεύασε· περὶ δ' ἀναιρέσεως βουλευόμενος, ἐνίων λεγόντων ὡς οὐκ ἔχοι λόγον ἀποκτιννύναι παῖδα

I. Sylla, devenu maître de Rome et n'ayant pu, ni par ses promesses ni par ses menaces, déterminer César à répudier Cornélie, fille de Cinna, celui qui avait exercé la souveraine puissance, confisqua la dot de sa femme. La parenté de César avec le vieux Marius fut la cause de son inimitié pour Sylla. Marius avait épousé Julie, sœur du père de César, et en avait eu le jeune Marius, qui par là était cousin germain de César. Dans les commencements des proscriptions, Sylla, distrait par beaucoup d'autres soins et par le grand nombre de victimes qu'il immolait chaque jour, ne songea pas à César, qui, au lieu de se laisser oublier, se mit sur les rangs pour le sacerdoce et se présenta devant le peuple pour le briguer, quoiqu'il fût dans la première jeunesse. Sylla, par son opposition, fit rejeter sa demande; il voulut même le faire mourir. Et comme ses amis lui représentaient qu'il n'avait pas de raison pour sacrifier un si jeune

PLUTARQUE.
VIE DE CÉSAR.

I. Ὡς Σύλλας ἐπεκράτησε,
δυνηθεὶς
οὔτε ἐλπίσιν οὔτε φόβῳ
ἀποσπάσαι Καίσαρος
Κορνηλίαν τὴν θυγατέρα Κίννα
τοῦ μοναρχήσαντος,
ἐδήμευσε τὴν φερνὴν αὐτῆς.
Αἰτία δὲ Καίσαρι
τῆς ἀπεχθείας πρὸς Σύλλαν
ἦν ἡ οἰκειότης πρὸς Μάριον.
Ὁ γὰρ Μάριος πρεσβύτερος
συνῴκει Ἰουλίᾳ,
ἀδελφῇ πατρὸς Καίσαρος,
ἐξ ἧς ἐγεγόνει
Μάριος ὁ νεώτερος,
ὢν ἀνεψιὸς Καίσαρος.
Ὡς δὲ παρορώμενος ὑπὸ Σύλλα
ὑπὸ πλήθους φόνων
ἐν ἀρχῇ
καὶ διὰ ἀσχολίας
οὐκ ἠγάπησεν,
ἀλλὰ μετιὼν ἱερωσύνην,
προῆλθεν εἰς τὸν δῆμον,
οὔπω ὢν
πάνυ μειράκιον,
Σύλλας μὲν ὑπεναντιωθεὶς
παρεσκεύασεν
αὐτὸν ἐκπεσεῖν ταύτης·
βουλευόμενος δὲ
περὶ ἀναιρέσεως,
ἐνίων λεγόντων
ὡς οὐκ ἔχοι λόγον

I. Dès que Sylla domina,
n'ayant pu
ni par espérances ni par crainte
arracher à César
Cornélie, la fille de Cinna,
celui qui avait eu-le-pouvoir-absolu,
il confisqua la dot d'elle.
Mais une cause à César
de *son* inimitié pour Sylla
était la parenté avec Marius.
Car Marius le plus vieux
habitait-avec Julie,
sœur du père de César,
de laquelle était né
Marius le plus jeune,
qui était cousin de César.
Or comme, négligé par Sylla,
à cause de la multitude des meurtres
dans le commencement
et par suite de son occupation,
il ne-se-tint-pas-content,
mais briguant le sacerdoce,
il s'avança vers le peuple,
n'étant pas encore
tout-à-fait adolescent,
Sylla d'abord s'étant opposé
prépara
lui être exclu de ce *sacerdoce* :
puis délibérant
sur l'extermination *de lui*,
quelques-uns disant
qu'il n'avait pas de raison

τηλικοῦτον, οὐκ ἔφη νοῦν ἔχειν αὐτούς, εἰ μὴ πολλοὺς ἐν τῷ παιδὶ τούτῳ Μαρίους ἐνορῶσι. Ταύτης τῆς φωνῆς ἐνεχθείσης πρὸς Καίσαρα, συχνὸν μέν τινα χρόνον πλανώμενος ἐν Σαβίνοις, ἔκλεπτεν ἑαυτόν· ἔπειτα δι' ἀρρωστίαν εἰς οἰκίαν ἑτέραν μετακομιζόμενος, κατὰ νύκτα περιπίπτει στρατιώταις τοῦ Σύλλα διερευνωμένοις ἐκεῖνα τὰ χωρία καὶ τοὺς κεκρυμμένους συλλαμβάνουσιν. Ὧν τὸν ἡγεμόνα, Κορνήλιον[1], πείσας δυσὶ ταλάντοις, ἀφείθη, καὶ καταβὰς εὐθὺς ἐπὶ θάλατταν, ἐξέπλευσεν εἰς Βιθυνίαν πρὸς Νικομήδην τὸν βασιλέα. Παρ' ᾧ διατρίψας χρόνον οὐ πολύν, εἶτ' ἀποπλέων, ἁλίσκεται περὶ τὴν Φαρμακοῦσσαν[2] νῆσον ὑπὸ πειρατῶν, ἤδη τότε στόλοις μεγάλοις καὶ σκάφεσιν ἀπλέτοις κατεχόντων τὴν θάλατταν.

II. Πρῶτον μὲν οὖν αἰτηθεὶς ὑπ' αὐτῶν λύτρα εἴκοσι τάλαντα, κατεγέλασεν ὡς οὐκ εἰδότων ὃν ᾑρήκοιεν· αὐτὸς δ' ὡμολόγησε

enfant : « Vous êtes vous-mêmes, leur répondit-il, bien peu avisés « de ne pas voir dans cet enfant plusieurs Marius. » César, à qui cette parole fut rapportée, erra longtemps et se tint caché dans le pays des Sabins. Un jour qu'il était malade et qu'il fut obligé de se faire porter dans une autre maison, il tomba la nuit entre les mains des soldats de Sylla, qui faisaient des recherches dans ce canton et emmenaient tous ceux qu'ils y trouvaient cachés. Il donna deux talents à Cornélius, leur capitaine, qui à ce prix favorisa son évasion. Il gagna aussitôt les bords de la mer, et s'étant embarqué, il se retira en Bithynie, auprès du roi Nicomède. Après y avoir séjourné peu de temps, il se remit en mer et fut pris auprès de l'île de Pharmacuse par des pirates, qui, ayant déjà des flottes considérables et un nombre infini de petits vaisseaux, s'étaient rendus maîtres de toute cette mer.

II. Ces pirates lui demandèrent vingt talents pour sa rançon; il se moqua d'eux de ne pas savoir quel était leur prisonnier, et il leur en

ἀποκτιννύναι	de faire-périr
παῖδα τηλικοῦτον,	un enfant de-cet-âge,
ἔφη αὐτοὺς οὐκ ἔχειν νοῦν,	il dit eux n'avoir pas le sens-commun,
εἰ μὴ ἐνορῶσι πολλοὺς Μαρίους	s'ils ne voient pas plusieurs Marius
ἐν τούτῳ τῷ παιδί.	dans cet enfant-là.
Ταύτης τῆς φωνῆς	Cette parole
ἐνεχθείσης πρὸς Καίσαρα,	ayant été rapportée à César,
πλανώμενος μὲν ἐν Σαβίνοις	errant d'abord chez les Sabins
τινὰ χρόνον συχνὸν,	un certain temps assez-long,
ἔκλεπτεν ἑαυτόν·	il cachait lui :
ἔπειτα μετακομιζόμενος	ensuite se faisant-transporter
διὰ ἀῤῥωστίαν	à cause de maladie
εἰς ἑτέραν οἰκίαν,	dans une autre maison,
περιπίπτει κατὰ νύκτα	il tombe de nuit
στρατιώταις τοῦ Σύλλα	dans *les mains de* soldats de Sylla
διερευνωμένοις ἐκεῖνα τὰ χωρία	qui fouillaient ces lieux-là
καὶ συλλαμβάνουσι	et qui saisissaient
τοὺς κεκρυμμένους.	ceux étant cachés.
Ὧν πείσας	Desquels ayant persuadé
τὸν ἡγεμόνα, Κορνήλιον,	le capitaine, Cornélius,
δυσὶ ταλάντοις,	au moyen de deux talents,
ἀφείθη, καὶ εὐθὺς	il fut relâché, et aussitôt
καταβὰς ἐπὶ θάλατταν,	étant descendu vers la mer,
ἐξέπλευσεν εἰς Βιθυνίαν	vogua vers la Bithynie
πρὸς τὸν βασιλέα Νικομήδην.	auprès du roi Nicomède.
Παρὰ ᾧ διατρίψας	Chez lequel ayant séjourné
χρόνον οὐ πολὺν,	un temps non considérable,
εἶτα ἀποπλέων,	puis mettant-à-la-voile,
ἁλίσκεται	il est pris
περὶ τὴν νῆσον Φαρμακοῦσσαν	près de l'île Pharmacuse
ὑπὸ πειρατῶν,	par des pirates,
ἤδη τότε κατεχόντων	qui déjà alors occupaient
τὴν θάλατταν μεγάλοις στόλοις	la mer par de grandes flottes
καὶ σκάφεσιν ἀπλέτοις.	et des navires infinis.
II. Πρῶτον μὲν οὖν	II. D'abord donc
αἰτηθεὶς ὑπὸ αὐτῶν	ayant été réclamé par eux
λύτρα εἴκοσι τάλαντα,	*d*'une rançon *de* vingt talents,
κατεγέλασεν	il se moqua
ὡς οὐκ εἰδότων	comme *eux* ne sachant pas
ὃν ᾑρήκοιεν·	*celui* qu'ils avaient pris ;

πεντήκοντα δώσειν. Έπειτα τῶν περὶ αὐτὸν ἄλλον εἰς ἄλλην διαπέμψας πόλιν ἐπὶ τὸν τῶν χρημάτων πορισμὸν, ἐν ἀνθρώποις φονικωτάτοις Κίλιξι² μεθ' ἑνὸς φίλου καὶ δυοῖν ἀκολούθοιν ἀπολελειμμένος, οὕτω καταφρονητικῶς εἶχεν, ὥστε πέμπων, ὁσάκις ἀναπαύοιτο, προσέταττεν αὐτοῖς σιωπᾶν. Ἡμέραις δὲ τεσσαράκοντα δυεῖν δεούσαις, ὥσπερ οὐ φρουρούμενος, ἀλλὰ δορυφορούμενος ὑπ' αὐτῶν, ἐπὶ πολλῆς ἀδείας συνέπαιζε καὶ συνεγυμνάζετο. Καὶ ποιήματα γράφων καὶ λόγους τινὰς, ἀκροαταῖς ἐκείνοις ἐχρῆτο, καὶ τοὺς μὴ θαυμάζοντας ἄντικρυς ἀπαιδεύτους καὶ βαρβάρους ἀπεκάλει, καὶ σὺν γέλωτι πολλάκις ἠπείλησε κρεμᾶν αὐτούς. Οἱ δ' ἔχαιρον, ἀφελείᾳ τινὶ καὶ παιδιᾷ τὴν παρρησίαν ταύτην νέμοντες. Ὡς δ' ἧκον ἐκ Μιλήτου² τὰ λύτρα, καὶ δοὺς ἀφείθη, πλοῖα πληρώσας εὐθὺς ἐκ τοῦ Μιλησίων λιμένος, ἐπὶ τοὺς λῃστὰς ἀνήγετο· καὶ καταλαβὼν ἔτι πρὸς τῇ νήσῳ ναυλο-

promit cinquante. Il envoya ceux qui l'accompagnaient dans différentes villes pour y ramasser cette somme, et ne retint qu'un seul de ses amis et deux domestiques, avec lesquels il resta au milieu de ces corsaires ciliciens, les plus sanguinaires des hommes; il les traitait avec tant de mépris, que lorsqu'il voulait dormir, il leur faisait dire de garder un profond silence. Il passa trente-huit jours avec eux, moins comme leur prisonnier, que comme un prince entouré de ses gardes. Plein de sécurité, il jouait et faisait avec eux ses exercices, composait des poëmes et des harangues qu'il leur lisait; et lorsqu'ils n'avaient pas l'air de les admirer, il les traitait sans ménagement d'ignorants et de barbares : quelquefois même il les menaçait, en riant, de les faire pendre. Ils aimaient cette franchise, qu'ils prenaient pour une simplicité et une gaieté naturelles. Quand il eut reçu de Milet sa rançon et qu'il la leur eut payée, il ne fut pas plutôt en liberté, qu'il équipa quelques vaisseaux dans le port de cette ville et cingla vers ces pirates, qu'il surprit en embuscade dans la

ὡμολόγησε δὲ αὐτὸς	puis il convint lui-même
δώσειν πεντήκοντα.	d'*en* devoir donner cinquante.
Ἔπειτα διαπέμψας	Ensuite ayant envoyé
τῶν περὶ αὐτὸν	de ceux autour de lui
ἄλλον εἰς ἄλλην πόλιν	un dans une ville, *un dans une autre*
ἐπὶ τὸν πορισμὸν τῶν χρημάτων,	pour la fourniture de l'argent,
ἀπολελειμμένος μετὰ ἑνὸς φίλου	ayant été laissé avec un seul ami
καὶ δυοῖν ἀκολούθοιν	et deux serviteurs
ἐν Κίλιξιν	parmi les Ciliciens
ἀνθρώποις φονικωτάτοις,	hommes très-portés-au-meurtre
εἶχεν οὕτω καταφρονητικῶς,	il se comportait avec-tant-de-mépris,
ὥστε πέμπων	que envoyant *vers eux*
προσέταττεν αὐτοῖς σιωπᾶν,	il enjoignait à eux de se taire
ὁσάκις ἀναπαύοιτο.	toutes-les-fois-que il allait reposer.
Τεσσαράκοντα δὲ ἡμέραις	Or *pendant* quarante jours
δεούσαις δυεῖν,	manquant de deux,
συνέπαιζε	il jouait-avec *eux*
καὶ συνεγυμνάζετο	et s'exerçait-avec *eux*
ἐπὶ πολλῆς ἀδείας,	avec une grande sécurité,
ὥσπερ οὐ φρουρούμενος,	comme n'étant pas gardé *en captif*,
ἀλλὰ δορυφορούμενος.	mais entouré-de-gardes *d'honneur*.
Καὶ γράφων ποιήματα	Et écrivant des poésies
καί τινας λόγους,	et certains discours,
ἐχρῆτο ἐκείνοις ἀκροαταῖς,	il se servait d'eux *comme* auditeurs,
καὶ ἀπεκάλει ἄντικρυς	et appelait ouvertement
ἀπαιδεύτους καὶ βαρβάρους	ignorants et barbares
τοὺς μὴ θαυμάζοντας,	ceux n'admirant pas,
καὶ πολλάκις σὺν γέλωτι	et souvent avec rire
ἠπείλησε κρεμᾶν αὐτούς.	il menaça de pendre eux.
Οἱ δὲ ἔχαιρον,	Mais ceux-ci se réjouissaient,
νέμοντες ταύτην τὴν παρρησίαν	attribuant ce franc-parler-là
τινὶ ἀφελείᾳ καὶ παιδιᾷ.	à une simplicité et plaisanterie.
Ὡς δὲ τὰ λύτρα	Mais dès que la rançon
ἧκον ἐκ Μιλήτου,	fut arrivée de Milet,
καὶ δοὺς ἀφείθη,	et *que* l'ayant donnée il fut relâché
εὐθὺς πληρώσας πλοῖα	aussitôt ayant équipé des navires
ἐκ τοῦ λιμένος Μιλησίων,	du port des Milésiens,
ἀνήγετο ἐπὶ τοὺς λῃστάς·	il partit contre les brigands:
καὶ καταλαβὼν	et ayant surpris
ἔτι ναυλοχοῦντας πρὸς τῇ νήσῳ,	*eux* encore stationnant vers l'île,

χοῦντας, ἐκράτησε τῶν πλείστων. Καὶ τὰ μὲν χρήματα λείαν ἐποιήσατο, τοὺς δ' ἄνδρας ἐν Περγάμῳ[1] καταθέμενος εἰς τὸ δεσμωτήριον, αὐτὸς ἐπορεύθη πρὸς τὸν διέποντα τὴν Ἀσίαν Ἰούνιον[2], ὡς ἐκείνῳ προσῆκον ὄντι στρατηγῷ κολάσαι τοὺς ἑαλωκότας. Ἐκείνου δὲ καὶ τοῖς χρήμασιν ἐποφθαλμιῶντος (ἦν γὰρ οὐκ ὀλίγα) καὶ περὶ τῶν αἰχμαλώτων σκέψεσθαι φάσκοντος ἐπὶ σχολῆς, χαίρειν ἐάσας αὐτὸν ὁ Καῖσαρ εἰς Πέργαμον ᾤχετο, καὶ προαγαγὼν τοὺς λῃστὰς ἅπαντας ἀνεσταύρωσεν, ὥσπερ αὐτοῖς δοκῶν παίζειν ἐν τῇ νήσῳ προειρήκει πολλάκις.

III. Ἐκ δὲ τούτου, τῆς Σύλλα δυνάμεως ἤδη μαραινομένης καὶ τῶν οἴκοι καλούντων αὐτόν, ἔπλευσεν εἰς Ῥόδον[3] [ἐπὶ σχολὴν] πρὸς Ἀπολλώνιον[4], τὸν τοῦ Μόλωνος, οὗ καὶ Κικέρων ἠκροᾶτο σοφιστεύοντος ἐπιφανῶς καὶ τὸν τρόπον ἐπιεικοῦς εἶναι δοκοῦντος. Λέγεται δὲ καὶ φῦναι πρὸς λόγους πολιτικοὺς ὁ Καῖσαρ ἄριστα,

rade même de l'île ; il en prit un grand nombre et s'empara de tout leur butin. De là il les conduisit à Pergame, où il les fit charger de fers, et alla trouver Junius, à qui il appartenait, comme préteur d'Asie, de les punir. Junius, ayant jeté un œil de cupidité sur leur argent, qui était considérable, lui dit qu'il examinerait à loisir ce qu'il devait faire de ces prisonniers. César, laissant là le préteur et retournant à Pergame, fit pendre tous ces pirates, comme il le leur avait souvent annoncé dans l'île, où ils prenaient ses menaces pour des plaisanteries.

III. Comme la puissance de Sylla commençait à s'affaiblir et que les amis de César lui écrivaient de revenir à Rome, il alla d'abord à Rhodes pour y prendre des leçons d'Apollonius Molon, celui dont Cicéron avait été l'auditeur, qui enseignait la rhétorique avec beaucoup de succès, et qui d'ailleurs avait la réputation d'un homme vertueux. On dit que César, né avec les dispositions les plus heureu-

VIE DE CÉSAR.

ἐκράτησε τῶν πλείστων.	il s'empara du plus grand nombre.
Καὶ ἐποιήσατο μὲν	Et il fit, d'une part,
τὰ χρήματα λείαν,	de l'argent une proie,
καταθέμενος δὲ τοὺς ἄνδρας	de l'autre ayant déposé les hommes
εἰς τὸ δεσμωτήριον ἐν Περγάμῳ,	dans la prison à Pergame,
ἐπορεύθη αὐτὸς πρὸς τὸν Ἰούνιον	il alla lui-même vers Junius
διέποντα τὴν Ἀσίαν,	qui gouvernait l'Asie,
ὡς προσῆκον ἐκείνῳ	comme convenant à lui
ὄντι στρατηγῷ	qui était préteur
κολάσαι τοὺς ἑαλωκότας.	de punir ceux ayant été pris.
Ἐκείνου δὲ	Mais celui-ci
καὶ ἐποφθαλμιῶντος	et couvant-des-yeux
τοῖς χρήμασιν	l'argent
(ἦν γὰρ οὐκ ὀλίγα)	(car il était non peu-considérable)
καὶ φάσκοντος	et répétant
σκέψεσθαι ἐπὶ σχολῆς	*lui* devoir examiner à loisir
περὶ τῶν αἰχμαλώτων,	au sujet des prisonniers,
ὁ Καῖσαρ ἐάσας αὐτὸν χαίρειν	César ayant laissé lui se réjouir
ᾤχετο εἰς Πέργαμον,	s'en alla à Pergame,
καὶ προαγαγὼν	et ayant fait-sortir
ἅπαντας τοὺς λῃστὰς	tous les brigands
ἀνεσταύρωσεν,	il *les* fit-mettre-en-croix,
ὥσπερ προειρήκει αὐτοῖς	comme il *l*'avait dit-d'avance à eux
πολλάκις ἐν τῇ νήσῳ	plusieurs-fois dans l'île
δοκῶν παίζειν.	paraissant plaisanter.
III. Ἐκ δὲ τούτου,	III. Mais après cela,
τῆς δυνάμεως Σύλλα	la puissance de Sylla
μαραινομένης ἤδη	se flétrissant déjà
καὶ τῶν οἴκοι	et ceux du dedans *de Rome*
καλούντων αὐτὸν,	appelant lui,
ἔπλευσεν εἰς Ῥόδον	il naviga vers Rhodes
[ἐπὶ σχολὴν]	[pour l'école]
πρὸς Ἀπολλώνιον,	vers Apollonius
τὸν τοῦ Μόλωνος,	le *fils* de Molon,
οὗ σοφιστεύοντος ἐπιφανῶς	duquel professant remarquablement
καὶ δοκοῦντος εἶναι	et passant pour être
ἐπιεικοῦς τὸν τρόπον	honnête de mœurs
καὶ Κικέρων ἠκροᾶτο.	Cicéron aussi était-disciple.
Ὁ δὲ Καῖσαρ λέγεται	Or César est dit
καὶ φῦναι ἄριστα	et être né très-heureusement

καὶ διαπονῆσαι φιλοτιμότατα τὴν φύσιν, ὡς τὰ δευτερεῖα μὲν ἀδηρίτως ἔχειν, τὸ δὲ πρωτεῖον, ὅπως τῇ δυνάμει καὶ τοῖς ὅπλοις πρῶτος εἴη μᾶλλον[1] ἀσχοληθεὶς, ἀφεῖναι, πρὸς ὅπερ ἡ φύσις ὑφηγεῖτο τῆς ἐν τῷ λέγειν δεινότητος, ὑπὸ στρατειῶν καὶ πολιτείας, ᾗ κατεκτήσατο τὴν ἡγεμονίαν, οὐκ ἐξικόμενος. Αὐτὸς δ' οὖν ὕστερον ἐν τῇ πρὸς Κικέρωνα περὶ Κάτωνος ἀντιγραφῇ παραιτεῖται μὴ στρατιωτικοῦ λόγον ἀνδρὸς ἀντεξετάζειν πρὸς δεινότητα ῥήτορος εὐφυοῦς καὶ σχολὴν ἐπὶ τοῦτο πολλὴν ἄγοντος.

IV. Ἐπανελθὼν δ' εἰς Ῥώμην, Δολοβέλλαν ἔκρινε κακώσεως ἐπαρχίας, καὶ πολλαὶ ἀπὸ τῆς Ἑλλάδος τῶν πόλεων μαρτυρίας αὐτῷ παρέσχον. Ὁ μὲν οὖν Δολοβέλλας ἀπέφυγε τὴν δίκην. Ὁ δὲ Καῖσαρ, ἀμειβόμενος τὴν Ἑλλάδα τῆς προθυμίας, συνηγόρευσεν αὐτῇ Πόπλιον Ἀντώνιον διωκούσῃ δωροδοκίας, ἐπὶ Λευκούλλου τοῦ Μάρκου Μακεδονίας στρατηγοῦ. Καὶ τοσοῦτον

ses pour l'éloquence politique, avait cultivé avec tant de soin ce talent naturel, que, de l'aveu de tout le monde, il tenait le second rang parmi les orateurs de Rome; et il aurait eu le premier, s'il n'eût pas renoncé aux exercices du barreau, pour acquérir par les talents militaires la supériorité du pouvoir. Détourné par d'autres soins, il ne put parvenir, dans l'éloquence, à la perfection vers laquelle la nature le portait; il se livra uniquement au métier des armes et aux affaires politiques, qui le conduisirent enfin à la suprême puissance. Aussi, dans la réponse qu'il fit longtemps après à l'éloge que Cicéron avait fait de Caton, il prie les lecteurs de ne pas comparer le style d'un homme de guerre avec celui d'un orateur excellent, et qui s'occupait à loisir de cette sorte d'étude.

IV. De retour à Rome, il accusa Dolabella de concussions dans le gouvernement de sa province, et trouva dans les villes de la Grèce un grand nombre de témoins qui déposèrent contre l'accusé. Cependant Dolabella fut absous; et César, pour reconnaître la bonne volonté des Grecs, plaida contre Publius Antonius, qu'ils accusaient de malversations, devant Marcus Lucullus, préteur de la Macédoine

πρὸς λόγους πολιτικούς,
καὶ διαπονῆσαι τὴν φύσιν
φιλοτιμότατα,
ὡς μὲν ἔχειν
ἀδηρίτως τὰ δευτερεῖα,
ἀφεῖναι δὲ τὸ πρωτεῖον,
μᾶλλον ἀσχοληθεὶς
ὅπως εἴη πρῶτος
τῇ δυνάμει καὶ τοῖς ὅπλοις,
οὐκ ἐξικόμενος
τῆς δεινότητος ἐν τῷ λέγειν
πρὸς ὅπερ ἡ φύσις ὑφηγεῖτο,
ὑπὸ στρατειῶν
καὶ πολιτείας,
ᾗ κατεκτήσατο τὴν ἡγεμονίαν.
Αὐτὸς δὲ οὖν ὕστερον
ἐν τῇ ἀντιγραφῇ περὶ Κάτωνος
πρὸς Κικέρωνα
παραιτεῖται μὴ ἀντεξετάζειν
λόγον ἀνδρὸς στρατιωτικοῦ
πρὸς δεινότητα
ῥήτορος εὐφυοῦς
καὶ ἄγοντος ἐπὶ τοῦτο
πολλὴν σχολήν.

IV. Ἐπανελθὼν δὲ εἰς Ῥώμην,
ἔκρινε Δολοβέλλαν
κακώσεως ἐπαρχίας,
καὶ πολλαὶ τῶν πόλεων
ἀπὸ τῆς Ἑλλάδος
παρέσχον αὐτῷ μαρτυρίας.
Ὁ μὲν οὖν Δολοβέλλας
ἀπέφυγε τὴν δίκην.
Ὁ δὲ Καῖσαρ,
ἀμειβόμενος τὴν Ἑλλάδα
τῆς προθυμίας,
συνηγόρευσεν αὐτῇ
διωκούσῃ δωροδοκίας
Πόπλιον Ἀντώνιον,
ἐπὶ τοῦ Λευκούλλου Μάρκου
στρατηγοῦ Μακεδονίας.

pour l'éloquence politique,
et avoir travaillé son naturel
avec-la-plus-grande-émulation,
au point d'avoir
sans-contredit le second *rang*,
et d'avoir renoncé à la primauté,
étant plus occupé
à ce qu'il fût le premier
par la puissance et les armes,
n'étant pas arrivé
à *ce point* d'habileté dans le parler
vers lequel la nature *le* conduisait,
à cause des expéditions
et du train-de-vie-politique,
par lequel il obtint l'empire.
Lui-même certes plus tard
dans sa réponse sur Caton
à Cicéron
prie de ne pas comparer
la parole d'un homme de-guerre
avec l'habileté
d'un orateur bien-doué-par-la-nature
et employant pour cela
beaucoup de loisir.

IV. Étant revenu à Rome
il accusa Dolabella [ment,
de prévarication dans son gouverne-
et plusieurs des villes
de la Grèce
fournirent à lui des témoignages.
Cependant Dolabella
échappa au châtiment.
Mais César,
récompensant la Grèce
de son empressement,
défendit elle
qui poursuivait pour vénalité
Publius Antonius,
devant Lucullus Marcus
préteur de Macédoine.

ἴσχυσεν ὥστε τὸν Ἀντώνιον ἐπικαλέσασθαι τοὺς δημάρχους, σκηψάμενον οὐκ ἔχειν τὸ ἴσον ἐν τῇ Ἑλλάδι πρὸς Ἕλληνας. Ἐν δὲ Ῥώμῃ πολλὴ μὲν ἐπὶ τῷ λόγῳ περὶ τὰς συνηγορίας αὐτοῦ χάρις ἐξέλαμπε, πολλὴ δὲ τῆς περὶ τὰς δεξιώσεις καὶ ὁμιλίας φιλοφροσύνης εὔνοια παρὰ τῶν δημοτῶν ἀπήντα, θεραπευτικοῦ παρ' ἡλικίαν ὄντος. Ἦν δέ τις καὶ ἀπὸ δείπνων καὶ τραπέζης καὶ ὅλως τῆς περὶ τὴν δίαιταν λαμπρότητος αὐξανομένη κατὰ μικρὸν αὐτῷ δύναμις εἰς τὴν πολιτείαν. Ἦν τὸ πρῶτον οἱ φθονοῦντες, οἰόμενοι ταχὺ, τῶν ἀναλωμάτων ἐπιλιπόντων, ἐξίτηλον ἔσεσθαι, περιεώρων ἀνθοῦσαν ἐν τοῖς πολλοῖς· ὀψὲ δ' ᾔσθοντο, μεγάλης καὶ δυσανατρέπτου γενομένης, καὶ βαδιζούσης ἄντικρυς ἐπὶ τὴν τῶν ὅλων μεταβολήν, ὡς οὐδεμίαν ἀρχὴν πράγματος ἡγητέον μικρὰν, ὅπου¹ ταχὺ ποιεῖ μεγάλην τὸ ἐνδελεχὲς, ἐκ τοῦ

Il parla avec tant d'éloquence, qu'Antonius, qui craignit d'être condamné, en appela aux tribuns du peuple, sous prétexte qu'il ne pourrait obtenir justice contre les Grecs dans la Grèce même. A Rome, les grâces de son éloquence brillèrent au barreau, et lui acquirent une grande faveur. En même temps que son affabilité, sa politesse, l'accueil gracieux qu'il faisait à tout le monde, qualités qu'il possédait à un degré au-dessus de son âge, lui méritaient l'affection du peuple ; d'un autre côté, la somptuosité de sa table et sa magnificence dans toute sa manière de vivre accrurent peu à peu son influence et son pouvoir dans le gouvernement. D'abord ses envieux, persuadés que faute de pouvoir suffire à cette dépense excessive, il verrait bientôt sa puissance s'éclipser, firent peu d'attention aux progrès qu'elle faisait parmi le peuple. Mais quand elle se fut tellement fortifiée, qu'il n'était plus possible de la renverser et qu'elle tendait visiblement à ruiner la république, ils sentirent, mais trop tard, qu'il n'est pas de commencement si faible qui ne s'accroisse

Καὶ ἴσχυσε τοσοῦτον	Et il fut-puissant tellement
ὥστε τὸν Ἀντώνιον	au point Antonius
ἐπικαλέσασθαι τοὺς δημάρχους,	en avoir appelé aux tribuns,
σκηψάμενον	ayant allégué
οὐκ ἔχειν τὸ ἴσον	ne pas avoir la *partie* égale
ἐν τῇ Ἑλλάδι πρὸς Ἕλληνας.	dans la Grèce contre des Grecs.
Ἐν δὲ Ῥώμῃ	Cependant à Rome
πολλὴ μὲν χάρις	une grande faveur d'une part
ἐξέλαμπεν	éclatait
ἐπὶ τῷ λόγῳ αὐτοῦ	à cause de l'éloquence de lui
περὶ τὰς συνηγορίας,	dans les défenses,
πολλὴ δὲ εὔνοια	et de l'autre une grande bienveillance
ἀπήντα	se rencontrait
παρὰ τῶν δημοτῶν	du côté des gens-du-peuple
τῆς φιλοφροσύνης	*à cause de* sa familiarité
περὶ τὰς δεξιώσεις	en-fait-de poignées-de-main
καὶ ὁμιλίας,	et de conversations,
ὄντος θεραπευτικοῦ	*lui* étant courtisan
παρὰ ἡλικίαν.	au delà de *son* âge.
Τίς δὲ δύναμις	De plus une certaine puissance
ἦν αὐτῷ	était à lui
εἰς τὴν πολιτείαν	vers le gouvernement
αὐξανομένη κατὰ μικρὸν	s'augmentant peu-à-peu
καὶ ἀπὸ δείπνων καὶ τραπέζης	et par *ses* repas et par *sa* table
καὶ ὅλως τῆς λαμπρότητος	et en-général par l'éclat
περὶ τὴν δίαιταν.	de son genre-de-vie.
Ἣν τὸ πρῶτον	Laquelle *puissance* d'abord
οἱ φθονοῦντες	ceux qui *l*'enviaient
οἰόμενοι ἔσεσθαι ταχὺ ἐξίτηλον,	pensant devoir être vite évanouie,
τῶν ἀναλωμάτων ἐπιλιπόντων,	les dépenses ayant manqué,
περιεώρων	négligeaient
ἀνθοῦσαν ἐν τοῖς πολλοῖς·	florissante dans la multitude :
ᾔσθοντο δὲ ὀψὲ,	mais ils s'aperçurent tard,
γενομένης μεγάλης	*elle* étant devenue grande
καὶ δυσανατρέπτου,	et difficile-à-renverser,
καὶ βαδιζούσης ἄντικρυς	et marchant ouvertement
ἐπὶ τὴν μεταβολὴν τῶν ὅλων,	au changement de toutes *les affaires*.
ὡς ἡγητέον μικρὰν	que il *ne* faut juger petit
οὐδεμίαν ἀρχὴν πράγματος,	aucun commencement de chose,
ὅπου τὸ ἐνδελεχὲς	puisque la continuité

καταφρονηθῆναι τὸ μὴ κωλυθῆναι λαβοῦσαν. Ὁ γοῦν πρῶτος ὑπιδέσθαι δοκῶν αὐτοῦ καὶ φοβηθῆναι τῆς πολιτείας, ὥσπερ θαλάττης, τὰ διαγελῶντα, καὶ τὴν ἐν τῷ φιλανθρώπῳ καὶ ἱλαρῷ κεκρυμμένην δεινότητα τοῦ ἤθους καταμαθὼν Κικέρων ἔλεγε τοῖς ἄλλοις ἅπασιν ἐπιβουλεύμασιν αὐτοῦ καὶ πολιτεύμασι τυραννικὴν ἐνορᾶν διάνοιαν· « Ἀλλ᾽ ὅταν, ἔφη, τὴν κόμην οὕτω διακειμένην περιττῶς ἴδω κἀκεῖνον ἑνὶ δακτύλῳ κνώμενον[1], οὔ μοι δοκεῖ πάλιν οὗτος ἄνθρωπος εἰς νοῦν ἂν ἐμβαλέσθαι τηλικοῦτο κακόν, ἀναίρεσιν τῆς Ῥωμαίων πολιτείας. » Ταῦτα μὲν οὖν ὕστερον.

V. Τοῦ δὲ δήμου πρώτην μὲν ἀπόδειξιν τῆς πρὸς αὐτὸν εὐνοίας ἔλαβεν, ὅτε πρὸς Γάϊον Ποπίλιον ἐρίσας ὑπὲρ χιλιαρχίας πρότερος ἀνηγορεύθη· δευτέραν δὲ καὶ καταφανεστέραν, ὅτε, τῆς Μαρίου γυναικὸς, Ἰουλίας, ἀποθανούσης, ἀδελφιδοῦς ὢν αὐτῆς

promptement par la persévérance, grâce au mépris qui a empêché qu'on n'arrêtât ses progrès. Cicéron paraît avoir été le premier à soupçonner et à craindre la douceur de sa conduite politique, qu'il comparait à la bonace de la mer, et à reconnaître la méchanceté de son caractère sous ce dehors de politesse et de grâce dont il la couvrait. « J'aperçois, disait cet orateur, dans tous ses projets et dans « toutes ses actions des vues tyranniques ; mais quand je regarde ses « cheveux si artistement arrangés, quand je le vois se gratter la tête « du bout du doigt, je ne puis croire qu'un tel homme puisse conce- « voir le dessein si noir de renverser la république. » Mais cela ne fut dit que longtemps après.

V. César reçut une première marque de l'affection du peuple, lorsqu'il se trouva en concurrence avec Caïus Popilius pour l'emploi de tribun des soldats ; il fut nommé le premier. Il en eut une seconde encore plus évidente, quand, à la mort de la femme de Marius, dont

ποιεῖ ταχὺ μεγάλην,	fait vite *lui* grand,
λαβοῦσαν τὸ μὴ κωλυθῆναι	ayant reçu le ne pas être empêché
ἐκ τοῦ καταφρονηθῆναι.	du être méprisé.
Ὁ γοῦν Κικέρων	Du moins Cicéron
δοκῶν πρῶτος	paraissant le premier
ὑπιδέσθαι	avoir soupçonné
καὶ φοβηθῆναι τὰ διαγελῶντα	et avoir craint les *dehors* riants
τῆς πολιτείας αὐτοῦ,	du gouvernement de lui,
ὥσπερ θαλάττης,	comme de la mer,
καὶ καταμαθὼν	et ayant compris
τὴν δεινότητα τοῦ ἤθους	la dureté du caractère
κεκρυμμένην	cachée
ἐν τῷ φιλανθρώπῳ καὶ ἱλαρῷ	sous l'*apparence* humaine et enjouée
ἔλεγεν ἐνορᾶν διάνοιαν τυραννικὴν	disait voir une pensée tyrannique
ἅπασι τοῖς ἄλλοις ἐπιβουλεύμασι	*dans* toutes les autres résolutions
καὶ πολιτεύμασιν αὐτοῦ·	et mesures-politiques de lui :
« Ἀλλὰ, ἔφη, ὅταν ἴδω	« Mais, disait-il, quand je vois
τὴν κόμην διακειμένην	sa chevelure arrangée
οὕτω περιττῶς	si supérieurement
καὶ ἐκεῖνον κνώμενον	et lui se grattant
ἑνὶ δακτύλῳ,	d'un seul doigt,
πάλιν οὗτος ὁ ἄνθρωπος	de nouveau cet homme
οὔ μοι δοκεῖ	ne me paraît pas
ἂν ἐμβαλέσθαι εἰς νοῦν	devoir s'être mis dans l'esprit
τηλικοῦτο κακὸν,	un aussi grand mal,
ἀναίρεσιν	la destruction
τῆς πολιτείας Ῥωμαίων »	du gouvernement des Romains.
Ταῦτα μὲν οὖν	Ces *choses* du moins
ὕστερον.	*furent dites* plus tard.
V. Ἔλαβε δὲ	V. Mais il reçut
πρώτην μὲν ἀπόδειξιν	d'abord une première preuve
τῆς εὐνοίας τοῦ δήμου	de la bienveillance du peuple
πρὸς αὐτὸν,	pour lui,
ὅτε ἐρίσας	lorsque ayant rivalisé
ὑπὲρ χιλιαρχίας	pour le tribunat-militaire
πρὸς Γάϊον Ποπίλιον	avec Caius Popilius
ἀνηγορεύθη πρότερος·	il fut proclamé le premier :
δευτέραν δὲ	puis une seconde
καὶ καταφανεστέραν,	et plus éclatante,
ὅτε, Ἰουλίας,	lorsque, Julie,

ἐγκώμιόν τε λαμπρὸν ἐν ἀγορᾷ διῆλθε καὶ περὶ τὴν ἐκφορὰν ἐτόλμησεν εἰκόνας Μαρίου προθέσθαι, τότε πρῶτον ὀφθείσας μετὰ τὴν ἐπὶ Σύλλα πολιτείαν, πολεμίων τῶν ἀνδρῶν κριθέντων. Ἐπὶ τούτῳ γὰρ ἐνίων καταβοησάντων τοῦ Καίσαρος, ὁ δῆμος ἀντήχησε λαμπρῶς, δεξάμενος κρότῳ καὶ θαυμάσας ὥσπερ ἐξ ᾅδου διὰ χρόνων πολλῶν ἀνάγοντα τὰς Μαρίου τιμὰς εἰς τὴν πόλιν. Τὸ μὲν οὖν ἐπὶ γυναιξὶ πρεσβυτέραις λόγους ἐπιταφίους διεξιέναι πάτριον ἦν Ῥωμαίοις[1]· νέαις δ' οὐκ ὂν ἐν ἔθει, πρῶτος εἶπε Καῖσαρ ἐπὶ τῆς ἑαυτοῦ γυναικὸς ἀποθανούσης[2]· καὶ τοῦτ' ἤνεγκεν αὐτῷ χάριν τινὰ, καὶ συνεδημαγώγησε τῷ πάθει τοὺς πολλοὺς ὡς ἥμερον ἄνδρα καὶ περίμεστον ἤθους ἀγαπᾶν. Θάψας δὲ τὴν γυναῖκα, ταμίας εἰς Ἰβηρίαν[3] ἑνὶ τῶν στρατηγῶν, Βέτερι, συνεξῆλθεν, ὃν αὐτόν τε τιμῶν ἀεὶ διετέλεσε, καὶ τὸν υἱὸν πάλιν

il était le neveu, il prononça avec beaucoup d'éclat son oraison funèbre dans la place publique, et qu'il osa faire porter à son convoi les images de Marius, qui n'avaient pas encore paru, depuis que Sylla, maître dans Rome, avait fait déclarer Marius et ses partisans ennemis de la patrie. Quelques personnes s'étant récriées sur cette audace, le peuple s'éleva hautement contre elles, et par les applaudissements les plus prononcés témoigna son admiration pour le courage que César avait eu de rappeler, pour ainsi dire, des enfers les honneurs de Marius, ensevelis depuis si longtemps. C'était de toute ancienneté la coutume des Romains de faire l'oraison funèbre des femmes qui mouraient âgées; mais cet usage n'avait pas lieu pour les jeunes femmes. César fut le premier qui prononça celle de sa femme, morte fort jeune. Cette innovation lui fit honneur, lui concilia la faveur publique et le rendit cher au peuple, qui vit dans cette sensibilité une marque de ses mœurs douces et honnêtes. Après avoir fait les obsèques de sa femme, il alla questeur en Espagne sous le préteur Véter, qu'il honora depuis tant qu'il vécut, et dont il nomma

τῆς γυναικὸς Μαρίου,	la femme de Marius,
ἀποθανούσης,	étant morte,
ὢν ἀδελφιδοῦς αὐτῆς	*lui* étant neveu d'elle
διῆλθέ τε ἐν ἀγορᾷ	et il prononça sur la place-publique
λαμπρὸν ἐγκώμιον	un brillant éloge
καὶ ἐτόλμησε περὶ τὴν ἐκφορὰν	et il osa à son convoi
προθέσθαι εἰκόνας Μαρίου,	faire-porter les images de Marius,
ὀφθείσας τότε πρῶτον	vues alors pour-la-première-fois
μετὰ τὴν πολιτείαν ἐπὶ Σύλλα,	depuis le gouvernement sous Sylla,
τῶν ἀνδρῶν	les hommes *de ce parti*
κριθέντων πολεμίων.	ayant été jugés ennemis.
Ἐπὶ τούτῳ γὰρ ἐνίων	Car sur ce quelques-uns
καταβοησάντων τοῦ Καίσαρος,	ayant crié-contre César,
δῆμος ἀντήχησε λαμπρῶς,	le peuple répondit avec-éclat,
δεξάμενος κρότῳ	*l*'ayant reçu avec applaudissements
καὶ θαυμάσας	et *l*'ayant admiré
ὥσπερ ἀνάγοντα	comme ramenant
διὰ χρόνων πολλῶν	après des temps longs
ἐξ ᾅδου εἰς τὴν πόλιν	de l'enfer dans la ville
τὰς τιμὰς Μαρίου.	les honneurs de Marius.
Τὸ μὲν οὖν διεξιέναι	Certainement le prononcer
λόγους ἐπιταφίους	des oraisons funèbres
ἐπὶ γυναιξὶ πρεσβυτέραις	sur des femmes âgées
ἦν πάτριον Ῥωμαίοις·	était d'usage-antique aux Romains;
οὐκ ὂν δὲ ἐν ἔθει	mais *chose* n'étant pas en usage
νέαις,	pour les jeunes *femmes*,
Καῖσαρ πρῶτος εἶπεν	César le premier parla
ἐπὶ τῆς γυναικὸς ἑαυτοῦ	sur la femme de lui
ἀποθανούσης·	étant morte:
καὶ τοῦτο ἤνεγκεν αὐτῷ	et cela attira à lui
τινὰ χάριν,	une certaine faveur,
καὶ συνεδημαγώγησε τῷ πάθει	et excita par la sympathie
τοὺς πολλοὺς ἀγαπᾶν	la multitude à aimer *lui*
ὡς ἄνδρα ἥμερον	comme un homme doux
καὶ περίμεστον ἤθους.	et plein de moralité.
Θάψας δὲ τὴν γυναῖκα,	Mais ayant enseveli sa femme,
συνεξῆλθε ταμίας	il partit questeur
εἰς Ἰβηρίαν, Βέτερι,	pour l'Espagne, avec Véter,
ἑνὶ τῶν στρατηγῶν,	un des préteurs,
ὃν διετέλεσέ τε ἀεὶ	lequel et il continua toujours

αὐτὸς ἄρχων ταμίαν ἐποίησε. Γενόμενος δ' ἀπὸ τῆς ἀρχῆς ἐκείνης, τρίτην ἠγάγετο γυναῖκα, Πομπηΐαν, ἔχων ἐκ Κορνηλίας θυγατέρα τὴν ὕστερον Πομπηΐῳ Μάγνῳ γαμηθεῖσαν. Χρώμενος δὲ ταῖς δαπάναις ἀφειδῶς, καὶ δοκῶν μὲν ἐφήμερον καὶ βραχεῖαν ἀντικαταλλάττεσθαι μεγάλων ἀναλωμάτων δόξαν, ὠνούμενος δὲ ταῖς ἀληθείαις τὰ μέγιστα μικρῶν, λέγεται, πρὶν εἰς ἀρχήν τινα καθίστασθαι, χιλίων καὶ τριακοσίων γενέσθαι χρεωφειλέτης ταλάντων. Ἐπεὶ δὲ τοῦτο μὲν, ὁδοῦ τῆς Ἀππίας ἀποδειχθεὶς ἐπιμελητής, πάμπολλα χρήματα προσανάλωσε τῶν ἑαυτοῦ· τοῦτο δ', ἀγορανομῶν, ζεύγη μονομάχων τριακόσια καὶ εἴκοσι παρέσχε, καὶ ταῖς ἄλλαις περὶ τὰ θέατρα καὶ πομπὰς καὶ δεῖπνα χορηγίαις καὶ πολυτελείαις τὰς πρὸ αὐτοῦ κατέκλυσε φιλοτιμίας,

le fils son questeur, quand il fut parvenu lui-même à la préture. Au retour de sa questure, il épousa en troisièmes noces Pompéia; il avait de Cornélie, sa première femme, une fille, qui plus tard fut mariée au grand Pompée. Sa dépense, toujours excessive, faisait croire qu'il achetait chèrement une gloire fragile et presque éphémère; mais, en réalité, il acquérait à vil prix les choses les plus précieuses. On assure qu'avant d'avoir obtenu aucune charge, il était endetté de treize cents talents. Mais le sacrifice d'une grande partie de sa fortune, soit dans l'intendance des réparations de la voie Appienne, soit dans son édilité, où il fit combattre devant le peuple trois cent vingt paires de gladiateurs; la somptuosité des jeux, des fêtes et des festins qu'il donna et qui effaçaient tout ce qu'on avait fait avant lui de plus brillant, inspirèrent au peuple une telle affection, qu'il n'y eut personne qui ne cherchât à lui procurer

τιμῶν αὐτὸν	honorant lui,
καὶ πάλιν αὐτὸς ἄρχων	et à-son-tour lui-même commandant
ἐποίησε τὸν υἱὸν ταμίαν.	il fit son fils questeur.
Γενόμενος δὲ	Puis étant sorti
ἀπὸ ἐκείνης τῆς ἀρχῆς,	de cette charge-là,
ἠγάγετο τρίτην γυναῖκα,	il prit pour troisième femme
Πομπηΐαν,	Pompéia,
ἔχων ἐκ Κορνηλίας θυγατέρα	ayant de Cornélie une fille
τὴν γαμηθεῖσαν ὕστερον	celle ayant été mariée plus tard
Πομπηΐῳ Μάγνῳ.	à Pompée le Grand.
Χρώμενος δὲ ἀφειδῶς	Or se servant sans-ménagement
ταῖς δαπάναις,	des dépenses,
καὶ δοκῶν μὲν	et paraissant il-est-vrai
ἀντικαταλλάττεσθαι	recevoir-en-échange
μεγάλων ἀναλωμάτων	de grands frais
δόξαν ἐφήμερον καὶ βραχεῖαν,	une gloire éphémère et courte,
ταῖς δὲ ἀληθείαις	mais dans la vérité
ὠνούμενος τὰ μέγιστα	achetant les plus grandes *choses*
μικρῶν,	par de petites,
λέγεται γενέσθαι χρεωφειλέτης	il est dit avoir été débiteur
χιλίων καὶ τριακοσίων ταλάντων,	de mille et trois-cents talents,
πρὶν καθίστασθαι	avant de se constituer
εἴς τινα ἀρχήν.	en quelque charge.
Ἐπεὶ δὲ τοῦτο μὲν,	Mais comme d'une part,
ἀποδειχθεὶς ἐπιμελητὴς	ayant été nommé intendant
τῆς ὁδοῦ Ἀππίας,	de la voie Appienne,
προσανάλωσε	il dépensa-en-outre
χρήματα πάμπολλα	un argent très-considérable
τῶν ἑαυτοῦ·	de celui de lui-même;
τοῦτο δὲ, ἀγορανομῶν,	et *que* d'autre part, étant-édile
παρέσχε	il fournit
τριακόσια καὶ εἴκοσι ζεύγη	trois-cent et vingt paires
μονομάχων,	de gladiateurs,
καὶ κατέκλυσε	et qu'il submergea (*effaça*)
τὰς φιλοτιμίας πρὸ αὐτοῦ	les libéralités d'avant lui
ταῖς ἄλλαις χορηγίαις	par les autres frais-de-fêtes
καὶ πολυτελείαις	et somptuosités
περὶ τὰ θέατρα	relativement aux théâtres
καὶ πομπὰς καὶ δεῖπνα,	et aux cérémonies et aux festins,
διέθηκε τὸν δῆμον	il disposa le peuple

οὕτω διέθηκε τὸν δῆμον, ὡς καινὰς μὲν ἀρχὰς, καινὰς δὲ τιμὰς ζητεῖν ἕκαστον, αἷς αὐτὸν ἀμείψαιντο.

VI. Δυεῖν δ' οὐσῶν ἐν τῇ πόλει στάσεων, τῆς μὲν ἀπὸ Σύλλα μέγα δυναμένης, τῆς δὲ Μαριανῆς, ἣ τότε κατεπτήχει καὶ διέσπαστο, κομιδῇ ταπεινὰ πράττουσα, ταύτην ἀναρρῶσαι καὶ προαγαγέσθαι βουλόμενος, ἐν ταῖς ἀγορανομικαῖς φιλοτιμίαις ἀκμὴν ἐχούσαις εἰκόνας ἐποιήσατο Μαρίου κρύφα καὶ Νίκας τροπαιοφόρους, ἃς φέρων νυκτὸς εἰς τὸ Καπιτώλιον ἀνέστησεν. Ἅμα δ' ἡμέρᾳ τοὺς θεασαμένους μαρμαίροντα πάντα χρυσῷ καὶ τέχνῃ κατεσκευασμένα περιττῶς (διεδήλου δὲ γράμμασι τὰ Κιμβρικὰ κατορθώματα¹) θάμβος ἔσχε τῆς τόλμης τοῦ ἀναθέντος· οὐ γὰρ ἦν ἄδηλος· ταχὺ δὲ περιιὼν ὁ λόγος ἤθροιζε πάντας ἀνθρώπους πρὸς τὴν ὄψιν. Ἀλλ' οἱ μὲν ἐβόων τυραννίδα πολιτεύεσθαι Καίσαρα, νόμοις καὶ δόγμασι κατορωρυγμένας ἐπανιστάντα τιμὰς, καὶ τοῦτο πεῖραν ἐπὶ τὸν δῆμον εἶναι προμαλατ-

de nouvelles charges et de nouveaux honneurs, pour le récompenser de sa magnificence.

VI. Rome était alors divisée en deux factions, celle de Sylla, toujours très-puissante, et celle de Marius, qui, réduite à une grande faiblesse et presque dissipée, osait à peine se montrer. César voulut relever et ranimer cette dernière : lorsque les dépenses de son édilité lui donnaient le plus d'éclat dans Rome, il fit faire secrètement des images de Marius, avec des Victoires qui portaient des trophées, et une nuit il les plaça dans le Capitole. Le lendemain, quand on vit ces images tout éclatantes d'or et travaillées avec le plus grand art, dont les inscriptions faisaient connaître que c'étaient les victoires de Marius sur les Cimbres, on fut effrayé de l'audace de celui qui les avait placées : car on ne pouvait s'y méprendre. Le bruit qui s'en répandit aussitôt attira tout le monde à ce spectacle : les uns disaient hautement que César aspirait à la tyrannie, en ressuscitant des honneurs qui avaient été comme ensevelis par des lois et des décrets publics : que c'était un essai qu'il faisait pour sonder les dispositions du peuple, déjà amorcé par ses libéralités, et pour voir si

οὕτως, ὡς ἕκαστοι | tellement, que chacun
ζητεῖν καινὰς μὲν ἀρχάς, | chercher soit de nouvelles charges,
καινὰς δὲ τιμάς, | soit de nouveaux honneurs,
αἷς ἀμείψαιντο αὐτόν. | par lesquels ils récompensassent lui.

VI. Δυεῖν δὲ στάσεων | VI. Deux factions
οὐσῶν ἐν τῇ πόλει, | étant dans la ville,
τῆς μὲν ἀπὸ Σύλλα | l'une de Sylla
δυναμένης μέγα, | pouvant beaucoup,
τῆς δὲ Μαριανῆς, | l'autre de-Marius,
ἣ τότε κατεπτήχει | laquelle alors était consternée
καὶ διέσπαστο, | et était dissipée,
πράττουσα κομιδῇ ταπεινά, | faisant tout-à-fait humble *figure*,
βουλόμενος ἀναρρῶσαι | *César* voulant fortifier
καὶ προαγαγέσθαι ταύτην, | et relever celle-ci,
ἐν ταῖς φιλοτιμίαις ἀγορανομικαῖς | dans les libéralités de-son-édilité
ἐχούσαις ἀκμὴν | ayant le-plus-haut-degré
ἐποιήσατο κρύφα | fit-faire secrètement
εἰκόνας Μαρίου | des images de Marius [phées,
καὶ Νίκας τροπαιοφόρους, | et des Victoires portant-des-tro-
ἃς φέρων νυκτὸς | lesquelles portant de nuit
ἀνέστησεν εἰς τὸ Καπιτώλιον. | il dressa au Capitole.
Ἅμα δὲ ἡμέρᾳ | Or avec le jour
θάμβος τῆς τόλμης | l'effroi de l'audace
τοῦ ἀναθέντος | de celui *les* ayant placées
ἔσχε τοὺς θεασαμένους | s'empara de ceux ayant vu
πάντα μαρμαίροντα χρυσῷ | toutes *ces choses* éclatantes d'or
καὶ κατεσκευασμένα | et travaillées
τέχνῃ περιττῶς | avec art merveilleusement
(διεδήλου δὲ γράμμασι | (et elles indiquaient par des lettres
τὰ κατορθώματα Κιμβρικά)· | les succès cimbriques):
οὐ γὰρ ἦν ἄδηλος· | car *l'auteur* n'était pas incertain :
ὁ δὲ λόγος περιιὼν ταχὺ | et la rumeur circulant vite
ἤθροιζε πάντας ἀνθρώπους | rassemblait tous les hommes
πρὸς τὴν ὄψιν. | vers cette vue.
Ἀλλὰ οἱ μὲν ἐβόων Καίσαρα | Cependant les uns criaient César
πολιτεύεσθαι τυραννίδα, | machiner la tyrannie,
ἐπανιστάντα τιμὰς | *en* relevant des honneurs
κατορωρυγμένας | enfouis
νόμοις καὶ δόγμασι, | par des lois et des décrets,
καὶ τοῦτο εἶναι πεῖραν | et cela être une épreuve

τόμενον¹, εἰ τετιθάσευται ταῖς φιλοτιμίαις ὑπ' αὐτοῦ καὶ δίδωσι παίζειν τοιαῦτα καὶ καινοτομεῖν. Οἱ δὲ Μαριανοὶ παραθαῤῥύναντες αὑτοὺς, πλήθει τε θαυμαστοὶ ὅσοι διεφάνησαν ἐξαίφνης καὶ κρότῳ κατεῖχον τὸ Καπιτώλιον· πολλοῖς δὲ καὶ δάκρυα τὴν Μαρίου θεωμένοις ὄψιν ὑφ' ἡδονῆς ἐχώρει· καὶ μέγας ἦν ὁ Καῖσαρ ἐγκωμίοις αἰρόμενος, ὡς ἀντὶ πάντων ἄξιος εἴη ὁ ἀνὴρ τῆς Μαρίου συγγενείας. Συναχθείσης δὲ περὶ τούτων τῆς βουλῆς, Κάτλος Λουτάτιος, ἀνὴρ εὐδοκιμῶν τότε μάλιστα Ῥωμαίων, ἀναστὰς καὶ κατηγορήσας Καίσαρος, ἐπεφθέγξατο τὸ μνημονευόμενον· «Οὐκ ἔτι γὰρ ὑπονόμοις, ἔφη, Καῖσαρ, ἀλλ' ἤδη μηχαναῖς αἱρεῖ τὴν πολιτείαν.» Ἐπεὶ δ' ἀπολογησάμενος πρὸς ταῦτα Καῖσαρ ἔπεισε τὴν σύγκλητον, ἔτι μᾶλλον οἱ θαυμάζοντες αὐτὸν ἐπήρθησαν, καὶ παρεκελεύοντο μηδενὶ τοῦ φρονήματος

assez apprivoisé par les fêtes publiques qu'il lui avait données avec tant d'ostentation, il lui laisserait jouer de pareils jeux et entreprendre des nouveautés si téméraires. Les partisans de Marius, de leur côté, s'encourageant les uns les autres, se rassemblèrent en très-grand nombre et remplirent le Capitole du bruit de leurs applaudissements; plusieurs même d'entre eux, en voyant la figure de Marius, versaient des larmes de joie; ils élevaient César jusqu'aux nues et disaient qu'il était seul digne de la parenté de Marius. Le sénat s'étant assemblé, Catulus Lutatius, le plus estimé de tous les Romains de son temps, se leva, et parlant avec force contre César, il dit cette parole si souvent répétée depuis : « Que César n'attaquait plus la république par des mines secrètes, et qu'il dressait ouvertement contre elle toutes ses batteries. » Mais César s'étant justifié auprès du sénat, ses admirateurs en conçurent de plus hautes espérances; ils l'encouragèrent à conserver toute sa fierté et à ne plier devant

ἐπὶ τὸν δῆμον προμαλαττόμενον,	sur le peuple amolli-d'avance,
εἰ τετιθάσευται ὑπὸ αὐτοῦ	*pour voir* s'il a été apprivoisé par lui
ταῖς φιλοτιμίαις,	au moyen des largesses,
καὶ δίδωσι παίζειν	et s'il *lui* accorde de jouer
καὶ καινοτομεῖν τοιαῦτα.	et d'innover en de telles *choses*.
Οἱ δὲ Μαριανοὶ	Mais les *partisans* de-Marius
παραθαρρύναντες αὑτοὺς,	s'étant enhardis eux-mêmes,
θαυμαστοί τε	et étonnants
ὅσοι πλήθει	combien *ils étaient* de nombre
διεφάνησαν ἐξαίφνης	se montrèrent tout-à-coup
καὶ κατεῖχον κρότῳ	et ils remplissaient d'applaudisse-[ments
τὸ Καπιτώλιον·	le Capitole :
πολλοῖς δὲ καὶ θεωμένοις	à plusieurs même voyant
τὴν ὄψιν Μαρίου	la figure de Marius
δάκρυα ἐχώρει ὑπὸ ἡδονῆς·	des larmes s'échappaient de joie :
καὶ ὁ Καῖσαρ ἦν	et César était
αἰρόμενος μέγας ἐγκωμίοις,	exalté grand par les éloges,
ὡς ὁ ἀνὴρ εἴη	comme-quoi cet homme était
ἀντὶ πάντων ἄξιος	au lieu de tous digne
τῆς συγγενείας Μαρίου.	de la parenté de Marius.
Τῆς δὲ βουλῆς συναχθείσης	Mais le sénat s'étant assemblé
περὶ τούτων,	au sujet de ces *choses*,
Κάτλος Λουτάτιος,	Catulus Lutatius,
ἀνὴρ τότε εὐδοκιμῶν	homme alors étant estimé
μάλιστα Ῥωμαίων,	le plus d'entre les Romains,
ἀναστὰς	s'étant levé
καὶ κατηγορήσας Καίσαρος,	et ayant accusé César,
ἐπεφθέγξατο	prononça
τὸ μνημονευόμενον·	ce *mot* mémorable :
« Καῖσαρ γὰρ, ἔφη,	« César, dit-il,
αἱρεῖ τὴν πολιτείαν	attaque le gouvernement
οὐκ ἔτι ὑπονόμοις,	non plus par des mines,
ἀλλὰ ἤδη μηχαναῖς. »	mais déjà par des machines. »
Ἐπεὶ δὲ Καῖσαρ	Mais lorsque César
ἀπολογησάμενος πρὸς ταῦτα	s'étant défendu sur cela
ἔπεισε τὴν σύγκλητον,	eut persuadé l'assemblée,
οἱ θαυμάζοντες αὐτὸν	ceux admirant lui
ἐπήρθησαν ἔτι μᾶλλον,	s'exaltèrent encore davantage,
καὶ παρεκελεύοντο	et ils *l'*exhortaient
ὑφίεσθαι μηδενὶ	à *ne* se relâcher devant personne

ὑφίεσθαι· πάντων γὰρ ἑκόντι τῷ δήμῳ περιέσεσθαι καὶ πρωτεύσειν.

VII. Ἐν δὲ τούτῳ καὶ Μετέλλου τοῦ ἀρχιερέως τελευτήσαντος καὶ τὴν ἱερωσύνην περιμάχητον οὖσαν Ἰσαυρικοῦ καὶ Κάτλου μετιόντων, ἐπιφανεστάτων ἀνδρῶν καὶ μέγιστον ἐν βουλῇ δυναμένων, οὐχ ὑπεῖξεν αὐτοῖς ὁ Καῖσαρ, ἀλλὰ καταβὰς εἰς τὸν δῆμον ἀντιπαρήγγελλεν. Ἀγχωμάλου δὲ τῆς σπουδῆς φαινομένης, ὁ Κάτλος ἀπὸ μείζονος ἀξίας μᾶλλον ὀρρωδῶν τὴν ἀδηλότητα, προσέπεμψε πείθων ἀποστῆναι τὸν Καίσαρα τῆς φιλοτιμίας ἐπὶ πολλοῖς χρήμασιν. Ὁ δὲ καὶ πλείω προσδανεισάμενος ἔφη διαγωνιεῖσθαι. Τῆς δ' ἡμέρας ἐνστάσης καὶ τῆς μητρὸς ἐπὶ τὰς θύρας αὐτὸν οὐκ ἀδακρυτὶ προπεμπούσης, ἀσπασάμενος αὐτήν· « Ὦ μῆτερ, εἶπε, τήμερον ἢ ἀρχιερέα τὸν υἱὸν ἢ φυγάδα ὄψει. » Διενεχθείσης δὲ τῆς ψήφου καὶ γενομένης ἁμίλλης, ἐκράτησε, καὶ παρέσχε τῇ βουλῇ καὶ τοῖς ἀρίστοις φόβον ὡς ἐπὶ πᾶν θρασύτητος προάξων τὸν δῆμον. Ὅθεν οἱ περὶ Πείσωνα καὶ

personne, en l'assurant que, soutenu de la faveur du peuple, il l'emporterait sur tous ses rivaux et aurait un jour le premier rang dans Rome.

VII. La mort de Métellus ayant laissé vacante la place de grand-pontife, ce sacerdoce fut brigué avec chaleur par Isauricus et Catulus, deux des plus illustres personnages de Rome, et qui avaient le plus d'autorité dans le sénat. César, loin de céder à leur dignité, se présenta devant le peuple et opposa sa brigue à celle de ces deux rivaux. Le zèle de tous les partis étant à peu près égal, Catulus, qui, avec plus de dignité personnelle, craignait davantage l'issue de cette rivalité, fit offrir secrètement à César des sommes considérables, s'il voulait se désister de sa poursuite. Mais César répondit qu'il en emprunterait de plus grandes encore pour soutenir sa brigue. Le jour de l'élection, sa mère l'accompagna tout en larmes jusqu'à la porte de sa maison : « Ma mère, lui dit César en l'embrassant, vous verrez « aujourd'hui votre fils ou grand-pontife ou banni. » Quand on recueillit les suffrages, les contestations furent très-vives ; mais enfin César l'emporta, et un tel succès fit craindre au sénat et aux meilleurs citoyens qu'il ne prît assez d'ascendant sur le peuple, pour le porter

τοῦ φρονήματος·	de sa fierté :
περιέσεσθαι γὰρ	car *lui* devoir avoir-le-dessus
καὶ πρωτεύσειν πάντων	et devoir primer sur tous
τῷ δήμῳ ἑκόντι.	le peuple s'y prêtant.
VII. Ἐν δὲ τούτῳ	VII. Or sur ce
καὶ Μετέλλου τοῦ ἀρχιερέως	et Métellus le grand-pontife
τελευτήσαντος,	étant mort,
καὶ Ἰσαυρικοῦ καὶ Κάτλου,	et Isauricus et Catulus,
ἀνδρῶν ἐπιφανεστάτων	hommes très-illustres
καὶ δυναμένων μέγιστον ἐν βουλῇ,	et pouvant le plus dans le sénat,
μετιόντων τὴν ἱερωσύνην	briguant le sacerdoce
οὖσαν περιμάχητον,	qui était très-disputé,
ὁ Καῖσαρ οὐχ ὑπεῖξεν αὐτοῖς,	César ne céda pas à eux,
ἀλλὰ καταβὰς εἰς τὸν δῆμον	mais étant descendu vers le peuple
ἀντιπαρήγγελλεν.	il briguait-contre *eux*.
Τῆς δὲ σπουδῆς	Or la faveur-*populaire*
φαινομένης ἀγχωμάλου,	paraissant égale,
ὁ Κάτλος	Catulus
ἀπὸ μείζονος ἀξίας	à cause d'une plus grande dignité
ὀρρωδῶν μᾶλλον τὴν ἀδηλότητα,	redoutant plus l'incertitude,
προσέπεμψε	envoya *quelqu'un*
πείθων τὸν Καίσαρα	engageant César
ἀποστῆναι τῆς φιλοτιμίας	à se désister de sa rivalité
ἐπὶ πολλοῖς χρήμασιν.	pour beaucoup d'argent.
Ὁ δὲ ἔφη διαγωνιεῖσθαι	Mais celui-ci dit devoir lutter
προσδανεισάμενος καὶ πλείω.	ayant emprunté encore plus.
Τῆς δὲ ἡμέρας ἐνστάσης	Et le jour étant arrivé
καὶ τῆς μητρὸς	et sa mère
προπεμπούσης αὐτὸν	accompagnant lui
ἐπὶ τὰς θύρας οὐκ ἀδακρυτί,	aux portes non sans-larmes,
ἀσπασάμενος αὐτήν·	ayant embrassé elle :
« Ὦ μῆτερ, εἶπε, τήμερον	« O mère, dit-il, aujourd'hui
ὄψει τὸν υἱὸν	tu verras ton fils
ἢ ἀρχιερέα ἢ φυγάδα. »	ou grand-pontife ou banni. »
Τῆς δὲ ψήφου διενεχθείσης	Or le suffrage ayant été porté
καὶ ἁμίλλης γενομένης,	et une contestation ayant eu-lieu,
ἐκράτησε,	il l'emporta,
καὶ παρέσχε φόβον	et inspira de l'effroi
τῇ βουλῇ καὶ τοῖς ἀρίστοις	au sénat et aux nobles
ὡς προάξων τὸν δῆμον	comme devant exciter le peuple

Κάτλον ᾐτιῶντο Κικέρωνα, φεισάμενον Καίσαρος ἐν τοῖς περὶ Κατιλίναν λαβὴν παρασχόντος. Ὁ γὰρ δὴ Κατιλίνας, οὐ μόνον τὴν πολιτείαν μεταβαλεῖν, ἀλλ' ὅλην ἀνελεῖν τὴν ἡγεμονίαν καὶ πάντα τὰ πράγματα συγχέαι διανοηθείς, αὐτὸς μὲν ἐξέπεσε περιπταίσας ἐλάττοσιν ἐλέγχοις, πρὸ τοῦ τὰς ἐσχάτας αὐτοῦ βουλὰς ἀποκαλυφθῆναι· Λέντλον δὲ καὶ Κέθηγον ἐν τῇ πόλει διαδόχους ἀπέλιπε τῆς συνωμοσίας, οἷς εἰ μὲν κρύφα παρεῖχέ τι θάρσους καὶ δυνάμεως ὁ Καῖσαρ ἄδηλός ἐστιν· ἐν δὲ τῇ βουλῇ κατὰ κράτος ἐξελεγχθέντων καὶ Κικέρωνος τοῦ ὑπάτου γνώμας ἐρωτῶντος περὶ κολάσεως ἕκαστον, οἱ μὲν ἄλλοι μέχρι Καίσαρος θανατοῦν ἐκέλευον· ὁ δὲ Καῖσαρ ἀναστὰς λόγον διῆλθε πεφροντισμένον, ὡς ἀποκτεῖναι μὲν ἀκρίτους ἄνδρας ἀξιώματι καὶ γένει λαμπροὺς οὐ δοκεῖ πάτριον οὐδὲ δίκαιον εἶναι, μὴ μετὰ τῆς ἐσχάτης ἀνάγκης· εἰ δὲ φρουροῖντο δεθέντες ἐν πόλεσι τῆς Ἰτα-

aux plus grands excès. Ce fut alors que Pison et Catulus blâmèrent fort Cicéron d'avoir épargné César, qui avait donné prise sur lui dans la conjuration de Catilina. Celui-ci avait formé le complot, non-seulement de changer la forme du gouvernement, mais encore d'anéantir la république et de détruire l'empire romain. Dénoncé sur des indices assez légers, il sortit de Rome avant que tous ses projets eussent été découverts; mais il laissa Lentulus et Céthégus pour le remplacer dans la conduite de la conjuration. Il est douteux si César encouragea secrètement ces hommes audacieux et leur donna même quelques secours; ce qu'il y a de certain, c'est que ces deux conjurés ayant été convaincus en plein sénat par les preuves les plus évidentes, et Cicéron, alors consul, ayant demandé l'avis de chaque sénateur sur la punition des coupables, tous opinèrent à la mort, jusqu'à César, qui, s'étant levé, fit un discours préparé avec le plus grand soin; il soutint qu'il n'était conforme ni à la justice, ni aux coutumes des Romains, à moins d'une extrême nécessité, de faire mourir des hommes distingués par leur naissance et par leur dignité, sans leur avoir fait leur procès dans les formes; qu'il lui paraissait plus juste de les renfermer étroitement dans telles villes de l'Italie que Cicéron voudrait choisir, jusqu'après la défaite de Catilina;

ἐπὶ πᾶν θρασύτητος.	au comble de l'audace.
Ὅθεν οἱ περὶ Πείσωνα καὶ Κάτλον	D'où ceux *étant* autour de Pison et de Catulus
ᾐτιῶντο Κικέρωνα,	accusaient Cicéron,
φεισάμενον Καίσαρος	qui avait ménagé César
παρασχόντος λαβὴν	lequel avait donné prise
ἐν τοῖς περὶ Κατιλίναν.	dans les *affaires* de Catilina.
Ὁ γὰρ δὴ Κατιλίνας,	Car certes Catilina,
διανοηθεὶς οὐ μόνον	ayant résolu non-seulement
μεταβαλεῖν τὴν πολιτείαν,	de changer le gouvernement,
ἀλλὰ ἀνελεῖν τὴν ἡγεμονίαν ὅλην	mais de détruire la république en-[tière
καὶ συγχέαι πάντα τὰ πράγματα,	et de bouleverser toutes les affaires,
ἐξέπεσε μὲν αὐτὸς	fut chassé il-est-vrai lui-même
περιπταίσας ἐλάττοσιν ἐλέγχοις,	ayant échoué par de moindres indices
πρὸ τοῦ τὰς ἐσχάτας βουλὰς αὐτοῦ	avant les derniers desseins de lui
ἀποκαλυφθῆναι·	avoir été découverts :
ἀπέλιπε δὲ ἐν τῇ πόλει	mais il laissa dans la ville
διαδόχους τῆς συνωμοσίας	*comme* successeurs de la conjuration
Λέντλον καὶ Κέθηγον,	Lentulus et Céthégus,
οἷς μὲν ὁ Καῖσαρ	auxquels à-la-vérité César
ἐστὶν ἄδηλος	est incertain
εἰ παρεῖχε κρύφα	s'il donnait secrètement
τι θάρσους καὶ δυνάμεως·	un peu d'audace et de force ;
ἐξελεγχθέντων δὲ	mais *ceux-ci* ayant été convaincus
κατὰ κράτος ἐν τῇ βουλῇ	par force dans le sénat
καὶ τοῦ ὑπάτου Κικέρωνος	et le consul Cicéron
ἐρωτῶντος ἕκαστον	interrogeant chacun
περὶ κολάσεως,	sur le châtiment *à infliger,*
οἱ μὲν ἄλλοι μέχρι Καίσαρος	les autres *sénateurs* jusqu'à César
ἐκέλευον θανατοῦν·	ordonnaient de *les* mettre-à-mort :
ὁ δὲ Καῖσαρ ἀναστὰς	mais César s'étant levé
διῆλθε λόγον πεφροντισμένον,	prononça un discours médité,
ὡς ἀποκτεῖναι μὲν ἀκρίτους	*disant* que tuer sans-jugement
ἄνδρας λαμπροὺς	des hommes distingués
ἀξιώματι καὶ γένει	par le rang et la naissance
οὐ δοκεῖ εἶναι	ne semble pas être
πάτριον οὐδὲ δίκαιον,	conforme-à-l'usage ni juste,
μὴ	*la chose* n'étant pas
μετὰ τῆς ἐσχάτης ἀνάγκης·	avec la dernière nécessité
εἰ δὲ δεθέντες	mais si étant enchaînés

λίας, ἃς ἂν αὐτὸς ἕληται Κικέρων, μέχρις οὗ καταπολεμηθῇ Κατιλίνας, ὕστερον ἐν εἰρήνῃ καὶ καθ᾽ ἡσυχίαν περὶ ἑκάστου τῇ βουλῇ γνῶναι παρέξει¹.

VIII. Οὕτω δὲ τῆς γνώμης φιλανθρώπου φανείσης καὶ τοῦ λόγου δυνατῶς ἐπ᾽ αὐτῇ ῥηθέντος, οὐ μόνον οἱ μετὰ τοῦτον ἀνιστάμενοι προσετίθεντο, πολλοὶ δὲ καὶ τῶν πρὸ αὐτοῦ τὰς εἰρημένας γνώμας ἀπειπάμενοι, πρὸς τὴν ἐκείνου μετέστησαν, ἕως ἐπὶ Κάτωνα τὸ πρᾶγμα καὶ Κάτλον περιῆλθε. Τούτων δὲ νεανικῶς ἐναντιωθέντων, Κάτωνος δὲ καὶ τὴν ὑπόνοιαν ἅμα τῷ λόγῳ συνεπερείσαντος αὐτῷ, καὶ συνεξαναστάντος ἐρρωμένως, οἱ μὲν ἄνδρες ἀποθανούμενοι παρεδόθησαν, Καίσαρι δὲ τῆς βουλῆς ἐξιόντι πολλοὶ τῶν Κικέρωνα φρουρούντων τότε νέων γυμνὰ τὰ ξίφη συνδραμόντες ἐπέσχον. Ἀλλὰ Κουρίων τε λέγεται τῇ τηβέννῳ περιβαλὼν ὑπεξαγαγεῖν· αὐτός τε ὁ Κικέρων, ὡς οἱ νεανίσκοι

qu'alors le sénat pourrait, pendant la paix, délibérer à loisir sur ce qu'il conviendrait de faire de ces accusés.

VIII. Cet avis, qui parut plus humain et qu'il avait appuyé de toute la force de son éloquence, fit une telle impression, qu'il fut adopté par tous les sénateurs qui parlèrent après lui; plusieurs même de ceux qui avaient déjà opiné revinrent à son sentiment; mais lorsque Caton et Catulus furent en tour de dire leur avis, ils s'élevèrent avec force contre l'opinion de César; Caton surtout ayant insisté sans ménagement sur les soupçons qu'on avait contre lui, les ayant même fortifiés par de nouvelles preuves, les conjurés furent envoyés au supplice, et lorsque César sortit du sénat, plusieurs des jeunes Romains, qui servaient alors de gardes à Cicéron, coururent sur lui l'épée nue à la main; mais Curion le couvrit de sa toge et lui donna le moyen de s'échapper. Cicéron lui-même, sur qui ces jeunes gens

φρουροῖντο	ils étaient gardés
ἐν πόλεσι τῆς Ἰταλίας,	dans des villes de l'Italie,
ἃς Κικέρων αὐτὸς ἂν ἕληται,	que Cicéron lui-même aurait choisies,
μέχρις οὗ Κατιλίνας	jusqu'à ce que Catilina
καταπολεμηθῇ,	ait été vaincu,
παρέξει ὕστερον τῇ βουλῇ	il sera permis plus-tard au sénat
γνῶναι περὶ ἑκάστου	de statuer sur chacun
ἐν εἰρήνῃ καὶ κατὰ ἡσυχίαν.	en paix et à loisir.
VIII. Τῆς δὲ γνώμης	VIII. Or cette opinion
φανείσης οὕτω φιλανθρώπου	ayant paru tellement humaine
καὶ τοῦ λόγου	et le discours [elle,
ῥηθέντος δυνατῶς ἐπὶ αὐτῇ,	ayant été prononcé avec-force sur
οὐ μόνον	non seulement
οἱ ἀνιστάμενοι μετὰ τοῦτον	ceux se levant après celui-ci
προσετίθεντο,	se joignaient-à *lui*,
πολλοὶ δὲ καὶ	mais beaucoup même
τῶν πρὸ αὐτοῦ	de ceux avant lui
ἀπειπάμενοι	ayant rétracté
τὰς γνώμας εἰρημένας,	les opinions dites *par eux*,
μετέστησαν πρὸς τὴν ἐκείνου,	se rangèrent à celle de celui-ci,
ἕως τὸ πρᾶγμα περιῆλθεν	jusqu'à ce que la chose arriva
ἐπὶ Κάτωνα καὶ Κάτλον.	à Caton et Catulus.
Τούτων δὲ ἐναντιωθέντων	Ceux-ci s'étant opposés
νεανικῶς,	avec-une-ardeur-juvénile,
Κάτωνος δὲ	et Caton
καὶ συνεπερείσαντος ἅμα	ayant même appuyé à la fois
τὴν ὑπόνοιαν	les soupçons *contre César*
τῷ λόγῳ αὐτῷ,	avec le discours même *dit par lui*,
καὶ συνεξαναστάντος ἐρρωμένως,	et s'étant élevé avec force *contre lui*,
οἱ μὲν ἄνδρες παρεδόθησαν	les hommes *conjurés* furent livrés
ἀποθανούμενοι,	devant mourir,
πολλοὶ δὲ τῶν νέων	et beaucoup des jeunes *gens*
φρουρούντων τότε Κικέρωνα	gardant alors Cicéron
συνδραμόντες	étant accourus
ἐπέσχον τὰ ξίφη γυμνὰ	opposèrent leurs épées nues
Καίσαρι ἐξιόντι τῆς βουλῆς.	à César sortant du sénat.
Ἀλλὰ Κουρίων τε λέγεται	Mais et Curion est dit
περιβαλὼν τῇ τηβέννῳ	l'ayant enveloppé de sa toge
ὑπεξαγαγεῖν·	l'avoir fait-échapper;
ὅ τε Κικέρων αὐτός,	et Cicéron lui-même,

προσέβλεψαν, ἀνανεῦσαι, φοβηθεὶς τὸν δῆμον, ἢ τὸν φόνον ὅλως ἄδικον καὶ παράνομον ἡγούμενος. Τοῦτο μὲν οὖν οὐκ οἶδα ὅπως ὁ Κικέρων, εἴπερ ἦν ἀληθές, ἐν τῷ περὶ τῆς ὑπατείας οὐκ ἔγραψεν· αἰτίαν δ' εἶχεν ὕστερον, ὡς ἄριστα τῷ καιρῷ τότε παρασχόντι κατὰ τοῦ Καίσαρος μὴ χρησάμενος, ἀλλ' ἀποδειλιάσας τὸν δῆμον¹ ὑπερφυῶς περιεχόμενον τοῦ Καίσαρος. Ὅς γε καὶ μετ' ὀλίγας ἡμέρας, εἰς τὴν βουλὴν εἰσελθόντος αὐτοῦ καὶ περὶ ὧν ἐν ὑποψίαις ἦν ἀπολογουμένου, καὶ περιπίπτοντος θορύβοις πονηροῖς, ἐπειδὴ πλείων τοῦ συνήθους ἐγίγνετο τῇ βουλῇ καθεζομένῃ χρόνος, ἐπῆλθε μετὰ κραυγῆς, καὶ περιέστη τὴν σύγκλητον, ἀπαιτῶν τὸν ἄνδρα καὶ κελεύων ἀφεῖναι. Διὸ καὶ Κάτων, φοβηθεὶς μάλιστα τὸν ἐκ τῶν ἀπόρων νεωτερισμὸν, οἳ τοῦ παντὸς ὑπέκκαυμα πλήθους ἦσαν, ἐν τῷ Καίσαρι τὰς ἐλπίδας ἔχοντες,

jetèrent les yeux, comme pour recevoir de lui l'ordre de le tuer, les arrêta, soit qu'il craignît le peuple, soit qu'il crût ce meurtre tout à fait injuste et contraire aux lois. Si ces particularités sont vraies, je ne sais pourquoi Cicéron n'en a rien dit dans l'histoire de son consulat; mais dans la suite il fut blâmé de n'avoir pas saisi une occasion si favorable de se défaire de César, et d'avoir trop redouté l'affection singulière du peuple pour ce jeune Romain. Au reste, peu de jours après, César étant entré au sénat pour se justifier des soupçons qu'on avait conçus contre lui, y essuya les plus violents reproches. Comme l'assemblée se prolongeait au delà du terme ordinaire, le peuple accourut en foule, environna le sénat en jetant de grands cris, et demanda, d'un ton impérieux, qu'on laissât sortir César. Caton, qui craignait quelque entreprise de la part des indigents de Rome, de ces boute-feux de la multitude, qui avaient mis en César toutes leurs

ὡς οἱ νεανίσκοι	comme les jeunes-gens
προσέβλεψαν,	*le* regardèrent
ἀνανεῦσαι,	*est dit* avoir fait-un-signe-négatif,
φοβηθεὶς τὸν δῆμον,	ayant craint le peuple,
ἢ ἡγούμενος τὸν φόνον	ou pensant ce meurtre
ὅλως ἄδικον καὶ παράνομον.	tout-à-fait injuste et illégal.
Οὐκ οἶδα μὲν οὖν	Je ne sais pas à-la-vérité
ὅπως ὁ Κικέρων	comment Cicéron
οὐκ ἔγραψε τοῦτο,	n'a pas écrit cela,
εἴπερ ἦν ἀληθές,	si c'était vrai,
ἐν τῷ περὶ τῆς ὑπατείας·	dans le *livre* sur son consulat :
εἶχε δὲ αἰτίαν	mais il avait une accusation
ὕστερον,	plus-tard,
ὡς μὴ χρησάμενος ἄριστα	comme n'ayant pas profité très-bien
τῷ καιρῷ παρασχόντι τότε	de l'occasion qui se présenta alors
κατὰ τοῦ Καίσαρος,	contre César,
ἀλλὰ ἀποδειλιάσας τὸν δῆμον	mais ayant eu-peur du peuple
περιεχόμενον τοῦ Καίσαρος	qui protégeait César
ὑπερφυῶς.	extraordinairement.
Ὅς γε καὶ	Lequel *peuple* certes aussi
μετὰ ὀλίγας ἡμέρας,	après peu de jours,
αὐτοῦ εἰσελθόντος εἰς τὴν βουλὴν	lui (*César*) étant entré dans le sénat
καὶ ἀπολογουμένου	et se défendant
περὶ ὧν	*sur les choses* sur lesquelles
ἦν ἐν ὑποψίαις,	il était en suspicion,
καὶ περιπίπτοντος	et rencontrant
θορύβοις πονηροῖς,	un tumulte hostile,
ἐπειδὴ χρόνος ἐγίγνετο	comme le temps devenait
πλείων τοῦ συνήθους	plus long *que le temps* habituel
τῇ βουλῇ καθεζομένῃ,	au sénat siégeant,
ἐπῆλθε μετὰ κραυγῆς,	entra avec des cris,
καὶ περιέστη τὴν σύγκλητον,	et entoura l'assemblée,
ἀπαιτῶν τὸν ἄνδρα	réclamant cet homme
καὶ κελεύων ἀφεῖναι.	et ordonnant de *le* laisser-sortir.
Διὸ καὶ Κάτων,	C'est pourquoi même Caton,
φοβηθεὶς μάλιστα	ayant craint surtout
τὸν νεωτερισμὸν ἐκ τῶν ἀπόρων,	l'innovation *venant* des nécessiteux,
οἳ ἦσαν ὑπέκκαυμα	lesquels étaient le boute-feu
παντὸς τοῦ πλήθους,	de toute la multitude,
ἔχοντες τὰς ἐλπίδας ἐν τῷ Καίσαρι,	ayant leurs espérances en César,

ἔπεισε τὴν σύγκλητον ἀπονεῖμαι σιτηρέσιον αὐτοῖς ἔμμηνον, ἐξ οὗ δαπάνης μὲν ἑπτακόσιαι¹ πεντήκοντα μυριάδες ἐνιαύσιοι προσεγίνοντο τοῖς ἄλλοις ἀναλώμασι. Τὸν μέντοι μέγαν ἐν τῷ παρόντι φόβον ἔσβεσε περιφανῶς τὸ πολίτευμα τοῦτο, καὶ τὸ πλεῖστον ἀπέρρηξε τῆς Καίσαρος δυνάμεως καὶ διεσκέδασεν ἐν καιρῷ, στρατηγεῖν μέλλοντος καὶ φοβερωτέρου διὰ τὴν ἀρχὴν ὄντος.

XI². Ὁ δὲ Καῖσαρ εὐθὺς ἀπὸ τῆς στρατηγίας τῶν ἐπαρχιῶν τὴν Ἰβηρίαν³ λαβών, ὡς ἦν δυσδιάθετον αὐτῷ τὸ περὶ τοὺς δανειστὰς, ἐνοχλοῦντας ἐξιόντι καὶ καταβοῶντας, ἐπὶ Κράσσον κατέφυγε, πλουσιώτατον ὄντα Ῥωμαίων, δεόμενον δὲ τῆς Καίσαρος ἀκμῆς καὶ θερμότητος ἐπὶ τὴν πρὸς Πομπήϊον ἀντιπολιτείαν. Ἀναδεξαμένου δὲ τοῦ Κράσσου τοὺς μάλιστα χαλεποὺς καὶ ἀπαραιτήτους τῶν δανειστῶν, καὶ διεγγυήσαντος ὀκτακοσίων καὶ τριάκοντα τα-

espérances, conseilla au sénat de faire tous les mois à cette classe du peuple une distribution de blé, qui n'ajouterait aux dépenses ordinaires de l'année que sept millions cinq cent mille drachmes. Cette sage politique fit évanouir pour le moment la crainte du sénat ; elle affaiblit et dissipa même en grande partie l'influence de César, dans un temps où l'autorité de la préture allait le rendre bien plus redoutable.

XI. César, aussitôt après avoir obtenu la préture, fut désigné par le sort pour aller commander en Espagne. Ses créanciers, qu'il était hors d'état de satisfaire, le voyant sur son départ, vinrent crier après lui et solliciter le paiement de leurs créances. Il eut donc recours à Crassus, le plus riche des Romains, qui avait besoin de la chaleur et de l'activité de César pour se soutenir contre Pompée, son rival en administration. Crassus s'engagea envers les créanciers les plus difficiles et les moins traitables pour la somme de huit cent trente talents. César, dont il se rendit caution, fut libre de partir pour son

Ἔπεισε τὴν σύγκλητον	persuada l'assemblée
ἀπονεῖμαι αὐτοῖς	de distribuer à eux
σιτηρέσιον ἔμμηνον,	une ration mensuelle,
ἐξ οὗ	par suite de laquelle
ἑπτακόσιαι πεντήκοντα μυριάδες	sept-cent cinquante myriades
ἐνιαύσιοι δαπάνης	annuelles de dépense
προσεγίνοντο	s'ajoutaient
τοῖς ἄλλοις ἀναλώμασι.	aux autres frais.
Τοῦτο μέντοι τὸ πολίτευμα	Certainement cette mesure politique
ἔσβεσε περιφανῶς	éteignit remarquablement
τὸν μέγαν φόβον	la grande terreur
ἐν τῷ παρόντι,	dans le *moment* présent,
καὶ ἀπέρρηξε καὶ διεσκέδασεν	et brisa et dissipa
ἐν καιρῷ	à propos
τὸ πλεῖστον	la plus grande *partie*
τῆς δυνάμεως Καίσαρος,	de la puissance de César,
μέλλοντος στρατηγεῖν	qui était-sur-le-point d'être-préteur
καὶ ὄντος φοβερωτέρου	et qui était plus redoutable
διὰ τὴν ἀρχήν.	à cause de sa charge.
XI. Ὁ δὲ Καῖσαρ	XI. Mais César
εὐθὺς ἀπὸ τῆς στρατηγίας	aussitôt après la préture
λαβὼν τὴν Ἰβηρίαν	ayant reçu l'Espagne
τῶν ἐπαρχιῶν,	d'entre les provinces,
ὡς τὸ περὶ τοὺς δανειστὰς	comme l'*affaire* avec les créanciers
ἐνοχλοῦντας ἐξιόντι	qui gênaient *lui* sortant
καὶ καταβοῶντας	et qui criaient-contre *lui*
ἦν αὐτῷ δυσδιάθετον,	était à lui difficile-à-arranger,
κατέφυγεν ἐπὶ Κράσσον,	eut-recours à Crassus,
ὄντα πλουσιώτατον Ῥωμαίων,	qui était le plus riche des Romains,
δεόμενον δὲ τῆς ἀκμῆς	et qui avait-besoin de l'influence
καὶ θερμότητος Καίσαρος	et de l'ardeur de César
ἐπὶ τὴν ἀντιπολιτείαν	pour sa rivalité-politique
πρὸς Πομπήϊον.	avec Pompée.
Τοῦ δὲ Κράσσου ἀναδεξαμένου	Or Crassus s'étant chargé
τοὺς μάλιστα χαλεποὺς	des plus difficiles
καὶ ἀπαραιτήτους	et intraitables
τῶν δανειστῶν,	des créanciers,
καὶ διεγγυήσαντος ὀκτακοσίων	et s'étant-engagé-pour huit-cents
καὶ τριάκοντα ταλάντων,	et trente talents,
ἐξῆλθεν οὕτως ἐπὶ τὴν ἐπαρχίαν.	*César* partit ainsi pour sa province.

λάντων, οὕτως ἐξῆλθεν ἐπὶ τὴν ἐπαρχίαν. Λέγεται δὲ, τὰς Ἄλπεις ὑπερβάλλοντος αὐτοῦ, καὶ πολίχνιόν τι βαρβαρικὸν, οἰκούμενον ὑπ᾽ ἀνθρώπων παντάπασιν ὀλίγων καὶ λυπρὸν παρερχομένου, τοὺς ἑταίρους ἅμα γέλωτι καὶ μετὰ παιδιᾶς· « Ἦπου, φάναι, κἀνταῦθά τινές εἰσιν ὑπὲρ ἀρχῶν φιλοτιμίαι καὶ περὶ πρωτείων ἅμιλλαι καὶ φθόνοι τῶν δυνατῶν πρὸς ἀλλήλους; » Τὸν δὲ Καίσαρα σπουδάσαντα πρὸς αὐτοὺς εἰπεῖν· « Ἐγὼ μὲν ἐβουλόμην παρὰ τούτοις εἶναι μᾶλλον πρῶτος ἢ παρὰ Ῥωμαίοις δεύτερος. » Ὁμοίως δὲ πάλιν ἐν Ἰβηρίᾳ, σχολῆς οὔσης, ἀναγινώσκοντά τι τῶν περὶ Ἀλεξάνδρου γεγραμμένων, σφόδρα γενέσθαι πρὸς ἑαυτῷ πολὺν χρόνον, εἶτα καὶ δακρῦσαι· τῶν δὲ φίλων θαυμασάντων τὴν αἰτίαν, εἰπεῖν· « Οὐ δοκεῖ ὑμῖν ἄξιον εἶναι λύπης, εἰ τηλικοῦτος μὲν ὢν Ἀλέξανδρος ἤδη τοσούτων ἐβασίλευεν, ἐμοὶ δὲ λαμπρὸν οὐδὲν οὔπω πέπρακται; »

XII. Τῆς γοῦν Ἰβηρίας ἐπιβὰς, εὐθὺς ἦν ἐνεργὸς, ὥσθ᾽ ἡμέ-

gouvernement. On dit qu'en traversant les Alpes, il passa dans une petite ville occupée par des Barbares, et qui n'avait qu'un petit nombre de misérables habitants. Ses amis lui ayant demandé, en plaisantant, s'il croyait qu'il y eût dans cette ville des brigues pour les charges, des rivalités pour le premier rang, des jalousies entre les citoyens les plus puissants, César leur répondit très-sérieusement qu'il aimerait mieux être le premier parmi ces Barbares que le second dans Rome. Pendant son séjour en Espagne, il lisait, un jour de loisir, des particularités de la vie d'Alexandre; et, après quelques moments de réflexion, il se mit à pleurer. Ses amis, étonnés, lui en demandèrent la cause : « N'est-ce pas pour moi, leur dit-il, un juste « sujet de douleur, qu'Alexandre, à l'âge où je suis, eût déjà con- « quis tant de royaumes, et que je n'aie encore rien fait de mémo- « rable? »

XII. A peine arrivé en Espagne il ne perdit pas un moment, et en

Λέγεται δὲ,	Et il est dit,
αὐτοῦ ὑπερβάλλοντος τὰς Ἄλπεις,	lui franchissant les Alpes,
καὶ παρερχομένου	et traversant
τὶ πολίχνιον βαρβαρικὸν	certaine petite-ville barbare
οἰκούμενον ὑπὸ ἀνθρώπων	habitée par des hommes
παντάπασιν ὀλίγων	tout-à-fait peu-nombreux
καὶ λυπρὸν,	et triste,
τοὺς ἑταίρους ἅμα γέλωτι	ses compagnons avec rire
καὶ μετὰ παιδιᾶς·	et avec plaisanterie :
« Ἦπου, φάναι,	« Certes, avoir dit,
καὶ ἐνταῦθα	*est-ce-que* même ici
εἰσί τινες φιλοτιμίαι	sont quelques rivalités
ὑπὲρ ἀρχῶν	pour des charges
καὶ ἅμιλλαι περὶ πρωτείων	et des contestations pour primautés
καὶ φθόνοι τῶν δυνατῶν	et des jalousies des puissants
πρὸς ἀλλήλους; »	les uns contre les autres ? »
Τὸν δὲ Καίσαρα σπουδάσαντα	Mais César ayant parlé-sérieusement
εἰπεῖν πρὸς αὐτούς·	avoir dit à eux :
« Ἐγὼ μὲν ἐβουλόμην μᾶλλον	« Moi certes je voudrais plutôt
εἶναι πρῶτος παρὰ τούτοις	être le premier parmi ceux-ci
ἢ δεύτερος παρὰ Ῥωμαίοις. »	que le second parmi les Romains. »
Ὁμοίως δὲ πάλιν	Et semblablement de nouveau
ἐν Ἰβηρίᾳ,	en Espagne,
σχολῆς οὔσης,	du loisir étant *à lui*,
ἀναγινώσκοντά τι	lisant quelque *chose*
τῶν γεγραμμένων	de celles écrites
περὶ Ἀλεξάνδρου,	sur Alexandre,
γενέσθαι σφόδρα πρὸς ἑαυτῷ	avoir été fortement en soi-même
πολὺν χρόνον,	un long temps,
εἶτα καὶ δακρῦσαι·	puis aussi avoir pleuré :
τῶν δὲ φίλων	et ses amis
θαυμασάντων τὴν αἰτίαν,	étant étonnés du motif,
εἰπεῖν· « Οὐ δοκεῖ ὑμῖν	avoir dit : « Ne semble-t-il pas à vous
εἶναι ἄξιον λύπης,	être digne de chagrin,
εἰ Ἀλέξανδρος μὲν	si Alexandre d'une part
ὢν τηλικοῦτος	étant de-cet-âge
ἐβασίλευεν ἤδη τοσούτων,	régnait déjà sur tant *de peuples*,
οὐδὲν δὲ λαμπρὸν	et *que* d'autre part rien d'éclatant
οὔπω πέπρακται ἐμοί; »	n'ait encore été fait par moi ? »
XII. Ἐπιβὰς γοῦν	XII. Du moins ayant mis-le-pied

ραις ὀλίγαις δέκα σπείρας συναγαγεῖν πρὸς ταῖς πρότερον οὔσαις εἴκοσι· καὶ στρατεύσας ἐπὶ Καλλαϊκοὺς[1] καὶ Λουσιτανοὺς, κρατῆσαι, καὶ προελθεῖν ἄχρι τῆς ἔξω θαλάσσης[2], τὰ μὴ πρότερον ὑπακούοντα Ῥωμαίοις ἔθνη καταστρεφόμενος. Θέμενος δὲ τὰ τοῦ πολέμου καλῶς, οὐ χεῖρον ἐβράβευε τὰ τῆς εἰρήνης, ὁμόνοιάν τε ταῖς πόλεσι καθιστὰς, καὶ μάλιστα τὰς τῶν χρεωφειλετῶν καὶ δανειστῶν ἰώμενος διαφοράς. Ἔταξε γὰρ τῶν προσιόντων τοῖς ὀφείλουσι καθ' ἕκαστον ἐνιαυτὸν δύο μὲν μέρη τὸν δανειστὴν ἀναιρεῖσθαι, τῷ δὲ λοιπῷ χρῆσθαι τὸν δεσπότην, ἄχρις ἂν οὕτως ἐκλυθῇ τὸ δάνειον. Ἐπὶ τούτοις εὐδοκιμῶν ἀπηλλάγη τῆς ἐπαρχίας, αὐτός τε πλούσιος γεγονὼς, καὶ τοὺς στρατιώτας ὠφεληκὼς ἀπὸ τῶν στρατηγιῶν, καὶ προσηγορευμένος αὐτοκράτωρ ὑπ' αὐτῶν.

XIII. Ἐπεὶ δὲ τοὺς μὲν μνωμένους θρίαμβον ἔξω διατρίβειν ἔδει, τοὺς δὲ μετιόντας ὑπατείαν παρόντας ἐν τῇ πόλει τοῦτο

---

peu de jours il eut mis sur pied dix cohortes, qu'il joignit aux vingt qu'il y avait trouvées : marchant à leur tête contre les Calléciens et les Lusitaniens, il vainquit ces deux peuples, et s'avança jusqu'à la mer extérieure, en subjuguant des nations qui n'avaient jamais été soumises aux Romains. A la gloire des succès militaires il ajouta celle d'une sage administration pendant la paix ; il rétablit la concorde dans les villes, et s'appliqua surtout à terminer les différends qui s'élevaient chaque jour entre les créanciers et les débiteurs. Il ordonna que les premiers prendraient tous les ans les deux tiers des revenus des débiteurs, et que ceux-ci auraient l'autre tiers jusqu'à l'entier acquittement de la dette. La sagesse de ce règlement lui fit beaucoup d'honneur ; il quitta son gouvernement après s'y être enrichi, et avoir procuré des gains considérables à ses soldats, qui, avant son départ, le saluèrent du titre d'*imperator*.

XIII. Les Romains qui demandaient l'honneur du triomphe étaient obligés de demeurer hors de la ville ; et, pour briguer le consulat,

τῆς Ἰβηρίας,	en Espagne,
εὐθὺς ἦν ἐνεργὸς,	aussitôt il fut actif,
ὥστε συναγαγεῖν ὀλίγαις ἡμέραις	au point de réunir en peu de jours
δέκα σπείρας πρὸς ταῖς εἴκοσιν	dix cohortes aux vingt
οὔσαις πρότερον·	qui y étaient auparavant :
καὶ στρατεύσας	et s'étant mis-en-campagne
ἐπὶ Καλλαϊκοὺς	contre les Calléciens
καὶ Λουσιτανοὺς,	et les Lusitaniens,
κρατῆσαι, καὶ προελθεῖν	*les* avoir vaincus, et s'être avancé
ἄχρι τῆς θαλάσσης (τῆς) ἔξω,	jusqu'à la mer *du* dehors,
καταστρεφόμενος τὰ ἔθνη	subjuguant les nations
μὴ ὑπακούοντα πρότερον	n'étant pas soumises auparavant
Ῥωμαίοις.	aux Romains.
Θέμενος δὲ καλῶς	Mais ayant arrangé bien
τὰ τοῦ πολέμου,	les *affaires* de la guerre
οὐκ ἐβράβευε χεῖρον	il n'administrait pas moins bien
τὰ τῆς εἰρήνης,	celles de la paix,
καθιστάς τε	et établissant
ὁμόνοιαν ταῖς πόλεσι,	la concorde entre les villes,
καὶ μάλιστα ἰώμενος τὰς διαφορὰς	et surtout guérissant les différends
τῶν χρεωφειλετῶν καὶ δανειστῶν.	des débiteurs et des créanciers.
Ἔταξε γὰρ τὸν μὲν δανειστὴν	Car il régla d'une part le créancier
ἀναιρεῖσθαι κατὰ ἕκαστον ἐνιαυτὸν	prendre par chaque année
δύο μέρη	deux parts
τῶν προσιόντων τοῖς ὀφείλουσι,	des *biens* revenant aux débiteurs,
τὸν δὲ δεσπότην	et d'autre part le possesseur
χρῆσθαι τῷ λοιπῷ,	se servir du reste *de sa fortune*,
ἄχρι τὸ δάνειον	jusqu'à ce que la dette
ἂν ἐκλυθῇ οὕτως.	fût acquittée ainsi.
Εὐδοκιμῶν ἐπὶ τούτοις	Estimé pour cela
ἀπηλλάγη τῆς ἐπαρχίας,	il sortit de sa province,
αὐτός τε γεγονὼς πλούσιος,	et lui-même devenu riche,
καὶ ὠφεληκὼς τοὺς στρατιώτας	et ayant aidé ses soldats
ἀπὸ τῶν στρατηγιῶν,	*du produit* de ses commandements,
καὶ προσηγορευμένος ὑπὸ αὐτῶν	et ayant été proclamé par eux
αὐτοκράτωρ.	*imperator*. [côté
XIII. Ἐπεὶ δὲ ἔδει μὲν	XIII. Mais comme il fallait d'un
τοὺς μνωμένους θρίαμβον	ceux aspirant au triomphe
διατρίβειν ἔξω,	rester hors *de la ville*,
τοὺς δὲ μετιόντας ὑπατείαν	et de l'autre ceux briguant le consulat

πράττειν, ἐν τοιαύτῃ γεγονὼς ἀντινομίᾳ, καὶ πρὸς αὐτὰς τὰς ὑπατικὰς ἀφιγμένος ἀρχαιρεσίας, ἔπεμψε πρὸς τὴν σύγκλητον αἰτούμενος αὐτῷ δοθῆναι παραγγέλλειν εἰς ὑπατείαν ἀπόντι διὰ τῶν φίλων. Κάτωνος δὲ πρῶτον μὲν ἰσχυριζομένου τῷ νόμῳ πρὸς τὴν ἀξίωσιν, εἶτα, ὡς ἑώρα πολλοὺς τεθεραπευμένους ὑπὸ τοῦ Καίσαρος, ἐκκρούσαντος τῷ χρόνῳ τὸ πρᾶγμα καὶ τὴν ἡμέραν ἐν τῷ λέγειν κατατρίψαντος, ἔγνω τὸν θρίαμβον ἀφεὶς ὁ Καῖσαρ ἔχεσθαι τῆς ὑπατείας· καὶ παρελθὼν εὐθὺς, ὑποδύεται πολίτευμά τι πάντας ἀνθρώπους ἐξαπατῆσαν πλὴν Κάτωνος. Ἦν δὲ τοῦτο διαλλαγὴ Πομπηΐου καὶ Κράσσου, τῶν μέγιστον ἐν τῇ πόλει δυναμένων· οὓς συναγαγὼν ὁ Καῖσαρ εἰς φιλίαν ἐκ διαφορᾶς, καὶ τὴν ἀπ᾽ ἀμφοῖν συνενεγκάμενος ἰσχὺν εἰς ἑαυτὸν, ἔργῳ φιλάνθρωπον ἔχοντι προσηγορίαν ἔλαθε μεταστήσας τὴν πολιτείαν. Οὐ γὰρ, ὡς οἱ πλεῖστοι νομίζουσιν, ἡ Καίσαρος καὶ Πομπηΐου διαφορὰ τοὺς ἐμφυλίους ἀπειργάσατο πολέμους, ἀλλὰ

il fallait être dans Rome. César, arrêté par ces lois contraires, car on était à la veille des comices consulaires, envoya demander au sénat la permission de solliciter le consulat par ses amis, en restant hors de la ville. Caton, s'appuyant sur la loi, combattit vivement la prétention de César; mais, voyant que celui-ci avait mis plusieurs sénateurs dans ses intérêts, il chercha à gagner du temps, et employa le jour entier à dire son opinion. César alors prit le parti d'abandonner le triomphe et de briguer le consulat. Il entra dans Rome, et fit une action d'éclat, dont tout le monde, excepté Caton, fut la dupe : il réconcilia Crassus et Pompée, les deux hommes qui avaient le plus de pouvoir dans la ville. César apaisa leurs dissensions, les remit bien ensemble; et par là il réunit en lui seul la puissance de l'un et de l'autre. On ne s'aperçut pas que ce fut cette action, en apparence si honnête, qui causa le renversement de la république. En effet, ce fut moins l'inimitié de César et de Pompée, comme on le croit communément, qui donna naissance aux guerres

πράττειν τοῦτο	faire cela
παρόντας ἐν τῇ πόλει,	étant présents dans la ville,
γεγονὼς ἐν τοιαύτῃ ἀντινομίᾳ	se trouvant dans un tel conflit-de-loi
καὶ ἀφιγμένος	et étant arrivé
πρὸς τὰς ἀρχαιρεσίας ὑπατικὰς	à l'époque des comices consulaires
αὐτάς, ἔπεμψε πρὸς τὴν σύγκλητον	eux-mêmes, il envoya au sénat
αἰτούμενος δοθῆναι αὐτῷ ἀπόντι	demandant être accordé à lui absent
παραγγέλλειν	de se-mettre-sur-les-rangs
εἰς ὑπατείαν	pour le consulat
διὰ τῶν φίλων.	par-l'intermédiaire-de ses amis.
Κάτωνος δὲ πρῶτον μὲν	Mais Caton d'abord
ἰσχυριζομένου τῷ νόμῳ	se-faisant-fort de la loi
πρὸς τὴν ἀξίωσιν,	contre cette demande,
εἶτα, ὡς ἑώρα πολλοὺς	puis, comme il voyait plusieurs
τεθεραπευμένους	ayant été gagnés
ὑπὸ τοῦ Καίσαρος,	par César,
ἐκκρούσαντος τῷ χρόνῳ τὸ πρᾶγμα	ayant différé par le temps l'affaire
καὶ κατατρίψαντος τὴν ἡμέραν	et ayant consumé la journée
ἐν τῷ λέγειν,	à parler,
ὁ Καῖσαρ ἔγνω	César résolut
ἀφεὶς τὸν θρίαμβον	laissant-de-côté le triomphe
ἔχεσθαι τῆς ὑπατείας·	de s'attacher au consulat :
καὶ παρελθὼν εὐθύς,	et étant venu aussitôt,
ὑποδύεταί τι πολίτευμα	il machine une mesure-politique
ἐξαπατῆσαν πάντας ἀνθρώπους	qui trompa tous les hommes
πλὴν Κάτωνος.	excepté Caton.
Τοῦτο δὲ ἦν διαλλαγὴ	Or cette *mesure* était la réconciliation
Πομπηΐου καὶ Κράσσου,	de Pompée et de Crassus,
τῶν δυναμένων μέγιστον	qui pouvaient le plus
ἐν τῇ πόλει·	dans la république :
οὓς ὁ Καῖσαρ συναγαγὼν	lesquels César ayant ramenés
ἐκ διαφορᾶς εἰς φιλίαν,	de dissension en amitié,
καὶ συνενεγκάμενος εἰς ἑαυτὸν	et ayant reporté sur soi-même
τὴν ἰσχὺν ἀπὸ ἀμφοῖν,	la puissance de tous deux,
ἔλαθε μεταστήσας	fut ignoré ayant renversé
τὴν πολιτείαν ἔργῳ	le gouvernement par un acte
ἔχοντι προσηγορίαν φιλάνθρωπον.	qui avait nom d'-humanité.
Ἡ γὰρ διαφορὰ	Car le différend
Καίσαρος καὶ Πομπηΐου	de César et de Pompée
οὐκ ἀπειργάσατο	ne produisit pas

μᾶλλον ἡ φιλία συστάντων ἐπὶ καταλύσει τῆς ἀριστοκρατίας τὸ πρῶτον, εἶτα οὕτω καὶ πρὸς ἀλλήλους διαστάντων. Κάτωνι δὲ πολλάκις τὰ μέλλοντα προθεσπίζοντι περιῆν δυσκόλου μὲν ἀνθρώπου τότε καὶ πολυπράγμονος, ὕστερον δὲ φρονίμου μὲν, οὐκ εὐτυχοῦς δὲ συμβούλου λαβεῖν δόξαν.

XIV. Οὐ μὴν ἀλλ' ὁ Καῖσαρ ἐν μέσῳ τῆς Κράσσου καὶ Πομπηΐου φιλίας δορυφορούμενος, ἐπὶ τὴν ὑπατείαν προήχθη, καὶ λαμπρῶς ἀναγορευθεὶς μετὰ Καλπουρνίου Βίβλου, καὶ καταστὰς εἰς τὴν ἀρχὴν, εὐθὺς εἰσέφερε νόμους οὐχ ὑπάτῳ προσήκοντας, ἀλλὰ δημάρχῳ τινὶ θρασυτάτῳ, πρὸς ἡδονὴν τῶν πολλῶν κληρουχίας τινὰς χώρας καὶ διανομὰς εἰσηγούμενος. Ἐν δὲ τῇ βουλῇ τῶν καλῶν τε κἀγαθῶν ἀντικρουσάντων, πάλαι δεόμενος προφάσεως, ἀνακραγὼν καὶ μαρτυράμενος ὡς εἰς τὸν δῆμον ἄκων ἐξελαύνοιτο, θεραπεύσων ἐκεῖνον ἐξ ἀνάγκης ὕβρει καὶ

civiles, que leur amitié même, qui les réunit d'abord pour renverser le gouvernement aristocratique, et qui aboutit ensuite à une rupture ouverte entre ces deux rivaux. Caton, qui prédit souvent le résultat de leur liaison, n'y gagna alors que de passer pour un homme difficile et chagrin : dans la suite, l'événement le justifia ; et l'on reconnut qu'il avait dans ses conseils plus de prudence que de bonheur.

XIV. César, en se présentant aux comices, entouré de la faveur de Crassus et de Pompée, fut porté avec le plus grand éclat à la dignité de consul : on lui donna pour collègue Calpurnius Bibulus. Il était à peine entré en exercice de sa charge, qu'il publia des lois dignes, non d'un consul, mais du tribun le plus audacieux. Il proposa, par le seul motif de plaire au peuple, des partages de terres et des distributions de blé. Les premiers et les plus honnêtes d'entre les sénateurs s'élevèrent contre ces lois ; et César, qui depuis longtemps ne cherchait qu'un prétexte pour se déclarer, protesta hautement qu'on le poussait malgré lui vers le peuple ; que l'injustice et la dureté du sénat le mettaient dans la nécessité de faire la cour à la multitude :

| | VIE DE CÉSAR. | 43 |

τοὺς πολέμους ἐμφυλίους, — les guerres civiles,
ὡς οἱ πλεῖστοι νομίζουσιν, — comme la plupart le pensent,
ἀλλὰ μᾶλλον ἡ φιλία — mais plutôt l'amitié
συστάντων τὸ πρῶτον — d'*eux* ligués d'abord
ἐπὶ καταλύσει τῆς ἀριστοκρατίας, — pour la ruine de l'aristocratie,
εἶτα διαστάντων οὕτω — puis divisés ainsi
καὶ πρὸς ἀλλήλους. — même l'un contre l'autre.
Περιῆν δὲ Κάτωνι — Mais il arriva à Caton
προθεσπίζοντι πολλάκις — qui prédisait souvent
τὰ μέλλοντα — les *choses* devant arriver
λαβεῖν τότε μὲν δόξαν — de prendre alors la réputation
ἀνθρώπου δυσκόλου — d'un homme fâcheux
καὶ πολυπράγμονος, — et tracassier,
ὕστερον δὲ συμβούλου — et plus tard d'un conseiller
φρονίμου μὲν, οὐκ εὐτυχοῦς δέ. — sage il-est-vrai, mais non heureux.

XIV. Οὐ μὴν ἀλλὰ ὁ Καῖσαρ — XIV. Cependant César
δορυφορούμενος — escorté
ἐν μέσῳ τῆς φιλίας — au milieu de l'amitié
Κράσσου καὶ Πομπηίου, — de Crassus et de Pompée,
προήχθη ἐπὶ τὴν ὑπατείαν, — fut conduit au consulat,
καὶ ἀναγορευθεὶς λαμπρῶς — et ayant été proclamé avec-éclat
μετὰ Καλπουρνίου Βίβλου, — avec Calpurnius Bibulus,
καὶ καταστὰς εἰς τὴν ἀρχὴν, — et étant entré en charge,
εὐθὺς εἰσέφερε νόμους — aussitôt portait des lois
προσήκοντας οὐχ ὑπάτῳ, — convenant non à un consul,
ἀλλά τινι δημάρχῳ θρασυτάτῳ, — mais à quelque tribun très-téméraire,
εἰσηγούμενος — proposant
τινὰς κληρουχίας χώρας — certains partages de terre
καὶ διανομὰς — et des distributions *de blé*
πρὸς ἡδονὴν τῶν πολλῶν. — pour l'agrément de la multitude.
Ἐν δὲ τῇ βουλῇ — Mais dans le sénat
τῶν καλῶν τε καὶ ἀγαθῶν — les *gens* honnêtes et vertueux
ἀντικρουσάντων, — s'étant opposés,
δεόμενος πάλαι — *César* demandant depuis-longtemps
προφάσεως, — un prétexte,
ἀνακραγὼν καὶ μαρτυράμενος — ayant crié et protesté
ὡς ἄκων ἐξελαύνοιτο — que malgré-lui il était poussé
εἰς τὸν δῆμον, — vers le peuple,
θεραπεύσων ἐκεῖνον ἐξ ἀνάγκης — devant caresser celui-ci par nécessité
ὕβρει καὶ χαλεπότητι — *à cause* de l'insolence et de la dureté

χαλεπότητι τῆς βουλῆς, πρὸς αὐτὸν ἐξεπήδησε· καὶ περιστησάμενος ἔνθεν μὲν Κράσσον, ἔνθεν δὲ Πομπήϊον, ἠρώτησεν εἰ τοὺς νόμους ἐπαινοῖεν. Ἐπαινεῖν δὲ φασκόντων, παρεκάλει βοηθεῖν πρὸς τοὺς ἐνίστασθαι μετὰ ξιφῶν ἀπειλοῦντας. Ἐκεῖνοι δ' ὑπισχνοῦντο· Πομπήϊος δὲ καὶ προσεπεῖπεν ὡς ἀφίξοιτο πρὸς τὰ ξίφη μετὰ τοῦ ξίφους καὶ θυρεὸν κομίζων. Ἐπὶ τούτῳ τοὺς μὲν ἀριστοκρατικοὺς ἠνίασεν, οὐκ ἀξίαν τῆς περὶ αὐτὸν αἰδοῦς οὐδὲ τῇ πρὸς τὴν σύγκλητον εὐλαβείᾳ πρέπουσαν, ἀλλὰ μανικὴν καὶ μειρακιώδη φωνὴν ἀκούσαντας· ὁ δὲ δῆμος ἥσθη. Καῖσαρ δὲ μειζόνως ἔτι τῆς Πομπηίου δυνάμεως ἐπιδραττόμενος (ἦν γὰρ αὐτῷ Ἰουλία θυγάτηρ ἐγγεγυημένη Σερουϊλίῳ Καιπίωνι), ταύτην ἐνεγύησε Πομπηΐῳ· τὴν δὲ Πομπηΐου τῷ Σερουϊλίῳ δώσειν ἔφησεν, οὐδ' αὐτὴν ἀνέγγυον οὖσαν, ἀλλὰ Φαύστῳ, τῷ Σύλλα παιδί, καθωμολογημένην. Ὀλίγῳ δ' ὕστερον Καῖσαρ ἠγάγετο Καλπουρνίαν, θυγατέρα Πείσωνος, τὸν δὲ Πείσωνα κατέστησεν ὕπατον εἰς τὸ μέλλον, ἐνταῦθα δὴ καὶ σφόδρα μαρτυρομένου Κάτωνος

et sur-le-champ il se rendit à l'assemblée du peuple. Là, ayant à ses côtés Crassus et Pompée, il leur demanda à haute voix s'ils approuvaient les lois qu'il venait de proposer. Sur leur réponse affirmative, il les exhorta à le soutenir contre ceux qui, pour les lui faire retirer, le menaçaient de leurs épées. Ils le lui promirent tous deux; et Pompée ajouta qu'il opposerait aux épées l'épée et le bouclier. Cette parole déplut aux sénateurs et aux nobles, qui la trouvèrent peu convenable à sa dignité personnelle, aux égards qu'il devait au sénat, et digne tout au plus d'un jeune homme emporté; mais elle le rendit très-agréable au peuple. César, qui voulait s'assurer de plus en plus la puissance de Pompée, lui donna en mariage sa fille Julia, déjà fiancée à Servilius Cépion, auquel il promit la fille de Pompée, qui elle-même n'était pas libre, ayant été déjà promise à Faustus, fils de Sylla. Peu de temps après il épousa Calpurnie, fille de Pison, et fit désigner celui-ci consul pour l'année suivante. Caton ne cessait

τῆς βουλῆς,	du sénat,
ἐξεπήδησε πρὸς αὐτόν·	s'élança vers lui :
καὶ περιστησάμενος	et ayant mis-autour *de lui*
ἔνθεν μὲν Κράσσον,	d'un côté Crassus,
ἔνθεν δὲ Πομπήϊον,	et de l'autre Pompée,
ἠρώτησεν	il *leur* demanda
εἰ ἐπαινοῖεν τοὺς νόμους.	s'ils approuvaient ses lois.
Φασκόντων δὲ ἐπαινεῖν,	Et *eux* répétan. *les* approuver,
παρεκάλει βοηθεῖν	il *les* engageait à *les* soutenir
πρὸς τοὺς ἀπειλοῦντας	contre ceux qui menaçaient
ἀνίστασθαι μετὰ ξιφῶν.	de s'y opposer avec l'épée.
Ἐκεῖνοι δὲ ὑπισχνοῦντο·	Et ceux-ci promettaient *de le faire* :
Πομπήϊος δὲ καὶ προσεπεῖπεν	et Pompée même ajouta
ὡς ἀφίξοιτο κομίζων	qu'il viendrait apportant
καὶ θυρεὸν μετὰ τοῦ ξίφους	le bouclier aussi avec l'épée
πρὸς τὰ ξίφη.	contre les épées.
Ἐπὶ τούτῳ μὲν	Pour cela certes
ἠνίασε τοὺς ἀριστοκρατικούς,	il chagrina les nobles,
ἀκούσαντας φωνὴν	qui avaient entendu cette parole
οὐκ ἀξίαν τῆς αἰδοῦς περὶ αὐτὸν	non digne du respect de lui-même
οὐδὲ πρέπουσαν	ni convenable
τῇ εὐλαβείᾳ πρὸς τὴν σύγκλητον,	à la déférence *due* au sénat,
ἀλλὰ μανικὴν καὶ μειρακιώδη·	mais furieuse et de-jeune-homme :
ὁ δὲ δῆμος ἥσθη.	mais le peuple *en* fut charmé.
Καῖσαρ δὲ ἐπιθραττόμενος	Or César s'attachant
ἔτι μειζόνως	encore plus fortement
τῆς δυνάμεως Πομπηΐου	à la puissance de Pompée
(Ἰουλία γὰρ θυγάτηρ αὐτῷ	(car Julie fille à lui
ἦν ἐγγεγυημένη	était promise
Σερουϊλίῳ Καιπίωνι),	à Servilius Cépion),
ἐνεγύησε ταύτην Πομπηΐῳ·	fiança celle-ci à Pompée :
ἔφησε δὲ δώσειν τῷ Σερουϊλίῳ	mais il dit devoir donner à Servilius
τὴν Πομπηΐου,	la *fille* de Pompée,
οὐδὲ οὖσαν αὐτὴν ἀνέγγυον,	n'étant pas elle-même non-promise,
ἀλλὰ καθωμολογημένην	mais ayant été accordée
Φαύστῳ, τῷ παιδὶ Σύλλα.	à Faustus, le fils de Sylla.
Ὀλίγῳ δὲ ὕστερον Καῖσαρ	Mais peu après César
ἠγάγετο Καλπουρνίαν,	épousa Calpurnie,
θυγατέρα Πείσωνος,	fille de Pison,
κατέστησε δὲ τὸν Πείσωνα	et institua Pison

καὶ βοῶντος οὐκ ἀνεκτὸν εἶναι, γάμοις διαμαστροπευομένης τῆς ἡγεμονίας, καὶ διὰ γυναίων εἰς ἐπαρχίας καὶ στρατεύματα καὶ δυνάμεις ἀλλήλους ἀντεισαγόντων. Ὁ μὲν οὖν συνάρχων τοῦ Καίσαρος, Βίβλος, ἐπεὶ κωλύων τοὺς νόμους οὐδὲν ἐπέραινεν, ἀλλὰ πολλάκις ἐκινδύνευε μετὰ Κάτωνος ἐπὶ τῆς ἀγορᾶς ἀποθανεῖν, ἐγκλεισάμενος οἴκοι τὸν τῆς ἀρχῆς χρόνον διετέλεσε. Πομπήϊος δὲ γήμας εὐθὺς ἐνέπλησε τὴν ἀγορὰν ὅπλων, καὶ συνεπεκύρου τῷ δήμῳ τοὺς νόμους· Καίσαρι δὲ τὴν ἐντὸς Ἄλπεων καὶ τὴν ἐκτὸς ἅπασαν Κελτικήν[1], προσθεὶς τὸ Ἰλλυρικὸν, μετὰ ταγμάτων τεσσάρων εἰς πενταετίαν. Κάτωνα μὲν οὖν ἐπιχειρήσαντα τούτοις ἀντιλέγειν ἀπῆγεν εἰς φυλακὴν ὁ Καῖσαρ, οἰόμενος αὐτὸν ἐπικαλέσεσθαι τοὺς δημάρχους· ἐκείνου δ' ἀφώνου βαδίζοντος, ὁρῶν ὁ Καῖσαρ οὐ μόνον τοὺς κρατίστους δυσφοροῦντας, ἀλλὰ καὶ τὸ δημοτικὸν αἰδοῖ τῆς Κάτωνος ἀρετῆς σιωπῇ καὶ μετὰ

de se récrier, et de protester en plein sénat contre l'impudence avec laquelle on prostituait ainsi l'empire par des mariages ; et, en trafiquant des femmes, on se donnait mutuellement les gouvernements des provinces, les commandements des armées et les premières charges de la république. Bibulus, le collègue de César, voyant l'inutilité des oppositions qu'il faisait à ces lois, ayant même souvent couru le risque, ainsi que Caton, d'être tué sur la place publique, passa le reste de son consulat renfermé dans sa maison. Pompée, aussitôt après son mariage, ayant rempli la place d'hommes armés, fit confirmer ces lois par le peuple, et décerner à César, pour cinq ans, le gouvernement des deux Gaules cisalpine et transalpine, auquel on ajouta l'Illyrie, avec quatre légions. Caton ayant voulu s'opposer à ces décrets, César le fit arrêter et conduire en prison, dans la pensée que Caton en appellerait aux tribuns ; mais il s'y laissa mener sans rien dire ; et César voyant non-seulement les principaux citoyens révoltés de cette indignité, mais le peuple lui-même, par

ὕπατον εἰς τὸ μέλλον.	consul pour l'*année* à-venir.
Ἐνταῦθα δὴ Κάτωνος	Alors certes Caton
καὶ μαρτυρομένου σφόδρα	et protestant vivement
καὶ βοῶντος οὐκ εἶναι ἀνεκτὸν,	et criant *la chose* n'être pas tolérable,
τῆς ἡγεμονίας	l'empire
διαμαστροπευομένης γάμοις,	étant prostitué par des mariages,
καὶ ἀντεισαγόντων	et *des citoyens se* poussant
ἀλλήλους	les uns les autres
διὰ γυναίων εἰς ἐπαρχίας	par des femmes aux gouvernements
καὶ στρατεύματα καὶ δυνάμεις.	et aux armées et aux forces *militaires*.
Βίβλος μὲν οὖν,	Bibulus donc,
ὁ συνάρχων τοῦ Καίσαρος,	le collègue de César,
ἐπεὶ κωλύων τοὺς νόμους	comme s'opposant aux lois
ἐπέραινεν οὐδὲν,	il *n'*avançait à rien,
ἀλλὰ πολλάκις ἐκινδύνευε	mais *que* souvent il courait risque
μετὰ Κάτωνος	avec Caton
ἀποθανεῖν ἐπὶ τῆς ἀγορᾶς,	de mourir sur la place-publique,
διετέλεσε τὸν χρόνον τῆς ἀρχῆς	passa tout le temps de sa charge
ἐγκλεισάμενος οἴκοι.	s'étant renfermé à la maison.
Πομπήϊος δὲ γήμας	Mais Pompée s'étant marié
εὐθὺς ἐνέπλησεν ὅπλων	aussitôt remplit d'armes
τὴν ἀγορὰν,	la place-publique,
καὶ συνεπεκύρου τοὺς νόμους	et il faisait-sanctionner les lois
τῷ δήμῳ·	par le peuple,
Καίσαρι δὲ	puis *décerner* à César
τὴν Κελτικὴν (τὴν) ἐντὸς Ἄλπεων	la Gaule *d'*en-deçà des Alpes
καὶ τὴν ἐκτὸς ἅπασαν,	et celle *d'*au-delà toute-entière,
προσθεὶς τὸ Ἰλλυρικὸν,	ayant ajouté l'Illyrie,
μετὰ τεσσάρων ταγμάτων	avec quatre légions
εἰς πενταετίαν.	pour l'espace-de-cinq-ans.
Ὁ μὲν οὖν Καῖσαρ	Cependant César
ἀπῆγεν εἰς φυλακὴν	fit conduire en prison
Κάτωνα ἐπιχειρήσαντα	Caton qui s'était efforcé
ἀντιλέγειν τούτοις,	de contredire ces *lois*,
οἰόμενος αὐτὸν	pensant celui-ci
ἐπικαλέσεσθαι τοὺς δημάρχους·	devoir en-appeler aux tribuns :
ἐκείνου δὲ βαδίζοντος ἀφώνου,	mais celui-ci marchant silencieux,
ὁ Καῖσαρ ὁρῶν οὐ μόνον	César voyant non-seulement
τοὺς κρατίστους δυσφοροῦντας,	les nobles mécontents,
ἀλλὰ καὶ τὸ δημοτικὸν	mais aussi le populaire

κατηφείας ἑπόμενον, αὐτὸς ἐδεήθη κρύφα τῶν δημάρχων ἑνὸ ἀφελέσθαι τὸν Κάτωνα. Τῶν δ' ἄλλων συγκλητικῶν ὀλίγοι παντάπασιν αὐτῷ συνῄεσαν εἰς βουλήν, οἱ δὲ λοιποὶ δυσχεραίνοντες ἐκποδὼν ἦσαν. Εἰπόντος δὲ Κονσιδίου τινὸς τῶν σφόδρα γερόντων, ὡς φοβούμενοι τὰ ὅπλα καὶ τοὺς στρατιώτας οὐ συνέρχοιντο· ‘Τί οὖν, ἔφη ὁ Καῖσαρ, οὐ καὶ σὺ ταῦτα δεδιὼς οἰκουρεῖς;» καὶ ὁ Κονσίδιος εἶπεν· «Ὅτι με ποιεῖ μὴ φοβεῖσθαι τὸ γῆρας· ὁ γὰρ ἔτι λειπόμενος βίος οὐ πολλῆς, ὀλίγος ὤν, δεῖται προνοίας. Αἴσχιστον δὲ τῶν τότε πολιτευμάτων ἔδοξεν, ἐν τῇ Καίσαρος ὑπατείᾳ δήμαρχον αἱρεθῆναι Κλώδιον. Ἡρέθη δ' ἐπὶ τῇ Κικέρωνος καταλύσει· καὶ Καῖσαρ οὐ πρότερον ἐξῆλθεν ἐπὶ τὴν στρατείαν ἢ καταστασιάσαι Κικέρωνα μετὰ Κλωδίου καὶ συνεκβαλεῖν ἐκ τῆς Ἰταλίας.

XV. Τοιαῦτα μὲν οὖν λέγεται γενέσθαι τὰ πρὸ τῶν Γαλατικῶν. Ὁ δὲ τῶν πολέμων οὓς ἐπολέμησε μετὰ ταῦτα, καὶ τῶν στρα-

respect pour la vertu de Caton, le suivre dans un morne silence, fit prier sous main un des tribuns d'enlever Caton à ses licteurs. Après un tel acte de violence, très-peu de sénateurs l'accompagnèrent au sénat; la plupart, offensés de sa conduite, se retirèrent. Considius, un des plus âgés de ceux qui s'y étaient rendus, lui dit que les sénateurs ne s'assemblaient pas, parce qu'ils avaient craint ses armes et ses soldats : « Pourquoi donc, reprit César, cette même crainte ne « vous fait-elle pas rester chez vous ? »—« Ma vieillesse, repartit Con« sidius, m'empêche d'avoir peur; le peu de vie qui me reste n'exige « pas tant de précaution. » Mais de tous les actes de son consulat, aucun ne lui fit plus de tort que d'avoir fait nommer Clodius tribun du peuple. Cette élection avait pour motif la ruine de Cicéron; et César ne partit pour son gouvernement qu'après l'avoir brouillé avec Clodius et l'avoir fait bannir de l'Italie.

XV. Tels furent, dit-on, les actes de sa vie qui précédèrent son commandement dans les Gaules. Les guerres qu'il fit depuis,

αἰδοῖ τῆς ἀρετῆς Κάτωνος	par révérence pour la vertu de Caton
ἑπόμενον σιωπῇ	suivant en-silence
καὶ μετὰ κατηφείας,	et avec abattement,
ἐδεήθη αὐτὸς κρύφα	pria lui-même en-secret
ἑνὸς τῶν δημάρχων	un des tribuns
ἀφελέσθαι τὸν Κάτωνα.	d'enlever Caton.
Παντάπασι δὲ ὀλίγοι	Or tout-à-fait peu
τῶν ἄλλων συγκλητικῶν	des autres sénateurs
συνῄεσαν αὐτῷ εἰς βουλὴν,	allaient-avec lui au sénat,
οἱ δὲ λοιποὶ δυσχεραίνοντες	mais le reste indigné
ἦσαν ἐκποδών.	se tenait à-l'écart.
Κονσιδίου δὲ	Et Considius
τινὸς τῶν σφόδρα γερόντων	un des très-vieux
εἰπόντος, ὡς οὐ συνέρχοιντο	ayant dit qu'ils ne s'assemblaient pas
φοβούμενοι τὰ ὅπλα	craignant les armes
καὶ τοὺς στρατιώτας·	et les soldats :
" Τί οὖν, ἔφη ὁ Καῖσαρ,	« Pourquoi donc, dit César,
καὶ σὺ οὐκ οἰκουρεῖς	toi aussi ne gardes-tu-pas-la-maison
δεδιὼς ταῦτα; »	craignant ces *choses*? »
Καὶ ὁ Κονσίδιος εἶπεν·	Et Considius dit :
« Ὅτι τὸ γῆρας	« Parce que la vieillesse
ποιεῖ με μὴ φοβεῖσθαι·	fait moi ne pas craindre :
ὁ γὰρ βίος λειπόμενος ἔτι,	car la vie qui *me* reste encore,
ὢν ὀλίγος, οὐ δεῖται	étant courte, n'a-pas-besoin
πολλῆς προνοίας. »	de beaucoup de prévoyance. »
Τῶν δὲ πολιτευμάτων τότε	Mais des mesures-politiques d'alors
ἔδοξεν αἴσχιστον,	*celle-ci* parut la plus honteuse,
Κλώδιον αἱρεθῆναι δήμαρχον	Clodius avoir été élu tribun
ἐν τῇ ὑπατείᾳ Καίσαρος.	dans le consulat de César.
Ἡρέθη δὲ ἐπὶ τῇ καταλύσει	Or il fut élu pour la perte
Κικέρωνος· καὶ Καῖσαρ	de Cicéron : et César
οὐκ ἐξῆλθεν ἐπὶ τὴν στρατείαν	ne partit pas pour son expédition
πρότερον ἢ καταστασιάσαι	avant que d'avoir brouillé
Κικέρωνα μετὰ Κλωδίου	Cicéron avec Clodius
καὶ συνεκβαλεῖν ἐκ τῆς Ἰταλίας.	et de *l*'avoir chassé de l'Italie.
XV. Τοιαῦτα μὲν οὖν λέγεται	XV. Telles donc sont dites
γενέσθαι τὰ	avoir été les affaires
πρὸ τῶν Γαλατικῶν.	avant celles de-Gaule.
Ὁ δὲ χρόνος τῶν πολέμων	Mais l'époque des guerres
οὓς ἐπολέμησε μετὰ ταῦτα,	que *César* guerroya après ces *choses*

τειῶν αἷς ἡμερώσατο τὴν Κελτικήν, χρόνος, ὥσπερ ἄλλην ἀρχὴν λαβόντος αὐτοῦ καὶ καταστάντος εἰς ἑτέραν τινὰ βίου καὶ πραγμάτων καινῶν ὁδὸν, οὐκ ἔστιν ὅτου τῶν μάλιστα τεθαυμασμένων ἐφ' ἡγεμονίᾳ καὶ μεγίστων γεγονότων ἀπολείποντα πολεμιστὴν καὶ στρατηλάτην ἀπέδειξεν αὐτόν· ἀλλ' εἴτε Φαβίους καὶ Σκιπίωνας καὶ Μετέλλους καὶ τοὺς κατ' αὐτὸν, ἢ μικρὸν ἔμπροσθεν αὐτοῦ Σύλλαν καὶ Μάριον, ἀμφοτέρους τε Λευκούλλους, ἢ καὶ Πομπήϊον αὐτὸν, οὗ κλέος ὑπουράνιον ᾖθει [τότε] παντοίας περὶ πόλεμον ἀρετῆς[1], παραβάλοι τις, αἱ Καίσαρος ὑπερβάλλουσι πράξεις, τὸν μὲν χαλεπότητι τόπων ἐν οἷς ἐπολέμησε, τὸν δὲ μεγέθει χώρας ἣν προσεκτήσατο, τὸν δὲ πλήθει καὶ βίᾳ πολεμίων οὓς ἐνίκησε, τὸν δ' ἀτοπίαις καὶ ἀπιστίαις ἠθῶν ἃ καθωμάλισε[2], τὸν δ' ἐπιεικείᾳ καὶ πραότητι πρὸς τοὺς ἁλισκομένους, τὸν δὲ δώροις καὶ χάρισι πρὸς τοὺς συστρατευομένους, πάντας δὲ τῷ πλείστας μεμαχῆσθαι μάχας καὶ πλείστους ἀνῃρηκέναι

ces expéditions fameuses, dans lesquelles il soumit les Gaules, lui ouvrirent une route toute différente, et commencèrent en quelque sorte pour lui une seconde vie; c'est dans cette nouvelle carrière qu'il se montre à nous aussi grand homme de guerre, aussi habile capitaine qu'aucun des généraux qui se sont fait le plus admirer et ont acquis le plus de gloire par leurs exploits. Soit qu'on lui compare les Fabius, les Métellus, les Scipions, ou les autres généraux ses contemporains, ou ceux qui ont vécu peu de temps avant lui, tels que les Sylla, les Marius, les Lucullus, et Pompée lui-même, dont la gloire, élevée jusqu'aux cieux, lui faisait comme une auréole de tous les mérites guerriers, on reconnaîtra que les exploits de César le mettent au-dessus de tous ces grands capitaines. Il a surpassé l'un par la difficulté des lieux où il a fait la guerre; l'autre, par l'étendue des pays qu'il a subjugués; celui-ci, par le nombre et la force des ennemis qu'il a vaincus; celui-là, par la férocité et la perfidie des nations qu'il a soumises; l'un, par sa douceur et sa clémence envers les prisonniers; un autre, par les présents et les bienfaits dont il a comblé ses troupes; enfin, il a été supérieur à tous par le nombre de batailles qu'il a livrées, et par la multitude incroyable d'ennemis qu'il a

καὶ τῶν στρατειῶν	et des expéditions
αἷς ἡμερώσατο τὴν Κελτικὴν,	par lesquelles il soumit la Gaule,
ὥσπερ αὐτοῦ λαβόντος	comme lui ayant pris
ἄλλην ἀρχὴν	un autre commencement
καὶ καταστάντος	et étant entré
εἴς τινα ἑτέραν ὁδὸν βίου	dans une certaine autre route de vie
καὶ πραγμάτων καινῶν,	et d'affaires nouvelles,
ἀπέδειξεν αὐτὸν	montra lui
πολεμιστὴν καὶ στρατηλάτην	guerrier et chef-d'armées [aucun]
ἀπολείποντα οὐκ ἔστιν ὅτου	n'étant-inférieur il n'est pas à qui (à)
τῶν μάλιστα τεθαυμασμένων	de ceux le plus admirés
ἐπὶ ἡγεμονίᾳ	pour le commandement
καὶ γεγονότων μεγίστων·	et ayant été les plus grands
ἀλλὰ εἴτε τις	au contraire si quelqu'un
παραβάλοι	*lui* comparait
Φαβίους καὶ Σκιπίωνας	les Fabius et les Scipions
καὶ Μετέλλους καὶ τοὺς κατὰ αὐτὸν,	et les Métellus et ceux du temps de lui,
ἢ μικρὸν ἔμπροσθεν αὐτοῦ	ou un peu avant lui
Σύλλαν καὶ Μάριον,	Sylla et Marius,
ἀμφοτέρους τε Λευκούλλους,	et les deux Lucullus,
ἢ καὶ Πομπήϊον αὐτὸν,	ou aussi Pompée lui-même,
οὗ κλέος ὑπουράνιον	dont la gloire élevée-jusqu'au-ciel
ἤνθει [τότε]	florissait [alors]
παντοίας ἀρετῆς περὶ πόλεμον,	de toute vertu concernant la guerre;
αἱ πράξεις Καίσαρος ὑπερβάλλουσι	les actions de César surpassent
τὸν μὲν χαλεπότητι τόπων	l'un par la difficulté des lieux
ἐν οἷς ἐπολέμησε,	dans lesquels il fit-la-guerre,
τὸν δὲ μεγέθει χώρας	l'autre par l'étendue du pays
ἣν προσεκτήσατο,	qu'il ajouta-par-conquête *à l'empire*,
τὸν δὲ πλήθει καὶ βίᾳ	l'un par le nombre et la force
πολεμίων οὓς ἐνίκησε,	des ennemis qu'il vainquit;
τὸν δὲ ἀτοπίαις καὶ ἀπιστίαις	l'autre par les étrangetés et perfidies
ἠθῶν ἃ καθωμάλισε,	des mœurs qu'il policia;
τὸν δὲ ἐπιεικείᾳ καὶ πρᾳότητι	l'un par la clémence et la douceur
πρὸς τοὺς ἁλισκομένους,	envers ceux qui étaient pris,
τὸν δὲ δώροις καὶ χάρισι	l'autre par les dons et les faveurs
πρὸς τοὺς συστρατευομένους,	à ceux faisant-campagne-avec *lui*,
πάντας δὲ τῷ μεμαχῆσθαι	et tous par le avoir combattu
πλείστας μάχας	le plus de combats
καὶ ἀνῃρηκέναι πλείστους	et avoir détruit le plus

τῶν ἀντιταχθέντων. Ἔτη γὰρ οὐδὲ δέκα πολεμήσας περὶ Γαλατίαν, πόλεις μὲν ὑπὲρ ὀκτακοσίας κατὰ κράτος εἷλεν, ἔθνη δ' ἐχειρώσατο τριακόσια· μυριάσι δὲ παραταξάμενος κατὰ μέρος τριακοσίαις, ἑκατὸν μὲν ἐν χερσὶ διέφθειρεν, ἄλλας δὲ τοσαύτας ἐζώγρησεν.

XVI. Εὐνοίᾳ δὲ καὶ προθυμίᾳ στρατιωτῶν ἐχρήσατο τοσαύτῃ πρὸς αὑτὸν, ὥστε τοὺς ἑτέρων μηδὲν ἐν ταῖς ἄλλαις στρατείαις διαφέροντας, ἀμάχους καὶ ἀνυποστάτους φέρεσθαι πρὸς πᾶν δεινὸν ὑπὲρ τῆς Καίσαρος δόξης. Οἷος ἦν τοῦτο μὲν Ἀκίλιος, ὃς ἐν τῇ περὶ Μασσαλίαν ναυμαχίᾳ, νεὼς πολεμίας ἐπιβεβηκὼς, τὴν μὲν δεξιὰν ἀπεκόπη χεῖρα μαχαίρᾳ, τῇ δ' ἀριστερᾷ τὸν θυρεὸν οὐκ ἀφῆκεν, ἀλλὰ τύπτων εἰς τὰ πρόσωπα τοὺς πολεμίους ἀπέτρεψε πάντας, καὶ τοῦ σκάφους ἐπεκράτησε· τοῦτο δὲ Κάσσιος Σκεύας, ὃς ἐν τῇ περὶ Δυρράχιον¹ μάχῃ τὸν ὀφθαλμὸν ἐκκοπεὶς τοξεύματι, τὸν δ' ὦμον ὑσσῷ καὶ τὸν μηρὸν ἑτέρῳ διεληλαμένος², τῷ δὲ θυρεῷ βελῶν ἑκατὸν καὶ τριάκοντα πληγὰς ἀναδε-

fait périr. En moins de dix ans que dura sa guerre dans les Gaules, il prit d'assaut plus de huit cents villes, soumit trois cents nations différentes, et combattit en plusieurs batailles rangées contre trois millions d'ennemis, dont il tua un million et fit autant de prisonniers.

XVI. D'ailleurs, il savait inspirer à ses soldats une affection et une ardeur si vives, que ceux qui, sous d'autres chefs et dans d'autres guerres, ne différaient pas des soldats ordinaires, devenaient invincibles sous lui et ne trouvaient rien qui pût résister à l'impétuosité avec laquelle ils se précipitaient dans les plus grands dangers. Tel fut Acilius, qui, dans un combat naval donné près de Marseille, s'étant jeté dans un vaisseau ennemi et ayant eu la main droite abattue d'un coup d'épée, n'abandonna pas son bouclier qu'il tenait de la main gauche et dont il frappa sans relâche les ennemis au visage, avec tant de raideur, qu'il les renversa tous et se rendit maître du vaisseau. Au combat de Dyrrachium, Cassius Scéva eut l'œil percé d'une flèche, l'épaule et la cuisse traversées de deux javelots, et

τῶν ἀντιταχθέντων.	de ceux rangés-en-bataille-contre
Οὐδὲ γὰρ πολεμήσας	Car n'ayant pas même guerroyé [*lui.*
δέκα ἔτη περὶ Γαλατίαν,	dix ans dans la Gaule,
εἷλε μὲν κατὰ κράτος	il prit de force
ὑπὲρ ὀκτακοσίας πόλεις,	au delà de huit-cents villes,
ἐχειρώσατο δὲ τριακόσια ἔθνη·	et subjugua trois-cents nations :
παραταξάμενος δὲ	et ayant livré-bataille
κατὰ μέρος	en-diverses-fois
τριακοσίαις μυριάσι,	trois-cents myriades *d'hommes*,
διέφθειρε μὲν ἑκατὸν ἐν χερσὶν,	il *en* détruisit cent dans la mêlée,
ἐζώγρησε δὲ τοσαύτας ἄλλας.	et *en* prit autant d'autres.
XVI. Ἐχρήσατο δὲ	XVI. Il se servit d'ailleurs
εὐνοίᾳ καὶ προθυμίᾳ	d'une bienveillance et d'une ardeur
στρατιωτῶν πρὸς αὐτὸν	de ses soldats pour lui
τοσαύτῃ, ὥστε	telle, au point
τοὺς διαφέροντας μηδὲν ἑτέρων	ceux *ne* différant en rien d'autres
ἐν ταῖς ἄλλαις στρατείαις	dans les autres expéditions
φέρεσθαι πρὸς πᾶν δεινὸν	se porter à tout danger
ὑπὲρ τῆς δόξης Καίσαρος	pour la gloire de César
ἀμάχους καὶ ἀνυποστάτους.	invincibles et irrésistibles.
Οἷος ἦν τοῦτο μὲν Ἀκίλιος,	Tel-que fut d'un côté Acilius,
ὃς ἐν τῇ ναυμαχίᾳ	qui dans le combat-naval
περὶ Μασσαλίαν,	près de Marseille,
ἐπιβεβηκὼς νεὼς πολεμίας,	étant monté sur un vaisseau ennemi,
ἀπεκόπη μὲν μαχαίρᾳ	fut tranché d'une épée
τὴν χεῖρα δεξιὰν,	à la main droite,
τῇ δὲ ἀριστερᾷ	et de la gauche
οὐκ ἀφῆκε τὸν θυρεὸν,	ne lâcha point son bouclier,
ἀλλὰ τύπτων τοὺς πολεμίους	mais frappant les ennemis
εἰς τὰ πρόσωπα	aux visages
ἀπέτρεψε πάντας,	*les* fit-fuir tous,
καὶ ἐπεκράτησε τοῦ σκάφους·	et resta-maître du navire :
τοῦτο δὲ Κάσσιος Σκεύας,	d'un autre côté Cassius Scéva,
ὃς ἐν τῇ μάχῃ περὶ Δυρράχιον	qui dans le combat de Dyrrachium
ἐκκοπεὶς τὸν ὀφθαλμὸν τοξεύματι,	ayant été frappé à l'œil d'une flèche,
τετηλαμένος δὲ ὑσσῷ τὸν ὦμον	et transpercé d'un javelot à l'épaule
καὶ ἑτέρῳ τὸν μηρὸν,	et d'un autre à la cuisse,
ἀναδεδεγμένος δὲ τῷ θυρεῷ	et ayant reçu sur son bouclier
ἑκατὸν καὶ τριάκοντα	cent et trente
πληγὰς βελῶν,	coups de traits,

δεγμένος, ἐκάλει τοὺς πολεμίους ὡς παραδώσων ἑαυτόν. Δυεῖν δὲ προσιόντων, τοῦ μὲν ἀπέκοψε τὸν ὦμον τῇ μαχαίρᾳ, τὸν δὲ κατὰ τοῦ προσώπου πατάξας ἀπέτρεψεν· αὐτὸς δὲ διεσώθη, τῶν οἰκείων περισχόντων. Ἐν δὲ Βρεττανίᾳ τῶν πολεμίων εἰς τόπον ἑλώδη καὶ μεστὸν ὕδατος ἐμπεσοῦσι τοῖς πρώτοις ταξιάρχαις ἐπιθεμένων, στρατιώτης, Καίσαρος αὐτοῦ τὴν μάχην ἐφορῶντος, ὠσάμενος εἰς μέσους, καὶ πολλὰ καὶ περίοπτα τόλμης ἀποδειξάμενος ἔργα, τοὺς μὲν ταξιάρχους ἔσωσε, τῶν βαρβάρων φυγόντων, αὐτὸς δὲ χαλεπῶς ἐπὶ πᾶσι διαβαίνων ἔρριψεν ἑαυτὸν εἰς ῥεύματα τελματώδη, καὶ μόλις ἄνευ τοῦ θυρεοῦ τὰ μὲν νηχόμενος, τὰ δὲ βαδίζων διεπέρασε. Θαυμαζόντων δὲ τῶν περὶ τὸν Καίσαρα καὶ μετὰ χαρᾶς καὶ κραυγῆς ἀπαντώντων, αὐτὸς εὖ μάλα κατηφὴς καὶ δεδακρυμένος προσέπεσε τῷ Καίσαρι, συγγνώμην αἰτούμενος ἐπὶ τῷ προέσθαι τὸν θυρεόν. Ἐν δὲ Λιβύῃ

reçut cent trente coups sur son bouclier. Il appela les ennemis, comme s'il eût eu l'intention de se rendre ; et de deux qui s'approchèrent, l'un eut l'épaule abattue d'un coup d'épée; l'autre, blessé au visage, prit la fuite. Cassius, secouru par ses compagnons, eut le bonheur de s'échapper. Dans la Grande-Bretagne, les premiers chefs de cohortes s'étaient engagés dans un fond marécageux et plein d'eau, où ils étaient attaqués vivement par les ennemis. Un soldat de César, sous les yeux mêmes du général, se jetant au milieu des Barbares, fait des prodiges incroyables de valeur, les oblige de prendre la fuite et sauve les officiers. Ensuite il passe le marais le dernier, traverse avec la plus grande peine cette eau bourbeuse, partie à la nage, partie en marchant, et gagne l'autre rive, mais sans son bouclier. César, qui ne pouvait trop admirer son courage, court à lui avec toutes les démonstrations de la joie la plus vive; mais le soldat, la tête baissée et les yeux baignés de larmes, tombe aux pieds de César et lui demande pardon d'être revenu sans son bouclier. En Afrique,

ἐκάλει τοὺς πολεμίους	appelait les ennemis
ὡς παραδώσων ἑαυτόν.	comme devant rendre soi.
Δυεῖν δὲ προσιόντων,	Mais deux s'approchant,
ἀπέκοψε μὲν τῇ μαχαίρᾳ	il abattit de l'épée
τὸν ὦμον τοῦ,	l'épaule de l'un,
πατάξας δὲ τὸν	et ayant frappé l'autre
κατὰ τοῦ προσώπου	au visage
ἀπέτρεψεν·	le mit-en-fuite :
αὐτὸς δὲ διεσώθη,	mais lui-même fut sauvé,
τῶν οἰκείων περισχόντων.	ses compagnons l'ayant entouré.
Ἐν δὲ Βρεττανίᾳ	Et en Bretagne
τῶν πολεμίων ἐπιθεμένων	les ennemis s'étant jetés
τοῖς πρώτοις ταξιάρχαις	sur les premiers chefs-de-cohortes
ἐμπεσοῦσιν εἰς τόπον	qui s'étaient engagés dans un lieu
ἑλώδη καὶ μεστὸν ὕδατος,	marécageux et rempli d'eau,
στρατιώτης ὠσάμενος	un soldat s'étant précipité
εἰς μέσους,	au milieu des ennemis,
καὶ ἀποδειξάμενος	et ayant montré
ἔργα τόλμης πολλὰ	des actes d'audace nombreux
καὶ περίοπτα,	et remarquables,
Καίσαρος ἐφορῶντος	César voyant
τὴν μάχην αὐτοῦ,	le combat de lui,
ἔσωσε μὲν	sauva d'une part
τοὺς ταξιάρχους,	les chefs-de-cohortes,
τῶν βαρβάρων φυγόντων,	les barbares ayant fui,
αὐτὸς δὲ διαβαίνων	et lui-même s'avançant
χαλεπῶς ἐπὶ πᾶσιν	avec-peine après tous les autres
ἔρριψεν ἑαυτὸν	jeta soi
εἰς ῥεύματα τελματώδη,	dans des courants bourbeux,
καὶ διεπέρασε μόλις	et traversa péniblement
ἄνευ τοῦ θυρεοῦ	sans son bouclier
τὰ μὲν νηχόμενος, τὰ δὲ βαδίζων.	tantôt nageant, tantôt marchant.
Τῶν δὲ περὶ τὸν Καίσαρα	Et ceux autour de César
θαυμαζόντων καὶ ἀπαντώντων	l'admirant et venant-à-sa-rencontre
μετὰ χαρᾶς καὶ κραυγῆς,	avec joie et clameurs,
αὐτὸς εὖ μάλα κατηφὴς	lui bien fort abattu
καὶ δεδακρυμένος	et pleurant
προσέπεσε τῷ Καίσαρι,	tomba-aux-pieds de César,
αἰτούμενος συγγνώμην	demandant pardon
ἐπὶ τῷ προέσθαι τὸν θυρεόν.	pour le avoir abandonné son bouclier.

ναῦν ἔχοντες οἱ περὶ Σκιπίωνα Καίσαρος, ἐν ᾗ Γράνιος Πέτρων ἐπέπλει ταμίας ἀποδεδειγμένος, τοὺς μὲν ἄλλους ἐποιοῦντο λείαν, τῷ δὲ ταμίᾳ διδόναι τὴν σωτηρίαν ἔφασαν. Ὁ δ', εἰπὼν ὅτι τοὺς Καίσαρος στρατιώτας οὐ λαμβάνειν, ἀλλὰ διδόναι σωτηρίαν ἔθος ἐστίν, ἑαυτὸν τῷ ξίφει πατάξας ἀνεῖλε.

XVII. Τὰ δὲ τοιαῦτα λήματα καὶ τὰς φιλοτιμίας αὐτὸς ἀνέθρεψε καὶ κατεσκεύασε Καῖσαρ, πρῶτον μὲν τῷ χαρίζεσθαι καὶ τιμᾶν ἀφειδῶς, ἐνδεικνύμενος ὅτι τὸν πλοῦτον οὐκ εἰς τρυφὴν ἰδίαν οὐδέ τινας ἡδυπαθείας ἐκ τῶν πολέμων ἀθροίζει, κοινὰ δ' ἆθλα τῆς ἀνδραγαθίας παρ' αὐτῷ φυλασσόμενα ἀπόκειται· καὶ μέτεστιν ἐκείνῳ τοῦ πλουτεῖν ὅσα τοῖς ἀξίοις τῶν στρατιωτῶν δίδωσιν· ἔπειτα τῷ πάντα μὲν κίνδυνον ἑκὼν ὑφίστασθαι, πρὸς μηδένα δὲ τῶν πόνων ἀπαγορεύειν. Τὸ μὲν οὖν φιλοκίνδυνον οὐκ ἐθαύμαζον αὐτοῦ διὰ τὴν φιλοτιμίαν· ἡ δὲ τῶν πόνων ὑπομονή,

Scipion s'était emparé d'un vaisseau de César, monté par Granius Pétron, qui venait d'être nommé questeur. Scipion fit massacrer tout l'équipage, et dit au questeur qu'il lui donnait la vie. Granius répondit que les soldats de César étaient accoutumés à donner la vie aux autres, non pas à la recevoir. En disant ces mots, il tira son épée et se tua.

XVII. Cette ardeur et cette émulation pour la gloire étaient produites et nourries en eux par les récompenses et les honneurs que César leur prodiguait; par la preuve qu'il leur donnait qu'au lieu de faire servir à son luxe et à ses plaisirs les richesses qu'il amassait dans ces guerres, il les mettait en dépôt chez lui pour être le prix de la valeur, également destiné à tous ceux qui le mériteraient; et qu'il ne se croyait riche qu'autant qu'il pouvait récompenser la bonne conduite de ses soldats. D'ailleurs, il s'exposait volontiers à tous les périls et ne se refusait à aucun des travaux de la guerre. Ce mépris du danger n'étonnait point ses soldats, qui connaissaient son amour pour la gloire; mais ils étaient surpris de sa patience dans les travaux, qu'ils

VIE DE CÉSAR.

Ἐν δὲ Λιβύῃ οἱ περὶ Σκιπίωνα ἔχοντες ναῦν Καίσαρος, ἐν ᾗ ἐπέπλει Γράνιος Πέτρων ἀποδεδειγμένος ταμίας, ἐποιοῦντο μὲν λείαν τοὺς ἄλλους, ἔφασαν δὲ τῷ ταμίᾳ διδόναι τὴν σωτηρίαν. Ὁ δὲ, εἰπὼν ὅτι ἔθος ἐστὶ τοὺς στρατιώτας Καίσαρος οὐ λαμβάνειν, ἀλλὰ διδόναι σωτηρίαν, πατάξας ἑαυτὸν τῷ ξίφει ἀνεῖλε.	Et en Libye ceux autour de Scipion ayant *pris* un vaisseau de César, dans lequel naviguait Granius Pétron nommé questeur, traitaient *comme* proie les autres, mais disaient au questeur *lui* donner la vie-sauve. Mais lui, ayant dit que coutume est les soldats de César ne pas recevoir, mais donner la vie-sauve, ayant frappé soi de l'épée il *se* tua.
XVII. Καῖσαρ δὲ ἀνέθρεψε καὶ κατεσκεύασεν αὐτὸς τὰ τοιαῦτα λήματα καὶ τὰς φιλοτιμίας, πρῶτον μὲν τῷ χαρίζεσθαι καὶ τιμᾶν ἀφειδῶς, ἐνδεικνύμενος ὅτι οὐκ ἀθροίζει τὸν πλοῦτον ἐκ τῶν πολέμων εἰς ἰδίαν τρυφὴν οὐδέ τινας ἡδυπαθείας, ἆθλα δὲ κοινὰ τῆς ἀνδραγαθίας ἀπόκειται φυλασσόμενα παρὰ αὐτῷ· καὶ ὅσα δίδωσι τοῖς ἀξίοις τῶν στρατιωτῶν μέτεστιν ἐκείνῳ τοῦ πλουτεῖν· ἔπειτα τῷ μὲν ὑφίστασθαι ἑκὼν πάντα κίνδυνον, ἀπαγορεύειν δὲ πρὸς μηδένα τῶν πόνων. Οὐκ ἐθαύμαζον μὲν οὖν τὸ φιλοκίνδυνον διὰ τὴν φιλοτιμίαν· ἡ δὲ ὑπομονὴ τῶν πόνων,	XVII. Or César entretint et prépara lui-même de tels courages et de *telles* rivalités-de-gloire, d'abord par le faire-des-largesses et honorer libéralement, montrant qu'il n'amasse pas la richesse des guerres pour *ses* propres délices ni pour quelques voluptés, mais *que* des prix communs du courage sont mis-en-réserve auprès de lui: et *que* ce qu'il donne aux dignes d'entre les soldats fait-partie pour lui du s'enrichir: ensuite par le s'exposer volontiers à tout danger, et *ne* se décourager devant aucune des fatigues. *Les soldats* n'admiraient pas certes cet amour-du-danger à cause de son ardeur-pour-la-gloire; mais sa force-à-supporter les fatigues,

παρὰ τὴν τοῦ σώματος δύναμιν ἐγκαρτερεῖν δοκοῦντος, ἐξέπλη-
τεν, ὅτι καὶ τὴν ἕξιν ὢν ἰσχνὸς, καὶ τὴν σάρκα λευκὸς καὶ ἁπα-
λὸς, καὶ περὶ τὴν κεφαλὴν νοσώδης, καὶ τοῖς ἐπιληπτικο-
ἔνοχος, ἐν Κορδύβῃ πρῶτον αὐτῷ τοῦ πάθους, ὡς λέγεται, το
του προσπεσόντος, οὐ μαλακίας ἐποιήσατο τὴν ἀρρωστίαν πρό
φασιν, ἀλλὰ θεραπείαν τῆς ἀρρωστίας τὴν στρατείαν, ταῖς ἀτρί
τοις ὁδοιπορίαις καὶ ταῖς εὐτελέσι διαίταις καὶ τῷ θυραυλεῖ
ἐνδελεχῶς καὶ ταλαιπωρεῖν ἀπομαχόμενος τῷ πάθει, καὶ τ
σῶμα φρουρῶν δυσάλωτον. Ἐκοιμᾶτο μέν γε τοὺς πλείστου
ὕπνους ἐν ὀχήμασιν ἢ φορείοις, εἰς πρᾶξιν τὴν ἀνάπαυσιν κατα
τιθέμενος, ὠχεῖτο δὲ μεθ' ἡμέραν ἐπὶ τὰ φρούρια καὶ τὰς πολει
καὶ τοὺς χάρακας, ἑνὸς αὐτῷ συγκαθημένου παιδὸς τῶν ὑπο-
γράφειν ἅμα διώκοντος εἰθισμένων, ἑνὸς δ' ἐξόπισθεν ἐφεστηκότο
στρατιώτου ξίφος ἔχοντος. Συντόνως δ' ἤλαυνεν οὕτως, ὥστε τὴ
πρώτην ἔξοδον ἀπὸ Ῥώμης ποιησάμενος, ὀγδοαῖος ἐπὶ τὸν Ῥο-

trouvaient supérieure à ses forces; car il avait la peau blanche et
délicate, était frêle de corps et sujet à de fréquents maux de tête et à
des attaques d'épilepsie, dont il avait senti les premiers accès à Cor-
doue. Mais, loin de se faire de la faiblesse de son tempérament un
prétexte pour vivre dans la mollesse, il cherchait dans les exercices
de la guerre un remède à ses maladies; il les combattait par des
marches forcées, par un régime frugal, par l'habitude de coucher
en plein air et d'endurcir ainsi son corps à toutes sortes de fatigues.
Il prenait presque toujours son sommeil dans un chariot ou dans une
litière pour faire servir son repos même à quelque fin utile. Le jour,
il visitait les forteresses, les villes et les camps; et il avait toujours
à côté de lui un secrétaire pour écrire sous sa dictée en voyageant,
et derrière, un soldat qui portait son épée. Avec cela, il faisait une
si grande diligence, que, la première fois qu'il sortit de Rome, il se
rendit en huit jours sur les bords du Rhône. Il eut, dès sa première

δοκοῦντος ἐγκαρτερεῖν	*lui* paraissant être-ferme
παρὰ τὴν δύναμιν τοῦ σώματος,	au-delà de la force de son corps,
ἐξέπληττεν, ὅτι ὢν	les déconcertait, parce que étant
καὶ ἰσχνὸς τὴν ἕξιν,	et maigre de complexion,
καὶ λευκὸς καὶ ἁπαλὸς τὴν σάρκα,	et blanc et délicat de chair,
καὶ νοσώδης περὶ τὴν κεφαλὴν,	et maladif de tête,
καὶ ἔνοχος τοῖς ἐπιληπτικοῖς,	et sujet aux *accidents* épileptiques,
τούτου τοῦ πάθους	cette affection-là
προσπεσόντος αὐτῷ, ὡς λέγεται,	étant survenue à lui, comme il est dit,
πρῶτον ἐν Κορδύβῃ,	pour-la-première-fois à Cordoue,
οὐκ ἐποιήσατο τὴν ἀρρωστίαν	il ne fit pas cette indisposition
πρόφασιν μαλακίας,	un prétexte de mollesse,
ἀλλὰ τὴν στρατείαν	mais la guerre
θεραπείαν τῆς ἀρρωστίας,	une cure de son indisposition,
ἀπομαχόμενος τῷ πάθει	combattant la maladie
ταῖς ὁδοιπορίαις ἀτρύτοις	par les courses infatigables
καὶ ταῖς διαίταις εὐτελέσι	et les régimes sobres
καὶ τῷ θυραυλεῖν ἐνδελεχῶς	et le coucher-à-l'air continuellement
καὶ ταλαιπωρεῖν,	et *le* prendre-de-la-peine,
καὶ φρουρῶν τὸ σῶμα	et gardant son corps
δυσάλωτον.	difficile-à-surprendre.
Ἐκοιμᾶτο μέν γε	Il dormait certes
τοὺς πλείστους ὕπνους	la plupart de ses sommeils
ἐν ὀχήμασιν ἢ φορείοις,	dans des chariots ou des litières,
κατατιθέμενος τὴν ἀνάπαυσιν	mettant le repos
εἰς πρᾶξιν,	en action
ὠχεῖτο δὲ μετὰ ἡμέραν	et il se faisait voiturer de jour
ἐπὶ τὰ φρούρια	vers les forteresses
καὶ τὰς πόλεις καὶ τοὺς χάρακας,	et les villes et les retranchements
ἑνὸς παιδὸς τῶν εἰθισμένων	un esclave de ceux accoutumés
ὑπογράφειν	à écrire-sous-*sa*-dictée
ἅμα διώκοντος	pendant qu'il pressait *sa* marche
συγκαθημένου αὐτῷ,	étant assis-avec lui,
ἑνὸς δὲ στρατιώτου	et un soldat
ἐφεστηκότος ἐξόπισθεν	se tenant par-derrière
ἔχοντος ξίφος.	ayant une épée.
Ἤλαυνε δὲ οὕτω συντόνως,	Et il allait si vite,
ὥστε ποιησάμενος	au point ayant fait
τὴν πρώτην ἔξοδον ἀπὸ Ῥώμης,	sa première sortie de Rome,
ἐλθεῖν ὀγδοαῖος	d'être arrivé le-huitième-jour

δανὸν ἐλθεῖν. Τὸ μὲν οὖν ἱππεύειν ἐκ παιδὸς ἦν αὐτῷ ῥᾴδιον εἴθιστο γὰρ εἰς τοὐπίσω τὰς χεῖρας ἀπάγων, καὶ τῷ νώτῳ περιπλέκων, ἀνὰ κράτος ἐλαύνειν τὸν ἵππον. Ἐν ἐκείνῃ δὲ τῇ στρατείᾳ προσεξήσκησεν ἱππαζόμενος τὰς ἐπιστολὰς ὑπαγορεύειν καὶ δυσὶν ὁμοῦ γράφουσιν ἐξαρκεῖν, ὡς δ' Ὁππιός φησι, καὶ πλείοσι. Λέγεται δὲ καὶ τὸ διὰ γραμμάτων τοῖς φίλοις ὁμιλεῖν Καῖσαρ πρῶτον μηχανήσασθαι, τὴν κατὰ πρόσωπον ἔντευξιν ὑπὲρ τῶν ἐπειγόντων τοῦ καιροῦ διά τε πλῆθος ἀσχολιῶν καὶ τῆς πόλεως τὸ μέγεθος μὴ περιμένοντος. Τῆς δὲ περὶ τὴν δίαιταν εὐκολίας κἀκεῖνο ποιοῦνται σημεῖον, ὅτι, τοῦ δειπνίζοντος αὐτὸν ἐν Μεδιολάνῳ ξένου, Οὐαλερίου Λέοντος, παραθέντος ἀσπάραγον, καὶ μύρον ἀντ' ἐλαίου καταχέαντος, αὐτὸς μὲν ἀφελῶς ἔφαγε, τοὺς δὲ φίλοις δυσχεραίνουσιν ἐπέπληξεν· «Ἤρκει γάρ, ἔφη, τὸ μὴ χρῆσθαι τοῖς ἀπαρέσκουσιν· ὁ δὲ τὴν τοιαύτην ἀγροικίαν ἐξε

jeunesse, une grande habitude du cheval, et il acquit la facilité de courir à toute bride, les mains croisées derrière le dos. Dans la guerre des Gaules, il s'accoutuma à dicter des lettres étant à cheval, et à occuper deux secrétaires à la fois, ou même un plus grand nombre, suivant Oppius. Il fut, dit-on, le premier qui introduisit à Rome l'usage de communiquer par lettres avec ses amis, lorsque les circonstances ne permettaient pas de s'aboucher avec eux pour affaires pressées, soit à cause d'occupations nombreuses, ou de l'étendue de la ville. On cite un trait remarquable de sa simplicité dans sa manière de vivre. Valérius Léo, son hôte à Milan, lui donnant un jour à souper, fit servir un plat d'asperges que l'on avait assaisonnées avec de l'huile de senteur, au lieu d'huile d'olive. Il en mangea sans avoir l'air de s'en apercevoir ; et ses amis s'en étant plaints, il leur en fit des reproches. « Ne devait-il pas vous « suffire, leur dit-il, de n'en pas manger, si vous ne les trouviez pas « bonnes ? Relever ce défaut de savoir vivre, c'est ne pas savoir

ἐπὶ τὸν Ῥοδανόν.	vers le Rhône.
Τὸ μὲν οὖν ἱππεύειν	Or le aller-à-cheval
ἦν ῥᾴδιον αὐτῷ ἐκ παιδός·	était facile à lui depuis *lui* enfant :
εἴθιστο γὰρ	car il s'était accoutumé
ἐλαύνειν τὸν ἵππον ἀνὰ κράτος	à pousser son cheval avec force
ἀπάγων τὰς χεῖρας εἰς τὸ ὀπίσω,	ramenant les mains en arrière,
καὶ περιπλέκων τῷ νώτῳ.	et *les* enlaçant sur son dos.
Ἐν ἐκείνῃ δὲ τῇ στρατείᾳ	Mais dans cette expédition-là
προσεξήσκησεν ἱππαζόμενος	il s'exerça-en-outre étant-à-cheval
ὑπαγορεύειν τὰς ἐπιστολὰς	à dicter ses lettres
καὶ ἐξαρκεῖν δυσὶ	et à suffire à deux *personnes*
γράφουσιν ὁμοῦ,	écrivant ensemble,
καὶ πλείοσι δὲ,	et même à un-plus-grand-nombre,
ὡς Ὅππιός φησι.	comme Oppius *le* dit.
Λέγεται δὲ καὶ Καίσαρα	Et il est dit aussi César
πρῶτον μηχανήσασθαι	le premier avoir imaginé
τὸ ὁμιλεῖν διὰ γραμμάτων	le converser par lettres
τοῖς φίλοις,	avec ses amis,
τοῦ καιροῦ μὴ περιμένοντος	la circonstance ne souffrant pas
τὴν ἔντευξιν κατὰ πρόσωπον	la rencontre *face* à face
ὑπὲρ τῶν ἐπειγόντων	pour les *choses* pressantes
διά τε πλῆθος	et à cause du nombre
ἀσχολιῶν	de ses occupations
καὶ τὸ μέγεθος τῆς πόλεως.	et de l'étendue de la ville.
Ποιοῦνται δὲ καὶ ἐκεῖνο σημεῖον	On donne encore cette preuve-ci
τῆς εὐκολίας περὶ δίαιταν,	de sa facilité de régime,
ὅτι, Οὐαλερίου Λέοντος,	que, Valérius Léo,
τοῦ ξένου δειπνίζοντος αὐτὸν	l'hôte qui donnait-à-souper à lui
ἐν Μεδιολάνῳ,	à Milan,
παραθέντος ἀσπάραγον,	ayant servi des asperges,
καὶ καταχέαντος	et ayant versé
μύρον	de l'huile-de-senteur
ἀντὶ ἐλαίου,	au lieu d'huile-d'-olive,
αὐτὸς μὲν ἔφαγεν ἀφελῶς,	lui-même *en* mangea simplement,
ἐπέπληξε δὲ	et réprimanda
τοῖς φίλοις δυσχεραίνουσιν·	ses amis qui s'*en* offensaient :
« Ἤρκει γὰρ, ἔφη,	» Certes il suffisait, dit-il,
τὸ μὴ χρῆσθαι	de ne pas user
τοῖς ἀπαρέσκουσιν·	des *choses vous* déplaisant :
ὁ δὲ ἐξελέγχων	mais celui faisant-remarquer

λέγχων, αὐτός ἐστιν ἄγροικος. » Ἐν ὁδῷ δέ ποτε συνελαθεὶς ὑπὸ χειμῶνος εἰς ἔπαυλιν ἀνθρώπου πένητος, ὡς οὐδὲν εὗρε πλέον οἰκήματος ἑνὸς γλίσχρως ἕνα δέξασθαι δυναμένου, πρὸς τοὺς φίλους εἰπών, ὡς τῶν μὲν ἐντίμων παραχωρητέον εἴη τοῖς κρατίστοις, τῶν δ᾽ ἀναγκαίων τοῖς ἀσθενεστάτοις, Ὅππιον ἐκέλευσεν ἀναπαύσασθαι· μετὰ δὲ τῶν ἄλλων αὐτὸς ἐν τῷ προστεγίῳ τῆς θύρας ἐκάθευδεν.

XVIII. Ἀλλὰ γὰρ ὁ μὲν πρῶτος αὐτῷ τῶν Κελτικῶν πολέμων πρὸς Ἑλβηττίους συνέστη καὶ Τιγυρινοὺς[1], οἳ τὰς αὑτῶν δώδεκα πόλεις καὶ κώμας τετρακοσίας ἐμπρήσαντες, ἐχώρουν πρόσω διὰ τῆς ὑπὸ Ῥωμαίους Γαλατίας, ὥσπερ πάλαι Κίμβροι καὶ Τεύτονες, οὔτε τόλμαν ἐκείνων ὑποδεέστεροι δοκοῦντες εἶναι, καὶ πλῆθος ὁμαλῶς τριάκοντα μὲν αἱ πᾶσαι μυριάδες ὄντες, εἴκοσι δ᾽ αἱ μαχόμεναι μιᾶς δέουσαι. Τούτων Τιγυρινοὺς μὲν οὐκ αὐτός, ἀλλὰ Λαβιηνός, πεμφθεὶς ὑπ᾽ αὐτοῦ, περὶ τὸν Ἄραρα ποταμὸν συνέτριψεν. Ἑλβηττίων δ᾽ αὐτῷ, πρός τινα πόλιν φίλην

« vivre soi-même. » Surpris, dans un de ses voyages, par un orage violent, il fut obligé de chercher une retraite dans la chaumière d'un pauvre homme, où il ne se trouva qu'une petite chambre, à peine suffisante pour une seule personne. « Il faut, dit-il à ses amis, céder « aux grands les lieux les plus honorables ; mais les plus nécessaires, « il faut les laisser aux plus malades. » Il fit coucher Oppius dans la chambre, parce qu'il était incommodé, et il passa la nuit avec ses autres amis sous l'avant-toit de la porte.

XVIII. Les Helvétiens et les Tigurins furent les premiers peuples de la Gaule qu'il combattit. Après avoir eux-mêmes brûlé leurs douze villes et quatre cents villages de leur dépendance, ils s'avançaient pour traverser la partie des Gaules qui était soumise aux Romains, comme autrefois les Cimbres et les Teutons, à qui ils n'étaient inférieurs ni par leur audace ni par leur multitude ; on en portait le nombre à trois cent mille, dont cent quatre-vingt-dix mille étaient en âge de servir. Il ne marcha pas en personne contre les Tigurins ; ce fut Labiénus, un de ses lieutenants, qui les défit et les tailla en pièces sur les bords de l'Arar. Il conduisait lui-même son corps d'ar-

τὴν τοιαύτην ἀγροικίαν,	une telle incivilité,
ἐστὶν αὐτὸς ἄγροικος. »	est lui-même incivil. »
Ἐν ὁδῷ δέ ποτε	Et en route une-fois
συνελαθεὶς ὑπὸ χειμῶνος	ayant été poussé par un orage
εἰς ἔπαυλιν ἀνθρώπου πένητος,	dans la cabane d'un homme pauvre,
ὡς εὗρεν οὐδὲν πλέον	comme il *ne* trouva rien de plus
ἑνὸς οἰκήματος δυναμένου	qu'une seule chambre pouvant
δέξασθαι γλίσχρως ἕνα,	recevoir à peine une seule *personne*
εἰπὼν πρὸς τοὺς φίλους,	ayant dit à ses amis,
ὡς εἴη παραχωρητέον	que il fallait céder [sants,
τῶν μὲν ἐντίμων τοῖς κρατίστοις,	les *places* d'honneur aux plus puis-
τῶν δὲ ἀναγκαίων	mais les nécessaires
τοῖς ἀσθενεστάτοις,	aux plus malades,
ἐκέλευσεν Ὄππιον ἀναπαύσασθαι·	il ordonna Oppius s'y reposer :
αὐτὸς δὲ μετὰ τῶν ἄλλων	mais lui-même avec les autres
ἐκάθευδεν	il dormit
ἐν τῷ προστεγίῳ τῆς θύρας.	sous l'avant-toit de la porte.
XVIII. Ἀλλὰ γὰρ ὁ μὲν πρῶτος	XVIII. Cependant la première
τῶν πολέμων Κελτικῶν	des guerres de-Gaule
συνέστη αὐτῷ	eut-lieu à lui
πρὸς Ἐλβηττίους καὶ Τιγυρινούς,	contre les Helvétiens et les Tigurins,
οἳ ἐμπρήσαντες	lesquels ayant incendié
τὰς δώδεκα πόλεις	les douze villes
καὶ τετρακοσίας κώμας αὐτῶν,	et *les* quatre-cents villages d'eux,
ἐχώρουν πρόσω	s'en allaient en-avant [mains,
διὰ Γαλατίας τῆς ὑπὸ Ῥωμαίους,	à travers la Gaule *soumise* aux Ro-
ὥσπερ πάλαι	comme autrefois
Κίμβροι καὶ Τεύτονες,	les Cimbres et les Teutons,
οὔτε δοκοῦντες εἶναι	ne paraissant pas être
ὑποδεέστεροι ἐκείνων τόλμαν,	inférieurs à ceux-là en audace,
καὶ ὄντες ὁμαλῶς πλῆθος	et étant également quant au nombre
αἱ μὲν πᾶσαι τριάκοντα μυριάδες,	en-tout trente myriades,
αἱ δὲ μαχόμεναι	et celles qui combattaient
εἴκοσι δέουσαι μιᾶς.	vingt *myriades* manquant d'une.
Τούτων μὲν, οὐκ αὐτὸς,	De ceux-ci, non lui-même,
ἀλλὰ Λαβιηνὸς,	mais Labiénus,
πεμφθεὶς ὑπ' αὐτοῦ,	envoyé par lui,
συνέτριψε Τιγυρινοὺς	écrasa les Tigurins
περὶ τὸν ποταμὸν Ἄραρα.	vers la rivière d'Arar.
Ἑλβηττίων δὲ ἐπιθεμένων	Mais les Helvétiens s'étant jetés

ἄγοντι τὴν στρατιὰν, καθ' ὁδὸν ἀπροσδοκήτως ἐπιθεμένων, φθάσας ἐπὶ χωρίον καρτερὸν κατέφυγε· κἀκεῖ συναγαγὼν καὶ παρατάξας τὴν δύναμιν, ὡς ἵππος αὐτῷ προσήχθη· «Τούτῳ μὲν, ἔφη, νικήσας χρήσομαι πρὸς τὴν δίωξιν, νῦν δ' ἴωμεν ἐπὶ τοὺς πολεμίους·» καὶ πεζὸς ὁρμήσας ἐνέβαλε. Χρόνῳ δὲ καὶ χαλεπῶς ὠσάμενος τὸ μάχιμον, περὶ ταῖς ἁμάξαις καὶ τῷ χάρακι τὸν πλεῖστον ἔσχε πόνον, οὐκ αὐτῶν μόνων ὑφισταμένων ἐκεῖ καὶ μαχομένων, ἀλλὰ καὶ παῖδες αὐτῶν καὶ γυναῖκες ἀμυνόμεναι μέχρι θανάτου συγκατεκόπησαν, ὥστε τὴν μάχην μόλις εἰς μέσας νύκτας τελευτῆσαι. Καλῷ δὲ τῷ τῆς νίκης ἔργῳ κρεῖττον ἐπέθηκε, τὸ συνοικίσαι τοὺς διαφυγόντας ἐκ τῆς μάχης τῶν περιόντων βαρβάρων, καὶ καταναγκάσαι τὴν χώραν ἀναλαβεῖν ἣν ἀπέλιπον, καὶ τὰς πόλεις ἃς διέφθειραν, ὄντας ὑπὲρ δέκα μυριάδας. Ἔπραξε δὲ τοῦτο δεδιὼς μὴ τὴν χώραν ἔρημον γενομένην οἱ Γερμανοὶ διαβάντες κατάσχωσι.

mée dans une ville alliée, lorsque les Helvétiens tombèrent sur lui, sans qu'il s'y attendît. Il fut obligé de gagner un lieu fort d'assiette, où il rassembla ses troupes et les mit en bataille. Lorsqu'on lui amena le cheval qu'il devait monter : « Je m'en servirai, dit-il, après la « victoire, afin de poursuivre les ennemis; maintenant marchons à « eux; » et il alla les charger à pied. Il lui en coûta beaucoup de temps et de peine pour enfoncer leurs bataillons; et, après les avoir mis en déroute, il eut encore un plus grand combat à soutenir pour forcer leur camp : outre qu'ils y avaient fait, avec leurs chariots, un fort retranchement et que ceux qu'il avait rompus s'y étaient ralliés, leurs enfants et leurs femmes s'y défendirent avec le dernier acharnement; ils se firent tous tailler en pièces, et le combat finit à peine au milieu de la nuit. Il ajouta à l'éclat de cette victoire un succès plus glorieux encore : ce fut de réunir tous les Barbares qui avaient échappé au carnage, de les faire retourner dans le pays qu'ils avaient abandonné, pour rétablir les villes qu'ils avaient brûlées : ils étaient plus de cent mille. Son motif était d'empêcher que les Germains, voyant ce pays désert, ne passassent le Rhin pour s'y établir

κατὰ ὁδὸν ἀπροσδοκήτως	par le chemin à-l'improviste
αὐτῷ ἄγοντι τὴν στρατιὰν	sur lui qui conduisait son armée
πρός τινα πόλιν φίλην,	vers quelque ville amie,
φθάσας κατέφυγεν	les ayant prévenus il se réfugia
ἐπὶ χωρίον καρτερόν·	dans un lieu fort :
καὶ ἐκεῖ συναγαγὼν	et là ayant rassemblé
καὶ παρατάξας τὴν δύναμιν,	et ayant rangé-en-bataille sa troupe,
ὡς ἵππος προσήχθη αὐτῷ·	comme un cheval fut amené à lui :
« Νικήσας μὲν, ἔφη,	« Ayant vaincu, dit-il,
χρήσομαι τούτῳ	je me servirai de celui-ci
πρὸς τὴν δίωξιν,	pour la poursuite,
νῦν δὲ ἴωμεν	mais maintenant allons
ἐπὶ τοὺς πολεμίους· »	aux ennemis ; »
καὶ ὁρμήσας πεζὸς ἐνέβαλε.	et s'étant élancé à-pied il *les* chargea.
Χρόνῳ δὲ καὶ χαλεπῶς	Or avec du temps et péniblement
ὠσάμενος τὸ μάχιμον,	ayant enfoncé ce-qui-combattait,
ἔσχε τὸν πλεῖστον πόνον	il eut le plus de peine
περὶ ταῖς ἁμάξαις καὶ τῷ χάρακι,	vers les chariots et le retranchement,
οὐχ ὑφισταμένων αὐτῶν μόνων	*les hommes* ne résistant pas eux seuls
καὶ μαχομένων ἐκεῖ,	et combattant là,
ἀλλὰ καὶ παῖδες αὐτῶν	mais encore les enfants d'eux
καὶ γυναῖκες ἀμυνόμεναι	et les femmes se défendant
μέχρι θανάτου	jusqu'à la mort
συγκατεκόπησαν,	furent taillés-en-pièces,
ὥστε τὴν μάχην τελευτῆσαι μόλις	au point le combat avoir fini à-peine
εἰς μέσας νύκτας.	au milieu de la nuit.
Τῷ δὲ καλῷ ἔργῳ τῆς νίκης	Mais au beau fait de la victoire
ἐπέθηκε κρεῖττον,	il *en* ajouta un meilleur,
τὸ συνοικίσαι	le réunir-en-corps-de-peuple
τοὺς τῶν βαρβάρων περιόντων	ceux des barbares survivant
διαφυγόντας ἐκ τῆς μάχης,	qui avaient échappé au combat,
καὶ καταναγκάσαι	et *les* contraindre
ἀναλαβεῖν τὴν χώραν	à reprendre le pays
ἣν ἀπέλιπον,	qu'ils avaient quitté,
καὶ τὰς πόλεις ἃς διέφθειραν,	et les villes qu'ils avaient détruites,
ὄντας ὑπὲρ δέκα μυριάδας.	*tous* étant au-delà de dix myriades.
Ἔπραξε δὲ τοῦτο	Or il fit cela
δεδιὼς μὴ οἱ Γερμανοὶ	craignant que les Germains
διαβάντες κατάσχωσι	ayant traversé n'occupassent
τὴν χώραν γενομένην ἔρημον.	le pays devenu désert.

XIX. Δεύτερον δὲ πρὸς Γερμανοὺς ἄντικρυς ὑπὲρ Κελτῶν ἐπολέμησε, καίτοι τὸν βασιλέα πρότερον αὐτῶν, Ἀριόδυστον, ἐν Ῥώμῃ σύμμαχον πεποιημένος· ἀλλ' ἦσαν ἀφόρητοι τοῖς ὑπηκόοις αὐτοῦ γείτονες, καὶ καιροῦ παραδόντος, οὐκ ἂν ἐδόκουν ἐπὶ τοῖς παροῦσιν ἀτρεμήσειν, ἀλλ' ἐπινεμήσεσθαι καὶ καθέξειν τὴν Γαλατίαν. Ὁρῶν δὲ τοὺς ἡγεμόνας ἀποδειλιῶντας, καὶ μάλιστα ὅσοι τῶν ἐπιφανῶν καὶ νέων αὐτῷ συνεξῆλθον, ὡς δὴ τρυφῇ χρησόμενοι καὶ χρηματισμῷ τῇ μετὰ Καίσαρος στρατείᾳ, συναγαγὼν εἰς ἐκκλησίαν, ἐκέλευσεν ἀπιέναι καὶ μὴ κινδυνεύειν παρὰ γνώμην, οὕτως ἀνάνδρως καὶ μαλακῶς ἔχοντας· αὐτὸς δ' ἔφη τὸ δέκατον τάγμα μόνον παραλαβών, ἐπὶ τοὺς βαρβάρους πορεύσεσθαι, μήτε κρείττοσι μέλλων Κίμβρων μάχεσθαι πολεμίοις, μήτ' αὐτὸς ὢν Μαρίου χείρων στρατηγός. Ἐκ τούτου τὸ μὲν δέκατον τάγμα πρεσβευτὰς ἔπεμψε πρὸς αὐτόν, χάριν ἔχειν

XIX. La seconde guerre qu'il entreprit eut pour objet de défendre les Gaulois contre les Germains. Il avait fait, quelque temps avant, reconnaître à Rome Arioviste, leur roi, pour ami et pour allié des Romains ; mais c'étaient des voisins insupportables pour les peuples que César avait soumis, et l'on ne pouvait douter qu'à la première occasion, peu contents de ce qu'ils possédaient, ils ne voulussent s'emparer du reste de la Gaule. César, s'étant aperçu que ses capitaines, les plus jeunes surtout et les plus nobles, qui ne l'avaient suivi que dans l'espoir de s'enrichir et de vivre dans le luxe, redoutaient cette nouvelle guerre, les assembla et leur dit qu'ils pouvaient quitter le service; que, lâches et mous comme ils étaient, ils ne devaient pas, contre leur gré, s'exposer au péril : « Je n'ai besoin, « ajouta-t-il, que de la dixième légion pour attaquer les Barbares, « qui ne sont pas des ennemis plus redoutables que les Cimbres ; et « je ne me crois pas inférieur à Marius. » La dixième légion, flattée de cette marque d'estime, lui députa quelques officiers pour lui

XIX. Δεύτερον δὲ ἐπολέμησε πρὸς Γερμανοὺς ἄντικρυς ὑπὲρ Κελτῶν, καίτοι πρότερον πεποιημένος σύμμαχον ἐν Ῥώμῃ τὸν βασιλέα αὐτῶν, Ἀριόβυστον· ἀλλὰ ἦσαν γείτονες ἀφόρητοι τοῖς ὑπηκόοις αὐτοῦ, καὶ καιροῦ παραδόντος, οὐκ ἐδόκουν ἂν ἀτρεμήσειν ἐπὶ τοῖς παροῦσιν, ἀλλὰ ἐπινεμήσεσθαι καὶ καθέξειν τὴν Γαλατίαν. Ὁρῶν δὲ τοὺς ἡγεμόνας ἀποδειλιῶντας, καὶ μάλιστα ὅσοι τῶν ἐπιφανῶν καὶ νέων συνεξῆλθον αὐτῷ, ὡς δὴ χρησόμενοι τῇ στρατείᾳ μετὰ Καίσαρος τρυφῇ καὶ χρηματισμῷ, συναγαγὼν εἰς ἐκκλησίαν, ἐκέλευσεν ἀπιέναι καὶ μὴ κινδυνεύειν παρὰ γνώμην, ἔχοντας οὕτως ἀνάνδρως καὶ μαλακῶς· αὐτὸς δὲ ἔφη παραλαβὼν τὸ δέκατον τάγμα μόνον, πορεύσεσθαι ἐπὶ τοὺς βαρβάρους, μήτε μέλλων μάχεσθαι πολεμίοις κρείττοσι Κίμβρων, μήτε ὢν αὐτὸς στρατηγὸς χείρων Μαρίου. Ἐκ τούτου τὸ μὲν δέκατον τάγμα ἔπεμψε πρεσβευτὰς πρὸς αὐτόν, ὁμολογοῦντες ἔχειν χάριν·	XIX. En-second-lieu il fit-la-guerre aux Germains ouvertement pour les Gaulois, quoique auparavant [Rome ayant fait-recevoir *comme* allié à le roi d'eux, Arioviste : mais ils étaient des voisins insupportables aux sujets de lui, et l'occasion *se* présentant ils ne semblaient pas devoir se-contenter des *biens* présents, mais devoir ravager et devoir occuper la Gaule. Mais voyant ses capitaines qui avaient-peur, et surtout tous-ceux-qui d'entre les nobles et jeunes étaient venus-avec lui, comme certes devant user de l'expédition avec César pour délices et gain, *les* ayant réunis en assemblée, il ordonna *eux* s'en aller et ne pas se hasarder contre leur pensée, étant *disposés* si lâchement et *si* mollement : mais lui-même il dit ayant pris la dixième légion seulement devoir marcher contre les barbares, ni *ne* devant combattre des ennemis supérieurs aux Cimbres, ni *n'*étant lui-même un général inférieur à Marius. Sur ce la dixième légion envoya des députés vers lui, confessant *tous* avoir reconnaissance à lui :

ὁμολογοῦντες· τὰ δ' ἄλλα τοὺς ἑαυτῶν ἐκάκιζον ἡγεμόνας ὁρμῆς δὲ καὶ προθυμίας γενόμενοι πλήρεις ἅπαντες, ἠκολούθησαν ὁδὸν ἡμερῶν πολλῶν, ἕως ἐν διακοσίοις τῶν πολεμίων σταδίοις κατεστρατοπέδευσαν. Ἦν μὲν οὖν ὅ τι καὶ πρὸς τὴν ἔφοδον αὐτὴν ἐτέθραυστο τῆς τόλμης τοῦ Ἀριοβύστου. Γερμανοῖς γὰρ ἐπιθήσεσθαι Ῥωμαίους, ὧν ἐπερχομένων οὐκ ἂν ἐδόκουν ὑποστῆναι, μὴ προσδοκήσας, ἐθαύμαζε τὴν Καίσαρος τόλμαν, καὶ τὸν στρατὸν ἑώρα τεταραγμένον. Ἔτι δὲ μᾶλλον αὐτοὺς ἤμβλυνε τὰ μαντεύματα τῶν ἱερῶν γυναικῶν, αἳ ποταμῶν δίναις προσβλέπουσαι, καὶ ῥευμάτων ἑλιγμοῖς καὶ ψόφοις τεκμαιρόμεναι προεθέσπιζον, οὐκ ἐῶσαι μάχην τίθεσθαι πρὶν ἐπιλάμψαι νέαν σελήνην. Ταῦτα τῷ Καίσαρι πυνθανομένῳ, καὶ τοὺς Γερμανοὺς ἡσυχάζοντας ὁρῶντι, καλῶς ἔχειν ἔδοξεν ἀπροθύμοις οὖσιν αὐτοῖς συμβάλλειν, μᾶλλον ἢ τὸν ἐκείνων ἀναμένοντα καιρὸν καθῆσθαι.

témoigner sa reconnaissance ; les autres légions désavouèrent leurs capitaines ; et tous, également remplis d'ardeur et de zèle, le suivirent pendant plusieurs journées de chemin et campèrent à deux cents stades de l'ennemi. Leur arrivée rabattit de beaucoup l'audace d'Arioviste. Loin de s'attendre à être attaqué par les Romains, il avait cru qu'ils n'oseraient pas soutenir la présence de ses troupes ; il fut étonné de la hardiesse de César et s'aperçut qu'elle avait jeté le trouble dans son armée. Leur ardeur fut encore plus émoussée par les prédictions de leurs prêtresses, qui, prétendant connaître l'avenir par le bruit des eaux, par les tourbillons que les courants font dans les rivières, leur défendaient de livrer la bataille avant la nouvelle lune. César, averti de cette défense et voyant les Barbares se tenir en repos, crut qu'il aurait bien plus d'avantage à les attaquer dans cet état de découragement, que de rester lui-même oisif et

τὰ δὲ ἄλλα ἐλάκιζον	et les autres *légions* injuriaient
τοὺς ἡγεμόνας ἑαυτῶν·	les chefs d'elles :
ἅπαντες δὲ γενόμενοι πλήρεις	et tous devenus pleins
ὁρμῆς καὶ προθυμίας,	d'élan et de zèle,
ἠκολούθησαν	l'accompagnèrent
ὁδὸν πολλῶν ἡμερῶν,	une route de plusieurs jours,
ἕως κατεστρατοπέδευσαν	jusqu'à ce qu'ils campèrent
ἐν διακοσίοις σταδίοις	à deux-cents stades
τῶν πολεμίων.	des ennemis.
Τῆς μὲν οὖν τόλμης	Certes de l'audace
τοῦ Ἀριοβίστου	d'Arioviste
ἦν ὅ τι καὶ ἐτέθραυστο	*une partie* était laquelle fut blessée
πρὸς αὐτὴν τὴν ἔφοδον.	à cette arrivée-là.
Μὴ γὰρ προσδοκήσας	Car ne s'étant pas attendu
Ῥωμαίους	les Romains
ἐπιθήσεσθαι Γερμανοῖς,	devoir attaquer les Germains,
ὧν ἐπερχομένων	lesquels survenant
οὐκ ἐδόκουν	*les Romains* ne semblaient pas
ἂν ὑποστῆναι,	devoir *leur* résister,
ἐθαύμαζε τὴν τόλμαν Καίσαρος,	il admirait l'audace de César,
καὶ ἑώρα τὸν στρατὸν	et voyait son armée
τεταραγμένον.	troublée.
Τὰ δὲ μαντεύματα	Mais les prédictions
τῶν γυναικῶν ἱερῶν	des femmes sacrées
ἤμβλυνεν ἔτι μᾶλλον αὐτούς,	émoussaient encore davantage eux,
αἳ προσβλέπουσαι	lesquelles *femmes* regardant
δίναις ποταμῶν,	dans les tournoiements des fleuves,
καὶ τεκμαιρόμεναι	et conjecturant
ἑλιγμοῖς καὶ ψόφοις	par les tourbillons et les bruits
ῥευμάτων	des flots
προεθέσπιζον, οὐκ ἐῶσαι	prophétisaient, ne permettant pas
τίθεσθαι μάχην	d'engager le combat
πρὶν νέαν σελήνην ἐπιλάμψαι.	avant la nouvelle lune avoir brillé.
Ἔδοξεν ἔχειν καλῶς	Il parut être bien
τῷ Καίσαρι πυνθανομένῳ ταῦτα,	à César apprenant ces *choses*,
καὶ ὁρῶντι τοὺς Γερμανοὺς	et voyant les Germains
ἡσυχάζοντας,	qui se-tenaient-tranquilles,
συμβάλλειν αὐτοῖς	d'assaillir eux
οὖσιν ἀπροθύμοις,	étant découragés,
μᾶλλον ἢ καθῆσθαι	plutôt que de rester-oisif

Καὶ προσβολὰς ποιούμενος τοῖς ἐρύμασι καὶ λόφοις, ἐφ᾽ ὧν ἐστρατοπέδευον, ἐξηγρίαινε καὶ παρώξυνε καταβάντας πρὸς ὀργὴν διαγωνίσασθαι. Γενομένης δὲ λαμπρᾶς τροπῆς αὐτῶν, ἐπὶ σταδίους τετρακοσίους¹ ἄχρι τοῦ Ῥήνου διώξας, κατέπλησε τοῦτο πᾶν νεκρῶν τὸ πεδίον καὶ λαφύρων. Ἀριόβυστος δὲ φθάσας μετ᾽ ὀλίγων, διεπέρασε τὸν Ῥῆνον. Ἀριθμὸν δὲ νεκρῶν μυριάδας ὀκτὼ γενέσθαι λέγουσι.

XX. Ταῦτα διαπραξάμενος, τὴν μὲν δύναμιν ἐν Σηκουανοῖς ἀπέλιπε διαχειμάσουσαν, αὐτὸς δὲ τοῖς ἐν Ῥώμῃ προσέχειν βουλόμενος, εἰς τὴν περὶ Πάδον² Γαλατίαν κατέβη, τῆς αὐτῷ δεδομένης ἐπαρχίας οὖσαν. Ὁ γὰρ καλούμενος Ῥουβίκων³ ποταμὸς ἀπὸ τῆς ὑπὸ ταῖς Ἄλπεσι Κελτικῆς ὁρίζει τὴν ἄλλην Ἰταλίαν. Ἐνταῦθα καθήμενος ἐδημαγώγει, πολλῶν πρὸς αὐτὸν ἀφικνουμένων, διδοὺς ὧν ἕκαστος δεηθείη, καὶ πάντας ἀποπέμπων τὰ μὲν ἔχοντας ἤδη παρ᾽ αὐτοῦ, τὰ δ᾽ ἐλπίζοντας. Καὶ παρὰ τὸν ἄλλον δὲ πάντα τῆς στρατείας χρόνον ἐλάνθανε τὸν Πομπήϊον ἐν

d'attendre le moment qui leur serait favorable. Il alla donc escarmoucher contre eux jusque dans leurs retranchements et sur les collines où ils étaient campés. Cette provocation les irrita tellement, que, n'écoutant plus que leur colère, ils descendirent dans la plaine pour combattre. Ils furent complétement défaits ; et César, les ayant poursuivis jusqu'aux bords du Rhin, l'espace de trois cents stades, couvrit toute la plaine de morts et de dépouilles. Arioviste, qui avait fui des premiers, passa le Rhin avec une suite peu nombreuse ; il resta, dit-on, quatre-vingt mille morts sur la place.

XX. Après tous ces exploits, il mit ses troupes en quartier d'hiver dans le pays des Séquanais ; et lui-même, pour veiller de plus près sur ce qui se passait à Rome, il alla dans la Gaule qui est baignée par le Pô, et qui faisait partie de son gouvernement ; car le Rubicon sépare la Gaule cisalpine du reste de l'Italie. Pendant le séjour assez long qu'il y fit, il grossit beaucoup le nombre de ses partisans ; on s'y rendait en foule de Rome, et il donnait libéralement ce que chacun lui demandait : il les renvoya tous, ou comblés de présents ou pleins d'espérance. Dans tout le cours de cette guerre, Pompée ne se

ἀναμένοντα τὸν καιρὸν αὐτῶν. | attendant l'occasion d'eux.
Καὶ ποιούμενος προσβολὰς | Et faisant des escarmouches
τοῖς ἐρύμασι καὶ λόφοις, | contre les remparts et les hauteurs
ἐπὶ ὧν ἐστρατοπέδευον, | sur lesquels ils campaient,
ἐξηγρίαινε καὶ παρώξυνε | il *les* irrita et *les* excita
διαγωνίσασθαι πρὸς ὀργὴν | à combattre par colère
καταβάντας. | étant descendus.
Τροπῆς δὲ λαμπρᾶς αὐτῶν | Or une fuite éclatante d'eux
γενομένης, | ayant eu-lieu,
διώξας ἄχρι τοῦ Ῥήνου | *les* ayant poursuivis jusqu'au Rhin
ἐπὶ τετρακοσίους σταδίους, | à quatre-cents stades,
κατέπλησε πᾶν τοῦτο τὸ πεδίον | il remplit toute cette plaine-là
νεκρῶν καὶ λαφύρων. | de morts et de dépouilles.
Ἀριόβυστος δὲ | Mais Arioviste
φθάσας μετὰ ὀλίγων, | *l*'ayant prévenu avec peu *d'hommes*,
διεπέρασε τὸν Ῥῆνον. | traversa le Rhin.
Λέγουσι δὲ ἀριθμὸν νεκρῶν | Et on dit le nombre des morts
γενέσθαι ὀκτὼ μυριάδας. | avoir été de *huit* myriades.

XX. Διαπραξάμενος ταῦτα, | XX. Ayant fait ces *choses*,
ἀπέλιπε μὲν τὴν δύναμιν | *César* laissa son armée
διαχειμάσουσαν | qui devait hiverner
ἐν Σηκουανοῖς, | chez les Séquanais,
αὐτὸς δὲ βουλόμενος | mais lui-même voulant
προσέχειν τοῖς ἐν Ῥώμῃ, | s'appliquer aux *choses* de Rome,
κατέβη εἰς τὴν Γαλατίαν | il descendit dans la Gaule
(τὴν) περὶ Πάδον, | d'autour du Pô,
οὖσαν τῆς ἐπαρχίας | laquelle était de la province
δεδομένης αὐτῷ. | donnée à lui.
Ὁ γὰρ ποταμὸς | Car la rivière
καλούμενος Ῥουβίκων | appelée Rubicon
ὁρίζει τὴν ἄλλην Ἰταλίαν | sépare l'autre Italie
ἀπὸ τῆς Κελτικῆς | de la Gauloise
ὑπὸ ταῖς Ἄλπεσι. | au pied des Alpes.
Καθήμενος ἐνταῦθα ἐδημαγώγει, | S'étant arrêté là il gagnait-le-peuple,
πολλῶν ἀφικνουμένων πρὸς αὐτὸν, | beaucoup arrivant vers lui, [soin,
διδοὺς ὧν ἕκαστος δεηθείη, | accordant *ce* dont chacun avait-be-
καὶ ἀποπέμπων πάντας | et *les* renvoyant tous
τὰ μὲν ἔχοντας ἤδη παρὰ αὐτοῦ, | soit ayant *des présents* déjà de lui,
τὰ δὲ ἐλπίζοντας. | soit espérant.
Καὶ παρὰ πάντα δὲ | Et aussi durant tout

μέρει, νῦν μὲν τοὺς πολεμίους τοῖς τῶν πολιτῶν ὅπλοις κατα-στρεφόμενος, νῦν δὲ τοῖς ἀπὸ τῶν πολεμίων χρήμασιν αἱρῶν τοὺς πολίτας καὶ χειρούμενος. Ἐπεὶ δὲ Βέλγας ἤκουσε, δυνατωτάτους Κελτῶν, καὶ τὴν τρίτην ἀπάσης τῆς Κελτικῆς νεμομένους, ἀφεστάναι, πολλὰς δή τινας μυριάδας ἐνόπλων ἀνδρῶν ἠθροικό-τας, ἐπιστρέψας εὐθὺς, ἐχώρει τάχει πολλῷ· καὶ πορθοῦσι τοὺς συμμάχους Γαλάτας ἐπιπεσὼν τοῖς πολεμίοις, τοὺς μὲν ἀθρου-στάτους καὶ πλείστους αἰσχρῶς ἀγωνισαμένους τρεψάμενος δι-έφθειρεν, ὥστε καὶ λίμνας καὶ ποταμοὺς βαθεῖς τοῖς Ῥωμαίοις νεκρῶν πλήθει περατοὺς γενέσθαι. Τῶν δὲ ἀποστάντων οἱ μὲν παρωκεάνιοι πάντες ἀμαχεὶ προσεχώρησαν· ἐπὶ δὲ τοὺς ἀγριω-τάτους καὶ μαχιμωτάτους τῶν τῇδε, Νερβίους¹, ἐστράτευσεν, οἵπερ εἰς συμμιγεῖς δρυμοὺς κατῳκημένοι, γενεὰς δὲ καὶ κτήσεις ἔν τινι βυθῷ τῆς ὕλης ἀπωτάτω θέμενοι τῶν πολεμίων, αὐτοὶ

douta même pas que tour à tour César domptait les ennemis avec les armes des Romains et gagnait les Romains avec l'argent des enne-mis. Cependant César ayant appris que les Belges, les plus puissants des Gaulois, et qui occupaient la troisième partie de la Gaule, s'étaient soulevés et avaient mis sur pied une armée nombreuse, y courut en diligence, tomba sur eux pendant qu'ils ravageaient les terres des alliés de Rome, défit tous ceux qui s'étaient réunis et qui se défen-dirent lâchement; il en tua un si grand nombre, que les Romains passaient les rivières et les étangs sur les corps morts dont ils étaient remplis. Cette défaite effraya tellement les peuples qui habitaient les bords de l'Océan, qu'ils se rendirent sans combat. Après cette vic-toire, il marcha contre les Nerviens, les plus sauvages et les plus belliqueux des Belges; ils habitaient un pays couvert d'épaisses forêts, au fond desquelles ils avaient retiré, le plus loin qu'ils avaient pu de l'ennemi, leurs femmes, leurs enfants et leurs richesses. Ils

τὸν ἄλλον χρόνον τῆς στρατείας	l'autre temps de l'expédition [ment,
ἐλάνθανε τὸν Πομπήϊον, ἐν μέρει,	il échappait à Pompée, alternative-
νῦν μὲν καταστρεφόμενος	tantôt subjuguant
τοὺς πολεμίους	les ennemis
τοῖς ὅπλοις τῶν πολιτῶν,	par les armes des citoyens,
νῦν δὲ αἱρῶν καὶ χειρούμενος	tantôt prenant et soumettant
τοὺς πολίτας	les citoyens
τοῖς χρήμασιν ἀπὸ τῶν πολεμίων.	par l'argent *tiré* des ennemis.
Ἐπεὶ δὲ ἤκουσε Βέλγας,	Mais lorsqu'il apprit les Belges,
δυνατωτάτους Κελτῶν,	les plus puissants des Gaulois,
καὶ νεμομένους τὴν τρίτην	et qui habitaient la troisième *partie*
ἁπάσης τῆς Κελτικῆς,	de toute la Gaule,
ἀφεστάναι,	s'être soulevés,
ἠθροικότας δὴ	ayant rassemblé certes
τινὰς πολλὰς μυριάδας	quelques nombreuses myriades
ἀνδρῶν ἐνόπλων,	d'hommes armés,
ἐπιστρέψας εὐθὺς,	étant revenu-sur-ses-pas aussitôt,
ἐχώρει πολλῷ τάχει·	il marcha avec une grande vitesse :
καὶ ἐπιπεσὼν τοῖς πολεμίοις	et étant tombé sur les ennemis
πορθοῦσι τοὺς συμμάχους Γαλάτας,	qui ravageaient ses alliés Gaulois,
τρεψάμενος τοὺς μὲν ἁθρουστάτους	ayant mis-en-fuite les plus serrés
καὶ πλείστους	et les plus nombreux
ἀγωνισαμένους αἰσχρῶς	qui combattirent honteusement
διέφθειρεν,	il *les* tailla-en-pièces,
ὥστε καὶ λίμνας	au point et les lacs
καὶ ποταμοὺς βαθεῖς	et les fleuves profonds
γενέσθαι περατοὺς	être devenus guéables
τοῖς Ῥωμαίοις	aux Romains
πλήθει νεκρῶν.	par la multitude des morts.
Τῶν δὲ ἀποστάντων	Et de ceux ayant fait-défection
οἱ μὲν παρωκεάνιοι	les voisins-de-l'Océan
προσεχώρησαν πάντες ἀμαχεί·	se rendirent tous sans-combat :
ἐστράτευσε δὲ	puis il conduisit-son-armée
ἐπὶ Νερβίους,	contre les Nerviens,
τοὺς ἀγριωτάτους	les plus farouches
καὶ μαχιμωτάτους	et les plus belliqueux
τῶν τῇδε,	de ceux de ce *côté*,
οἵπερ κατῳκημένοι	lesquels habitant
εἰς δρυμοὺς συμμιγεῖς,	dans des forêts épaisses,
θέμενοι δὲ γενεὰς καὶ κτήσεις	et ayant placé familles et biens

τῷ Καίσαρι, ποιουμένῳ χάρακα καὶ μὴ προσδεχομένῳ τηνικαῦτα τὴν μάχην, ἑξακισμύριοι τὸ πλῆθος ὄντες, αἰφνιδίως προσέπεσον· καὶ τοὺς μὲν ἱππεῖς ἐτρέψαντο, τῶν δὲ ταγμάτων τὸ δωδέκατον καὶ τὸ ἕβδομον περισχόντες, ἅπαντας ἀπέκτειναν τοὺς ταξιάρχους. Εἰ δὲ μὴ Καῖσαρ, ἁρπάσας τὸν θυρεὸν, καὶ διασχὼν τοὺς πρὸ αὑτοῦ μαχομένους, ἐνέβαλε τοῖς βαρβάροις, καὶ ἀπὸ τῶν ἄκρων τὸ δέκατον, κινδυνεύοντος αὐτοῦ, κατέδραμε καὶ διέκοψε τὰς τάξεις τῶν πολεμίων, οὐδεὶς ἂν δοκοίη[1] περιγενέσθαι. Νῦν δὲ τῇ Καίσαρος τόλμῃ τὴν λεγομένην ὑπὲρ δύναμιν μάχην ἀγωνισάμενοι, τρέπονται μὲν οὐδ᾽ ὣς τοὺς Νερβίους, κατακόπτουσι δ᾽ ἀμυνομένους. Πεντακόσιοι γὰρ ἀπὸ μυριάδων ἓξ σωθῆναι λέγονται, βουλευταὶ δὲ τρεῖς ἀπὸ τετρακοσίων.

XXI. Ταῦτα ἡ σύγκλητος πυθομένη πεντεκαίδεκα ἡμέρας ἐψη-

vinrent au nombre de soixante mille fondre sur César, occupé alors à se retrancher, et qui ne s'attendait pas à combattre. Sa cavalerie fut rompue du premier choc; et les Barbares, sans perdre un instant, ayant enveloppé la douzième et la septième légion, en massacrèrent tous les officiers. Si César, arrachant le bouclier d'un soldat et se faisant jour à travers ceux qui combattaient devant lui, ne se fût jeté sur les Barbares; si la dixième légion, qui, du haut de la colline qu'elle occupait, vit le danger auquel César était exposé, n'eût fondu précipitamment sur les Barbares, et n'eût, en arrivant, renversé leurs premiers bataillons, il ne serait pas resté un seul Romain; mais, ranimés par l'audace de leur général, ils combattirent avec un courage supérieur à leurs forces : cependant, malgré tous leurs efforts, ils ne purent faire tourner le dos aux Nerviens, qui furent taillés en pièces, en se défendant avec la plus grande valeur. De soixante mille qu'ils étaient, il ne s'en sauva, dit-on, que cinq cents; et, de quatre cents de leurs sénateurs, il ne s'en échappa que trois.

XXI. Dès que le sénat à Rome, eut appris ces succès extraordi-

ἔν τινι βυθῷ τῆς ὕλης	dans un fond de bois
ἀπωτάτω τῶν πολεμίων,	le plus loin des ennemis,
προσέπεσον αὐτοὶ αἰφνιδίως	tombèrent eux-mêmes, à-l'improviste
ὄντες τὸ πλῆθος ἑξακισμύριοι,	étant de nombre soixante-mille,
τῷ Καίσαρι ποιουμένῳ χάρακα	sur César faisant un retranchement
καὶ μὴ προσδεχομένῳ	et n'attendant pas
τηνικαῦτα τὴν μάχην·	alors le combat :
καὶ ἐτρέψαντο μὲν τοὺς ἱππεῖς,	et ils mirent-en-fuite les cavaliers,
περισχόντες δὲ	et ayant entouré
τὸ δωδέκατον καὶ τὸ ἕβδομον	la douzième et la septième
τῶν ταγμάτων,	des légions,
ἀπέκτειναν	ils massacrèrent
ἅπαντας τοὺς ταξιάρχους.	tous les chefs-de-cohortes.
Εἰ δὲ Καῖσαρ,	Et si César
ἁρπάσας τὸν θυρεὸν,	ayant saisi le bouclier,
καὶ διασχὼν	et ayant traversé
τοὺς μαχομένους πρὸ αὑτοῦ,	ceux combattant devant lui,
μὴ ἐνέβαλε τοῖς βαρβάροις,	ne se fût jeté sur les barbares,
καὶ τὸ δέκατον,	et *si* la dixième *légion*,
αὑτοῦ κινδυνεύοντος,	lui étant-en-danger,
κατέδραμεν ἀπὸ τῶν ἄκρων	*ne* fût accourue des hauteurs
καὶ διέκοψε τὰς τάξεις	et *n*'eût coupé les rangs
τῶν πολεμίων,	des ennemis,
οὐδεὶς ἂν δοκοίη περιγενέσθαι.	nul n'eût semblé devoir échapper.
Νῦν δὲ ἀγωνισάμενοι	Mais alors ayant combattu
τῇ τόλμῃ Καίσαρος	par suite de l'audace de César
μάχην τὴν λεγομένην	un combat dit
ὑπὲρ δύναμιν,	au-dessus de *leur* force,
οὐδὲ τρέπονται μὲν ὣς	ils ne font-pas-fuir même ainsi
τοὺς Νερβίους,	les Nerviens,
κατακόπτουσι δὲ	mais taillent-en-pièces
ἀμυνομένους.	*eux* se défendant.
Πεντακόσιοι γὰρ λέγονται	Car cinq-cents sont dits
σωθῆναι ἀπὸ ἓξ μυριάδων,	s'être sauvés de six myriades,
τρεῖς δὲ βουλευταὶ	et trois sénateurs
ἀπὸ τετρακοσίων.	de quatre-cents.
XXI. Ἡ σύγκλητος	XXI. Le sénat
πυθομένη ταῦτα ἐψηφίσατο	informé de ces *choses* décréta
ἑορτάζοντας	*les Romains* se-mettant-en-fête
θύειν τοῖς θεοῖς	sacrifier aux dieux

τίσατο θύειν τοῖς θεοῖς καὶ σχολάζειν ἑορτάζοντας, ὅσας ἐπ' οὐ-
δεμιᾷ νίκῃ πρότερον. Καὶ γὰρ ὁ κίνδυνος ἐφάνη μέγας, ἐθνῶν
ἅμα τοσούτων ἀναρραγέντων, καὶ τὸ νίκημα λαμπρότερον, ὅτι
Καῖσαρ ἦν ὁ νικῶν, ἡ πρὸς ἐκεῖνον εὔνοια τῶν πολλῶν ἐποίει.
Καὶ γὰρ αὐτὸς εὖ θέμενος τὰ κατὰ τὴν Γαλατίαν, πάλιν ἐν τοῖς
περὶ Πάδον χωρίοις διεχείμαζε, συσκευαζόμενος τὴν πόλιν. Οὐ
γὰρ μόνον οἱ τὰς ἀρχὰς παραγγέλλοντες, ἐκείνῳ χρώμενοι χορ-
ηγῷ, καὶ τοῖς παρ' ἐκείνου χρήμασι διαφθείροντες τὸν δῆμον,
ἀνηγορεύοντο, καὶ πᾶν ἔπραττον ὃ τὴν ἐκείνου δύναμιν αὔξειν
ἔμελλεν, ἀλλὰ καὶ τῶν ἐπιφανεστάτων ἀνδρῶν καὶ μεγίστων οἱ
πλεῖστοι συνῆλθον πρὸς αὐτὸν εἰς Λοῦκαν¹, Πομπήϊός τε καὶ
Κράσσος, καὶ Ἄππιος ὁ τῆς Σαρδόνος ἡγεμών, καὶ Νέπως ὁ τῆς
Ἰβηρίας ἀνθύπατος· ὥστε ῥαβδούχους μὲν ἑκατὸν εἴκοσι γενέσθαι,
συγκλητικοὺς δὲ πλείονας ἢ διακοσίους. Βουλὴν δὲ θέμενοι διεκρίθησαν ἐπὶ τούτοις· ἔδει Πομπήϊον μὲν καὶ Κράσσον ὑπάτους

naires, il ordonna qu'on ferait, pendant quinze jours, des sacrifices
aux dieux et qu'on célébrerait des fêtes publiques : jamais encore on
n'en avait fait autant pour aucune victoire; mais le soulèvement
simultané de tant de nations avait montré toute la grandeur du péril;
et l'affection du peuple pour César attachait plus d'éclat à la victoire
qu'il avait remportée. Jaloux d'entretenir cette disposition de la multitude, il venait chaque année, après avoir réglé les affaires de la
Gaule, passer l'hiver aux environs du Pô, pour disposer des affaires
de Rome. Non-seulement il fournissait à ceux qui briguaient les
charges l'argent nécessaire pour corrompre le peuple, et se donnait par là des magistrats qui employaient toute leur autorité à
accroître sa puissance; mais encore il donnait rendez-vous, à
Lucques, à tout ce qu'il y avait dans Rome de plus grands et de
plus illustres personnages, tels que Pompée, Crassus, Appius, gou-
verneur de la Sardaigne, et Népos, proconsul d'Espagne; en sorte
qu'il s'y trouvait jusqu'à cent vingt licteurs et plus de deux cents
sénateurs. Ce fut là qu'avant de se séparer, ils tinrent un conseil,
dans lequel on convint que Crassus et Pompée seraient désignés con-

καὶ σχολάζειν	et prendre-du-repos
πεντεκαίδεκα ἡμέρας,	*pendant* quinze jours,
ὅσας πρότερον	autant-que auparavant
ἐπὶ οὐδεμιᾷ νίκῃ.	pour aucune victoire.
Καὶ γὰρ ὁ κίνδυνος ἐφάνη μέγας,	En effet le danger parut grand,
τοσούτων ἐθνῶν ἅμα	tant de peuples ensemble
ἀναρραγέντων,	s'étant soulevés,
καὶ ὅτι ὁ Καῖσαρ ἦν ὁ νικῶν,	et parce que César était le vainquant,
ἡ εὔνοια τῶν πολλῶν	la bienveillance du grand-nombre
πρὸς αὐτὸν	pour lui
ἐποίει τὸ νίκημα λαμπρότερον.	rendait la victoire plus éclatante.
Καὶ γὰρ αὐτὸς θέμενος εὖ	En effet lui-même ayant arrangé bien
τὰ κατὰ τὴν Γαλατίαν,	les *affaires* de la Gaule,
πάλιν διεχείμαζεν	de nouveau hivernait
ἐν τοῖς χωρίοις (τοῖς) περὶ Πάδον,	dans les pays autour du Pô,
συσκευαζόμενος τὴν πόλιν.	disposant-des-choses de la ville.
Οὐ γὰρ μόνον	Car non seulement
οἱ παραγγέλλοντες τὰς ἀρχὰς,	ceux briguant les charges,
χρώμενοι ἐκείνῳ χορηγῷ,	se servant de lui *pour* fournisseur,
καὶ διαφθείροντες τὸν δῆμον	et corrompant le peuple
τοῖς χρήμασι (τοῖς) παρὰ ἐκείνου,	avec l'argent de lui,
ἀνηγορεύοντο, καὶ ἔπραττον	étaient élus, et faisaient
πᾶν ὃ ἔμελλεν αὔξειν	tout ce qui devait augmenter
τὴν δύναμιν ἐκείνου,	la puissance de lui,
ἀλλὰ καὶ οἱ πλεῖστοι	mais encore la plupart
τῶν ἀνδρῶν ἐπιφανεστάτων	des hommes les plus distingués
καὶ μεγίστων	et les plus grands
συνῆλθον πρὸς αὐτὸν εἰς Λοῦκαν,	accoururent vers lui à Lucques,
Πομπήϊός τε καὶ Κράσσος,	et Pompée et Crassus,
καὶ Ἄππιος	et Appius,
ὁ ἡγεμὼν τῆς Σαρδόνος,	gouverneur de la Sardaigne,
καὶ Νέπως	et Népos
ὁ ἀνθύπατος τῆς Ἰβηρίας·	proconsul de l'Espagne :
ὥστε γενέσθαι	au point s'être trouvés *réunis là*
ἑκατὸν μὲν εἴκοσι ῥαβδούχους,	cent vingt licteurs,
πλείονας δὲ ἢ	et plus que
διακοσίους συγκλητικούς.	deux-cents sénateurs.
Διεκρίθησαν δὲ	Or ils se séparèrent
θέμενοι βουλὴν ἐπὶ τούτοις·	ayant tenu conseil sur ceci :
ἔδει μὲν Πομπήϊον καὶ Κράσσον	il fallait d'abord Pompée et Crassus

ἀποδειχθῆναι, Καίσαρι δὲ χρήματα καὶ πενταετίαν ἄλλην ἐπιμετρηθῆναι τῆς στρατηγίας· ὃ καὶ παραλογώτατον ἐφαίνετο τοῖς νοῦν ἔχουσιν. Οἱ γὰρ τοσαῦτα χρήματα παρὰ Καίσαρος λαμβάνοντες, ὡς οὐκ ἔχοντι διδόναι τὴν βουλὴν ἔπειθον, μᾶλλον δ' ἠνάγκαζον ἐπιστένουσαν οἷς ἐψηφίζοντο, Κάτωνος μὲν οὐ παρόντος· ἐπίτηδες γὰρ αὐτὸν εἰς Κύπρον ἀπεδιοπομπήσαντο· Φαωνίου δ', ὃς ἦν ζηλωτὴς Κάτωνος, ὡς οὐδὲν ἐπέραινεν ἀντιλέγων, ἐξαλομένου διὰ θυρῶν καὶ βοῶντος εἰς τὸ πλῆθος· ἀλλὰ προσεῖχεν οὐδείς, τῶν μὲν Πομπήϊον αἰδουμένων καὶ Κράσσον· οἱ δὲ πλεῖστοι Καίσαρι χαριζόμενοι καὶ πρὸς τὰς ἀπ' ἐκείνου ζῶντες ἐλπίδας ἡσύχαζον.

XXII. Τραπόμενος δ' αὖθις ὁ Καῖσαρ ἐπὶ τὰς ἐν τῇ Κελτικῇ δυνάμεις, πολὺν καταλαμβάνει πόλεμον ἐν τῇ χώρᾳ, δύο Γερμανικῶν ἐθνῶν μεγάλων ἐπὶ κατακτήσει γῆς ἄρτι τὸν Ῥῆνον διαβεβηκότων· Οὐσίπας¹ καλοῦσι τοὺς ἑτέρους, τοὺς δὲ Τεντερί-

suls pour l'année suivante; qu'on continuerait à César, pour cinq autres années, le gouvernement de la Gaule, et qu'on lui fournirait de l'argent pour la solde des troupes. Ces dispositions révoltèrent tout ce qu'il y avait de gens sensés à Rome; car ceux à qui César donnait de l'argent engageaient le sénat à lui en fournir, comme s'il en eût manqué; ou plutôt ils arrachaient au sénat des décrets dont ce corps lui-même ne pouvait s'empêcher de gémir. Il est vrai que Caton était absent; on l'avait à dessein envoyé en Chypre. Favonius, imitateur zélé de Caton, tenta de s'opposer à ces décrets; et, voyant que ses efforts étaient inutiles, il s'élança hors du sénat et alla dans l'assemblée du peuple pour parler hautement contre ces lois; mais il ne fut écouté de personne; les uns étaient retenus par leur respect pour Pompée et pour Crassus; le plus grand nombre voulaient faire plaisir à César et se tenaient tranquilles, parce qu'ils ne vivaient que des espérances qu'ils avaient en lui.

XXII. Lorsque César fut de retour à son armée des Gaules, il trouva la guerre allumée. Deux grandes nations de la Germanie, les Usipes et les Tenctères, avaient passé le Rhin pour s'emparer des terres situées au delà de ce fleuve. César dit lui-même dans ses *Com-*

VIE DE CÉSAR.

ἀποδειχθῆναι ὑπάτους,	être nommés consuls,
χρήματα δὲ	puis de l'argent
καὶ ἄλλην πενταετίαν	et un autre espace-de-cinq-ans
τῆς στρατηγίας	de commandement
ἐπιμετρηθῆναι Καίσαρι·	être prorogés à César :
ὃ καὶ ἐφαίνετο παραλογώτατον	ce-qui paraissait fort déraisonnable
τοῖς ἔχουσι νοῦν.	à ceux ayant du sens.
Οἱ γὰρ λαμβάνοντες	Car ceux recevant
παρὰ Καίσαρος τοσαῦτα χρήματα,	de César tant d'argent,
ἔπειθον τὴν βουλὴν	persuadaient au sénat
διδόναι ὡς οὐκ ἔχοντι,	de *lui* donner comme n'*en* ayant-pas,
μᾶλλον δὲ ἠνάγκαζον	et plutôt *le* forçaient
ἐπιστένουσαν	*bien que* gémissant
οἷς ἐψηφίζοντο,	de ce qu'ils décrétaient,
Κάτωνος μὲν οὐ παρόντος·	Caton d'une part n'étant-pas-présent :
ἀπεδιοπομπήσαντο γὰρ αὐτὸν	car ils avaient relégué lui
ἐπίτηδες εἰς Κύπρον·	exprès à Chypre :
Φαωνίου δὲ,	d'autre part Favonius,
ὃς ἦν ζηλωτὴς Κάτωνος,	qui était imitateur de Caton,
ὡς ἐπέραινεν οὐδὲν	comme il *n*'avançait rien
ἀντιλέγων,	*en* contredisant,
ἐξαλομένου	s'étant jeté hors *du sénat*
διὰ θυρῶν	par les portes
καὶ βοῶντος εἰς τὸ πλῆθος·	et criant dans la multitude :
ἀλλὰ οὐδεὶς προσεῖχε,	mais personne *ne* faisait-attention,
τῶν μὲν αἰδουμένων	les uns révérant
Πομπήϊον καὶ Κράσσον·	Pompée et Crassus ;
οἱ δὲ πλεῖστοι	et la plupart
χαριζόμενοι Καίσαρι καὶ ζῶντες	favorisant César et vivant
πρὸς τὰς ἐλπίδας ἀπὸ ἐκείνου,	au gré des espérances de lui,
ἡσύχαζον.	se tenaient-tranquilles.
XXII. Ὁ δὲ Καῖσαρ	XXII. Mais César
τραπόμενος αὖθις	étant retourné de nouveau
ἐπὶ τὰς δυνάμεις ἐν τῇ Κελτικῇ,	vers les armées dans la Gaule,
καταλαμβάνει ἐν τῇ χώρᾳ	trouve dans le pays
πολὺν πόλεμον,	une grande guerre,
δύο μεγάλων ἐθνῶν Γερμανικῶν	deux grands peuples germaniques
διαβεβηκότων ἄρτι τὸν Ῥῆνον	ayant passé depuis-peu le Rhin
ἐπὶ κατακτήσει γῆς·	pour une conquête de territoire :
καλοῦσι τοὺς ἑτέρους Οὐσίπας·	on appelle les uns Usipiens,

τας¹. Περὶ δὲ τῆς πρὸς τούτους γενομένης μάχης ὁ μὲν Καῖσαρ ἐν ταῖς ἐφημερίσι² γέγραφεν, ὡς οἱ βάρβαροι διαπρεσβευόμενοι πρὸς αὐτὸν, ἐν σπονδαῖς ἐπιθοῖντο καθ' ὁδὸν, καὶ διὰ τοῦτο τρέψαιντο τοὺς αὐτοῦ, πεντακισχιλίους ὄντας ἱππεῖς, ὀκτακοσίοις τοῖς ἐκείνων, μὴ προσδοκῶντας· εἶτα πέμψειαν ἑτέρους πρὸς αὐτὸν αὖθις ἐξαπατῶντας, οὓς κατασχὼν ἐπαγάγοι τοῖς βαρβάροις τὸ στράτευμα, τὴν πρὸς οὕτως ἀπίστους καὶ παρασπόνδους πίστιν εὐήθειαν ἡγούμενος. Τανύσιος³ δὲ λέγει, Κάτωνα, τῆς βουλῆς ἐπὶ τῇ νίκῃ ψηφιζομένης ἑορτὰς καὶ σπονδὰς⁴ καὶ θυσίας, ἀποφήνασθαι γνώμην, ὡς ἐκδοτέον ἐστὶ τὸν Καίσαρα τοῖς βαρβάροις, ἀφοσιουμένους τὸ παρασπόνδημα ὑπὲρ τῆς πόλεως καὶ τὴν ἀρὰν εἰς τὸν αἴτιον τρέποντας. Τῶν δὲ διαβάντων αἱ μὲν κατακοπεῖσαι τεσσαράκοντα μυριάδες ἦσαν· ὀλίγους δὲ τοὺς ἀποπεράσαντας αὖθις ὑπεδέξαντο Σούγαμβροι⁵, Γερμανικὸν ἔθνος. Καὶ ταύτην

mentaires, en parlant de la bataille qu'il leur livra, que ces Barbares, après lui avoir envoyé des députés et fait une trêve avec lui, ne laissèrent pas de l'attaquer en chemin, et, avec huit cents cavaliers seulement, mirent en fuite cinq mille hommes de sa cavalerie, qui ne s'attendaient à rien moins qu'à cette attaque : ils lui envoyèrent une seconde ambassade, à dessein de le tromper encore ; mais il fit arrêter leurs députés et marcha contre les Barbares, regardant comme une folie de se piquer de bonne foi envers des perfides, qui venaient de violer l'accord qu'ils avaient fait avec lui. Tanusius écrit que, le sénat ayant décrété une seconde fois des sacrifices et des fêtes pour cette victoire, Caton opina qu'il fallait livrer César aux Barbares pour détourner de dessus Rome la punition que méritait l'infraction de la trêve et en faire retomber la malédiction sur son auteur. De cette multitude de Barbares qui avaient passé le Rhin, quatre cent mille furent taillés en pièces ; il ne s'en sauva qu'un petit nombre que recueillirent les Sicambres, nation germanique.

τοὺς δὲ Τεντερίτας.	et les autres Tenctères.
Περὶ δὲ τῆς μάχης	Or touchant le combat
γενομένης πρὸς τούτους,	qui eut-lieu contre ceux-ci,
ὁ μὲν Καῖσαρ γέγραφεν	César a écrit
ἐν ταῖς ἐφημερίσιν,	dans ses éphémérides,
ὡς οἱ βάρβαροι	que les barbares
διαπρεσβευόμενοι πρὸς αὐτὸν,	ayant député vers lui,
ἐπιθοῖντο κατὰ ὁδὸν	l'attaquèrent en route
ἐν σπονδαῖς,	pendant une trêve,
καὶ διὰ τοῦτο τρέψαιντο	et par cela mirent-en-fuite
ὀκτακοσίοις τοῖς ἐκείνων	avec huit-cents d'eux
τοὺς αὐτοῦ, ὄντας	ceux de lui, qui étaient
πεντακισχιλίους ἱππεῖς,	cinq-mille cavaliers,
μὴ προσδοκῶντας·	ne s'y attendant pas
εἶτα πέμψειαν αὖθις	puis qu'ils envoyèrent de-nouveau
πρὸς αὐτὸν ἑτέρους	vers lui d'autres députés
ἐξαπατῶντας,	le trompant,
οὓς κατασχὼν	lesquels ayant retenus
ἐπαγάγοι τὸ στράτευμα	il conduisit son armée
τοῖς βαρβάροις,	contre les barbares,
ἡγούμενος εὐήθειαν τὴν πίστιν	estimant simplicité la foi
πρὸς οὕτως ἀπίστους	vis-à-vis d'*hommes* si perfides
καὶ παρασπόνδους.	et infracteurs des trêves.
Τανύσιος δὲ λέγει,	Mais Tanusius dit,
τῆς βουλῆς ψηφιζομένης	le sénat décrétant
ἑορτὰς καὶ σπονδὰς	fêtes et libations
καὶ θυσίας ἐπὶ τῇ νίκῃ,	et sacrifices pour la victoire,
Κάτωνα ἀποφήνασθαι γνώμην,	Caton avoir émis l'avis,
ὡς ἔστιν ἐκδοτέον τὸν Καίσαρα	qu'il faut livrer César
τοῖς βαρβάροις,	aux barbares,
ἀφοσιουμένους τὸ παρασπόνδημα	expiant la violation de-la-trêve
ὑπὲρ τῆς πόλεως	au nom de la ville,
καὶ τρέποντας τὴν ἀρὰν	et détournant la malédiction
εἰς τὸν αἴτιον.	sur l'auteur *du crime*.
Τῶν δὲ διαβάντων	Or de ceux ayant passé *le Rhin*
αἱ μὲν μυριάδες κατακοπεῖσαι	les myriades taillées-en-pièces
ἦσαν τεσσαράκοντα·	étaient quarante :
Σούγαμβροι δὲ,	et les Sicambres,
ἔθνος Γερμανικὸν,	nation germanique,
ὑπεδέξαντο τοὺς ὀλίγους	reçurent les quelques *hommes*

λαβὼν αἰτίαν ἐπ' αὐτοὺς ὁ Καῖσαρ, ἄλλως δὲ δόξης ἐφιέμενος καὶ τοῦ πρῶτος ἀνθρώπων στρατῷ διαβῆναι τὸν Ῥῆνον, ἐγεφύρου πλάτος τε πολὺν ὄντα κατ' ἐκεῖνο τοῦ πόρου μάλιστα πλημμυροῦντα καὶ τραχὺν καὶ ῥοώδη, καὶ τοῖς καταφερομένοις στελέχεσι καὶ ξύλοις πληγὰς καὶ σπαραγμοὺς ἐνδιδόντα κατὰ τῶν ἐρειδόντων τὴν γέφυραν. Ἀλλὰ ταῦτα προβόλοις ξύλων μεγάλων διὰ τοῦ πόρου καταπεπηγότων ἀναδεχόμενος, καὶ χαλινώσας τὸ προσπῖπτον ῥεῦμα τῷ ζεύγματι, πίστεως πάσης θέαμα κρεῖττον ἐπεδείξατο τὴν γέφυραν ἡμέραις δέκα συντελεσθεῖσαν.

XXIII. Περαιώσας δὲ τὴν δύναμιν, οὐδενὸς ὑπαντιάσαι τολμήσαντος, ἀλλὰ καὶ τῶν ἡγεμονικωτάτων τοῦ Γερμανικοῦ, Σουήβων¹, εἰς βαθεῖς καὶ ὑλώδεις αὐλῶνας ἀνασκευασαμένων, πυρπολήσας μὲν τὴν τῶν πολεμίων, θαρρύνας δὲ τοὺς ἀεὶ τὰ Ῥωμαίων ἀσπαζομένους, ἀνεχώρησεν αὖθις εἰς τὴν Γαλατίαν, εἴκοσι δυεῖν δεούσας ἡμέρας ἐν τῇ Γερμανικῇ διατετριφώς. Ἡ

César saisit ce prétexte de satisfaire sa passion pour la gloire ; jaloux d'être le premier des Romains qui eût fait passer le Rhin à une armée, il construisit un pont sur ce fleuve, qui, ordinairement fort large, a encore plus d'étendue en cet endroit; son courant rapide entraînait avec violence les troncs d'arbres et les pièces de bois que les Barbares y jetaient, et qui venaient frapper avec une telle impétuosité les pieux qui soutenaient le pont, qu'ils en étaient ébranlés ou rompus. Pour amortir la raideur des coups, il fit enfoncer, au milieu du fleuve, au-dessus du pont, de grosses poutres qui détournaient les arbres et les autres bois qu'on abandonnait au fil de l'eau, et brisaient en quelque sorte la rapidité du courant. Aussi vit-on la chose qui paraissait la plus incroyable, un pont entièrement achevé en dix jours.

XXIII. Il y fit passer son armée, sans que personne osât s'y opposer ; les Suèves mêmes, les plus belliqueux des peuples de la Germanie, s'étaient retirés dans des vallées profondes et couvertes de bois. César, après avoir brûlé leur pays et ranimé la confiance des peuples qui tenaient le parti des Romains, repassa dans la Gaule ; il n'avait

ἀποπεράσαντας αὖθις.	qui passèrent *le fleuve* de nouveau.
Καὶ ὁ Καῖσαρ	Et César
λαβὼν ἐπὶ αὐτοὺς ταύτην αἰτίαν,	ayant pris contre eux ce grief,
ἄλλως δὲ ἐφιέμενος δόξης	mais d'ailleurs désireux de gloire
καὶ τοῦ πρῶτος ἀνθρώπων	et du le premier des hommes
διαβῆναι τὸν Ῥῆνον στρατῷ,	avoir passé le Rhin avec une armée,
ἐγεφύρου	bâtit-un-pont *sur le fleuve*
ὄντα τε πολὺν πλάτος,	*qui était* grand en largeur,
καὶ κατὰ ἐκεῖνο τοῦ πόρου	et à cet *endroit* du passage
μάλιστα πλημμυροῦντα	le plus plein
καὶ τραχὺν καὶ ῥοώδη,	et raide et impétueux,
καὶ ἐνδιδόντα τοῖς στελέχεσι	et donnant avec les troncs-d'-arbres
καὶ ξύλοις	et les pièces-de-bois
καταφερομένοις	emportées *dans son cours*
πληγὰς καὶ σπαραγμοὺς	des coups et des déchirements
κατὰ τῶν ἐρειδόντων τὴν γέφυραν.	contre les *pieux* soutenant le pont.
Ἀλλὰ ἀναδεχόμενος ταῦτα	Mais recevant ces *chocs*
προβόλοις μεγάλων ξύλων	avec des pilotis d'énormes bois
καταπεπηγότων διὰ τοῦ πόρου,	fichés au-travers du passage,
καὶ χαλινώσας τὸ ῥεῦμα	et ayant bridé le courant
προσπῖπτον τῷ ζεύγματι,	qui se jetait contre le pont,
ἐπεδείξατο θέαμα	il montra un spectacle
κρεῖττον πάσης πίστεως	supérieur à toute croyance
τὴν γέφυραν συντελεσθεῖσαν	le pont achevé
δέκα ἡμέραις.	en dix jours.
XXIII. Περαιώσας δὲ	XXIII. Et ayant fait-passer
τὴν δύναμιν,	l'armée,
οὐδενὸς τολμήσαντος ὑπαντιάσαι,	personne *n'*ayant osé s'y opposer,
ἀλλὰ καὶ τῶν ἡγεμονικωτάτων	mais même les plus importants
τοῦ Γερμανικοῦ, Σουήβων,	du *corps* germanique, les Suèves,
ἀνασκευασαμένων εἰς αὐλῶνας	ayant émigré dans des vallées
βαθεῖς καὶ ὑλώδεις,	profondes et boisées,
πυρπολήσας μὲν τὴν τῶν πολεμίων,	ayant brûlé le *pays* des ennemis,
θαῤῥύνας δὲ ἀεὶ	et ayant encouragé successivement
τοὺς ἀσπαζομένους	ceux embrassant
τὰ Ῥωμαίων,	le *parti* des Romains,
ἀνεχώρησεν αὖθις	il retourna de nouveau
εἰς τὴν Γαλατίαν,	dans la Gaule,
διατετριφὼς ἐν τῇ Γερμανικῇ	ayant séjourné dans la Germanie
εἴκοσιν ἡμέρας δεούσας δυεῖν.	vingt jours manquant de deux.

δ' ἐπὶ τοὺς Βρεττανοὺς στρατεία τὴν μὲν τόλμαν εἶχεν ὀνομαστήν· πρῶτος γὰρ εἰς τὸν ἑσπέριον Ὠκεανὸν ἐπέβη στόλῳ, καὶ διὰ τῆς Ἀτλαντικῆς[1] θαλάττης στρατὸν ἐπὶ πόλεμον κομίζων ἔπλευσε· καὶ νῆσον ἀπιστουμένην ὑπὸ μεγέθους, καὶ πολλὴν ἔριν παμπόλλοις συγγραφεῦσι παρασχοῦσαν, ὡς ὄνομα καὶ λόγος οὐ γενομένης οὐδ' οὔσης πέπλασται, κατασχεῖν ἐπιθέμενος, προήγαγεν ἔξω τῆς οἰκουμένης τὴν Ῥωμαίων ἡγεμονίαν. Δὶς δὲ διαπλεύσας εἰς τὴν νῆσον ἐκ τῆς ἀντιπέρας Γαλατίας, καὶ μάχαις πολλαῖς κακώσας τοὺς πολεμίους μᾶλλον ἢ τοὺς ἰδίους ὠφελήσας (οὐδὲν γὰρ ὅ τι καὶ λαβεῖν ἦν ἄξιον ἀπ' ἀνθρώπων κακοβίων καὶ πενήτων), οὐχ οἷον ἐβούλετο, τῷ πολέμῳ τέλος ἐπέθηκεν, ἀλλ' ὁμήρους λαβὼν παρὰ τοῦ βασιλέως, καὶ ταξάμενος φόρους, ἀπῆρεν ἐκ τῆς νήσου. Καὶ καταλαμβάνει γράμματα μέλλοντα διαπλεῖν πρὸς αὐτὸν ἀπὸ τῶν ἐν Ῥώμῃ φίλων, δηλοῦντα τὴν τῆς

employé que dix-huit jours à cette expédition dans la Germanie. Celle qu'il entreprit contre les habitants de la Grande-Bretagne est d'une audace extraordinaire. Il fut le premier qui pénétra avec une flotte dans l'Océan occidental, et qui fit traverser à son armée la mer Atlantique, pour aller porter la guerre dans cette île. Ce qu'on rapportait de sa grandeur faisait douter de son existence, et a donné lieu à une dispute entre plusieurs historiens, qui ont cru qu'elle n'avait jamais existé et que tout ce qu'on en débitait, jusqu'à son nom même, était une pure fable. César osa tenter d'en faire la conquête et de porter au delà des terres habitables les bornes de l'empire romain. Il y passa deux fois, de la côte opposée de la Gaule; et dans plusieurs combats qu'il livra, il fit plus de mal aux ennemis qu'il ne procura d'avantages à ses troupes; elles ne purent rien tirer de ces peuples, qui menaient une vie pauvre et misérable. Cette expédition ne fut donc pas aussi heureuse qu'il l'aurait désiré; seulement il prit des otages de leur roi, lui imposa un tribut et repassa dans la Gaule. Il y trouva des lettres qu'on allait lui porter dans l'île, et par lesquelles ses amis de Rome lui apprenaient que sa fille était morte

	VIE DE CÉSAR. 85
Ἡ δὲ στρατεία ἐπὶ τοὺς Βρεττανοὺς	Mais l'expédition contre les Bretons
εἶχε μὲν τὴν τόλμαν ὀνομαστήν·	avait une audace mémorable :
πρῶτος γὰρ	car le premier
ἐπέβη στόλῳ	il s'avança avec une flotte
εἰς τὸν Ὠκεανὸν ἑσπέριον,	dans l'Océan occidental,
καὶ ἔπλευσε	et navigua
διὰ τῆς θαλάττης Ἀτλαντικῆς	à travers la mer Atlantique
κομίζων στρατὸν ἐπὶ πόλεμον·	emmenant une armée à la guerre :
καὶ ἐπιθέμενος κατασχεῖν	et ayant tenté de s'emparer
νῆσον ἀπιστουμένην	d'une île qui était-suspecte
ὑπὸ μεγέθους,	par sa grandeur,
καὶ παρασχοῦσαν πολλὴν ἔριν	et qui a fourni grande dispute
παμπόλλοις συγγραφεῦσιν,	à beaucoup d'écrivains,
ὡς ὄνομα καὶ λόγος	comme quoi le nom et le récit
οὐ γενομένης	d'*elle* n'ayant pas existé
οὐδὲ οὔσης	ni *n'*existant *pas*
πέπλασται,	avait été forgé,
προήγαγε	il poussa
τὴν ἡγεμονίαν Ῥωμαίων	l'empire des Romains
ἔξω τῆς οἰκουμένης.	hors de la *terre* habitée.
Διαπλεύσας δὲ δὶς εἰς τὴν νῆσον	Or ayant passé deux-fois dans l'île
ἐκ τῆς Γαλατίας ἀντιπέρας,	de la Gaule à-l'opposite,
καὶ κακώσας τοὺς πολεμίους	et ayant maltraité les ennemis
πολλαῖς μάχαις	dans plusieurs combats
μᾶλλον ἢ ὠφελήσας	plutôt que ayant servi
τοὺς ἰδίους	ses propres *gens*
(οὐδὲν γὰρ	(car rien *n'*était
ὅ τι καὶ ἦν ἄξιον λαβεῖν	qu'il fût digne de prendre
ἀπὸ ἀνθρώπων κακοβίων	à des hommes vivant-misérablement
καὶ πενήτων),	et pauvres),
ἐπέθηκε τέλος τῷ πολέμῳ,	il mit fin à la guerre,
οὐχ οἷον ἐβούλετο,	non comme il voulait,
ἀλλὰ λαβὼν ὁμήρους	mais ayant pris des otages
παρὰ τοῦ βασιλέως,	de leur roi,
καὶ ταξάμενος φόρους,	et ayant établi des taxes,
ἀπῆρεν ἐκ τῆς νήσου.	il revint de l'île.
Καὶ καταλαμβάνει γράμματα	Et il trouve des lettres
μέλλοντα διαπλεῖν πρὸς αὐτὸν	qui allaient voguer vers lui
ἀπὸ τῶν φίλων ἐν Ῥώμῃ,	de la part de ses amis dans Rome,
δηλοῦντα τὴν τελευτὴν	*lui* marquant la fin

θυγατρὸς αὐτοῦ τελευτήν· τελευτᾷ δὲ τίκτουσα παρὰ Πομπηΐῳ. Καὶ μέγα μὲν αὐτὸν ἔσχε Πομπήϊον, μέγα δὲ καὶ Καίσαρα πένθος· οἱ δὲ φίλοι συνεταράχθησαν, ὡς τῆς ἐν εἰρήνῃ καὶ ὁμονοίᾳ τἄλλα νοσοῦσαν τὴν πολιτείαν φυλασσούσης οἰκειότητος λελυμένης. Καὶ γὰρ τὸ βρέφος εὐθὺς, οὐ πολλὰς ἡμέρας μετὰ τὴν μητέρα διαζῆσαν, ἐτελεύτησε. Τὴν μὲν οὖν Ἰουλίαν βίᾳ τῶν δημάρχων ἀράμενον τὸ πλῆθος εἰς τὸ Ἄρειον ἤνεγκε πεδίον, κἀκεῖ κηδευθεῖσα κεῖται.

XXIV. Τοῦ δὲ Καίσαρος μεγάλην ἤδη τὴν δύναμιν οὖσαν εἰς πολλὰ κατ' ἀνάγκην χειμάδια διελόντος, αὐτοῦ δὲ πρὸς τὴν Ἰταλίαν, ὥσπερ εἰώθει, τραπομένου, πάντα μὲν αὖθις ἀνερρήγνυτο τὰ τῶν Γαλατῶν, καὶ στρατοὶ μεγάλοι περιιόντες ἐξέκοπτον τὰ χειμάδια, καὶ προσεμάχοντο τοῖς χαρακώμασι τῶν Ῥωμαίων. Οἱ δὲ πλεῖστοι καὶ κράτιστοι τῶν ἀποστάντων μετ' Ἀμβιόριγος Κότταν μὲν αὐτῷ στρατοπέδῳ καὶ Τιτούριον δι-

en couches dans la maison de Pompée. Cette mort ne causa pas moins de douleur au père qu'au mari ; leurs amis en furent vivement affligés ; ils prévirent que cette mort allait rompre une alliance qui entretenait la paix et la concorde dans la république, déjà travaillée par des maladies dangereuses. L'enfant même dont elle était accouchée mourut peu de jours après sa mère. Le peuple, malgré les tribuns, enleva le corps de Julie et le porta dans le champ de Mars, où elle fut enterrée.

XXIV. César avait été obligé de partager en plusieurs corps l'armée nombreuse qu'il commandait, et de la distribuer en divers quartiers pour y passer l'hiver ; après quoi, suivant sa coutume, il était allé en Italie. Pendant son absence, toute la Gaule se souleva de nouveau et fit marcher des armées considérables, qui allèrent attaquer les quartiers des Romains et entreprirent de forcer leurs retranchements. Les plus nombreux et les plus puissants de ces peuples, commandés par Ambiorix, tombèrent sur les légions de Cotta et de Titurius et les taillèrent en pièces ; de là ils allèrent, avec soixante

τῆς θυγατρὸς αὐτοῦ·
τελευτᾷ δὲ τίκτουσα
παρὰ Πομπηΐῳ.
Καὶ μέγα μὲν πένθος
ἔσχε Πομπήϊον αὐτὸν,
μέγα δὲ καὶ Καίσαρα·
οἱ δὲ φίλοι συνεταράχθησαν,
ὡς λελυμένης τῆς οἰκειότητος
φυλασσούσης ἐν εἰρήνῃ καὶ ὁμονοίᾳ
τὴν πολιτείαν νοσοῦσαν τὰ ἄλλα.
Καὶ γὰρ τὸ βρέφος
εὐθὺς ἐτελεύτησε,
διαζῆσαν οὐ πολλὰς ἡμέρας
μετὰ τὴν μητέρα.
Τὸ μὲν οὖν πλῆθος
ἀράμενον τὴν Ἰουλίαν
βίᾳ τῶν δημάρχων
ἤνεγκεν εἰς τὸ πεδίον Ἄρειον,
καὶ κεῖται ἐκεῖ κηδευθεῖσα.

XXIV. Τοῦ δὲ Καίσαρος
διελόντος κατὰ ἀνάγκην
εἰς πολλὰ χειμάδια
τὴν δύναμιν οὖσαν ἤδη μεγάλην,
αὐτοῦ δὲ τραπομένου
πρὸς τὴν Ἰταλίαν,
ὥσπερ εἰώθει,
πάντα μὲν τὰ τῶν Γαλατῶν
ἀνερρήγνυτο αὖθις,
καὶ μεγάλοι στρατοὶ περιϊόντες
ἐξέκοπτον τὰ χειμάδια,
καὶ προσεμάχοντο
τοῖς χαρακώμασι τῶν Ῥωμαίων.
Οἱ δὲ πλεῖστοι
καὶ κράτιστοι
τῶν ἀποστάντων μετὰ Ἀμβιόριγος
διέφθειραν μὲν
Κότταν καὶ Τιτούριον
στρατοπέδῳ αὐτῷ·
περισχόντες δὲ
ἐξ μυριάσιν

de la fille de lui :
or elle était morte accouchant
chez Pompée.
Et une grande douleur
s'empara de Pompée lui-même,
et une grande aussi de César :
et leurs amis furent troublés,
comme étant brisée la parenté
qui maintenait en paix et en accord
la république malade d'ailleurs.
En-effet l'enfant *nouveau-né*
aussitôt mourut,
ayant vécu non beaucoup de jours
après sa mère.
Toutefois la multitude
ayant enlevé Julie
en dépit des tribuns
la porta au champ de-Mars,
et elle repose là enterrée.

XXIV. Cependant César
ayant partagé par nécessité
en plusieurs quartiers-d'hiver
son armée qui était déjà nombreuse,
et lui-même étant retourné
vers l'Italie,
comme il avait-coutume,
tous les *peuples* des Gaulois
se soulevaient de-nouveau,
et de grandes armées allant-çà-et-là
détruisaient les quartiers-d'hiver,
et attaquaient
les retranchements des Romains.
Mais les plus nombreux
et les plus puissants
des révoltés avec Ambiorix
taillèrent-en-pièces
Cotta et Titurius
avec leur camp lui-même :
puis ayant entouré
de six myriades *d'hommes*

ἔφθειραν· τὸ δὲ ὑπὸ Κικέρωνι τάγμα μυριάσιν ἓξ περισχόντες ἐπολιόρκουν, καὶ μικρὸν ἀπέλιπον ᾑρηκέναι κατὰ κράτος, συντετρωμένων ἁπάντων, καὶ παρὰ δύναμιν ὑπὸ προθυμίας ἀμυνομένων. Ὡς δ' ἠγγέλη ταῦτα τῷ Καίσαρι μακρὰν ὄντι, ταχέως ἐπιστρέψας καὶ συναγαγὼν ἑπτακισχιλίους τοὺς σύμπαντας, ἠπείγετο τὸν Κικέρωνα τῆς πολιορκίας ἐξαιρησόμενος. Τοὺς δὲ πολιορκοῦντας οὐκ ἔλαθεν, ἀλλ' ἀπήντων ὡς ἀναρπασόμενοι, τῆς ὀλιγότητος καταφρονήσαντες. Κἀκεῖνος ἐξαπατῶν ὑπέφευγεν ἀεί, καὶ χωρία λαβὼν ἐπιτηδείως ἔχοντα πρὸς πολλοὺς μαχομένῳ μετ' ὀλίγων, φράγνυται στρατόπεδον· καὶ μάχης ἔσχε τοὺς ἑαυτοῦ πάσης, ἀναγαγεῖν δὲ τὸν χάρακα καὶ τὰς πύλας ἀνοικοδομεῖν ὡς δεδοικότας ἠνάγκαζε, καταφρονηθῆναι στρατηγῶν· μέχρις οὗ σποράδην ὑπὸ θράσους προσβάλλοντας ἐπεξελθὼν ἐτρέψατο, καὶ πολλοὺς αὐτῶν διέφθειρε.

XXV. Τοῦτο τὰς πολλὰς ἀποστάσεις τῶν ἐνταῦθα Γαλατῶν

mille hommes, assiéger la légion qui était sous les ordres de Q. Cicéron, et peu s'en fallut que ses retranchements ne fussent forcés; tous ceux qui y étaient renfermés avaient été blessés et se défendaient avec plus de courage que leur état ne semblait le permettre. César, qui était déjà fort loin de ses quartiers, ayant appris ces fâcheuses nouvelles, revint précipitamment sur ses pas; et, n'ayant pu rassembler en tout que sept mille hommes, il fit la plus grande diligence pour aller dégager Cicéron. Les assiégeants, à qui il ne put dérober sa marche, levèrent le siége et allèrent à sa rencontre, méprisant son petit nombre et se croyant sûrs de l'enlever. César, afin de les tromper, fit semblant de fuir, et, ayant trouvé un poste commode pour tenir tête, avec peu de monde, à une armée nombreuse, il fortifia son camp, défendit à ses soldats de tenter aucun combat, fit élever de grands retranchements et boucher les portes, afin que cette apparence de frayeur inspirât aux ennemis encore plus de mépris pour lui. Son stratagême lui réussit; les Gaulois, pleins de confiance, viennent l'attaquer, séparés et sans ordre : alors il fait sortir sa troupe, tombe sur les Barbares qu'il met en fuite, et en fait un grand carnage.

XXV. Cette victoire comprima tous les soulèvements des Gaulois

τὸ τάγμα (τὸ) ὑπὸ Κικέρωνι ἐπολιόρκουν,	la légion sous Cicéron ils *l'*assiégeaient,
καὶ ἀπέλιπον μικρὸν ᾑρηκέναι κατὰ κράτος,	et faillirent de peu *l'*avoir prise de force,
ἁπάντων συντετρωμένων,	tous *les Romains* ayant été blessés
καὶ ἀμυνομένων ὑπὸ προθυμίας παρὰ δύναμιν.	et se défendant avec une ardeur au-delà de leur force.
Ὡς δὲ ταῦτα ἠγγέλη τῷ Καίσαρι ὄντι μακρὰν,	Or dès que cela fut annoncé à César étant loin,
ἐπιστρέψας ταχέως	étant revenu-sur-ses-pas vite
καὶ συναγαγὼν τοὺς σύμπαντας ἑπτακισχιλίους,	et ayant rassemblé en-tout sept-mille *hommes*,
ἠπείγετο ἐξαιρησόμενος τὸν Κικέρωνα τῆς πολιορκίας.	il se hâtait devant délivrer Cicéron du siége *qu'il soutenait*.
Οὐκ ἔλαθε δὲ τοὺς πολιορκοῦντας,	Mais il n'échappa pas aux assiégeants,
ἀλλὰ ἀπήντων ὡς ἀναρπασόμενοι,	mais ils venaient-à-*sa*-rencontre comme devant *l'*enlever,
καταφρονήσαντες τῆς ὀλιγότητος.	ayant méprisé ce petit-nombre.
Καὶ ἐκεῖνος ἐξαπατῶν ὑπέφευγεν ἀεὶ,	Et celui-ci *les* trompant fuyait toujours,
καὶ λαβὼν χωρία ἔχοντα ἐπιτηδείως μαχομένῳ πρὸς πολλοὺς μετὰ ὀλίγων,	et ayant pris des postes disposés avantageusement pour *quelqu'un* combattant contre beaucoup avec peu,
φράγνυται στρατόπεδον·	il fortifie son camp :
καὶ ἔσχε τοὺς ἑαυτοῦ πάσης μάχης,	et il retint ceux de lui de tout combat,
ἠνάγκαζε δὲ ἀναγαγεῖν τὸν χάρακα καὶ ἀνοικοδομεῖν τὰς πύλας ὡς δεδοικότας,	mais il *les* forçait d'élever le retranchement et de construire des portes comme ayant peur,
στρατηγῶν καταφρονηθῆναι·	s'efforçant d'être méprisé :
μέχρις οὗ ἐπεξελθὼν ἐτρέψατο	jusqu'à ce que ayant fait-une-sortie il mit-en-fuite
προσβάλλοντας σποράδην ὑπὸ θράσους,	*les ennemis* attaquant en-désordre par audace,
καὶ διέφθειρε πολλοὺς αὐτῶν.	et détruisit beaucoup d'entre eux.
XXV. Τοῦτο κατεστόρεσε τὰς πολλὰς ἀποστάσεις	XXV. Cela abattit les nombreux soulèvements

κατεστόρεσε, καὶ τοῦ χειμῶνος αὐτός, ἐπιφοιτῶν τε πανταχόσε καὶ προσέχων ὀξέως τοῖς νεωτερισμοῖς. Καὶ γὰρ ἧκεν ἐξ Ἰταλίας ἀντὶ τῶν ἀπολωλότων αὐτῷ τρία τάγματα, Πομπηίου μὲν ἐκ τῶν ὑφ' αὑτὸν δύο χρήσαντος, ἓν δὲ νεοσύλλεκτον ἐκ τῆς περὶ Πάδον Γαλατίας. Πόρρω δὲ τούτων αἱ πάλαι καταβεβλημέναι κρύφα καὶ νεμόμεναι διὰ τῶν δυνατωτάτων ἀνδρῶν ἐν τοῖς μαχιμωτάτοις γένεσιν ἀρχαὶ τοῦ μεγίστου καὶ κινδυνωδεστάτου τῶν ἐκεῖ πολέμων ἀνεφαίνοντο, ῥωσθεῖσαι πολλῇ μὲν ἡλικίᾳ καὶ πανταχόθεν ὅπλοις ἀθροισθεῖσι, μεγάλοις δὲ πλούτοις εἰς ταὐτὸ συνενεχθεῖσιν, ἰσχυραῖς δὲ πόλεσι, δυσεμβόλοις δὲ χώραις. Τότε δὲ καὶ χειμῶνος ὥρᾳ πάγοι ποταμῶν, καὶ νιφετοῖς ἀποκεκρυμμένοι δρυμοί, καὶ πεδία χειμάρροις ἐπιλελιμνασμένα, καὶ πῆ μὲν ἀτέκμαρτοι βάθει χιόνος ἀτραποί, πῆ δὲ δι' ἑλῶν καὶ ῥευμάτων παρατρεπομένων ἀσάφεια πολλὴ τῆς πορείας, παντά-

dans ces quartiers-là; César, pour en prévenir de nouveaux, se portait avec promptitude partout où il voyait quelque mouvement à craindre. Pour remplacer les légions qu'il avait perdues, il lui en était venu trois d'Italie, dont deux lui avaient été prêtées par Pompée, et la troisième venait d'être levée dans la Gaule aux environs du Pô. Cependant on vit tout à coup se développer, au fond de la Gaule, des semences de révolte, que les chefs les plus puissants avaient depuis longtemps répandues en secret parmi les peuples les plus belliqueux, et qui donnèrent naissance à la plus grande et à la plus dangereuse guerre qui eût encore eu lieu dans ces contrées. Tout se réunissait pour la rendre terrible : une jeunesse aussi nombreuse que brillante, une immense quantité d'armes rassemblées de toutes parts, les fonds énormes qu'ils avaient faits, les places fortes dont ils s'étaient assurés, les lieux presque inaccessibles dont ils avaient fait leurs retraites : on était d'ailleurs dans le fort de l'hiver ; les rivières étaient glacées, les forêts couvertes de neige ; les campagnes inondées étaient comme des torrents ; les chemins, ou ensevelis sous des monceaux de neige, ou couverts de marais et d'eaux débordées, étaient impossibles à reconnaître. Tant de diffi-

τῶν Γαλατῶν ἐνταῦθα,	des Gaulois *de* là,
καὶ αὐτὸς τοῦ χειμῶνος,	et *César* lui-même pendant l'hiver,
ἐπιφοιτῶν τε πανταχόσε	allant de-tous-côtés
καὶ προσέχων ὀξέως	et surveillant vivement
τοῖς νεωτερισμοῖς.	les innovations.
Καὶ γὰρ τρία τάγματα	En effet trois légions
ἧκεν αὐτῷ ἐξ Ἰταλίας	étaient venues à lui d'Italie
ἀντὶ τῶν ἀπολωλότων,	pour *remplacer* les perdues,
Πομπηΐου μὲν χρήσαντος δύο	Pompée *en* ayant prêté deux
ἐκ τῶν ὑπὸ αὐτὸν,	de celles *qui étaient* sous lui,
ἓν δὲ νεοσύλλεκτον	et une ayant été nouvellement-levée
ἐκ τῆς Γαλατίας περὶ Πάδον.	de la Gaule autour du Pô.
Πόρρω δὲ τούτων	Mais loin de ces *pays*
ἀνεφαίνοντο αἱ ἀρχαὶ	se montrèrent les semences [leuse
τοῦ μεγίστου καὶ κινδυνωδεστάτου	de la plus grande et de la plus péril-
τῶν πολέμων ἐκεῖ,	des guerres *de* là,
καταβεβλημέναι πάλαι κρύφα	jetées depuis-longtemps en-secret
καὶ νεμόμεναι	et entretenues
διὰ τῶν ἀνδρῶν δυνατωτάτων	par les hommes les plus puissants
ἐν τοῖς γένεσι μαχιμωτάτοις,	dans les races les plus belliqueuses,
ῥωσθεῖσαι μὲν	*semences* fortifiées
πολλῇ ἡλικίᾳ	par une nombreuse jeunesse
καὶ ὅπλοις	et par des armes
ἀθροισθεῖσι πανταχόθεν,	rassemblées de-tous-côtés,
μεγάλοις δὲ πλούτοις	et par de grandes richesses
συνενεχθεῖσιν εἰς τὸ αὐτὸ,	réunies dans le même *lieu*,
ἰσχυραῖς δὲ πόλεσι,	et par de fortes villes,
χώραις δὲ δυσεμβόλοις.	et par des pays difficiles-à-envahir.
Τότε δὲ καὶ πάγοι ποταμῶν	Et alors les glaces des rivières
ὥρᾳ χειμῶνος, καὶ δρυμοὶ	dans la saison d'hiver, et les bois
ἀποκεκρυμμένοι νιφετοῖς,	couverts de neiges,
καὶ πεδία ἐπιλελιμνασμένα	et les plaines converties-en-marais
χειμάρροις,	par les torrents,
καὶ πῇ μὲν ἀτραποὶ	et d'un côté les sentiers
ἀτέκμαρτοι	méconnaissables
βάθει χιόνος,	par la profondeur de la neige,
πῇ δὲ πολλὴ ἀσάφεια	et de l'autre une grande incertitude
τῆς πορείας	du chemin
διὰ ἑλῶν καὶ ῥευμάτων	à travers les marais et les cours-d'eau
παρατρεπομένων,	débordés,

πασιν εδόκουν ανεπιχείρητα Καίσαρι τὰ τῶν ἀφισταμένων ποιεῖν. Ἀφειστήκει μὲν οὖν πολλὰ φῦλα, πρόσχημα δ' ἦσαν Ἀρβέρνοι¹ καὶ Καρνουτῖνοι². Τὸ δὲ σύμπαν αἱρεθεὶς κράτος εἶχε τοῦ πολέμου Οὐεργεντόριξ, οὗ τὸν πατέρα Γαλάται, τυραννίδα δοκοῦντα πράττειν, ἀπέκτειναν.

XXVI. Οὗτος οὖν εἰς πολλὰ διελὼν τὴν δύναμιν μέρη, καὶ πολλοὺς ἐπιστήσας ἡγεμόνας, ᾠκειοῦτο τὴν πέριξ ἅπασαν, ἄχρι τῶν πρὸς τὸν Ἄραρα³ κεκλιμένων, διανοούμενος, ἤδη τῶν ἐν Ῥώμῃ συνισταμένων, ἐπὶ Καίσαρα σύμπασαν ἐγείρειν τῷ πολέμῳ Γαλατίαν. Ὅπερ εἰ μικρὸν ὕστερον ἔπραξε, Καίσαρος εἰς τὸν ἐμφύλιον ἐμπεσόντος πόλεμον, οὐκ ἂν ἐλαφρότεροι τῶν Κιμβρικῶν ἐκείνων φόβοι τὴν Ἰταλίαν κατέσχον. Νυνὶ δ' ὁ πᾶσι μὲν ἄριστα χρῆσθαι [δοκῶν] τοῖς πρὸς πόλεμον, μάλιστα δὲ καιρῷ πεφυκὼς Καῖσαρ, ἅμα τῷ πυθέσθαι τὴν ἀπόστασιν ἄρας ἐχώρει, ταῖς αὐταῖς ὁδοῖς ἃς διῆλθε, καὶ βίᾳ καὶ τάχει τῆς πο-

cultés faisaient croire aux Gaulois que César ne pourrait les attaquer. Entre les nations révoltées, les plus considérables étaient les Arvernes et les Carnutes, qui avaient investi de tout le pouvoir militaire Vercingétorix, dont les Gaulois avaient massacré le père, parce qu'ils le soupçonnaient d'aspirer à la tyrannie.

XXVI. Ce général, après avoir divisé son armée en plusieurs corps et établi plusieurs capitaines, fit entrer dans cette ligue tous les peuples des environs jusqu'à l'Arar; il pensait à faire prendre subitement les armes à toute la Gaule, pendant qu'à Rome on préparait un soulèvement général contre César. Si le chef des Gaulois eût différé son entreprise jusqu'à ce que César eût eu sur les bras la guerre civile, il n'eût pas causé à l'Italie entière moins de terreur qu'autrefois les Cimbres et les Teutons. César, qui tirait parti de tous les avantages que la guerre peut offrir, et qui surtout savait profiter du temps, n'eut pas plutôt appris cette révolte générale, qu'il partit sans perdre un instant; et, reprenant les mêmes chemins qu'il avait déjà

ἐδόκουν ποιεῖν Καίσαρι
παντάπασιν ἀνεπιχείρητα
τὰ τῶν ἀφισταμένων.
Πολλὰ μὲν οὖν φῦλα
ἀφεστήκει,
Ἀρβέρνοι δὲ καὶ Καρνουτῖνοι
ἦσαν πρόσχημα.
Οὐεργεντόριξ δὲ αἱρεθεὶς,
οὗ Γαλάται ἀπέκτειναν
τὸν πατέρα, δοκοῦντα
πράττειν τυραννίδα,
εἶχε τὸ σύμπαν κράτος
τοῦ πολέμου.

XXVI. Οὗτος οὖν διελὼν
τὴν δύναμιν εἰς πολλὰ μέρη,
καὶ ἐπιστήσας
πολλοὺς ἡγεμόνας,
ᾠκειοῦτο ἅπασαν τὴν πέριξ,
ἄχρι τῶν κεκλιμένων
πρὸς τὸν Ἄραρα,
διανοούμενος,
τῶν ἐν Ῥώμῃ συνισταμένων ἤδη,
ἐγείρειν τῷ πολέμῳ
σύμπασαν Γαλατίαν
ἐπὶ Καίσαρα.
Ὅπερ εἰ ἔπραξε
μικρὸν ὕστερον,
Καίσαρος ἐμπεσόντος
εἰς τὸν πόλεμον ἐμφύλιον,
φόβοι οὐκ ἐλαφρότεροι
ἐκείνων τῶν Κιμβρικῶν
ἂν κατέσχον τὴν Ἰταλίαν.
Νυνὶ δὲ ὁ Καῖσαρ [δοκῶν] μὲν
χρῆσθαι ἄριστα
πᾶσι τοῖς πρὸς πόλεμον,
πεφυκὼς δὲ μάλιστα καιρῷ,
ἅμα τῷ πυθέσθαι τὴν ἀπόστασιν
ἄρας ἐχώρει,
ταῖς αὐταῖς ὁδοῖς ἃς διῆλθε,
καὶ ἐπιδειξάμενος τοῖς βαρβάροις

semblaient rendre à César
tout-à-fait inattaquables
les *forces* des rebelles.
Certainement beaucoup de tribus
s'étaient révoltées,
mais les Arvernes et les Carnutes
étaient les principales.
Et Vercingétorix ayant été élu,
duquel les Gaulois avaient fait-périr
le père, qui paraissait
faire de la tyrannie,
avait toute la force
de la guerre.

XXVI. Celui-ci donc ayant divisé
ses forces en plusieurs parties,
et ayant mis-à-leur-tête
plusieurs chefs
s'attacha tout le *pays* d'alentour,
jusqu'aux *lieux* situés
vers l'Arar,
songeant,
ceux à Rome se liguant déjà,
à éveiller par la guerre
toute la Gaule
contre César.
Laquelle *chose* s'il eût faite
un peu plus tard,
César étant tombé
dans la guerre civile,
des terreurs non moindres
que celles causées-par-les-Cimbres
auraient saisi l'Italie.
Mais alors César [paraissant]
profiter très-bien
de toutes les choses pour la guerre,
et né *pour user* surtout de l'occasion
dès le avoir appris la rébellion
ayant levé *le camp* avançait, [versées,
par les mêmes routes qu'il avait tra-
et ayant montré aux barbares

ρείας διὰ τοσούτου χειμῶνος ἐπιδειξάμενος τοῖς βαρβάροις, ὡς ἄμαχος αὐτοῖς καὶ ἀήττητος ἔπεισι στρατός. Ὅπου γὰρ ἄγγελον ἢ γραμματοφόρον διαδῦναι τῶν παρ' αὐτοῦ χρόνῳ πολλῷ ἦν ἄπιστον, ἐνταῦθα μετὰ πάσης ἑωρᾶτο τῆς στρατιᾶς, ἅμα χώρας λυμαινόμενος αὐτῶν καὶ ἐκκόπτων τὰ χωρία, καταστρεφόμενος πόλεις, ἀναλαμβάνων τοὺς μετατιθεμένους· μέχρι καὶ τὸ τῶν Αἰδούων [1] ἔθνος ἐξεπολεμώθη πρὸς αὐτόν, οἳ τὸν ἄλλον χρόνον ἀδελφοὺς ἀναγορεύοντες αὐτοὺς Ῥωμαίων καὶ τιμώμενοι διαπρεπῶς, τότε δὲ τοῖς ἀποστάταις προσγενόμενοι, πολλὴν τῇ Καίσαρος στρατιᾷ περιέστησαν ἀθυμίαν. Διόπερ καὶ κινήσας ἐκεῖθεν ὑπερέβαλε τὰ Λιγγονικά [2], βουλόμενος ἅψασθαι τῆς Σηκουανῶν, φίλων ὄντων καὶ προκειμένων τῆς Ἰταλίας πρὸς τὴν ἄλλην Γαλατίαν. Ἐνταῦθα δ' αὐτῷ τῶν πολεμίων ἐπιπεσόντων καὶ περισχόντων μυριάσι πολλαῖς, ὁρμήσας διαγωνίσασθαι, τοῖς μὲν ὅλοις καταπολεμῶν ἐκράτησε, χρόνῳ πολλῷ καὶ φόνῳ κατα-

tenus, il fit voir aux Barbares, par la célérité de sa marche dans un hiver si rigoureux, qu'ils avaient en tête une armée invincible, à laquelle rien ne pouvait résister. Il eût paru incroyable qu'un simple courrier fût venu en un temps beaucoup plus long du lieu d'où il était parti, et ils le voyaient, arrivé en peu de jours avec toute son armée, piller et ravager leur pays, détruire leurs places fortes et recevoir ceux qui venaient se rendre à lui; mais, quand les Éduens, qui jusqu'alors s'étaient appelés les frères des Romains et avaient été traités avec la plus grande distinction, se révoltèrent aussi et entrèrent dans la ligue commune, le découragement se jeta dans ses troupes. César fut donc obligé de décamper promptement et de traverser le pays des Lingons, pour entrer dans celui des Séquanais, amis des Romains et plus voisins de l'Italie que le reste de la Gaule. Là, environné par les ennemis, qui étaient venus fondre sur lui avec plusieurs milliers de combattants, il les charge avec tant de vigueur, qu'après un combat long et sanglant, il a partout l'avantage

βίᾳ καὶ τάχει τῆς πορείας	par la violence et la vitesse de sa [marche
διὰ τοσούτου χειμῶνος,	dans un tel hiver,
ὡς στρατὸς ἔπεισιν,	qu'une armée s'avance,
ἄμαχος καὶ ἀήττητος αὐτοῖς.	invincible et irrésistible pour eux.
Ὅπου γὰρ ἦν ἄπιστον	Car où il était incroyable
ἄγγελον ἢ γραμματοφόρον	un messager ou un courrier
τῶν παρὰ αὐτοῦ	de ceux d'auprès de lui
διαδῦναι πολλῷ χρόνῳ,	être parvenu en beaucoup de temps,
ἐνταῦθα ἑωρᾶτο	là il était vu
μετὰ πάσης τῆς στρατιᾶς,	avec toute son armée,
λυμαινόμενος ἅμα χώρας αὐτῶν	ravageant à-la-fois les pays d'eux
καὶ ἐκκόπτων τὰ χωρία,	et détruisant les places-fortes,
καταστρεφόμενος πόλεις,	soumettant les villes,
ἀναλαμβάνων	accueillant
τοὺς μετατιθεμένους,	ceux qui passaient-de-son-côté,
μέχρι καὶ τὸ ἔθνος	jusqu'à ce que même le peuple
τῶν Αἰδούων	des Éduens
ἐξεπολεμώθη πρὸς αὐτόν,	se mit-en-guerre contre lui,
οἳ τὸν ἄλλον χρόνον	lesquels le reste du temps
ἀναγορεύοντες αὐτοὺς	proclamant soi
ἀδελφοὺς Ῥωμαίων	frères des Romains
καὶ τιμώμενοι διαπρεπῶς,	et honorés avec-distinction,
τότε δὲ προσγενόμενοι	mais alors s'étant joints
τοῖς ἀποστάταις,	aux rebelles,
περιέστησαν πολλὴν ἀθυμίαν	jetèrent un grand découragement
τῇ στρατιᾷ Καίσαρος.	dans l'armée de César.
Διόπερ καὶ κινήσας ἐκεῖθεν	C'est pourquoi aussi étant parti de-là,
ὑπερέβαλε τὰ Λιγγονικά,	il traversa le *pays* des-Lingons,
βουλόμενος ἅψασθαι	voulant toucher
τῆς Σηκουανῶν,	celui des Séquanais,
ὄντων φίλων	qui étaient amis
καὶ προκειμένων τῆς Ἰταλίας	et placés-en-tête de l'Italie
πρὸς τὴν ἄλλην Γαλατίαν.	eu-égard au reste de la Gaule.
Ἐνταῦθα δὲ τῶν πολεμίων	Mais là les ennemis
ἐπιπεσόντων αὐτῷ	étant tombés sur lui
καὶ περισχόντων	et l'ayant enveloppé
πολλαῖς μυριάσιν,	de nombreuses myriades *d'hommes*,
ὁρμήσας διαγωνίσασθαι,	*lui* s'étant empressé de combattre,
καταπολεμῶν μὲν	certes vainquant *eux*
ἐκράτησε τοῖς ὅλοις,	il eut-le-dessus au-total,

βιασάμενος τοὺς βαρβάρους· ἔδοξε δὲ κατ' ἀρχάς τι καὶ σφα-
λῆναι, καὶ δεικνύουσιν Ἀρβέρνοι ξιφίδιον πρὸς ἱερῷ κρεμάμενον,
ὡς δὴ Καίσαρος λάφυρον. Ὁ θεασάμενος αὐτὸς ὕστερον ἐμει-
δίασε, καὶ τῶν φίλων καθελεῖν κελευόντων, οὐκ εἴασεν, ἱερὸν
ἡγούμενος.

XXVII. Οὐ μὴν ἀλλὰ τότε τῶν διαφυγόντων οἱ πλεῖστοι μετὰ
τοῦ βασιλέως εἰς πόλιν Ἀλησίαν¹ συνέφυγον, καὶ πολιορκοῦντι
ταύτην Καίσαρι, δοκοῦσαν ἀνάλωτον εἶναι μεγέθει τε τειχῶν
καὶ πλήθει τῶν ἀπομαχομένων, ἐπιπίπτει παντὸς λόγου μείζων
κίνδυνος ἔξωθεν. Ὁ γὰρ ἦν ἐν Γαλατίᾳ κράτιστον ἀπὸ τῶν ἐθνῶν
ἀθροισθὲν, ἐν ὅπλοις ἧκον ἐπὶ τὴν Ἀλησίαν, τριάκοντα μυριάδες·
αἱ δ' ἐν αὐτῇ τῶν μαχομένων οὐκ ἐλάττονες ἦσαν ἑπτακαίδεκα
μυριάδων· ὥστε ἐν μέσῳ πολέμου τοσούτου τὸν Καίσαρα κατει-
λημμένον καὶ πολιορκούμενον ἀναγκασθῆναι διττὰ τείχη προβα-
λέσθαι, τὸ μὲν πρὸς τὴν πόλιν, τὸ δ' ἀπὸ τῶν ἐπεληλυθότων,
ὡς, εἰ συνέλθοιεν αἱ δυνάμεις, κομιδῇ διαπεπραγμένων τῶν

et met en fuite ces Barbares. Il semble néanmoins qu'il y reçut
d'abord quelque échec ; car les Arvernes montrent encore suspendue
dans un de leurs temples une épée, qu'ils prétendent être une dé-
pouille prise sur César. Il l'y vit lui-même dans la suite et ne fit qu'en
rire ; ses amis l'engageaient à la faire ôter ; mais il ne le voulut pas,
parce qu'il la regardait comme une chose sacrée.

XXVII. Le plus grand nombre de ceux qui s'étaient sauvés par la
fuite se renfermèrent avec leur roi dans la ville d'Alésia. César alla
sur-le-champ l'assiéger, quoique la hauteur de ses murailles et la
multitude des troupes qui la défendaient la fissent regarder comme
imprenable. Pendant ce siége, il se vit dans un danger dont on ne
saurait donner une juste idée. Ce qu'il y avait de plus brave parmi
toutes les nations de la Gaule, s'étant rassemblé au nombre de trois
cent mille hommes, vint en armes au secours de la ville ; ceux qui
étaient renfermés dans Alésia ne montaient pas à moins de soixante-
dix mille. César, ainsi enfermé et assiégé entre deux armées si puis-
santes, fut obligé de se remparer de deux murailles, l'une contre
ceux de la place, l'autre contre les troupes qui étaient venues au
secours des assiégés : si ces deux armées avaient réuni leurs forces,

καταβιασάμενος τοὺς βαρβάρους	ayant dompté les barbares [nage-
πολλῷ χρόνῳ καὶ φόνῳ·	avec beaucoup de temps et de car-
ἔδοξε δὲ κατὰ ἀρχὰς	mais il sembla au commencement
καὶ σφαλῆναί τι,	avoir échoué en quelque-chose,
καὶ Ἀρβέρνοι δεικνύουσι	et les Arvernes montrent
ξιφίδιον	une petite-épée
κρεμάμενον πρὸς ἱερῷ,	suspendue dans un temple,
ὡς δὴ λάφυρον Καίσαρος.	comme certes une dépouille de César.
Ὁ αὐτὸς θεασάμενος ὕστερον	Laquelle lui-même ayant vue plus tard
ἐμειδίασε, καὶ τῶν φίλων	il sourit, et ses amis
κελευόντων καθελεῖν,	l'engageant à enlever *elle*,
οὐκ εἴασεν, ἡγούμενος ἱερόν.	il ne *le* permit pas, *la* jugeant sacrée.
XXVII. Οὐ μὴν ἀλλὰ τότε	XXVII. Cependant alors
οἱ πλεῖστοι τῶν διαφυγόντων	la plupart de ceux ayant échappé
συνέφυγον μετὰ τοῦ βασιλέως	se réfugièrent avec leur roi
εἰς πόλιν Ἀλησίαν,	dans la ville d'Alésia,
καὶ κίνδυνος μείζων παντὸς λόγου	et un danger plus grand *que* tout récit
ἐπιπίπτει ἔξωθεν Καίσαρι	tombe du-dehors sur César
πολιορκοῦντι ταύτην,	qui assiégeait celle-ci,
δοκοῦσαν εἶναι ἀνάλωτον	paraissant être imprenable
μεγέθει τε τειχῶν	et par la hauteur des murs
καὶ πλήθει τῶν ἀπομαχομένων.	et par le nombre des combattants.
Ὁ γὰρ ἦν κράτιστον	Car ce qui était le plus brave
ἐν Γαλατίᾳ	dans la Gaule
ἀθροισθὲν ἀπὸ τῶν ἐθνῶν,	rassemblé des *différents* peuples,
ἧκον ἐν ὅπλοις εἰς τὴν Ἀλησίαν,	était venu en armes vers Alésia,
τριάκοντα μυριάδες·	*au nombre de* trente myriades :
αἱ δὲ τῶν μαχομένων ἐν αὐτῇ	et celles de ceux combattant dedans
οὐκ ἦσαν ἐλάττονες	n'étaient pas moindres
ἑπτακαίδεκα μυριάδων·	que dix-sept myriades :
ὥστε τὸν Καίσαρα	de sorte César
κατειλημμένον καὶ πολιορκούμενον	surpris et assiégé
ἐν μέσῳ τοσούτου πολέμου	au milieu d'une si grande guerre
ἀναγκασθῆναι προβαλέσθαι	avoir été forcé de mettre-devant-lui
διττὰ τείχη,	deux murailles,
τὸ μὲν πρὸς τὴν πόλιν,	l'une du côté de la ville,
τὸ δὲ ἀπὸ τῶν ἐπεληλυθότων,	l'autre du côté des assaillants,
ὡς τῶν κατὰ αὑτὸν	comme les *troupes* de lui
διαπεπραγμένων κομιδῇ,	étant exterminées entièrement,
εἰ αἱ δυνάμεις συνέλθοιεν.	si les *deux* armées se réunissaient.

καθ' αυτόν. Διὰ πολλὰ μὲν οὖν εἰκότως ὁ πρὸς Ἀλησίᾳ κίνδυνος ἔσχε δόξαν ὡς ἔργα τόλμης καὶ δεινότητος, οἷα τῶν ἄλλων ἀγώνων οὐδείς, παρασχόμενος· μάλιστα δ' ἄν τις θαυμάσειε τὸ λαθεῖν τοὺς ἐν τῇ πόλει Καίσαρα τοσαύταις μυριάσι ταῖς ἔξω συμβαλόντα καὶ περιγενόμενον· μᾶλλον δὲ καὶ τῶν Ῥωμαίων τοὺς τὸ πρὸς τὴν πόλιν τεῖχος φυλάττοντας. Οὐ γὰρ πρότερον ᾔσθοντο τὴν νίκην, ἢ κλαυθμὸν ἐκ τῆς Ἀλησίας ἀνδρῶν καὶ κοπετὸν γυναικῶν ἀκουσθῆναι, θεασαμένων ἄρα κατὰ θάτερα μέρη πολλοὺς μὲν ἀργύρῳ καὶ χρυσῷ κεκοσμημένους θυρεούς, πολλοὺς δ' αἵματι πεφυρμένους θώρακας, ἔτι δ' ἐκπώματα καὶ σκηνὰς Γαλατικὰς ὑπὸ τῶν Ῥωμαίων εἰς τὸ στρατόπεδον κομιζομένας. Οὕτως ὀξέως ἡ τοσαύτη δύναμις ὥσπερ εἴδωλον ἢ ὄνειρον ἠφάνιστο καὶ διεπεφόρητο, τῶν πλείστων ἐν τῇ μάχῃ πεσόντων. Οἱ δὲ τὴν Ἀλησίαν ἔχοντες, οὐκ ὀλίγα πράγματα παρασχόντες

c'en était fait de César. Aussi le péril extrême auquel il fut exposé devant Alésia lui acquit, à plus d'un titre, la gloire la mieux méritée; c'est de tous ses exploits celui où il montra le plus d'audace et le plus d'habileté. Mais ce qui doit singulièrement surprendre, c'est que les assiégés n'aient été instruits du combat qu'il livra à tant de milliers d'hommes qu'après qu'il les eut défaits; et ce qui est plus étonnant encore, les Romains, qui gardaient la muraille que César avait tirée contre la ville, n'apprirent sa victoire que par les cris des habitants d'Alésia et par les lamentations de leurs femmes, qui virent, des différents quartiers de la ville, les soldats romains emporter dans leur camp une immense quantité de boucliers garnis d'or et d'argent, des cuirasses souillées de sang, de la vaisselle et des tentes gauloises. Toute cette puissance formidable se dissipa et s'évanouit avec la rapidité d'un fantôme ou d'un songe; car ils périrent presque tous dans le combat. Les assiégés, après avoir donné bien du mal à César

VIE DE CÉSAR.

Διὰ πολλὰ μὲν οὖν	Aussi sous plusieurs *rapports*
ὁ κίνδυνος πρὸς Ἀλησίᾳ	le danger devant Alésia
εἰκότως ἔσχε δόξαν	à-bon-droit eut de la gloire
ὡς παρασχόμενος	comme ayant suscité
ἔργα τόλμης καὶ δεινότητος,	des actes d'audace et d'habileté,
οἷα οὐδεὶς τῶν ἄλλων ἀγώνων·	tels-que aucun des autres combats :
μάλιστα δὲ ἄν τις θαυμάσειε	mais surtout on s'étonnera
τὸ Καίσαρα λαθεῖν	César avoir été ignoré
τοὺς ἐν τῇ πόλει	de ceux dans la ville
συμβαλόντα	en-étant-venu-aux-mains [dehors
τοσαύταις μυριάσι ταῖς ἔξω	avec tant de myriades celles du
καὶ περιγενόμενον·	et ayant été-supérieur :
μᾶλλον δὲ καὶ τοὺς τῶν Ῥωμαίων	et plus encore de ceux des Romains
φυλάττοντας τὸ τεῖχος	qui gardaient le mur
πρὸς τὴν πόλιν.	du côté de la ville.
Οὐ γὰρ ᾔσθοντο	Car ils ne s'aperçurent pas
τὴν νίκην	de la victoire [me
πρότερον ἢ κλαυθμὸν ἀνδρῶν	avant que le gémissement des hom-
καὶ κοπετὸν γυναικῶν	et les lamentations des femmes
ἐκ τῆς Ἀλησίας	d'Alésia
θεασαμένων ἄρα	qui avaient vu certes
κατὰ τὰ ἕτερα μέρη	de diverses parties *de la ville*
πολλοὺς μὲν θυρεοὺς	beaucoup de boucliers
κεκοσμημένους ἀργύρῳ καὶ χρυσῷ,	ornés d'argent et d'or,
πολλοὺς δὲ θώρακας	et beaucoup de cuirasses
πεφυρμένους αἵματι,	souillées de sang,
ἔτι δὲ ἐκπώματα	et encore des coupes
καὶ σκηνὰς Γαλατικὰς	et des tentes Gauloises,
κομιζομένας ὑπὸ τῶν Ῥωμαίων	emportées par les Romains
εἰς τὸ στρατόπεδον,	dans le camp,
ἀκουσθῆναι.	avoir été entendus.
Ἡ τοσαύτη δύναμις	Cette si grande puissance
ἠφάνιστο καὶ διεπεφόρητο	avait disparu et s'était dissipée
οὕτως ὀξέως	ainsi rapidement
ὥσπερ εἴδωλον ἢ ὄνειρον,	comme un fantôme ou un songe,
τῶν πλείστων πεσόντων	la plupart étant tombés
ἐν τῇ μάχῃ.	dans le combat.
Οἱ δὲ ἔχοντες τὴν Ἀλησίαν,	Mais ceux tenant Alésia,
παρασχόντες ἑαυτοῖς	ayant suscité à eux-mêmes
καὶ Καίσαρι	et à César

ἑαυτοῖς καὶ Καίσαρι, τέλος παρέδοσαν ἑαυτούς. Ὁ δὲ τοῦ σύμπαντος ἡγεμὼν πολέμου, Οὐεργεντόριξ, ἀναλαβὼν τῶν ὅπλων τὰ κάλλιστα καὶ κοσμήσας τὸν ἵππον, ἐξιππάσατο διὰ τῶν πυλῶν· καὶ κύκλῳ περὶ τὸν Καίσαρα καθεζόμενον ἐλάσας, εἶτ᾽ ἀφαλόμενος τοῦ ἵππου, τὴν μὲν πανοπλίαν ἀπέρριψεν, αὐτὸς δὲ καθίσας ὑπὸ πόδας τοῦ Καίσαρος ἡσυχίαν ἦγεν, ἄχρις οὗ παρεδόθη φρουρησόμενος ἐπὶ τὸν θρίαμβον.

XXVIII. Καίσαρι δὲ πάλαι μὲν ἐδέδοκτο καταλύειν Πομπήϊον, ὥσπερ ἀμέλει κἀκείνῳ τοῦτον. Κράσσου γὰρ ἐν Πάρθοις ἀπολωλότος, ὃς ἦν ἔφεδρος ἀμφοῖν, ἀπελείπετο τῷ μὲν ὑπὲρ τοῦ γενέσθαι μεγίστῳ τὸν ὄντα καταλύειν, τῷ δ᾽, ἵνα μὴ πάθῃ τοῦτο, προαναιρεῖν ὃν ἐδεδοίκει. Τοῦτο δὲ Πομπηΐῳ μὲν ἐξ ὀλίγου φοβεῖσθαι παρέστη, τέως ὑπερορῶντι Καίσαρος, ὡς οὐ χαλεπὸν ἔργον ὄν, ὃν αὐτὸς ηὔξησε, καταλυθῆναι πάλιν ὑπ᾽ αὐτοῦ· Καῖσαρ

et en avoir beaucoup souffert eux-mêmes, finirent par se rendre. Vercingétorix, qui avait été l'âme de toute cette guerre, s'étant couvert de ses plus belles armes, sortit de la ville sur un cheval magnifiquement paré; et, après l'avoir fait caracoler autour de César, qui était assis sur son tribunal, il mit pied à terre, se dépouilla de toutes ses armes et alla s'asseoir aux pieds du général romain, où il se tint dans le plus grand silence. César le remit en garde à ses soldats et le réserva à l'ornement de son triomphe.

XXVIII. César avait résolu depuis longtemps de détruire Pompée, comme Pompée voulait, de son côté, ruiner César. Crassus, qui seul pouvait prendre la place de celui des deux qui aurait succombé, ayant péri chez les Parthes, il ne restait à César, pour devenir le plus grand, que de perdre celui qui l'était déjà; et à Pompée, pour prévenir sa propre perte, que de se défaire de celui dont il craignait l'élévation. Mais c'était depuis peu que Pompée avait cette crainte, jusque-là il n'avait pas cru César redoutable, persuadé qu'il ne lui serait pas difficile de renverser celui dont l'agrandissement était son

πράγματα οὐκ ὀλίγα,	des affaires non petites,
τέλος ἑαυτοὺς παρέδοσαν.	à-la-fin *se* livrèrent eux-mêmes.
Ὁ δὲ ἡγεμὼν	Et le chef
τοῦ σύμπαντος πολέμου,	de toute la guerre,
Οὐεργεντόριξ, ἀναλαβὼν	Vercingétorix, ayant pris
τὰ κάλλιστα τῶν ὅπλων	les plus belles de ses armes
καὶ κοσμήσας τὸν ἵππον,	et ayant paré son cheval,
ἐξιππάσατο διὰ τῶν πυλῶν·	sortit-à-cheval par les portes :
καὶ ἐλάσας κύκλῳ	et ayant chevauché en cercle
περὶ τὸν Καίσαρα καθεζόμενον,	autour de César assis,
εἶτα ἀφαλόμενος τοῦ ἵππου,	puis s'étant élancé de cheval,
ἀπέρριψε μὲν τὴν πανοπλίαν,	il jeta son armure-complète,
αὐτὸς δὲ καθίσας	et lui-même s'étant assis
ὑπὸ πόδας τοῦ Καίσαρος	aux pieds de César
ἦγεν ἡσυχίαν,	garda le repos,
ἄχρις οὗ παρεδόθη	jusqu'à ce qu'il fut livré
φρουρησόμενος ἐπὶ τὸν θρίαμβον.	devant être gardé pour le triomphe.
XXVIII. Πάλαι μὲν δὲ	XXVIII. Or depuis longtemps
ἐδέδοκτο Καίσαρι	il avait été résolu par César
καταλύειν Πομπήϊον,	de détruire Pompée,
ὥσπερ ἀμέλει	comme sans doute
καὶ ἐκείνῳ τοῦτον.	par celui-là aussi *de détruire* celui-ci.
Κράσσου γὰρ,	Car Crassus,
ὃς ἦν ἔφεδρος ἀμφοῖν,	qui était *les* surveillant tous deux,
ἀπολωλότος ἐν Πάρθοις,	étant mort chez les Parthes,
ἀπελείπετο τῷ μὲν	il restait à l'un
ὑπὲρ τοῦ γενέσθαι μεγίστῳ	pour devenir le plus grand
καταλύειν τὸν ὄντα,	de détruire celui qui *l'*était,
τῷ δὲ,	et à l'autre,
ἵνα μὴ πάθῃ τοῦτο,	pour qu'il n'éprouvât pas cela,
προαναιρεῖν	de se défaire-le-premier
ὃν ἐδεδοίκει.	de celui qu'il craignait.
Τοῦτο δὲ παρέστη μὲν ἐξ ὀλίγου Πομπηΐῳ	Mais cela arriva depuis peu à Pompée
τέως ὑπερορῶντι Καίσαρος,	jusque-là dédaignant César,
ὡς οὐκ ὂν ἔργον χαλεπὸν,	comme n'étant pas chose difficile,
ὃν αὐτὸς ηὔξησε,	*celui* que lui-même avait grandi,
καταλυθῆναι πάλιν ὑπὸ αὐτοῦ,	être renversé de nouveau par lui,
φοβεῖσθαι·	d'avoir peur
Καῖσαρ δὲ	mais César

δ' ἀπ' ἀρχῆς ὑπόθεσιν ταύτην πεποιημένος ἐπὶ τὸν ἀνταγωνιστήν, ὥσπερ ἀθλητὴς ἑαυτὸν ἀποστήσας μακρὰν, καὶ τοῖς Κελτικοῖς ἐγγυμνασάμενος πολέμοις, ἐπήσκησε μὲν τὴν δύναμιν, ηὔξησε δὲ τὴν δόξαν ἀπὸ τῶν ἔργων, εἰς ἀντίπαλον ἀρθεὶς τοῖς Πομπηΐου κατορθώμασι, λαμβάνων προφάσεις, τὰς μὲν αὐτοῦ Πομπηΐου, τὰς δὲ τῶν καιρῶν ἐνδιδόντων, καὶ τῆς ἐν Ῥώμῃ κακοπολιτείας, δι' ἣν οἱ μὲν ἀρχὰς μετιόντες, ἐν μέσῳ θέμενοι τραπέζας, ἐδέκαζον ἀναισχύντως τὰ πλήθη, κατῄει δ' ὁ δῆμος ἔμμισθος, οὐ ψήφοις ὑπὲρ τοῦ δεδωκότος, ἀλλὰ τόξοις καὶ ξίφεσι καὶ σφενδόναις ἁμιλλώμενος. Αἵματι δὲ καὶ νεκροῖς πολλάκις αἰσχύναντες τὸ βῆμα διεκρίθησαν, ἀναρχίᾳ τὴν πόλιν ὥσπερ ἀκυβέρνητον ὑποφερομένην ἀπολιπόντες· ὥστε τοὺς νοῦν ἔχοντας ἀγαπᾶν εἰ πρὸς μηδὲν αὐτοῖς χεῖρον, ἀλλὰ μοναρχίαν ἐκ τοιαύτης παραφροσύνης καὶ τοσούτου κλύδωνος ἐκπεσεῖται τὰ πρά-

ouvrage. César, qui de bonne heure avait eu le projet de détruire tous ses rivaux, avait fait comme un athlète qui va se préparer loin de l'arène où il doit combattre. Il s'était éloigné de Rome, et, en s'exerçant lui-même dans les guerres des Gaules, il avait aguerri ses troupes, augmenté sa gloire par ses exploits et égalé les hauts faits de Pompée. Il ne lui fallait que des prétextes pour colorer ses desseins; et ils lui furent bientôt fournis, soit par Pompée lui-même, soit par les conjonctures, soit enfin par les vices du gouvernement. A Rome, ceux qui briguaient alors les charges dressaient des tables de banque au milieu de la place publique, achetaient sans honte les suffrages des citoyens, qui, après les avoir vendus, descendaient au champ de Mars, non pour donner simplement leurs voix à celui qui les avait achetées, mais pour soutenir sa brigue à coups d'épées, de traits et de frondes. Souvent on ne sortait de l'assemblée qu'après avoir souillé la tribune de sang et de meurtres; et la ville, plongée dans l'anarchie, ressemblait à un vaisseau sans gouvernail, battu par la tempête. Tout ce qu'il y avait de gens raisonnables aurait regardé comme un grand bonheur que cet état si violent de démence et d'agitation n'amenât pas un plus grand mal que la monarchie. Plusieurs

πεποιημένος ταύτην ὑπόθεσιν	s'étant fait ce but-là
ἀπὸ ἀρχῆς	dès le principe
ἐπὶ τὸν ἀνταγωνιστήν,	contre son adversaire,
ἀποστήσας ἑαυτὸν μακρὰν	s'étant relégué lui-même loin
ὥσπερ ἀθλητής,	comme un athlète,
καὶ ἐγγυμνασάμενος	et s'étant exercé
τοῖς πολέμοις Κελτικοῖς,	par les guerres de-Gaule,
ἐπήσκησε μὲν τὴν δύναμιν,	d'une part exerça son armée,
ηὔξησε δὲ τὴν δόξαν	de l'autre augmenta la gloire
ἀπὸ τῶν ἔργων,	de ses actions,
ἀρθεὶς εἰς ἀντίπαλον	s'étant levé en rival
τοῖς κατορθώμασι Πομπηΐου,	aux succès de Pompée,
λαμβάνων προφάσεις,	prenant des prétextes,
τὰς μὲν Πομπηΐου αὐτοῦ,	les uns de Pompée lui-même,
τὰς δὲ τῶν καιρῶν	les autres des circonstances
ἐνδιδόντων,	qui *les lui* donnaient,
καὶ τῆς κακοπολιτείας	et du mauvais-gouvernement
ἐν Ῥώμῃ,	dans Rome,
δι' ἣν οἱ μὲν μετιόντες ἀρχάς,	par lequel ceux briguant des charges,
θέμενοι ἐν μέσῳ	ayant mis au milieu *de la place*
τραπέζας,	des tables *de banque*,
ἐδέκαζον τὰ πλήθη	corrompaient-par-argent les masses
ἀναισχύντως,	effrontément,
ὁ δὲ δῆμος κατῄει ἔμμισθος,	et le peuple descendait salarié,
ἁμιλλώμενος	combattant
ὑπὲρ τοῦ δεδωκότος	pour celui ayant donné *de l'argent*,
οὐ ψήφοις,	non avec des suffrages,
ἀλλὰ τόξοις	mais avec des arcs
καὶ ξίφεσι καὶ σφενδόναις.	et des épées et des frondes.
Πολλάκις δὲ διεκρίθησαν	Or souvent ils se séparèrent
αἰσχύναντες τὸ βῆμα	ayant souillé la tribune
αἵματι καὶ νεκροῖς,	de sang et de cadavres,
ἀπολιπόντες τὴν πόλιν	ayant laissé la ville
ὑποφερομένην ἀναρχίᾳ	emportée par l'anarchie
ὥσπερ ἀκυβέρνητον·	comme sans-pilote :
ὥστε τοὺς ἔχοντας νοῦν	de sorte ceux ayant du sens
ἀγαπᾶν εἰ τὰ πράγματα	être-contents si les affaires
ἐκπεσεῖται	*ne* devaient *pas* tomber
ἐκ τοιαύτης παραφροσύνης	d'une telle démence
καὶ τοσούτου κλύδωνος	et d'une si grande agitation

γματα. Πολλοὶ δ' ἦσαν οἳ καὶ λέγειν ἐν μέσῳ τολμῶντες ἤδη, πλὴν ὑπὸ μοναρχίας ἀνήκεστον εἶναι τὴν πολιτείαν, καὶ τὸ φάρμακον τοῦτο χρῆναι τοῦ πραοτάτου τῶν ἰατρῶν ἀνασχέσθαι προσφέροντος· ὑποδηλοῦντες τὸν Πομπήϊον. Ἐπεὶ δὲ κἀκεῖνος, λόγῳ παραιτεῖσθαι καλλωπιζόμενος, ἔργῳ παντὸς μᾶλλον ἐπέραινεν ἐξ ὧν ἀναδειχθήσοιτο δικτάτωρ, συμφρονήσαντες οἱ περὶ Κάτωνα πείθουσι τὴν γερουσίαν ὕπατον αὐτὸν ἀποδεῖξαι μόνον, ὡς μὴ βιάσαιτο δικτάτωρ γενέσθαι, νομιμωτέρᾳ μοναρχίᾳ παρηγορηθείς. Οἱ δὲ καὶ χρόνον ἐπεψηφίσαντο τῶν ἐπαρχιῶν. Δύο δ' εἶχεν, Ἰβηρίαν καὶ Λιβύην σύμπασαν, ἃς διῴκει πρεσβευτὰς ἀποστέλλων, καὶ στρατεύματα τρέφων, οἷς ἐλάμβανεν ἐκ τοῦ δημοσίου ταμείου χίλια τάλαντα καθ' ἕκαστον ἐνιαυτόν.

XXIX. Ἐκ τούτου Καῖσαρ ὑπατείαν ἐμνᾶτο πέμπων καὶ

même osaient dire ouvertement que la puissance d'un seul était l'unique remède aux maux de la république, et que ce remède, il fallait le recevoir du médecin le plus doux ; ce qui désignait clairement Pompée. Celui-ci affectait dans ses discours de refuser le pouvoir absolu ; mais toutes ses actions tendaient à le faire nommer dictateur. Caton, qui pénétrait son dessein, conseilla au sénat de le nommer seul au consulat, afin que, satisfait de cette espèce de monarchie plus conforme aux lois, il n'enlevât pas de force la dictature. Le sénat prit ce parti ; et en même temps il lui continua les deux gouvernements dont il était pourvu, l'Espagne et l'Afrique : il les administrait par ses lieutenants, et y entretenait des armées dont la dépense montait chaque année à mille talents, qui lui étaient payés du trésor public.

XXIX. Ces décrets du sénat déterminèrent César à demander le

πρὸς μηδὲν χεῖρον αὐτοῖς,	dans rien de pire pour eux,
ἀλλὰ μοναρχίαν.	mais dans la monarchie.
Πολλοὶ δὲ ἦσαν οἱ	Et nombreux étaient ceux
τολμῶντες καὶ ἤδη	osant même déjà
λέγειν ἐν μέσῳ	dire publiquement
τὴν πολιτείαν εἶναι ἀνήκεστον	le gouvernement être incurable
πλὴν ὑπὸ μοναρχίας,	excepté par la monarchie,
καὶ χρῆναι ἀνασχέσθαι	et falloir recevoir
τοῦτο τὸ φάρμακον	ce remède-là
τοῦ πραοτάτου τῶν ἰατρῶν	du plus doux des médecins
προσφέροντος·	qui présentait *lui* :
ὑποδηλοῦντες τὸν Πομπήϊον.	désignant Pompée.
Ἐπεὶ δὲ καὶ ἐκεῖνος,	Mais comme celui-ci,
καλλωπιζόμενος λόγῳ	affectant en paroles
παραιτεῖσθαι,	de refuser,
ἔργῳ μᾶλλον παντὸς	en action plus *que* tout *autre*
ἐπέραινεν ἐξ ὧν	faisait *les choses* par lesquelles
ἀναδειχθήσοιτο δικτάτωρ,	il dût être nommé dictateur,
οἱ περὶ Κάτωνα	ceux autour de Caton
συμφρονήσαντες	s'étant concertés
πείθουσι τὴν γερουσίαν	persuadent au sénat
ἀποδεῖξαι αὐτὸν μόνον ὕπατον,	de nommer lui (*Pompée*) seul consul,
ὡς μὴ βιάσαιτο	afin qu'il n'usât-pas-de-force
γενέσθαι δικτάτωρ,	pour devenir dictateur,
παρηγορηθεὶς	étant consolé
μοναρχίᾳ νομιμωτέρᾳ.	par une monarchie plus légale.
Οἱ δὲ καὶ ἐπεψηφίσαντο	Mais ceux-ci décrétèrent aussi
χρόνον ἐπαρχιῶν.	la prorogation de ses gouvernements
Εἶχε δὲ δύο,	Or il *en* avait deux,
Ἰβηρίαν καὶ Λιβύην σύμπασαν,	l'Espagne et la Lybie entière,
ἃς διῴκει	lesquelles il gouvernait
ἀποστέλλων πρεσβευτὰς,	envoyant des lieutenants,
καὶ τρέφων στρατεύματα,	et entretenant des armées,
οἷς ἐλάμβανεν	pour lesquelles il recevait
ἐκ τοῦ ταμείου δημοσίου	du trésor public
χίλια τάλαντα	mille talents
κατὰ ἕκαστον ἐνιαυτόν.	par chaque année.
XXIX. Ἐκ τούτου Καῖσαρ	XXIX. D'après cela César
πέμπων	envoyant *à Rome*
ἐμνᾶτο ὑπατείαν	demanda le consulat

χρόνον ὁμοίως τῶν ἰδίων ἐπαρχιῶν. Τὸ μὲν οὖν πρῶτον Πομπηίου σιωπῶντος, οἱ περὶ Μάρκελλον καὶ Λέντλον ἠναντιοῦντο, μισοῦντες ἄλλως Καίσαρα καὶ τοῖς ἀναγκαίοις οὐκ ἀναγκαῖα προστιθέντες εἰς ἀτιμίαν αὐτοῦ καὶ προπηλακισμόν. Νεοκωμίτας γὰρ ἔναγχος ὑπὸ Καίσαρος ἐν Γαλατίᾳ κατῳκισμένους ἀφῃροῦντο τῆς πολιτείας· καὶ Μάρκελλος ὑπατεύων ἕνα τῶν ἐκεῖ βουλευτῶν, εἰς Ῥώμην ἀφικόμενον, ἤκιστο¹ ῥάβδοις, ἐπιλέγων ὡς ταῦτα τοῦ μὴ Ῥωμαῖον εἶναι παράσημα προστίθησιν αὐτῷ, καὶ δεικνύειν ἀπιόντα Καίσαρι ἐκέλευε. Μετὰ δὲ Μάρκελλον, ἤδη Καίσαρος τὸν Γαλατικὸν πλοῦτον ἀρύεσθαι ῥύδην ἀφεικότος πᾶσι τοῖς πολιτευομένοις, καὶ Κουρίωνα μὲν δημαρχοῦντα πολλῶν ἐλευθερώσαντος δανείων, Παύλῳ δὲ, ὑπάτῳ ὄντι, χίλια καὶ πεντακόσια τάλαντα δόντος, ἀφ᾽ ὧν καὶ τὴν βασιλικὴν ἐκεῖνος, ὀνομαστὸν ἀνάθημα, τῇ ἀγορᾷ προσεκόσμησεν ἀντὶ τῆς Φουλβίας

consulat et une pareille prolongation des années de ses gouvernements. Pompée d'abord garda le silence : mais Marcellus et Lentulus, ennemis déclarés de César, proposèrent de rejeter ses demandes ; et, pour faire outrage à César, à une démarche nécessaire ils en ajoutèrent qui ne l'étaient pas. Ils privèrent du droit de bourgeoisie les habitants de Néocome, que César avait établis depuis peu dans la Gaule. Marcellus, pendant son consulat, fit battre de verges un de leurs sénateurs qui était venu à Rome, et lui dit que, n'étant pas citoyen romain, il lui imprimait cette marque d'ignominie, qu'il pouvait aller montrer à César. Après le consulat de Marcellus, César laissa puiser abondamment dans les trésors qu'il avait amassés en Gaule tous ceux qui avaient quelque part au gouvernement. Il acquitta les dettes du tribun Curion, qui étaient considérables, et donna quinze cents talents au consul Paulus, qui les employa à bâtir cette fameuse basilique qui a remplacé celle de Fulvie. Pompée,

καὶ ὁμοίως χρόνον	et pareillement la prorogation
τῶν ἰδίων ἐπαρχιῶν.	de ses propres gouvernements.
Τὸ μὲν οὖν πρῶτον	Or d'abord
Πομπηΐου σιωπῶντος,	Pompée se taisant,
οἱ περὶ Μάρκελλον καὶ Λέντλον	Marcellus et Lentulus
ἠναντιοῦντο,	firent-de-l'opposition,
μισοῦντες ἄλλως Καίσαρα	haïssant d'ailleurs César
καὶ προστιθέντες τοῖς ἀναγκαίοις	et ajoutant aux *choses* nécessaires
οὐκ ἀναγκαῖα	des *choses* non nécessaires
εἰς ἀτιμίαν	pour le déshonneur
καὶ προπηλακισμὸν αὐτοῦ.	et l'outrage de lui.
Ἀφῃροῦντο γὰρ τῆς πολιτείας	Car ils privèrent du droit-de-cité
Νεοκωμίτας	les habitants-de-Néocome
κατῳκισμένους ἔναγχος	établis depuis-peu
ἐν Γαλατίᾳ ὑπὸ Καίσαρος·	dans la Gaule par César :
καὶ Μάρκελλος ὑπατεύων	et Marcellus étant-consul
ᾔκιστο ῥάβδοις	avait-fait-battre de verges
ἕνα τῶν βουλευτῶν ἐκεῖ,	un des sénateurs *de là (de la Gaule)*,
ἀφιχόμενον εἰς Ῥώμην,	qui était venu à Rome,
ἐπιλέγων ὡς προστίθησιν αὐτῷ	ajoutant qu'il faisait-donner à lui
ταῦτα παράσημα	ces *coups comme* marques
τοῦ μὴ εἶναι Ῥωμαῖον,	du ne pas être Romain,
καὶ ἐκέλευεν ἀπιόντα	et il ordonnait *celui-ci* s'en allant
δεικνύειν Καίσαρι.	*les* montrer à César.
Μετὰ δὲ Μάρκελλον,	Mais depuis Marcellus,
Καίσαρος ἀφεικότος ἤδη	César ayant abandonné dès-lors
τὸν πλοῦτον Γαλατικὸν	les trésors de-la-Gaule
ἀρύεσθαι ῥύδην	pour *y* être puisé abondamment
πᾶσι τοῖς	à tous ceux
πολιτευομένοις,	prenant-part-au-gouvernement,
καὶ ἐλευθερώσαντος μὲν	et ayant affranchi, d'un côté,
πολλῶν δανείων	de plusieurs dettes
Κουρίωνα δημαρχοῦντα,	Curion qui était-tribun,
δόντος δὲ Παύλῳ,	de l'autre ayant donné à Paulus,
ὄντι ὑπάτῳ,	qui était consul,
χίλια καὶ πεντακόσια τάλαντα,	mille et cinq-cents talents,
ἀφ' ὧν καὶ ἐκεῖνος	avec lesquels celui-ci
προσεκόσμησεν τῇ ἀγορᾷ	ajouta-comme-ornement au forum
τὴν βασιλικὴν,	la basilique,
ἀνάθημα ὀνομαστόν,	don mémorable.

οἰκοδομηθεῖσαν· οὕτω δὴ φοβηθεὶς τὴν σύστασιν ὁ Πομπήϊος, ἀναφανδὸν ἤδη δι' ἑαυτοῦ καὶ τῶν φίλων ἔπραττεν ἀποδειχθῆναι διάδοχον Καίσαρι τῆς ἀρχῆς· καὶ πέμπων ἀπῄτει τοὺς στρατιώτας οὓς ἔχρησεν αὐτῷ πρὸς τοὺς Κελτικοὺς ἀγῶνας. Ὁ δ' ἀποπέμπει, δωρησάμενος ἕκαστον ἄνδρα πεντήκοντα καὶ διακοσίαις δραχμαῖς· οἱ δὲ τούτους Πομπηΐῳ κομίσαντες εἰς μὲν τὸ πλῆθος οὐκ ἐπιεικεῖς οὐδὲ χρηστοὺς κατέσπειραν λόγους ὑπὲρ τοῦ Καίσαρος, αὐτὸν δὲ Πομπήϊον ἐλπίσι κεναῖς διέφθειραν, ὡς ποθούμενον ὑπὸ τῆς Καίσαρος στρατιᾶς, καὶ τὰ μὲν ἐνταῦθα διὰ φθόνον καὶ πολιτείας ὑπούλους μόλις ἔχοντα, τῆς δ' ἐκεῖ δυνάμεως ἑτοίμης ὑπαρχούσης αὐτῷ, κἂν μόνον ὑπερβάλωσιν εἰς Ἰταλίαν, εὐθὺς ἐσομένης πρὸς ἐκεῖνον· οὕτω γεγονέναι τὸν Καίσαρα πλήθει στρατειῶν λυπηρὸν αὐτοῖς καὶ φόβῳ μοναρχίας ὕποπτον. Ἐπὶ

craignant cette espèce de ligue, agit ouvertement, soit par lui-même, soit par ses amis, pour faire nommer un successeur à César; il lui fit redemander les deux légions qu'il lui avait prêtées pour la guerre des Gaules, et que César lui renvoya sur-le-champ, après avoir donné à chaque soldat deux cent cinquante drachmes. Les officiers qui les ramenèrent à Pompée répandirent parmi le peuple des bruits très-défavorables à César, et contribuèrent à corrompre de plus en plus Pompée, en le flattant de la vaine espérance que l'armée de César désirait l'avoir pour chef; que, si à Rome l'opposition de ses envieux et les vices d'un mauvais gouvernement mettaient des obstacles à ses desseins, l'armée des Gaules était toute disposée à lui obéir; qu'à peine elle aurait repassé les monts, qu'elle serait tout à lui : tant, disaient-ils, César leur était devenu odieux par le grand nombre d'expéditions dont il les accablait! tant la crainte qu'on avait qu'il aspirât à la monarchie l'avait rendu suspect! Ces propos enflèrent

οἰκοδομηθεῖσαν	qui fut bâtie
ἀντὶ τῆς Φουλβίας·	à la place de celle de-Fulvie :
οὕτω δὴ ὁ Πομπήϊος	ainsi Pompée
φοβηθεὶς τὴν σύστασιν,	ayant craint cette ligue,
ἔπραττεν ἤδη ἀναφανδὸν	travaillait dès-lors ouvertement
διὰ ἑαυτοῦ καὶ τῶν φίλων	par lui-même et ses amis
διάδοχον τῆς ἀρχῆς	*pour* un successeur de sa charge
ἀποδειχθῆναι Καίσαρι·	être nommé à César :
καὶ πέμπων ἀπῄτει	et envoyant *vers lui* il réclamait
τοὺς στρατιώτας οὓς ἔχρησεν αὐτῷ	les soldats qu'il avait prêtés à lui
πρὸς τοὺς ἀγῶνας Κελτικούς.	pour les combats de-la-Gaule.
Ὁ δὲ ἀποπέμπει	Mais celui-ci *les* renvoie
δωρησάμενος ἕκαστον ἄνδρα	ayant gratifié chaque homme
διακοσίαις	de deux-cents
καὶ πεντήκοντα δραχμαῖς·	et cinquante drachmes :
οἱ δὲ κομίσαντες τούτους	mais ceux qui amenèrent ceux-ci
Πομπηΐῳ	à Pompée
κατέσπειραν μὲν ὑπὲρ Καίσαρος	semèrent sur César
εἰς τὸ πλῆθος	dans la multitude
λόγους οὐκ ἐπιεικεῖς οὐδὲ χρηστούς,	des bruits non honnêtes ni favorables
διέφθειραν δὲ	et corrompirent
κεναῖς ἐλπίσι	par de vaines espérances
Πομπήϊον αὐτὸν,	Pompée lui-même,
ὡς ποθούμενον	comme étant regretté
ὑπὸ τῆς στρατιᾶς Καίσαρος,	par l'armée de César,
καὶ τὰ μὲν ἐνταῦθα	et *comme* les *choses* d'ici (*de Rome*)
ἔχοντα μόλις διὰ φθόνον	allant avec-peine par l'envie
καὶ ὑπούλους	et les plaies-cachées
πολιτείας,	du gouvernement,
τῆς δὲ δυνάμεως ἐκεῖ	mais l'armée *de* là (*de la Gaule*)
ὑπαρχούσης ἑτοίμης αὐτῷ,	étant disposée pour lui,
καὶ ἂν μόνον ὑπερβάλωσιν	et si seulement ils passaient
εἰς Ἰταλίαν,	en Italie,
ἐσομένης εὐθὺς πρὸς ἐκεῖνον·	devant être aussitôt pour lui :
οὕτω τὸν Καίσαρα γεγονέναι	tellement César être devenu
λυπηρὸν αὐτοῖς	fâcheux à eux
πλήθει στρατειῶν	par le grand-nombre des expéditions
καὶ ὕποπτον	et suspect
φόβῳ μοναρχίας.	par la crainte de la monarchie.
Ἐπὶ τούτοις	Par suite de ces *choses*

τούτοις Πομπήϊος ἐχαυνοῦτο, καὶ παρασκευῆς μὲν ἠμέλει στρατιωτῶν, ὡς μὴ δεδοικὼς, λόγοις δὲ καὶ γνώμαις κατεπολιτεύετο
τῷ δοκεῖν Καίσαρα ψηφιζόμενος. Ὧν ἐκεῖνος οὐδὲν ἐφρόντιζεν·
ἀλλὰ λέγεταί τινα τῶν ἀφιγμένων παρ' αὐτοῦ ταξιαρχῶν ἑστῶτα
πρὸ τοῦ βουλευτηρίου καὶ πυθόμενον ὡς οὐ δίδωσιν ἡ γερουσία
Καίσαρι χρόνον τῆς ἀρχῆς· « Ἀλλ' αὕτη, φάναι, δώσει· »
κρούσαντα τῇ χειρὶ τὴν λαβὴν τῆς μαχαίρας.

XXX. Οὐ μὴν ἀλλ' ἥ γε παρὰ Καίσαρος ἀξίωσις τὸ πρόσχημα τῆς δικαιολογίας λαμπρὸν εἶχεν. Ἠξίου γὰρ αὐτός τε
καταθέσθαι τὰ ὅπλα, καὶ Πομπηίου ταὐτὸ πράξαντος, ἀμφοτέρους ἰδιώτας γενομένους εὑρίσκεσθαί τι παρὰ τῶν πολιτῶν
ἀγαθόν· ὡς τοὺς αὐτὸν μὲν ἀφαιρουμένους, ἐκείνῳ δ' ἣν εἶχε
βεβαιοῦντας δύναμιν, ἕτερον διαβάλλοντας, ἕτερον κατασκευάζειν
τύραννον. Ταῦτα προκαλούμενος ἐν τῷ δήμῳ Κουρίων ὑπὲρ
Καίσαρος, ἐκροτεῖτο λαμπρῶς· οἱ δὲ καὶ στεφάνους ἐπ' αὐτὸν

tellement le cœur de Pompée, qu'il négligea de faire des levées, croyant n'avoir rien à craindre, et se bornant à combattre les deman- des de César par des discours et des opinions dont César s'embar- rassait fort peu. On assure qu'un de ses officiers, qu'il avait envoyé à Rome et qui se tenait à la porte du conseil, ayant entendu dire que le sénat refusait à César la continuation de ses gouvernements : « Celle-ci la lui donnera », dit-il, en mettant la main sur la garde de son épée.

XXX. Cependant César avait, dans ses demandes, toutes les ap- parences de la justice : il offrait de poser les armes, pourvu que Pompée les quittât aussi. Devenus ainsi l'un et l'autre simples parti- culiers, ils attendraient les honneurs que leurs concitoyens vou- draient leur décerner; mais lui ôter son armée et laisser à Pompée la sienne, c'était, en accusant l'un d'aspirer à la tyrannie, donner à l'autre la facilité d'y parvenir. Curion, qui faisait ces offres au peuple au nom de César, fut singulièrement applaudi ; et, quand il sortit de l'assemblée, on lui jeta des couronnes de fleurs, comme à un athlète

Πομπήιος ἐχαυνοῦτο,
καὶ ἠμέλει μὲν
παρασκευῆς στρατιωτῶν,
ὡς μὴ δεδοικώς,
κατεπολιτεύετο δὲ Καίσαρα
τῷ δοκεῖν ψηφιζόμενος
λόγοις καὶ γνώμαις.
Ὧν ἐκεῖνος ἐφρόντιζεν οὐδέν·
ἀλλὰ λέγεται
τινὰ τῶν ταξιάρχων
ἀφιγμένων παρὰ αὐτοῦ
ἑστῶτα πρὸ τοῦ βουλευτηρίου
καὶ πυθόμενον ὡς ἡ γερουσία
οὐ δίδωσι Καίσαρι
χρόνον τῆς ἀρχῆς·
« Ἀλλὰ αὕτη, φάναι,
δώσει· »
κρούσαντα τῇ χειρὶ
τὴν λαβὴν τῆς μαχαίρας.
XXX. Οὐ μὴν ἀλλά γε
ἡ ἀξίωσις παρὰ Καίσαρος
εἶχε τὸ λαμπρὸν πρόσχημα
τῆς δικαιολογίας.
Ἠξίου γὰρ
καταθέσθαι αὐτός τε τὰ ὅπλα,
καὶ Πομπηίου πράξαντος τὸ αὐτό,
ἀμφοτέρους
γενομένους ἰδιώτας
εὑρίσκεσθαι
τὶ ἀγαθὸν
παρὰ τῶν πολιτῶν·
ὡς τοὺς ἀφαιρουμένους μὲν αὐτὸν,
βεβαιοῦντας δὲ ἐκείνῳ
δύναμιν ἣν εἶχε,
διαβάλλοντας ἕτερον,
κατασκευάζειν ἕτερον τύραννον.
Κουρίων προκαλούμενος ταῦτα
ἐν τῷ δήμῳ ὑπὲρ Καίσαρος,
ἐκροτεῖτο λαμπρῶς·
οἱ δὲ καὶ ἀνθοβολοῦντες

Pompée s'enflait,
et certes négligeait
les apprêts de soldats,
comme ne craignant pas,
mais attaquait César
en apparence *en* décrétant
avec des discours et des opinions.
Desquels celui-ci *ne* se souciait en rien:
mais il est dit
un des chefs-de-cohortes
arrivés d'auprès de lui
se tenant-debout devant la curie
et ayant appris que le sénat
n'accordait pas à César
la prorogation de sa charge :
« Du moins celle-ci, avoir dit,
la lui accordera : »
ayant frappé de la main
la poignée de son épée.
XXX. Toutefois certes
la demande de César
avait l'éclatante apparence
de la justice.
Car il jugeait-à-propos
et lui-même déposer les armes,
et Pompée ayant fait la même *chose*,
tous-deux
devenus simples-particuliers
se procurer
quelque-chose d'avantageux
de la part des citoyens :
car ceux ôtant à lui (*César*)
et maintenant à celui-là (*Pompée*)
l'armée qu'il avait,
en calomniant l'un,
établir l'autre tyran.
Curion proclamant ces *offres*
dans le peuple au nom de César,
était applaudi avec-éclat :
et ceux-ci même jetant-des-fleurs

ὥσπερ ἀθλητὴν ἀνθοβολοῦντες ἡφίεσαν. Ἀντώνιος δὲ δημαρχῶν Καίσαρος ὑπὲρ τούτων ἐπιστολὴν κομισθεῖσαν εἰς τὸ πλῆθος ἐξήνεγκε, καὶ ἀνέγνω βίᾳ τῶν ὑπάτων. Ἐν δὲ τῇ βουλῇ Σκιπίων μὲν, ὁ Πομπηΐου πενθερὸς, εἰσηγήσατο γνώμην, ἂν ἐν ἡμέρᾳ ῥητῇ μὴ κατάθηται τὰ ὅπλα Καῖσαρ, ἀποδειχθῆναι πολέμιον αὐτόν. Ἐρωτώντων δὲ τῶν ὑπάτων, εἰ δοκεῖ Πομπήϊον ἀφεῖναι τοὺς στρατιώτας, καὶ πάλιν, εἰ δοκεῖ Καίσαρα, τῇ μὲν ὀλίγοι παντάπασι, τῇ δὲ πάντες παρ' ὀλίγους προσέθεντο. Τῶν δὲ περὶ Ἀντώνιον πάλιν ἀξιούντων ἀμφοτέρους τὴν ἀρχὴν ἀφεῖναι, πάντες ὁμαλῶς προσεχώρησαν. Ἀλλ' ἐκβιαζομένου Σκιπίωνος, καὶ Λέντλου τοῦ ὑπάτου βοῶντος ὅπλων δεῖν πρὸς ἄνδρα λῃστὴν, οὐ ψήφων, τότε μὲν διελύθησαν, καὶ μετεβάλλοντο τὰς ἐσθῆτας ἐπὶ πένθει διὰ τὴν στάσιν.

XXXI. Ἐπεὶ δὲ παρὰ Καίσαρος ἧκον ἐπιστολαὶ μετριάζειν δοκοῦντος, (ἠξίου γὰρ ἀφεὶς τἄλλα πάντα, τὴν ἐντὸς Ἄλπεων

victorieux. Antoine, l'un des tribuns du peuple, apporta dans l'assemblée une lettre de César et la fit lire publiquement dans le sénat, malgré les consuls. Scipion, beau-père de Pompée, proposa que si, à un jour fixe, César ne posait pas les armes, il fût traité en ennemi public. Les consuls demandèrent d'abord si l'on était d'avis que Pompée renvoyât ses troupes, et ensuite si on voulait que César licenciât les siennes : il y eut très-peu de voix pour le premier avis, et le second les eut presque toutes. Antoine ayant proposé de nouveau qu'ils déposassent tous deux le commandement, cet avis fut unanimement adopté; mais le bruit que fit Scipion et les clameurs du consul Lentulus, qui criait que contre un brigand il fallait des armes et non pas des décrets, obligèrent le sénat de rompre l'assemblée. Les citoyens, effrayés de cette discussion, prirent des habits de deuil.

XXXI. On reçut bientôt une autre lettre de César, qui parut encore plus modéré : il offrait de tout abandonner, à condition qu'on lui laisserait le gouvernement de la Gaule cisalpine et celui de l'Illyrie,

ἠφίεσαν στεφάνους	lancèrent des couronnes
ἐπὶ αὐτὸν ὥσπερ ἀθλητήν.	sur lui comme sur un athlète.
Ἀντώνιος δὲ δημαρχῶν	Mais Antoine qui était-tribun
ἐξήνεγκεν εἰς τὸ πλῆθος	apporta à la multitude
ἐπιστολὴν Καίσαρος ὑπὲρ τούτων	une lettre de César sur ces *choses*
κομισθεῖσαν,	qui avait été envoyée,
καὶ ἀνέγνω βίᾳ τῶν ὑπάτων.	et *la* lut en dépit des consuls.
Ἐν δὲ τῇ βουλῇ Σκιπίων μὲν,	Or dans le sénat Scipion d'abord,
ὁ πενθερὸς Πομπηΐου,	le beau-père de Pompée,
εἰσηγήσατο γνώμην,	proposa cet avis,
ἂν Καῖσαρ ἐν ἡμέρᾳ ῥητῇ	si César à un jour dit
μὴ κατάθηται τὰ ὅπλα,	n'avait pas déposé les armes,
αὐτὸν ἀποδειχθῆναι πολέμιον.	lui être déclaré ennemi.
Τῶν δὲ ὑπάτων ἐρωτώντων,	Puis les consuls demandant,
εἰ δοκεῖ Πομπήϊον	s'il plaît Pompée
ἀφεῖναι τοὺς στρατιώτας,	renvoyer ses soldats
καὶ πάλιν,	et ensuite,
εἰ δοκεῖ Καίσαρα,	s'il plaît César *renvoyer les siens*,
τῇ μὲν προσέθεντο	à l'un *de ces* avis se joignirent
παντάπασιν ὀλίγοι,	tout-à-fait peu *de sénateurs*,
τῇ δὲ πάντες παρὰ ὀλίγους.	et à l'autre tous excepté peu.
Τῶν δὲ περὶ Ἀντώνιον	Mais ceux autour d'Antoine
ἀξιούντων πάλιν	demandant de-nouveau
ἀμφοτέρους ἀφεῖναι τὴν ἀρχήν,	tous-deux déposer leur charge,
πάντες προσεχώρησαν ὁμαλῶς.	tous y accédèrent unanimement.
Ἀλλὰ Σκιπίωνος	Cependant Scipion
ἐκβιαζομένου,	s'opposant-violemment,
καὶ τοῦ ὑπάτου Λέντλου	et le consul Lentulus
βοῶντος δεῖν ὅπλων,	criant être-besoin d'armes,
οὐ ψήφων,	non de suffrages
πρὸς ἄνδρα λῃστήν,	contre un homme brigand,
τότε μὲν διελύθησαν,	alors ils se séparèrent,
καὶ μετεβάλλοντο τὰς ἐσθῆτας	et changèrent leurs habits
ἐπὶ πένθει διὰ τὴν στάσιν.	par deuil à cause de la dissension.
XXXI. Ἐπεὶ δὲ ἐπιστολαὶ	XXXI. Mais lorsque des lettres
ἧκον παρὰ Καίσαρος	furent arrivées de la part de César
δοκοῦντος μετριάζειν,	qui paraissait se modérer,
(ἀφεὶς γὰρ πάντα τὰ ἄλλα	(car ayant renoncé à tout le reste
ἠξίου	il demandait
τὴν ἐντὸς Ἄλπεων	le *pays* en-deçà des Alpes

καὶ τὸ Ἰλλυρικὸν μετὰ δυεῖν ταγμάτων αὐτῷ δοθῆναι, μέχρις οὗ τὴν δευτέραν ὑπατείαν μέτεισι,) καὶ Κικέρων ὁ ῥήτωρ, ἄρτι παρὼν ἐκ Κιλικίας καὶ διαλλαγὰς πράττων, ἐμάλαττε τὸν Πομπήϊον· ὁ δὲ τἆλλα συγχωρῶν, τοὺς στρατιώτας ἀφῄρει. Καὶ Κικέρων μὲν ἔπειθε τοὺς Καίσαρος φίλους, συνενδόντας, ἐπὶ ταῖς εἰρημέναις ἐπαρχίαις καὶ στρατιώταις μόνοις ἑξακισχιλίοις ποιεῖσθαι τὰς διαλύσεις. Πομπηΐου δὲ καμπτομένου καὶ διδόντος, οἱ περὶ Λέντλον οὐκ εἴων ὑπατεύοντες, ἀλλὰ καὶ τῆς βουλῆς Ἀντώνιον καὶ Κουρίωνα προπηλακίσαντες ἐξήλασαν ἀτίμως, τὴν εὐπρεπεστάτην Καίσαρι τῶν προφάσεων αὐτοὶ μηχανησάμενοι, καὶ δι' ἧς μάλιστα τοὺς στρατιώτας παρώξυνεν, ἐπιδεικνύμενος ἄνδρας ἐλλογίμους καὶ ἄρχοντας ἐπὶ μισθίων ζευγῶν πεφευγότας ἐν ἐσθῆσιν οἰκετικαῖς· οὕτω γὰρ ἀπὸ Ῥώμης σκευάσαντες ἑαυτοὺς διὰ φόβον ὑπεξῄεσαν.

avec deux légions, jusqu'à ce qu'il eût obtenu un second consulat. L'orateur Cicéron, qui venait d'arriver de son gouvernement de Cilicie, et qui cherchait à rapprocher les deux partis, faisait tous ses efforts pour adoucir Pompée. Celui-ci, en consentant aux autres demandes de César, refusait de lui laisser les légions. Cicéron avait persuadé aux amis de César de l'engager à se contenter de ses deux gouvernements avec six mille hommes de troupes, et de faire sur ce pied l'accommodement. Pompée se rendait à cette proposition; mais le consul Lentulus ne voulut jamais y consentir; il traita indignement Antoine et Curion et les chassa honteusement du sénat. C'était donner à César le plus spécieux de tous les prétextes; et il s'en servit avec succès pour irriter ses soldats, en leur montrant des hommes d'un rang distingué, des magistrats romains obligés de s'enfuir en habits d'esclaves, dans des voitures de louage; car la crainte d'être reconnus les avait fait sortir de Rome sous ce déguisement.

καὶ τὸ Ἰλλυρικὸν	et l'Illyrie
δοθῆναι αὐτῷ	être donnés à lui
μετὰ δυεῖν ταγμάτων,	avec deux légions,
μέχρις οὗ μέτεισι	jusqu'à ce qu'il briguât
τὴν δευτέραν ὑπατείαν),	un second consulat),
καὶ Κικέρων ὁ ῥήτωρ,	Cicéron l'orateur
ἄρτι παρὼν	depuis-peu présent
ἐκ Κιλικίας	*de retour* de Cilicie
καὶ πράττων διαλλαγὰς,	et travaillant à une réconciliation,
ἐμάλαττε τὸν Πομπήϊον·	adoucit Pompée :
ὁ δὲ συγχωρῶν τὰ ἄλλα,	mais celui-ci accordant le reste,
ἀφήρει τοὺς στρατιώτας.	ôtait *à César* les soldats.
Καὶ Κικέρων μὲν	Et Cicéron certes
ἔπειθε τοὺς φίλους Καίσαρος,	persuadait aux amis de César,
συνενδόντας,	*eux* ayant cédé,
ποιεῖσθαι τὰς διαλύσεις	de faire l'accommodement
ἐπὶ ταῖς ἐπαρχίαις	moyennant les provinces
εἰρημέναις	dites *plus haut*
καὶ ἑξακισχιλίοις στρατιώταις	et six-mille soldats
μόνοις.	seuls.
Πομπηΐου δὲ καμπτομένου	Et Pompée se laissant-fléchir
καὶ διδόντος,	et accordant *cela*,
οἱ περὶ Λέντλον ὑπατεύοντες	Lentulus qui était-consul
οὐκ εἴων, ἀλλὰ καὶ	ne *le* permit pas, mais même
ἐξήλασαν ἀτίμως τῆς βουλῆς	il chassa ignominieusement du sénat
Ἀντώνιον καὶ Κουρίωνα	Antoine et Curion
προπηλακίσαντες,	ayant insulté *eux*,
μηχανησάμενοι αὐτοὶ Καίσαρι	ayant préparé lui-même à César
τὴν εὐπρεπεστάτην	le plus spécieux
τῶν προφάσεων	des prétextes,
καὶ δι' ἧς μάλιστα	et par lequel surtout
παρώξυνε τοὺς στρατιώτας,	il anima les soldats,
ἐπιδεικνύμενος ἄνδρας	*leur* montrant des hommes
ἐλλογίμους καὶ ἄρχοντας	illustres et revêtus-de-dignités
πεφευγότας	qui avaient fui
ἐπὶ ζευγῶν μισθίων	sur des chariots de-louage
ἐν ἐσθῆσιν οἰκετικαῖς·	dans des habits d'-esclaves :
σκευάσαντες γὰρ ἑαυτοὺς οὕτως	car *s*'étant habillés eux-mêmes ainsi
ὑπεξήεσαν ἀπὸ Ῥώμης	ils étaient sortis-furtivement de Rome
διὰ φόβον.	par crainte.

XXXII. Ἦσαν μὲν οὖν περὶ αὐτὸν οὐ πλείους ἱππέων τριακοσίων καὶ πεντακισχιλίων ὁπλιτῶν· τὸ γὰρ ἄλλο στράτευμα πέραν Ἄλπεων ἀπολελειμμένον ἔμελλον ἄξειν οἱ πεμφθέντες. Ὁρῶν δὲ τὴν ἀρχὴν ὧν ἐνίστατο πραγμάτων καὶ τὴν ἔφοδον οὐ πολυχειρίας δεομένην ἐν τῷ παρόντι μᾶλλον ἢ θάμβει τε τόλμης καὶ τάχει καιροῦ καταληπτέαν οὖσαν (ἐκπλήξειν γὰρ ἀπιστούμενος ῥᾷον ἢ βιάσεσθαι μετὰ παρασκευῆς ἐπελθών), τοὺς μὲν ἡγεμόνας καὶ ταξιάρχους ἐκέλευσε μαχαίρας ἔχοντας ἄνευ τῶν ἄλλων ὅπλων κατασχεῖν Ἀρίμινον¹, τῆς Κελτικῆς μεγάλην πόλιν, ὡς ἐνδέχεται μάλιστα φεισαμένους φόνου καὶ ταραχῆς· Ὁρτησίῳ δὲ τὴν δύναμιν παρέδωκεν. Αὐτὸς δὲ τὴν μὲν ἡμέραν διῆγεν ἐν φανερῷ, μονομάχοις ἐφεστὼς γυμναζομένοις καὶ θεώμενος. Μικρὸν δὲ πρὸ ἑσπέρας θεραπεύσας τὸ σῶμα, καὶ παρελθὼν εἰς τὸν ἀνδρῶνα, καὶ συγγενόμενος βραχέα τοῖς παρακεκλημένοις ἐπὶ

XXXII. César n'avait auprès de lui que cinq mille hommes de pied et trois cents chevaux. Il avait laissé au delà des Alpes le reste de son armée, que ses lieutenants devaient bientôt lui amener. Il vit que le commencement de son entreprise et la première attaque qu'il projetait n'avaient pas besoin d'un grand nombre de troupes; qu'il devait plutôt étonner ses ennemis par sa hardiesse et sa célérité, et qu'il les effraierait plus facilement en tombant sur eux lorsqu'ils s'y attendraient le moins, qu'il ne les forcerait en venant avec de grands préparatifs. Il ordonne donc à ses capitaines et à ses chefs de cohortes de ne prendre que leurs épées, sans aucune autre arme, de s'emparer d'Ariminum, ville considérable de la Gaule, mais d'y causer le moins de tumulte et d'y verser le moins de sang qu'ils pourraient. Après avoir remis à Hortensius la conduite de son armée, il passa le jour en public à voir combattre des gladiateurs; et un peu avant la nuit il prit un bain, entra ensuite dans la salle à manger et resta

XXXII. Οὐ πλείους μὲν οὖν
τριακοσίων ἱππέων
καὶ πεντακισχιλίων ὁπλιτῶν
ἦσαν περὶ αὐτόν·
οἱ γὰρ πεμφθέντες ἔμελλον
ἄξειν τὸ ἄλλο στράτευμα
ἀπολελειμμένον πέραν Ἄλπεων.
Ὁρῶν δὲ τὴν ἀρχὴν
πραγμάτων ὧν ἐνίστατο,
καὶ τὴν ἔφοδον
οὐ δεομένην
πολυχειρίας
ἐν τῷ παρόντι
μᾶλλον ἢ οὖσαν καταληπτέαν
θάμβει τε τόλμης
καὶ τάχει καιροῦ
(ἐκπλήξειν γὰρ ῥᾷον
ἀπιστούμενος
ἢ βιάσεσθαι
ἐπελθὼν μετὰ παρασκευῆς),
ἐκέλευσε μὲν
τοὺς ἡγεμόνας καὶ ταξιάρχους
ἔχοντας μαχαίρας
ἄνευ τῶν ἄλλων ὅπλων
κατασχεῖν Ἀρίμινον,
μεγάλην πόλιν τῆς Κελτικῆς,
φεισαμένους φόβου καὶ ταραχῆς
μάλιστα ὡς ἐνδέχεται·
παρέδωκε δὲ τὴν δύναμιν
Ὁρτησίῳ.
Αὐτὸς δὲ διῆγε μὲν
τὴν ἡμέραν ἐν φανερῷ,
ἐφεστὼς
μονομάχοις γυμναζομένοις
καὶ θεώμενος.
Μικρὸν δὲ πρὸ ἑσπέρας
θεραπεύσας τὸ σῶμα,
καὶ παρελθὼν εἰς τὸν ἀνδρῶνα,
καὶ συγγενόμενος βραχέα
τοῖς παρακεκλημένοις

XXXII. Or *des hommes* non plus
que trois-cents cavaliers [nombreux
et cinq-mille hoplites
étaient autour de lui :
car ceux ayant été envoyés devaient
amener le reste de l'armée
laissée au-delà des Alpes.
Mais voyant le commencement
des affaires qu'il entreprenait,
et la première-attaque
n'ayant pas-besoin
de beaucoup-de-mains
dans le *moment* présent
plutôt que étant à-saisir
et par la terreur de l'audace
et par la promptitude de l'occasion
(car devoir déconcerter plus aisément
n'-étant-pas-attendu
que devoir vaincre-de-force
étant survenu avec des préparatifs),
il ordonna d'une part
les capitaines et chefs-de-cohortes
ayant leurs épées
sans les autres armes
occuper Ariminum,
grande ville de la Gaule,
épargnant la terreur et le tumulte,
le plus comme il est-possible ;
d'autre part il remit l'armée
à Hortensius.
Mais lui-même passa
le jour à découvert,
assistant
à des gladiateurs qui s'exerçaient
et *les* regardant.
Mais peu avant le soir,
ayant soigné son corps,
et étant venu dans la salle-à-manger,
et étant resté un *temps* court
avec ceux invités

τὸ δεῖπνον, ἤδη συσκοτάζοντος, ἐξανέστη, καὶ τοὺς μὲν ἄλλους φιλοφρονηθεὶς καὶ κελεύσας περιμένειν αὐτὸν ὡς ἐπανελευσόμενον, ὀλίγοις δὲ τῶν φίλων προείρητο μὴ κατὰ τὸ αὐτὸ πάντας, ἄλλον δ᾽ ἄλλῃ διώκειν. Αὐτὸς δὲ τῶν μισθίων ζευγῶν ἐπιβὰς ἑνὸς, ἤλαυνεν ἑτέραν τινὰ πρῶτον ὁδὸν, εἶτα πρὸς τὸ Ἀρίμινον ἐπιστρέψας, ὡς ἦλθεν ἐπὶ τὸν διορίζοντα τὴν ἐντὸς Ἄλπεων Γαλατίαν ἀπὸ τῆς ἄλλης Ἰταλίας ποταμὸν (Ῥουβίκων καλεῖται), καὶ λογισμὸς αὐτὸν εἰσῄει μᾶλλον ἐγγίζοντα τῷ δεινῷ, καὶ περιφερόμενον τῷ μεγέθει τῶν τολμωμένων, ἔσχετο δρόμου· καὶ τὴν πορείαν ἐπιστήσας, πολλὰ μὲν αὐτὸς ἐν ἑαυτῷ διήνεγκε, σιγῇ τὴν γνώμην ἐπ᾽ ἀμφότερα μεταλαμβάνων, καὶ τροπὰς ἔσχεν αὐτῷ τό τε βούλευμα πλείστας, πολλὰ δὲ καὶ τῶν φίλων τοῖς παροῦσιν, ὧν ἦν καὶ Πολλίων Ἀσίνιος, συνδιηπόρησεν, ἀναλογιζόμενος ἡλίκων κακῶν ἄρξει πᾶσιν ἀνθρώποις ἡ διάβασις, ὅσον τε λόγον αὐτῆς τοῖς αὖθις ἀπολείψουσι. Τέλος δὲ μετὰ θυμοῦ

quelque temps avec ceux qu'il avait invités à souper. Dès que la nuit fut venue, il se leva de table, engagea ses convives à faire bonne chère et les pria de l'attendre, en les assurant qu'il reviendrait bientôt. Il avait prévenu quelques-uns de ses amis de le suivre, non pas tous ensemble, mais chacun par un chemin différent; et, montant lui-même dans un chariot de louage, il prit d'abord une autre route que celle qu'il voulait tenir, et tourna bientôt vers Ariminum. Lorsqu'il fut sur les bords du Rubicon, fleuve qui sépare la Gaule cisalpine du reste de l'Italie, frappé tout à coup des réflexions que lui inspirait la crainte du danger et qui lui montrèrent de plus près la grandeur et l'audace de son entreprise, il s'arrêta; et, fixé longtemps à la même place, il pesa, dans un profond silence, les différentes résolutions qui s'offraient à son esprit, balança tour à tour les partis contraires et changea plusieurs fois d'avis. Il en conféra longtemps avec ceux de ses amis qui l'accompagnaient, parmi lesquels était Asinius Pollion. Il se représenta tous les maux dont le passage de ce fleuve allait être suivi et tous les jugements qu'on porterait de lui dans la postérité. Enfin, n'écoutant plus que sa passion et rejetant

ἐπὶ τὸ δεῖπνον,	à souper,
συσκοτάζοντος ἤδη,	faisant-nuit déjà,
ἐξανέστη,	il se leva,
καὶ φιλοφρονηθεὶς μὲν τοὺς ἄλλους	et ayant traité-avec-bonté les autres,
καὶ κελεύσας περιμένειν αὐτὸν	et *les* ayant engagés à attendre lui
ὡς ἐπανελευσόμενον,	comme devant revenir,
προείρητο δὲ	mais il avait été dit-d'avance
ὀλίγοις τῶν φίλων	à quelques-uns des amis
μὴ διώκειν πάντας	de ne-pas *le* suivre tous
κατὰ τὸ αὐτὸ,	dans le même *lieu*,
ἄλλον δὲ ἄλλῃ.	mais l'un d'un *côté*, l'autre de l'autre.
Αὐτὸς δὲ ἐπιβὰς	Et lui-même étant monté
ἑνὸς τῶν ζευγῶν μισθίων,	sur un des chariots de-louage,
ἤλαυνε πρῶτον ἑτέραν τινὰ ὁδὸν,	s'avança d'abord par une autre route,
εἶτα ἐπιστρέψας πρὸς τὸ Ἀρίμινον,	puis ayant tourné vers Ariminum,
ὡς ἦλθεν ἐπὶ τὸν ποταμὸν	comme il arriva vers le fleuve
(καλεῖται Ῥουβίκων)	(il s'appelle Rubicon)
διορίζοντα	qui sépare
τὴν Γαλατίαν (τὴν) ἐντὸς Ἄλπεων	la Gaule en-deçà des Alpes
ἀπὸ τῆς ἄλλης Ἰταλίας,	du reste de l'Italie,
καὶ λογισμὸς εἰσῄει αὐτὸν	et la réflexion s'empara de lui
ἐγγίζοντα μᾶλλον τῷ δεινῷ,	qui approchait d'avantage du danger
καὶ ἔσχετο δρόμου	et l'arrêta de sa course
περιφερόμενον τῷ μεγέθει	agité par la grandeur
τῶν τολμωμένων·	des *choses* osées ;
καὶ ἐπιστήσας τὴν πορείαν,	et ayant arrêté sa marche,
αὐτὸς μὲν διήνεγκε	lui-même il balança
πολλὰ ἐν ἑαυτῷ,	beaucoup *de choses* en lui-même,
μεταλαμβάνων σιγῇ	portant en-silence
τὴν γνώμην ἐπὶ ἀμφότερα,	sa pensée de deux *côtés*,
καὶ τό τε βούλευμα αὐτῷ	et la résolution à lui
ἔσχε πλείστας τροπὰς,	fit plusieurs tours ;
συνδιηπόρησε δὲ καὶ πολλὰ	et il hésita aussi beaucoup
τοῖς παροῦσι τῶν φίλων,	avec ceux présents de ses amis,
ὧν ἦν καὶ Πολλίων Ἀσίνιος,	desquels était aussi Pollion Asinius,
ἀναλογιζόμενος ἡλίκων κακῶν	réfléchissant quels-grands maux
ἡ διάβασις ἄρξει	son passage commencera
πᾶσιν ἀνθρώποις,	pour tous les hommes,
ὅσον τε λόγον αὐτῆς	et quelle renommée de celui-ci
ἀπολείψουσι τοῖς αὖθις.	ils laisseront à ceux d'après.

τινος, ὥσπερ ἀφεὶς ἑαυτὸν ἐκ τοῦ λογισμοῦ πρὸς τὸ μέλλον, καὶ τοῦτο δὴ τὸ κοινὸν τοῖς εἰς τύχας ἐμβαίνουσιν ἀπόρους καὶ τόλμας προοίμιον ὑπειπών· «Ἀνερρίφθω κύβος·» ὥρμησε πρὸς τὴν διάβασιν· καὶ δρόμῳ τὸ λοιπὸν ἤδη χρώμενος, εἰσέπεσε πρὸ ἡμέρας εἰς τὸ Ἀρίμινον, καὶ κατέσχε.

XXXIII. Ἐπεὶ δὲ κατελήφθη τὸ Ἀρίμινον, ὥσπερ ἀνεῳγμένου τοῦ πολέμου πλατείαις πύλαις ἐπὶ πᾶσαν ὁμοῦ τὴν γῆν καὶ θάλασσαν, καὶ συγκεχυμένων ἅμα τοῖς ὅροις τῆς ἐπαρχίας τῶν νόμων τῆς πόλεως, οὐκ ἄνδρας ἄν τις ᾠήθη καὶ γυναῖκας, ὥσπερ ἄλλοτε, σὺν ἐκπλήξει διαφοιτᾶν τῆς Ἰταλίας, ἀλλὰ τὰς πόλεις αὐτὰς ἀνισταμένας φυγῇ διαφέρεσθαι δι' ἀλλήλων· τὴν δὲ Ῥώμην, ὥσπερ ὑπὸ ῥευμάτων πιμπλαμένην, φυγαῖς τῶν πέριξ δήμων καὶ μεταστάσεσιν, οὔτ' ἄρχοντι πεῖσαι ῥᾳδίαν οὖσαν

tous les conseils de la raison pour se précipiter aveuglément dans l'avenir, il prononça ce mot si ordinaire à ceux qui se livrent à des aventures difficiles et hasardeuses : « Le sort en est jeté! » et, passant le Rubicon, il marcha avec tant de diligence qu'il arriva le lendemain à Ariminum avant le jour et s'empara de la ville.

XXXIII. La prise d'Ariminum ouvrit, pour ainsi dire, toutes les portes de la guerre et sur terre et sur mer ; et César, en franchissant les limites de son gouvernement, parut avoir transgressé toutes les lois de Rome. Ce n'étaient pas seulement, comme dans les autres guerres, des hommes et des femmes qu'on voyait courir éperdus dans toute l'Italie; les villes elles-mêmes semblaient s'être arrachées de leurs fondements pour prendre la fuite et se transporter d'un lieu dans un autre; Rome elle-même se trouva comme inondée d'un déluge de peuples qui s'y réfugiaient de tous les environs; et, dans une agitation, dans une tempête si violente, il n'était plus possible à aucun magistrat de la contenir par la raison ni par l'autorité; elle

Τέλος δὲ μετά τινος θυμοῦ,	Mais enfin avec une certaine passion,
ὥσπερ ἀφεὶς ἑαυτὸν	comme s'étant débarrassé lui-même
ἐκ τοῦ λογισμοῦ	de la réflexion
πρὸς τὸ μέλλον,	relativement à l'avenir,
καὶ δὴ ὑπειπὼν	et certes ayant prononcé
τοῦτο τὸ προοίμιον	cet adage-ci
κοινὸν τοῖς ἐμβαίνουσιν	commun à ceux qui s'embarquent
εἰς τύχας ἀπόρους	dans des chances incertaines
καὶ τόλμας·	et des témérités :
« Κύβος ἀνερρίφθω· »	« Que le dé soit jeté : »
ὥρμησε πρὸς τὴν διάβασιν·	il s'élança pour le passage :
καὶ χρώμενος δρόμῳ	et usant de course
ἤδη τὸ λοιπὸν,	dès-lors le reste *du temps*,
εἰσέπεσε πρὸ ἡμέρας	il arriva avant le jour
εἰς τὸ Ἀρίμινον, καὶ κατέσχεν.	à Ariminum et *l*'occupa.
XXXIII. Ἐπεὶ δὲ Ἀρίμινον	XXXIII. Mais lorsque Ariminum
κατελήφθη,	fut pris,
ὥσπερ τοῦ πολέμου	comme la guerre
ἀνεῳγμένου πλατείαις πύλαις	étant ouverte par de larges portes
ἐπὶ πᾶσαν τὴν γῆν ὁμοῦ	sur toute la terre à-la-fois
καὶ θάλασσαν,	et la mer,
καὶ τῶν νόμων τῆς πόλεως	et *comme* les lois de la république
συγκεχυμένων	étant confondues
ἅμα τοῖς ὅροις τῆς ἐπαρχίας,	avec les limites de son gouvernement,
τίς ἂν ᾠήθη	on aurait cru
οὐκ ἄνδρας καὶ γυναῖκας,	non des hommes et des femmes,
ὥσπερ ἄλλοτε,	comme les-autres-fois,
διαφοιτᾶν τῆς Ἰταλίας	courir par l'Italie
σὺν ἐκπλήξει,	avec épouvante,
ἀλλὰ τὰς πόλεις αὐτὰς	mais les villes elles-mêmes
ἀνισταμένας	se levant
διαφέρεσθαι φυγῇ	être emportées par la fuite
διὰ ἀλλήλων·	les-unes-vers-les-autres :
τὴν δὲ Ῥώμην,	et Rome,
ὥσπερ πιμπλαμένην	comme remplie
ὑπὸ ῥευμάτων,	de flots,
φυγαῖς καὶ μεταστάσεσι	par les fuites et les déplacements
τῶν δήμων (τῶν) πέριξ,	des peuples *d*'alentour,
οὖσαν οὔτε ῥᾳδίαν πεῖσαι	*n*'étant ni facile à persuader
ἄρχοντι,	pour le magistrat,

οὔτε λόγῳ καθεκτὴν ἐν πολλῷ κλύδωνι καὶ σάλῳ, μικρὸν ἀπολιπεῖν αὐτὴν ὑφ᾽ αὑτῆς ἀνατετράφθαι. Πάθη γὰρ ἀντίπαλα καὶ βίαια κατεῖχε κινήματα πάντα τόπον. Οὐδὲ γὰρ τὸ χαῖρον ἡσυχίαν ἦγεν, ἀλλὰ τῷ δεδοικότι καὶ λυπουμένῳ κατὰ πολλὰ συμπῖπτον ἐν μεγάλῃ πόλει, καὶ θρασυνόμενον ὑπὲρ τοῦ μέλλοντος δι᾽ ἐρίδων ἦν· αὐτόν τε Πομπήιον ἐκπεπληγμένον ἄλλος ἀλλαχόθεν ἐτάραττε, τοῖς μὲν, ὡς ηὔξησε Καίσαρα καθ᾽ ἑαυτοῦ, καὶ τῆς ἡγεμονίας εὐθύνας ὑπέχοντα, τῶν δ᾽, ὅτι παρείκοντα καὶ προτεινόμενον εὐγνώμονας διαλύσεις ἐφῆκε τοῖς περὶ Λέντλον ὑβρίσαι, κατηγορούντων. Φαώνιος δ᾽ αὐτὸν ἐκέλευε τῷ ποδὶ τύπτειν τὴν γῆν· ἐπεὶ μεγαληγορῶν ποτε πρὸς τὴν σύγκλητον, οὐδὲν εἴα πολυπραγμονεῖν οὐδὲ φροντίζειν ἐκείνους τῆς ἐπὶ τὸν πόλεμον παρασκευῆς· αὐτὸς γὰρ, ὅταν ἐπίῃ, κρούσας τὸ ἔδαφος

fut sur le point de se détruire par ses propres mains. Ce n'étaient partout que des passions contraires et des mouvements convulsifs; ceux mêmes qui applaudissaient à l'entreprise de César ne pouvaient se tenir tranquilles : comme ils rencontraient à chaque pas des gens qui en étaient affligés et inquiets (ce qui arrive toujours dans une grande ville), ils les insultaient avec fierté et les menaçaient de l'avenir. Pompée, déjà assez étonné par lui-même, était encore plus troublé par les propos qu'on lui tenait de toutes parts : il était puni avec justice, lui disaient les uns, d'avoir agrandi César contre lui-même et contre la république; les autres l'accusaient d'avoir rejeté les conditions raisonnables auxquelles César avait consenti de se réduire, et de l'avoir livré aux outrages de Lentulus. Favonius même osa lui dire de frapper enfin du pied la terre, parce qu'un jour Pompée, en parlant de lui-même en plein sénat dans les termes les plus avantageux, avait déclaré aux sénateurs qu'ils ne devaient s'embarrasser de rien, ni s'inquiéter des préparatifs de la guerre ; que, dès

οὔτε καθεκτὴν	ni susceptible-d'être-contenue
λόγῳ	par la raison
ἐν πολλῷ κλύδωνι	dans *cette* grande agitation
καὶ σάλῳ,	et tempête,
ἀπολιπεῖν μικρὸν	avoir manqué de peu
ἀνατετράφθαι αὐτὴν	être renversée elle-même
ὑπὸ αὑτῆς.	par elle-même.
Πάθη γὰρ ἀντίπαλα	Car des passions contraires
καὶ βίαια κινήματα	et de violents mouvements
κατεῖχε πάντα τόπον.	tenaient tout lieu.
Τὸ χαῖρον γὰρ	Car la *partie* joyeuse
οὐδὲ ἦγεν ἡσυχίαν,	ne gardait-même-pas la paix,
ἀλλὰ συμπῖπτον κατὰ πολλὰ	mais rencontrant fréquemment
ἐν μεγάλῃ πόλει	dans cette grande ville
τῷ δεδοικότι καὶ λυπουμένῳ,	la *partie* effrayée et chagrine,
καὶ θρασυνόμενον	et se prévalant
ὑπὲρ τοῦ μέλλοντος,	de l'avenir,
ἦν διὰ ἐρίδων·	était dans les disputes :
ἄλλος τε ἐτάραττεν	et l'un troublait
ἀλλαχόθεν	d'un côté, *l'autre de l'autre*,
Πομπήϊον αὐτὸν ἐκπεπληγμένον,	Pompée lui-même déconcerté,
τοῖς μὲν,	d'abord par les uns *qui disaient*,
ὡς ηὔξησε κατὰ ἑαυτοῦ	qu'il avait agrandi contre lui-même
Καίσαρα ὑπέχοντα εὐθύνας	César ayant à rendre compte
καὶ τῆς ἡγεμονίας,	même de son commandement
τῶν δὲ κατηγορούντων	et les autres *l'*accusant
ὅτι ἐφῆκε τοῖς περὶ Λέντλον	de ce qu'il avait laissé Lentulus
ὑβρίσαι παρέχοντα	insulter *César* qui cédait
καὶ προτεινόμενον	et qui proposait
διαλύσεις εὐγνώμονας.	des accords raisonnables.
Φαώνιος δὲ ἐκέλευεν αὐτὸν	Favonius même sommait lui
τύπτειν τῷ ποδὶ τὴν γῆν·	de frapper du pied la terre :
ἐπεὶ μεγαληγορῶν ποτε	puisque se vantant un-jour
πρὸς τὴν σύγκλητον,	devant le sénat,
εἴα ἐκείνους	il *n'*avait laissé eux (*les sénateurs*)
πολυπραγμονεῖν οὐδὲν	s'occuper de rien
οὐδὲ φροντίζειν	ni s'inquiéter
τῆς παρασκευῆς ἐπὶ τὸν πόλεμον·	des préparatifs pour la guerre :
αὐτὸς γὰρ, ὅταν ἐπίῃ,	car lui-même, quand viendrait *César*,
κρούσας τῷ ποδὶ τὸ ἔδαφος	ayant frappé du pied le sol

τῷ ποδὶ στρατευμάτων ἐμπλήσειν τὴν Ἰταλίαν. Οὐ μὴν ἀλλὰ καὶ τότε πλήθει δυνάμεως ὑπερέβαλλεν ὁ Πομπήϊος τὴν Καίσαρος· εἴασε δ' οὐδεὶς τὸν ἄνδρα χρήσασθαι τοῖς ἑαυτοῦ λογισμοῖς, ἀλλ' ὑπ' ἀγγελμάτων πολλῶν καὶ ψευδῶν καὶ φόβων, ὡς ἐφεστῶτος ἤδη τοῦ πολέμου καὶ πάντα κατέχοντος, εἴξας καὶ συνεκκρουσθεὶς τῇ πάντων φορᾷ, ψηφίζεται ταραχὴν ὁρᾶν, καὶ τὴν πόλιν ἐξέλιπε, κελεύσας ἕπεσθαι τὴν γερουσίαν καὶ μηδένα μένειν τῶν πρὸ τῆς τυραννίδος ᾑρημένων τὴν πατρίδα καὶ τὴν ἐλευθερίαν.

XXXIV. Οἱ μὲν οὖν ὕπατοι μηδ' ἃ νόμος ἐστὶ πρὸ ἐξόδου θύσαντες ἔφυγον· ἔφευγον δὲ καὶ τῶν βουλευτῶν οἱ πλεῖστοι, τρόπον τινὰ δι' ἁρπαγῆς ἀπὸ τῶν ἰδίων ὅ τι τύχοιεν, ὥσπερ ἀλλοτρίων, λαμβάνοντες. Εἰσὶ δ' οἳ καὶ σφόδρα τὰ Καίσαρος ᾑρημένοι πρότερον, ἐξέπεσον ὑπὸ θάμβους τότε τῶν λογισμῶν καὶ συμπα

que César se serait mis en marche, il n'aurait qu'à frapper la terre du pied et qu'il remplirait de légions toute l'Italie. Pompée était encore supérieur à César par le nombre de ses troupes; mais il n'était pas le maître de suivre ses propres sentiments; les fausses nouvelles qu'on lui apportait, les terreurs qu'on ne cessait de lui inspirer, comme si l'ennemi eût été déjà aux portes de Rome et maître de tout, l'obligèrent enfin de céder au torrent et de se laisser entraîner à la fuite générale. Il déclara que le tumulte était dans la ville, et il l'abandonna, en ordonnant au sénat de le suivre, et intimant à tous ceux qui préféreraient à la tyrannie leur patrie et leur liberté, la défense d'y rester.

XXXIV. Les consuls quittèrent Rome, sans avoir fait les sacrifices qu'ils étaient dans l'usage d'offrir aux dieux, lorsqu'ils sortaient de la ville; la plupart des sénateurs prirent aussi la fuite, saisissant, en quelque sorte, ce qu'ils trouvaient chez eux sous leurs mains, comme s'ils l'eussent enlevé aux ennemis: il y en eut même qui, d'abord très-attachés à César, furent tellement troublés par la crainte, que

ἐκπλήσειν στρατευμάτων	devoir remplir d'armées
τὴν Ἰταλίαν.	l'Italie.
Οὐ μὴν ἀλλὰ καὶ τότε	Toutefois même alors
ὁ Πομπήϊος ὑπερέβαλλε	Pompée surpassait
πλήθει δυνάμεως	par le nombre de ses troupes
τὴν Καίσαρος·	celles de César :
οὐδεὶς δὲ εἴασε τὸν ἄνδρα	mais personne ne laissa cet homme
χρήσασθαι τοῖς λογισμοῖς ἑαυτοῦ,	user des réflexions de lui-même,
ἀλλὰ ὑπὸ ἀγγελμάτων	mais par des nouvelles
πολλῶν καὶ ψευδῶν	nombreuses et fausses
καὶ φόβων,	et par des terreurs
ὡς ἤδη τοῦ πολέμου ἐφεστῶτος	comme déjà la guerre existant
καὶ κατέχοντος πάντα,	et occupant tout,
εἴξας καὶ συνεκκρουσθεὶς	ayant cédé et ayant été entraîné
τῇ φορᾷ πάντων,	par l'élan de tous,
ψηφίζεται ὁρᾶν ταραχήν,	il décrète *lui* voir le tumulte,
καὶ ἐξέλιπε τὴν πόλιν,	et il abandonna la ville,
κελεύσας τὴν γερουσίαν	ayant ordonné le sénat
ἕπεσθαι, καὶ μηδένα	suivre *lui*, et personne
τῶν ᾑρημένων	de ceux ayant choisi
πρὸ τῆς τυραννίδος	de préférence à la tyrannie
τὴν πατρίδα καὶ τὴν ἐλευθερίαν	la patrie et la liberté
μένειν.	*ne* rester.
XXXIV. Οἱ μὲν οὖν ὕπατοι	XXXIV. Or donc les consuls
μηδὲ θύσαντες	n'ayant pas-même fait-les-sacrifices
ἃ νόμος ἐστὶ	lesquels la loi est *de faire*
πρὸ ἐξόδου	avant la sortie
ἔφυγον· ἔφευγον δὲ καὶ	s'enfuirent : s'enfuyaient aussi
οἱ πλεῖστοι τῶν βουλευτῶν,	la plupart des sénateurs,
λαμβάνοντες ἀπὸ τῶν ἰδίων,	prenant de leurs propres *biens*,
ὥσπερ ἀλλοτρίων,	comme de *biens* étrangers,
ὅ τι τύχοιεν	ce qu'ils rencontraient
τινὰ τρόπον διὰ ἁρπαγῆς.	en quelque sorte par pillage.
Εἰσὶ δὲ καὶ οἳ	*Quelques-uns* même sont qui
ᾑρημένοι πρότερον σφόδρα	ayant choisi d'abord avec-ardeur
τὰ Καίσαρος,	le *parti* de César,
ὑπὸ θάμβους τότε	par terreur alors
ἐξέπεσον τῶν λογισμῶν	furent jetés-hors de *leurs* réflexions
καὶ συμπαρηνέχθησαν	et furent entraînés
οὐδὲν δεόμενοι	*n'en* ayant-aucun-besoin

ρηνέχθησαν οὐδὲν δεόμενοι τῷ ῥεύματι τῆς φορᾶς ἐκείνης. Οἰκτρότατον δὲ τὸ θέαμα τῆς πόλεως ἦν, ἐπιφερομένου τοσούτου χειμῶνος, ὥσπερ νεὼς ὑπὸ κυβερνητῶν ἀπαγορευόντων πρὸς τὸ συντυχὸν ἐκπεσεῖν νομιζομένης. Ἀλλὰ καίπερ οὕτω τῆς μεταστάσεως οἰκτρᾶς οὔσης, τὴν μὲν φυγὴν οἱ ἄνθρωποι πατρίδα διὰ Πομπήϊον ἡγοῦντο, τὴν δὲ Ῥώμην, ὡς Καίσαρος στρατόπεδον, ἐξέλιπον. Ὅπου καὶ Λαβιηνὸς, ἀνὴρ ἐν τοῖς μάλιστα φίλος Καίσαρος, καὶ πρεσβευτὴς γεγονὼς καὶ συνηγωνισμένος ἐν πᾶσι προθυμότατα τοῖς Κελτικοῖς πολέμοις, τότ' ἐκεῖνον ἀποδρὰς, ἀφίκετο πρὸς Πομπήϊον. Ἀλλὰ τούτῳ μὲν καὶ τὰ χρήματα καὶ τὰς ἀποσκευὰς ἀπέπεμψεν ὁ Καῖσαρ· Δομιτίῳ δ' ἡγουμένῳ σπειρῶν τριάκοντα καὶ κατέχοντι Κορφίνιον¹, ἐπελθὼν παρεστρατοπέδευσεν· ὁ δ' ἀπογνοὺς τὰ καθ' αὑτὸν, ᾔτησε τὸν ἰατρὸν οἰκέτην ὄντα φάρμακον· καὶ λαβὼν τὸ δοθὲν, ἔπιεν ὡς τεθνηξόμενος. Μετ' ὀλίγον δὲ ἀκούσας τὸν Καίσαρα θαυμαστῇ τινι

sans aucune nécessité, ils se laissèrent emporter par le torrent des fuyards. C'était un spectacle digne de pitié que de voir, dans une si terrible tempête, cette ville abandonnée, et, semblable à un vaisseau sans pilote, flotter au hasard dans l'incertitude de son sort. Mais quelque déplorable que fût cette fuite, les Romains regardaient le camp de Pompée comme la patrie, et ils fuyaient Rome comme le camp de César. Labiénus lui-même, un des plus intimes amis de César, son lieutenant dans toute la guerre des Gaules, et qui l'avait toujours servi avec le plus grand zèle, quitta son parti et alla joindre Pompée. Cette désertion n'empêcha pas César de lui renvoyer son argent et ses équipages : il alla camper ensuite devant Corfinium, où Domitius commandait pour Pompée. Cet officier, qui désespérait de pouvoir défendre la ville, demanda du poison à un de ses esclaves, qui était médecin, et l'avala dans l'espérance de mourir promptement ; mais, ayant bientôt appris avec quelle extrême bonté César

τῷ ῥεύματι ἐκείνης τῆς φορᾶς.	par la rapidité de ce mouvement-là.
Τὸ δὲ θέαμα	Mais le spectacle
ἦν οἰκτρότατον	était très-digne-de-pitié
τῆς πόλεως, ὥσπερ νεὼς	de la ville, comme d'un vaisseau
νομιζομένης ὑπὸ κυβερνητῶν	cru par les pilotes
ἀπαγορευόντων	qui désespèrent
ἐκπεσεῖν πρὸς τὸ συντυχόν,	devoir s'égarer à l'aventure,
τοσούτου χειμῶνος ἐπιφερομένου.	un si grand orage s'élevant.
Ἀλλὰ καίπερ τῆς μεταστάσεως	Cependant quoique le déplacement
οὔσης οὕτως οἰκτρᾶς,	étant si misérable,
οἱ ἄνθρωποι ἡγοῦντο	les hommes estimaient
τὴν μὲν φυγὴν πατρίδα	la fuite *être* la patrie
διὰ Πομπήϊον,	à cause de Pompée,
ἐξέλιπον δὲ τὴν Ῥώμην,	et ils abandonnèrent Rome,
ὡς στρατόπεδον Καίσαρος.	comme *étant* le camp de César.
Ὅπου καὶ Λαβιηνὸς,	Puisque même Labiénus,
ἀνὴρ φίλος Καίσαρος	homme ami de César
ἐν τοῖς μάλιστα,	parmi ceux *qui l'étaient* le plus,
καὶ γεγονὼς πρεσβευτὴς	et ayant été lieutenant *de lui*
καὶ συνηγωνισμένος	et ayant combattu-avec *lui*
προθυμότατα	avec-le-plus-de-zèle
ἐν πᾶσι τοῖς πολέμοις Κελτικοῖς,	dans toutes les guerres de-Gaule,
τότε ἀποδρὰς ἐκεῖνον,	alors ayant quitté lui,
ἀφίκετο πρὸς Πομπήϊον.	vint vers Pompée.
Ἀλλὰ ὁ Καῖσαρ	Mais César
ἀπέπεμψε τούτῳ μὲν	renvoya à celui-ci
καὶ τὰ χρήματα	et l'argent
καὶ τὰς ἀποσκευάς·	et les bagages :
ἐπελθὼν δὲ παρεστρατοπέδευσε	puis étant allé il campa
Δομιτίῳ ἡγουμένῳ	devant Domitius qui commandait
τριάκοντα σπειρῶν	trente cohortes
καὶ κατέχοντι Κορφίνιον·	et qui occupait Corfinium :
ὁ δὲ ἀπογνοὺς	et celui-ci ayant désespéré
τὰ κατὰ αὑτὸν,	relativement à soi,
ᾔτησε φάρμακον	demanda du poison
τὸν ἰατρὸν ὄντα οἰκέτην·	au médecin qui était son esclave :
καὶ λαβὼν τὸ δοθὲν,	et ayant pris le *poison* donné,
ἔπιεν ὡς τεθνηξόμενος.	il *le* but comme devant mourir.
Μετὰ ὀλίγον δὲ ἀκούσας	Mais après peu *de temps* ayant appris
τὸν Καίσαρα χρῆσθαι	César user

φιλανθρωπίᾳ χρῆσθαι πρὸς τοὺς ἑαλωκότας, αὐτὸς αὑτὸν ἀπεθρήνει καὶ τὴν ὀξύτητα τοῦ βουλεύματος ᾐτιᾶτο. Τοῦ δ' ἰατροῦ θαρρύναντος αὐτὸν ὡς ὑπνωτικὸν, οὐ θανάσιμον πεπωκότα, περιχαρὴς ἀναστὰς ἀπῄει πρὸς Καίσαρα, καὶ λαβὼν δεξιὰν, αὖθις διεξέπεσε πρὸς Πομπήϊον. Ταῦτ' εἰς τὴν Ῥώμην ἀπαγγελλόμενα τοὺς ἀνθρώπους ἡδίους ἐποίει, καί τινες φυγόντες ἀνέστρεψαν.

XXXV. Ὁ δὲ Καῖσαρ τήν τε τοῦ Δομιτίου στρατιὰν παρέλαβε, καὶ τοὺς ἄλλους ὅσους ἐν ταῖς πόλεσι Πομπηΐῳ στρατολογουμένους ἔφθασε καταλαβών. Πολὺς δὲ γεγονὼς ἤδη καὶ φοβερὸς ἐπ' αὐτὸν ἤλαυνε Πομπήϊον. Ὁ δ' οὐκ ἐδέξατο τὴν ἔφοδον, ἀλλ' εἰς Βρεντήσιον¹ φυγὼν, τοὺς μὲν ὑπάτους πρότερον ἔστειλε μετὰ δυνάμεως εἰς Δυρράχιον, αὐτὸς δ' ὀλίγον ὕστερον ἐπελθόντος Καίσαρος ἐξέπλευσεν, ὡς ἐν τοῖς περὶ ἐκείνου γραφησομένοις τὰ καθ' ἕκαστον δηλωθήσεται. Καίσαρι δὲ βουλομένῳ

traitait ses prisonniers, il déplora son malheur et la précipitation avec laquelle il avait pris une détermination si violente. Son médecin le rassura, en lui disant que le breuvage qu'il lui avait donné n'était pas un poison mortel, mais un simple narcotique. Content de cette assurance, il se leva sur-le-champ et alla trouver César, qui le reçut avec beaucoup d'amitié : cependant, peu de temps après, Domitius se rendit au camp de Pompée. Ces nouvelles, portées à Rome causèrent beaucoup de joie à ceux qui y étaient restés, et plusieurs de ceux qui en avaient fui y retournèrent.

XXXV. César prit à sa solde les troupes de Domitius ; et, ayant prévenu ceux qui faisaient dans les villes des levées de soldats pour Pompée, il incorpora ces nouvelles recrues dans son armée. Devenu redoutable par ces renforts, il marcha contre Pompée ; mais celui-ci, ne jugeant pas à propos de l'attendre, se retira à Brindes, d'où il fit d'abord partir les consuls pour Dyrrachium avec des troupes, et y passa lui-même bientôt après l'arrivée de César devant Brindes. Je raconterai ces faits en détail dans la Vie de Pompée. César eût bien

τινὶ φιλανθρωπίᾳ θαυμαστῇ πρὸς τοὺς ἑαλωκότας,	d'une humanité merveilleuse envers ceux pris *par lui*,
αὐτὸς ἀπεθρήνει αὐτὸν καὶ ἠτιᾶτο τὴν ὀξύτητα τοῦ βουλεύματος.	il se lamentait sur soi-même et accusait la promptitude de sa résolution.
Τοῦ δὲ ἰατροῦ θαρρύναντος αὐτὸν ὡς πεπωκότα	Mais le médecin ayant rassuré lui comme ayant bu
ὑπνωτικὸν, οὐ θανάσιμον,	un *breuvage* soporifique, non mortel,
ἀναστὰς περιχαρὴς	s'étant levé très-joyeux
ἀπῄει πρὸς Καίσαρα,	il s'en alla vers César,
καὶ λαβὼν δεξιὰν,	et ayant pris sa *main* droite,
διεξέπεσεν αὖθις πρὸς Πομπήϊον.	il passa de nouveau vers Pompée.
Ταῦτα ἀπαγγελλόμενα εἰς τὴν Ῥώμην	Ces *choses* annoncées à Rome
ἐποίει τοὺς ἀνθρώπους ἡδίους,	rendaient les hommes plus contents,
καί τινες φυγόντες ἀνέστρεψαν.	et quelques-uns qui avaient fui revinrent.
XXXV. Ὁ δὲ Καῖσαρ παρέλαβέ τε	XXXV. Cependant César prit *avec lui*
τὴν στρατιὰν τοῦ Δομιτίου καὶ τοὺς ἄλλους ὅσους	l'armée de Domitius, et les autres tous-ceux-que
ἔφθασε καταλαβὼν στρατολογουμένους Πομπηΐῳ ἐν ταῖς πόλεσιν.	il prévint *les* ayant surpris faisant-des-levées pour Pompée dans les villes.
Ἤδη δὲ γεγονὼς πολὺς καὶ φοβερὸς	Et déjà devenu fort-en-nombre et redoutable
ἤλαυνεν ἐπὶ Πομπήϊον αὐτόν.	il poussa vers Pompée lui-même.
Ὁ δὲ οὐκ ἐδέξατο τὴν ἔφοδον, ἀλλὰ φυγὼν εἰς Βρεντήσιον,	Mais celui-ci n'attendit pas l'attaque, mais ayant fui à Brindes,
ἔστειλε μὲν πρότερον τοὺς ὑπάτους εἰς Δυρράχιον μετὰ δυνάμεως,	il envoya d'abord les consuls à Dyrrachium avec des troupes,
αὐτὸς δὲ ὀλίγον ὕστερον, Καίσαρος ἐπελθόντος, ἐξέπλευσεν,	et lui-même un peu plus tard, César étant arrivé, s'embarqua,
ὡς τὰ καθ' ἕκαστον δηλωθήσεται	comme les *choses* une-à-une seront exposées
ἐν τοῖς γραφησομένοις περὶ ἐκείνου.	dans celles devant être écrites sur celui-ci (*Pompée*).
Ἀπορία δὲ νεῶν ἦν	Or manque de vaisseaux était

μὲν εὐθὺς διώκειν ἀπορία νεῶν ἦν. Εἰς δὲ τὴν Ῥώμην ἀνέστρεψε, γεγονὼς ἐν ἡμέραις ἑξήκοντα πάσης ἀναιμωτὶ τῆς Ἰταλίας κύριος. Ἐπεὶ δὲ καὶ τὴν πόλιν εὗρε μᾶλλον ἢ προσεδόκα καθεστῶσαν, καὶ τῶν ἀπὸ βουλῆς ἐν αὐτῇ συχνούς, τούτοις μὲν ἐπιεικῆ καὶ δημοτικὰ διελέχθη, παρακαλῶν αὐτοὺς καὶ πρὸς Πομπήϊον ἀποπτέλλειν ἄνδρας ἐπὶ συμβάσεσι πρεπούσαις· ὑπήκουσε δ' οὐδείς, εἴτε φοβούμενοι Πομπήϊον ἐγκαταλελειμμένον, εἴτε μὴ νομίζοντες οὕτω Καίσαρα φρονεῖν, ἀλλ' εὐπρεπείᾳ λόγων χρῆσθαι. Τοῦ δὲ δημάρχου Μετέλλου κωλύοντος αὐτὸν ἐκ τῶν ἀποθέτων χρήματα λαμβάνειν, καὶ νόμους τινὰς προφέροντος, οὐκ ἔφη τὸν αὐτὸν ὅπλων καὶ νόμων καιρὸν εἶναι· « Σὺ δ' εἰ τοῖς πραττομένοις δυσκολαίνεις, νῦν μὲν ἐκποδὼν ἄπιθι· παρρησίας γὰρ οὐ δεῖται πόλεμος· ὅταν δὲ καταθῶμαι τὰ ὅπλα, συμβάσεων γενομένων, τότε παριὼν δημαγωγήσεις. Καὶ ταῦτα, ἔφη, λέγω τῶν

voulu le poursuivre; mais il manquait de vaisseaux; il s'en retourna donc à Rome, après s'être rendu maître, en soixante jours, de toute l'Italie, sans verser une goutte de sang. Il trouva la ville beaucoup plus calme qu'il ne l'avait espéré; il parla avec beaucoup de douceur et de popularité à un grand nombre de sénateurs que la confiance y avait ramenés, et les exhorta à députer vers Pompée pour lui porter de sa part des conditions raisonnables. Aucun d'eux ne voulut accepter cette commission, soit qu'ils craignissent Pompée après l'avoir abandonné, soit qu'ils crussent que César ne parlait pas sincèrement, et que ce n'étaient de sa part que des paroles spécieuses. Le tribun Métellus voulut l'empêcher de prendre de l'argent dans le trésor public, et lui allégua des lois qui le défendaient. « Le temps des « armes, lui dit César, n'est pas celui des lois : si tu n'approuves pas « ce que je veux faire, retire-toi; la guerre ne souffre pas cette « liberté de parler. Quand, après l'accommodement fait, j'aurai posé « les armes, tu pourras alors haranguer tant que tu voudras. Au « reste, ajouta t-il, quand je parle ainsi, je n'use pas de tous mes

Καίσαρι βουλομένῳ μὲν
διώκειν εὐθύς.
Ἀνέστρεψε δὲ εἰς τὴν Ῥώμην,
γεγονὼς ἀναιμωτὶ
κύριος πάσης τῆς Ἰταλίας
ἐν ἑξήκοντα ἡμέραις.
Ἐπεὶ δὲ καὶ εὗρε τὴν πόλιν
καθεστῶσαν μᾶλλον ἢ προσεδόκα,
καὶ ἐν αὐτῇ
συχνοὺς τῶν ἀπὸ βουλῆς,
διελέχθη μὲν τούτοις
ἐπιεικῆ καὶ δημοτικὰ,
παρακαλῶν αὐτοὺς
καὶ ἀποστέλλειν ἄνδρας
πρὸς Πομπήϊον
ἐπὶ συμβάσεσι πρεπούσαις·
οὐδεὶς δὲ ὑπήκουσεν,
εἴτε φοβούμενοι
Πομπήϊον ἐγκαταλελειμμένον,
εἴτε μὴ νομίζοντες
Καίσαρα φρονεῖν οὕτως,
ἀλλὰ χρῆσθαι
εὐπρεπείᾳ λόγων.
Τοῦ δὲ δημάρχου Μετέλλου
κωλύοντος αὐτὸν
λαμβάνειν χρήματα
ἐκ τῶν ἀποθέτων,
καὶ προφέροντός τινας νόμους,
ἔφη καιρὸν
ὅπλων καὶ νόμων
οὐκ εἶναι τὸν αὐτόν·
« Σὺ δὲ εἰ δυσκολαίνεις
τοῖς πραττομένοις,
νῦν μὲν ἄπιθι ἐκποδών·
πόλεμος γὰρ οὐ δεῖται
παρρησίας·
ὅταν δὲ καταθῶμαι τὰ ὅπλα,
συμβάσεων γενομένων,
τότε παριὼν
δημαγωγήσεις.

à César qui voulait certes
poursuivre *lui* aussitôt.
Mais il retourna à Rome,
étant devenu sans-verser-de-sang
maître de toute l'Italie
en soixante jours.
Et comme il trouva la ville
remise plus qu'il *ne* s'y attendait,
et dans elle
beaucoup de ceux du sénat,
il s'entretint avec ceux-ci [laires,
par des *paroles* modérées et popu-
exhortant eux
même à envoyer des gens
vers Pompée
pour des conventions convenables :
mais aucun n'obéit,
soit craignant
Pompée abandonné *par eux*,
soit ne croyant pas
César penser ainsi,
mais se servir
d'une belle-apparence de paroles.
Et le tribun Métellus
empêchant lui
prendre de l'argent
de celui mis-en-réserve,
et alléguant certaines lois,
il (*César*) dit le temps
des armes et des lois
n'être-pas le même :
« Mais toi si tu souffres-avec-peine
les *choses* qui se font,
maintenant certes va-t'-en à-l'écart
car la guerre n'a-pas-besoin
de liberté-de-parole :
mais lorsque j'aurai déposé les armes,
des conventions ayant eu lieu,
alors venant
tu harangueras-le-peuple.

ἐμαυτοῦ δικαίων ὑφιέμενος. Ἐμὸς γὰρ εἶ καὶ σὺ καὶ πάντες ὅσους εἴληφα τῶν πρὸς ἐμὲ στασιασάντων.» Ταῦτα πρὸς τὸν Μέτελλον εἰπὼν, ἐβάδιζε πρὸς τὰς θύρας τοῦ ταμιείου. Μὴ φαινομένων δὲ τῶν κλειδῶν, χαλκεῖς μεταπεμψάμενος ἐκκόπτειν ἐκέλευεν· αὖθις δ' ἐνισταμένου τοῦ Μετέλλου, καί τινων ἐπαινούντων, διατεινάμενος ἠπείλησεν ἀποκτενεῖν αὐτὸν, εἰ μὴ παύσαιτο παρενοχλῶν. «Καὶ τοῦτο, ἔφη, μειράκιον, οὐκ ἀγνοεῖς, ὅτι μοι δυσκολώτερον ἦν εἰπεῖν ἢ πρᾶξαι.» Οὗτος ὁ λόγος τότε καὶ Μέτελλον ἀπελθεῖν ἐποίησε καταδείσαντα, καὶ τἄλλα ῥᾳδίως αὐτῷ καὶ ταχέως ὑπηρετεῖσθαι πρὸς τὸν πόλεμον.

XXXVI. Ἐστράτευε δ' εἰς Ἰβηρίαν, πρότερον ἐγνωκὼς τοὺς περὶ Ἀφράνιον καὶ Βάρρωνα, Πομπηίου πρεσβευτὰς, ἐκβαλεῖν, καὶ τὰς ἐκεῖ δυνάμεις καὶ τὰς ἐπαρχίας ὑφ' αὑτῷ ποιησάμενος, οὕτως ἐπὶ Πομπήιον ἐλαύνειν, μηδένα κατὰ νώτου τῶν πολεμίων ὑπολιπόμενος. Κινδυνεύσας δὲ καὶ τῷ σώματι πολλάκις κατ'

« droits; car vous m'appartenez par le droit de la guerre, toi et tous « ceux qui, après vous être déclarés contre moi, êtes tombés entre « mes mains. » En parlant ainsi à Métellus, il s'avança vers les portes du trésor, et, comme on ne trouvait pas les clefs, il envoya chercher des serruriers et leur ordonna d'enfoncer les portes. Métellus voulut encore s'y opposer, et plusieurs personnes louaient sa fermeté. César, prenant un ton plus haut, menaça de le tuer, s'il l'importunait encore : « Et tu sais, jeune homme, ajouta-t-il, qu'il m'était moins facile de le dire que de le faire. » Métellus, effrayé de ces dernières paroles, se retira, et tout de suite on fournit à César, sans aucune difficulté, tout l'argent dont il avait besoin pour faire la guerre.

XXXVI. Il se rendit aussitôt en Espagne avec une armée pour en chasser les deux lieutenants de Pompée, Afranius et Varron, et pouvoir, après s'être rendu maître de leurs troupes et de leurs gouvernements, marcher contre Pompée, sans laisser derrière lui aucun ennemi. Dans cette guerre, sa vie fut souvent en danger par les

VIE DE CÉSAR.

Καὶ λέγω ταῦτα, ἔφη,	Et je dis cela, dit-il,
ὑφιέμενος τῶν δικαίων	me relâchant des justes *droits*
ἐμαυτοῦ. Εἰ γὰρ ἐμὸς	de moi-même. Car tu es mien
καὶ σὺ καὶ πάντες ὅσους εἴληφα	et toi et tous ceux-que j'ai pris
τῶν στασιασάντων πρὸς ἐμέ. »	de ceux ayant pris-parti contre moi. »
Εἰπὼν ταῦτα πρὸς τὸν Μέτελλον,	Ayant dit cela à Métellus,
ἐβάδιζε πρὸς τὰς θύρας	il marchait vers les portes
τοῦ ταμιείου.	du trésor-public.
Τῶν δὲ κλειδῶν μὴ φαινομένων,	Mais les clés ne paraissant pas,
μεταπεμψάμενος χαλκεῖς	ayant envoyé-chercher des serruriers
ἐκέλευεν ἐκκόπτειν·	il ordonna *eux* briser *les portes* :
αὖθις δὲ τοῦ Μετέλλου ἐνισταμένου,	et de nouveau Métellus s'opposant,
καί τινων ἐπαινούντων,	et quelques-uns approuvant *lui*,
διατεινάμενος ἠπείλησεν	ayant élevé-la-voix il menaça
ἀποκτενεῖν αὐτὸν,	de faire-périr lui,
εἰ μὴ παύσαιτο παρενοχλῶν	s'il ne cessait *l'*importunant.
« Καὶ οὐκ ἀγνοεῖς, ἔφη,	« Et tu n'ignores pas, dit-il,
μειράκιον, ὅτι τοῦτο	jeune-homme, que cela
ἦν μοι δυσκολώτερον	était à moi plus difficile
εἰπεῖν ἢ πρᾶξαι. »	à dire qu'à faire. »
Οὗτος ὁ λόγος τότε	Cette parole alors
ἐποίησε καὶ Μέτελλον	fit et Métellus
ἀπελθεῖν καταδείσαντα,	se retirer effrayé,
καὶ τὰ ἄλλα	et le reste
ὑπηρετεῖσθαι αὐτῷ (*César*)	être fourni à lui (*César*)
ῥᾳδίως καὶ ταχέως	facilement et promptement
πρὸς τὸν πόλεμον.	pour la guerre.
XXXVI. Ἐστράτευε δὲ	XXXVI. Or il conduisit-l'armée
εἰς Ἰβηρίαν,	en Espagne,
ἐγνωκὼς ἐκβαλεῖν πρότερον	ayant résolu de chasser d'abord
τοὺς περὶ Ἀφράνιον καὶ Βάῤῥωνα,	Afranius et Varron,
πρεσβευτὰς Πομπηΐου,	lieutenants de Pompée,
καὶ ποιησάμενος ὑπὸ αὑτῷ	et ayant mis sous lui
τὰς δυνάμεις	les troupes
καὶ τὰς ἐπαρχίας (τὰς) ἐκεῖ	et les provinces *de* là (*d'Espagne*)
ἐλαύνειν οὕτως ἐπὶ Πομπήϊον,	de pousser ainsi contre Pompée,
ὑπολιπόμενος κατὰ νώτου	*n'*ayant laissé sur ses derrières
μηδένα τῶν πολεμίων.	aucun des ennemis.
Κινδυνεύσας δὲ	Et ayant été-en-danger
καὶ τῷ σώματι	et de son corps

ἐνέδρας, καὶ τῷ στρατῷ μάλιστα διὰ λιμὸν, οὐκ ἀνῆκε πρότερον διώκων καὶ προκαλούμενος καὶ περιταφρεύων τοὺς ἄνδρας, ἢ κύριος βίᾳ γενέσθαι τῶν στρατοπέδων καὶ τῶν δυνάμεων. Οἱ δ' ἡγεμόνες ᾤχοντο πρὸς Πομπήϊον φεύγοντες.

XXXVII. Ἐπανελθόντα δ' εἰς Ῥώμην Καίσαρα Πείσων μὲν ὁ πενθερὸς παρεκάλει πρὸς Πομπήϊον ἀποστέλλειν ἄνδρας ὑπὲρ διαλύσεως, Ἰσαυρικὸς δὲ Καίσαρι χαριζόμενος ἀντεῖπεν. Αἱρεθεὶς δὲ καὶ δικτάτωρ ὑπὸ τῆς βουλῆς, φυγάδας τε κατήγαγε καὶ τῶν ἐπὶ Σύλλα δυστυχησάντων τοὺς παῖδας ἐπιτίμους ἐποίησε, καὶ σεισαχθείᾳ τινὶ τόκων ἐκούφιζε τοὺς χρεωφειλέτας· ἄλλων τε τοιούτων ἥψατο πολιτευμάτων οὐ πολλῶν· ἀλλ' ἐν ἡμέραις ἕνδεκα τὴν μὲν μοναρχίαν ἀπειπάμενος, ὕπατον δ' ἀναδείξας ἑαυτὸν καὶ Σερουΐλιον Ἰσαυρικὸν εἴχετο τῆς στρατείας. Καὶ τὰς μὲν ἄλλας δυνάμεις καθ' ὁδὸν ἐπειγόμενος παρῆλθεν, ἱππεῖς δ'

embûches qu'on lui dressa, et son armée manqua de périr par la disette; mais il n'en fut pas moins ardent à poursuivre les ennemis, à les provoquer au combat, à les environner de tranchées, jusqu'à ce qu'il eût en sa puissance leurs troupes et leurs camps. Les chefs prirent la fuite et allèrent trouver Pompée.

XXXVII. Quand César fut de retour à Rome, Pison, son beau père, lui conseilla d'envoyer des députés à Pompée, pour traiter d'un accommodement; mais Isauricus, qui voulait plaire à César, combattit cette proposition. Élu dictateur par le sénat, il rappela les bannis, rétablit dans tous leurs droits les enfants de ceux qui avaient été proscrits par Sylla, et déchargea les débiteurs d'une partie des intérêts de leurs dettes. Il fit quelques autres ordonnances semblables, et ne garda la dictature que onze jours : après ce terme, il déposa cette magistrature, qui tenait de la monarchie, se nomma lui-même consul avec Servilius Isauricus, et ne s'occupa plus que de

πολλάκις κατὰ ἐνέδρας, souvent par des embûches,
καὶ τῷ στρατῷ et de son armée
μάλιστα διὰ λιμὸν, surtout par la famine,
οὐκ ἀνῆκε διώκων il ne se relâcha pas poursuivant
καὶ προκαλούμενος et provoquant
καὶ περιταφρεύων et environnant-de-tranchées
τοὺς ἄνδρας les hommes (*les ennemis*)
πρότερον, ἢ γενέσθαι βίᾳ avant que d'être devenu par force
κύριος τῶν στρατοπέδων maitre des camps
καὶ τῶν δυνάμεων. et des troupes *d'eux*.
Οἱ δὲ ἡγεμόνες ᾤχοντο Mais les chefs partirent
φεύγοντες πρὸς Πομπήϊον. fuyant vers Pompée.

XXXVII. Πείσων δὲ   XXXVII. Or Pison
ὁ πενθερὸς beau-père *de lui*
παρεκάλει μὲν Καίσαρα engageait César
ἐπανελθόντα εἰς Ῥώμην étant revenu à Rome
ἀποστέλλειν ἄνδρας à envoyer des gens
πρὸς Πομπήϊον ὑπὲρ διαλύσεως, vers Pompée pour un traité,
Ἰσαυρικὸς δὲ ἀντεῖπε mais Isauricus dit-le-contraire
χαριζόμενος Καίσαρι. cherchant-à-plaire à César.
Αἱρεθεὶς δὲ καὶ δικτάτωρ Cependant élu dictateur
ὑπὸ τῆς βουλῆς, par le sénat,
κατήγαγέ τε φυγάδας et il fit-revenir les exilés
καὶ ἐποίησεν ἐπιτίμους et il rendit honorés
τοὺς παῖδας les enfants
τῶν δυστυχησάντων de ceux ayant été-malheureux
ἐπὶ Σύλλα, sous Sylla,
καὶ ἐκούφιζε τοὺς χρεωφειλέτας et il allégea les débiteurs
τινὶ σεισαχθείᾳ τόκων· par une abolition de dettes :
ἥψατό τε et il toucha
ἄλλων τοιούτων πολιτευμάτων à d'autres telles mesures-politiques
οὐ πολλῶν· non nombreuses :
ἀλλὰ ἐν ἕνδεκα ἡμέραις mais en onze jours
ἀπειπάμενος μὲν τὴν μοναρχίαν, ayant abdiqué la dictature,
ἀναδείξας δὲ ὕπατον ἑαυτὸν et ayant nommé consul soi-même
καὶ Σερουΐλιον Ἰσαυρικὸν et Servilius Isauricus
εἴχετο τῆς στρατείας. il s'occupa de son expédition.
Καὶ ἐπειγόμενος μὲν Et se hâtant
παρῆλθε κατὰ ὁδὸν il passa en route
τὰς ἄλλας δυνάμεις, devant les autres troupes,

ἔχων λογάδας ἑξακοσίους καὶ πέντε τάγματα, χειμῶνος ἐν τροπαῖς ὄντος, ἱσταμένου Ἰανουαρίου μηνὸς (οὗτος δ' ἂν εἴη Ποσειδεὼν¹ Ἀθηναίοις), ἀφῆκεν εἰς τὸ πέλαγος· καὶ διαβαλὼν τὸν Ἰόνιον, Ὤρικον² καὶ Ἀπολλωνίαν αἱρεῖ, τὰ δὲ πλοῖα πάλιν ἀπέπεμψεν εἰς Βρεντήσιον ἐπὶ τοὺς ὑστερήσαντας τῇ πορείᾳ στρατιώτας. Οἱ δ', ἄχρι μὲν καθ' ὁδὸν ἦσαν, ἅτε δὴ καὶ παρηκμακότες ἤδη τοῖς σώμασι καὶ πρὸς τὰ πλήθη τῶν πολέμων ἀπειρηκότες, ἐν αἰτίαις εἶχον τὸν Καίσαρα· «Ποῖ δὴ καὶ πρὸς τί πέρας ἡμᾶς οὗτος ὁ ἀνὴρ καταθήσεται περιφέρων καὶ χρώμενος ὥσπερ ἀτρύτοις καὶ ἀψύχοις ἡμῖν; καὶ σίδηρος ἐξέκαμε πληγαῖς, καὶ θυρεοῦ τίς ἐστι φειδὼ ἐν χρόνῳ τοσούτῳ καὶ θώρακος. Οὐδ' ἀπὸ τῶν τραυμάτων ἄρα λογίζεται Καῖσαρ ὅτι θνητῶν μὲν ἄρχει, θνητὰ δὲ πεφύκαμεν πάσχειν καὶ ἀλγεῖν; ὥραν δὲ χειμῶνος καὶ πνεύματος ἐν θαλάττῃ καιρὸν οὐδὲ θεῷ βιάζεσθαι

la guerre. Il fit tant de diligence, qu'il laissa derrière lui une grande partie de son armée, et, quoiqu'il n'eût que six cents chevaux d'élite et cinq légions, quoiqu'on fût vers le solstice d'hiver, au commencement de janvier, qui répond au mois Posidéon des Athéniens, il s'embarqua, traversa la mer Ionienne, et se rendit maître des villes d'Oricum et d'Apollonie. Il renvoya des vaisseaux de transport à Brindes pour amener les troupes qui n'avaient pu s'y rendre avant qu'il partît. Ces troupes, épuisées de fatigue, rebutées de combattre sans relâche contre tant d'ennemis, se plaignaient de César dans leur route : « Où donc, disaient-elles, cet homme veut-il nous mener? « quel terme mettra-t-il à nos travaux? ne cessera-t-il jamais de nous « traîner partout à sa suite, et de se servir de nous comme si nous « avions des corps de fer? mais le fer même s'use par les coups dont « on le frappe; les boucliers et les cuirasses ont de temps en temps « besoin de repos. César, en voyant nos blessures, ne doit-il pas son- « ger qu'il commande à des hommes mortels, et que nous ne pouvons « souffrir des maux au-dessus de l'humanité? Un dieu même pourrait-il « forcer la saison de l'hiver et le temps du vent sur la mer?

ἔχων δὲ ἑξακοσίους	et ayant six-cents
ἱππεῖς λογάδας	cavaliers d'-élite
καὶ πέντε τάγματα,	et cinq légions,
χειμῶνος ὄντος ἐν τροπαῖς,	l'hiver étant au solstice,
μηνὸς Ἰανουαρίου ἱσταμένου	le mois de janvier commençant
(οὗτος δὲ ἂν εἴη	(or ce *mois* serait
Ποσειδεὼν Ἀθηναίοις),	le Posidéon aux Athéniens),
ἀφῆκεν εἰς τὸ πέλαγος·	il *se* mit en mer :
καὶ διαβαλὼν τὸν Ἰόνιον,	et ayant traversé la *mer* Ionienne,
αἱρεῖ Ὤρικον καὶ Ἀπολλωνίαν,	il prend Oricum et Apollonie,
ἀπέπεμψε δὲ πάλιν	puis il renvoya de nouveau
τὰ πλοῖα εἰς Βρεντήσιον	ses vaisseaux à Brindes
ἐπὶ τοὺς στρατιώτας	pour les soldats
ὑστερήσαντας τῇ πορείᾳ.	qui étaient-en-retard de marche.
Οἱ δὲ, ἄχρι μὲν	Or ceux-ci, tant que
ἦσαν κατὰ ὁδὸν,	ils furent en route,
ἅτε δὴ ἤδη	comme certes déjà
καὶ παρηκμακότες τοῖς σώμασι	et usés de corps
καὶ ἀπειρηκότες	et épuisés
πρὸς τὰ πλήθη τῶν πολέμων,	par le grand nombre des guerres,
εἶχον ἐν αἰτίαις τὸν Καίσαρα·	avaient en accusation César :
« Ποῖ δὴ καὶ πρὸς τί πέρας	« Où donc et vers quel terme
οὗτος ὁ ἀνὴρ καταθήσεται ἡμᾶς	cet homme déposera-t-il nous
περιφέρων καὶ χρώμενος ἡμῖν	*nous* entraînant et usant de nous
ὥσπερ ἀτρύτοις καὶ ἀψύχοις;	comme infatigables et inanimés ?
καὶ σίδηρος	le fer même
ἐξέκαμε πληγαῖς,	se fatigue par les coups,
καί τις φειδὼ	et quelque épargne
θυρεοῦ καὶ θώρακος	du bouclier et de la cuirasse
ἐστὶν ἐν τοσούτῳ χρόνῳ.	est *nécessaire* dans un si long temps.
Καῖσαρ οὐδὲ ἄρα λογίζεται	César ne songe-t-il-donc-pas
ἀπὸ τῶν τραυμάτων	d'après les blessures *de nous*
ὅτι μὲν ἄρχει θνητῶν,	qu'il commande à des mortels,
πεφύκαμεν δὲ	et *que* nous sommes nés
πάσχειν καὶ ἀλγεῖν	*pour* éprouver et souffrir
θνητά;	des *maux* propres-aux-mortels ?
δυνατὸν δὲ οὐδὲ θεῷ	or il n'est-pas possible même à un
βιάζεσθαι ὥραν χειμῶνος	de forcer la saison de l'hiver [dieu
καὶ καιρὸν πνεύματος	et le temps du vent
ἐν θαλάττῃ·	sur la mer :

δυνατόν· ἀλλ' οὗτος παραβάλλεται καθάπερ οὐ διώκων πολεμίους, ἀλλὰ φεύγων.» Τοιαῦτα λέγοντες ἐπορεύοντο σχολαίως εἰς τὸ Βρεντήσιον. Ὡς δ' ἐλθόντες εὗρον ἀνηγμένον τὸν Καίσαρα, ταχὺ πάλιν αὖ μεταβαλόντες ἐκάκιζον ἑαυτοὺς, προδότας ἀποκαλοῦντες τοῦ αὐτοκράτορος· ἐκάκιζον δὲ καὶ τοὺς ἡγεμόνας οὐκ ἐπιταχύναντας τὴν πορείαν. Καθήμενοι δ' ἐπὶ τῶν ἄκρων, πρὸς τὸ πέλαγος καὶ τὴν Ἤπειρον ἀπεσκόπουν τὰς ναῦς, ἐφ' ὧν ἔμελλον περαιοῦσθαι πρὸς ἐκεῖνον.

XXXVIII. Ἐν δ' Ἀπολλωνίᾳ Καῖσαρ, οὐκ ἔχων ἀξιόμαχον τὴν μεθ' ἑαυτοῦ δύναμιν, βραδυνούσης δὲ τῆς ἐκεῖθεν, ἀπορούμενος καὶ περιπαθῶν, δεινὸν ἐβούλευσε βούλευμα, κρύφα πάντων εἰς πλοῖον ἐμβὰς, τὸ μέγεθος δωδεκάσκαλμον, ἀναχθῆναι πρὸς τὸ Βρεντήσιον, τηλικούτοις στόλοις περιεχομένου τοῦ πελάγους ὑπὸ τῶν πολεμίων. Νυκτὸς οὖν ἐσθῆτι θεράποντος ἐπικρυψάμενος ἐνέβη, καὶ καταβαλὼν ἑαυτὸν ὥς τινα τῶν παρημελημένων ἡσύχαζε. Τοῦ δὲ Ἀνίου[1] ποταμοῦ τὴν ναῦν ὑποφέροντος εἰς τὴν θά-

« Et cependant c'est dans cette saison qu'il nous expose à tous les « périls de la mer. On dirait, non qu'il poursuit ses ennemis, mais « qu'il fuit devant eux. » Tout occupés de leurs plaintes, ils s'acheminaient lentement vers Brindes; mais, lorsqu'en y arrivant ils trouvèrent César déjà parti, alors, changeant de langage, ils se firent à eux-mêmes les plus vifs reproches, et s'accusèrent d'avoir trahi leur général; ils s'en prirent aussi à leurs officiers, qui n'avaient pas pressé leur marche, et, assis au haut de la côte, ils portaient leurs regards sur la mer et vers l'Épire, pour voir s'ils apercevraient les vaisseaux qui devaient revenir les chercher.

XXXVIII. Cependant César se trouvait à Apollonie avec une armée trop faible pour rien entreprendre, parce que les troupes de Brindes tardaient à arriver. Livré à une incertitude affligeante, il prit enfin la résolution hasardeuse de s'embarquer seul, à l'insu de tout le monde, sur un simple bateau à douze rames, pour se rendre plus promptement à Brindes, quoique la mer fût couverte de vaisseaux ennemis. A l'entrée de la nuit, il se déguise en esclave, monte dans le bateau, se jette dans un coin comme le dernier des passagers, et s'y tient sans rien dire. La barque descendait le fleuve Anius, qui la portait

ἀλλὰ οὗτος παραβάλλεται
οὐ καθάπερ διώκων πολεμίους,
ἀλλὰ φεύγων. »
Λέγοντες τοιαῦτα
ἐπορεύοντο σχολαίως
εἰς τὸ Βρεντήσιον.
Ὡς δὲ ἐλθόντες εὗρον
τὸν Καίσαρα ἀνηγμένον,
ταχὺ πάλιν αὖ μεταβαλόντες
ἐκάκιζον ἑαυτοὺς,
ἀποκαλοῦντες προδότας
τοῦ αὐτοκράτορος·
ἐκάκιζον δὲ καὶ τοὺς ἡγεμόνας
οὐκ ἐπιταχύναντας τὴν πορείαν.
Καθήμενοι δὲ ἐπὶ τῶν ἄκρων,
ἀπεσκόπουν
πρὸς τὸ πέλαγος καὶ τὴν Ἤπειρον
τὰς ναῦς, ἐπὶ ὧν
ἔμελλον περαιοῦσθαι πρὸς ἐκεῖνον.

XXXVIII. Ἐν δὲ Ἀπολλωνίᾳ
Καῖσαρ, οὐκ ἔχων μετὰ ἑαυτοῦ
τὴν δύναμιν
ἀξιόμαχον,
τῆς δὲ ἐκεῖθεν βραδυνούσης,
ἀπορούμενος καὶ περιπαθῶν,
ἐβούλευσε βούλευμα δεινὸν,
ἀναχθῆναι πρὸς τὸ Βρεντήσιον,
ἐμβὰς κρύφα πάντων
εἰς πλοῖον,
δωδεκάσκαλμον τὸ μέγεθος,
τοῦ πελάγους περιεχομένου
τηλικούτοις στόλοις
ὑπὸ τῶν πολεμίων.
Νυκτὸς οὖν ἐπικρυψάμενος
ἐσθῆτι θεράποντος
ἐνέβη,
καὶ καταβαλὼν ἑαυτὸν
ὥς τινα τῶν παρημελημένων
ἡσύχαζε.
Τοῦ δὲ ποταμοῦ Ἀνίου

mais celui-ci s'expose
non comme poursuivant des ennemis
mais *comme* fuyant. »
Disant de telles *choses*
ils marchaient lentement
vers Brindes.
Mais comme arrivés ils trouvèrent
César parti,
vite de nouveau alors ayant changé
ils s'accusaient eux-mêmes
s'appelant traîtres
de leur général :
et ils accusaient aussi les chefs
qui n'avaient-pas-hâté la marche.
Et assis sur les promontoires,
ils regardaient
vers la mer et *vers* l'Épire
les vaisseaux, sur lesquels
ils devaient passer vers lui.

XXXVIII. Cependant à Apollonie
César, n'ayant-pas avec lui
les troupes
suffisantes-pour-combattre,
et celles de-là (*d'Italie*) tardant,
livré-à-l'incertitude et affligé,
il résolut une résolution hasardeuse,
de se rendre à Brindes,
étant monté à-l'insu de tous
sur une barque,
à-douze-rames pour la grandeur,
la mer étant couverte
de si grandes flottes
par les ennemis.
De nuit donc s'étant déguisé
avec un habit d'esclave
il s'embarqua,
et ayant jeté soi *dans un coin*
comme un de ceux négligés
il se tenait-en-repos.
Mais le fleuve Anius

λασσαν, τὴν μὲν ἑωθινὴν αὔραν, ἣ παρεῖχε τηνικαῦτα περὶ τὰς ἐκβολὰς γαλήνην, ἀπωθοῦσα πόρρω τὸ κῦμα, πολὺς πνεύσας πελάγιος διὰ νυκτὸς ἀπέσβεσε· πρὸς δὲ τὴν πλημμύραν τῆς θαλάσσης καὶ τὴν ἀντίβασιν τοῦ κλύδωνος ἀγριαίνων ὁ ποταμὸς, καὶ τραχὺς ἅμα καὶ κτύπῳ μεγάλῳ καὶ σκληραῖς ἀνακοπτόμενος δίναις, ἄπορος ἦν βιασθῆναι τῷ κυβερνήτῃ· καὶ μεταβαλεῖν ἐκέλευσε τοὺς ναύτας ὡς ἀποστρέψων τὸν πλοῦν. Αἰσθόμενος δ' ὁ Καῖσαρ ἀναδείκνυσιν ἑαυτὸν, καὶ τοῦ κυβερνήτου λαβόμενος τῆς χειρὸς, ἐκπεπληγμένου πρὸς τὴν ὄψιν· «Ἴθι, ἔφη, γενναῖε, τόλμα καὶ δέδιθι μηδέν· Καίσαρα φέρεις καὶ τὴν Καίσαρος τύχην συμπλέουσαν.» Ἐλάθοντο μὲν οὖν τοῦ χειμῶνος οἱ ναῦται, καὶ ταῖς κώπαις ἐμφύντες, ἐβιάζοντο πάσῃ προθυμίᾳ τὸν ποταμόν. Ὡς δ' ἦν ἄπορα, δεξάμενος πολλὴν θάλατταν, καὶ κινδυνεύσας ἐν

vers la mer. L'embouchure de ce fleuve était ordinairement tranquille; un vent de terre, qui se levait tous les matins, repoussait les vagues de la mer et les empêchait d'entrer dans la rivière : mais cette nuit-là il s'éleva tout à coup un vent de mer si violent qu'il fit tomber le vent de terre. Le fleuve, soulevé par la marée et par la résistance des vagues, qui, poussées avec furie, luttaient contre son courant, devint d'une navigation dangereuse; ses eaux, repoussées violemment vers leur source par les tourbillons rapides que cette lutte causait, et qui étaient accompagnés d'un affreux mugissement, ne permettaient pas au pilote de gouverner sa barque et de maîtriser les flots. Il ordonna donc à ses matelots de tourner la barque et de remonter le fleuve. César, ayant entendu donner cet ordre, se fait connaître, et prenant la main du pilote, fort étonné de le voir là : « Mon ami, lui dit-il, continue ta route et risque tout sans rien « craindre; tu conduis César et sa fortune. » Les matelots, oubliant la tempête, forcent de rames et emploient tout ce qu'ils ont d'ardeur pour surmonter la violence des vagues; mais tous leurs efforts sont inutiles. César, qui voit la barque faire eau de toutes parts, et près

ὑποφέροντος τὴν ναῦν	portant la barque
εἰς τὴν θάλασσαν,	vers la mer,
πελάγιος μὲν πνεύσας πολὺς	un *vent* de-mer ayant soufflé violent
διὰ νυκτὸς ἀπέσβεσε	pendant la nuit abattit
τὴν αὔραν ἑωθινὴν,	la brise du-matin,
ἣ τηνικαῦτα παρεῖχε γαλήνην	laquelle alors donnait du calme
περὶ τὰς ἐκβολὰς,	vers l'embouchure,
ἀπωθοῦσα πόρρω τὸ κῦμα·	repoussant loin le flot :
ὁ δὲ ποταμὸς ἀγριαίνων	mais le fleuve se roidissant
πρὸς τὴν πλημμύραν τῆς θαλάσσης	contre le flux de la mer
καὶ τὴν ἀντίβασιν τοῦ κλύδωνος	et *contre* la résistance des flots
καὶ τραχὺς ἅμα	et roide en-même-temps
καὶ ἀνακοπτόμενος	et repoussé
μεγάλῳ κτύπῳ	avec un grand bruit
καὶ σκληραῖς δίναις,	et de rudes tournoiements,
ἦν ἄπορος βιασθῆναι	était impossible à être forcé
τῷ κυβερνήτῃ·	pour le pilote :
καὶ ἐκέλευσε τοὺς ναύτας	et il ordonna les matelots
μεταβαλεῖν	changer *de manœuvre*
ὡς ἀποστρέψων	comme devant remonter
τὸν πλοῦν.	le cours *du fleuve*.
Ὁ δὲ Καῖσαρ αἰσθόμενος	Mais César s'*en* étant aperçu
ἀναδείκνυσιν ἑαυτὸν,	fait-connaître soi,
καὶ λαβόμενος τῆς χειρὸς	et ayant pris par la main
τοῦ κυβερνήτου,	le pilote,
ἐκπεπληγμένου πρὸς τὴν ὄψιν·	déconcerté à cette vue :
« Ἴθι, ἔφη, γενναῖε,	« Va, dit-il, brave *homme*,
τόλμα καὶ δέδιθι μηδέν·	ose et *ne* crains rien :
φέρεις Καίσαρα	tu portes César
καὶ τὴν τύχην Καίσαρος	et la fortune de César
συμπλέουσαν. »	voguant-avec *toi*. »
Οἱ ναῦται οὖν	Les matelots certes
ἐλάθοντο μὲν τοῦ χειμῶνος	oublièrent la tempête
καὶ ἐμφύντες ταῖς κώπαις,	et s'attachant-fortement aux rames,
ἐβιάζοντο τὸν ποταμὸν	ils forçaient le fleuve
πάσῃ προθυμίᾳ.	avec tout le zèle *possible*.
Ὡς δὲ ἦν ἄπορα,	Mais comme c'était impraticable,
δεξάμενος	*César* ayant reçu
πολλὴν θάλατταν,	beaucoup d'eau-de-mer,
καὶ κινδυνεύσας	et ayant couru du danger

τῷ στόματι, συνεχώρησε μάλ' ἄκων τῷ κυβερνήτῃ μεταβαλεῖν. Ἀνιόντι δ' αὐτῷ κατὰ πλῆθος ἀπήντων οἱ στρατιῶται, πολλὰ μεμφόμενοι καὶ δυσπαθοῦντες εἰ μὴ πέπεισται καὶ σὺν αὐτοῖς μόνοις ἱκανὸς εἶναι νικᾶν, ἀλλ' ἄχθεται καὶ παραβάλλεται διὰ τοὺς ἀπόντας ὡς ἀπιστῶν τοῖς παροῦσιν.

XXXIX. Ἐκ τούτου κατέπλευσε μὲν Ἀντώνιος ἀπὸ Βρεντησίου τὰς δυνάμεις ἄγων. Θαρρήσας δὲ Καῖσαρ προὐκαλεῖτο Πομπήϊον, ἱδρυμένον ἐν καλῷ καὶ χορηγούμενον ἔκ τε γῆς καὶ θαλάττης ἀποχρώντως, αὐτὸς ἐν οὐκ ἀφθόνοις διάγων κατ' ἀρχὰς, ὕστερον δὲ καὶ σφόδρα πιεσθεὶς ἀπορίᾳ τῶν ἀναγκαίων. Ἀλλὰ ῥίζαν¹ τινὰ κόπτοντες οἱ στρατιῶται καὶ γάλακτι φυρῶντες προσεφέροντο, καί ποτε καὶ διαπλάσαντες ἐξ αὐτῆς ἄρτους, καὶ ταῖς προφυλακαῖς τῶν πολεμίων ἐπιδραμόντες, ἔβαλλον εἴσω καὶ διερρίπτουν, ἐπιλέγοντες ὡς, ἄχρις ἂν ἡ γῆ τοιαύτας ἐκφέρῃ

de couler à fond à l'embouchure même du fleuve, permet au pilote, avec bien du regret, de retourner sur ses pas. Il regagnait son camp, lorsque ses soldats, qui étaient sortis en foule au-devant de lui, se plaignirent avec douleur de ce que, désespérant de vaincre avec eux seuls, et se méfiant de ceux qui étaient auprès de lui, il allait, par une inquiétude injurieuse pour eux, s'exposer au plus terrible danger pour chercher les absents.

XXXIX. Antoine étant arrivé bientôt après avec les troupes de Brindes, César, plein de confiance, présenta le combat à Pompée, qui, placé dans un poste avantageux, tirait abondamment de la terre et de la mer toutes ses provisions, tandis que César, qui n'en avait pas d'abord en abondance, se trouva bientôt réduit à manquer des choses les plus nécessaires. Ses soldats, pour se nourrir, pilaient une certaine racine qu'ils détrempaient avec du lait; quelquefois même ils en faisaient du pain, et, s'avançant jusqu'aux premiers postes des ennemis, ils jetaient de ces pains dans leurs retranchements, en leur disant que tant que la terre produirait de ces racines,

ἐν τῷ στόματι,	à l'embouchure *du fleuve*,
συνεχώρησε μάλα ἄκων	permit bien malgré-lui
τῷ κυβερνήτῃ	au pilote
μεταβαλεῖν.	de changer *la manœuvre*.
Οἱ δὲ στρατιῶται	Et les soldats
ἀπήντων κατὰ πλῆθος	venaient-à-la-rencontre en foule
αὐτῷ ἀνιόντι,	à lui revenant,
μεμφόμενοι πολλὰ	se plaignant beaucoup
καὶ δυσπαθοῦντες	et s'affligeant
εἰ μὴ πέπεισται	de ce qu'il n'a pas cru
εἶναι ἱκανὸς νικᾷν	être capable de vaincre
καὶ σὺν αὐτοῖς μόνοις,	même avec eux seuls,
ἀλλὰ ἄχθεται καὶ παραβάλλεται	mais se tourmente et s'expose
διὰ τοὺς ἀπόντας	à cause des absents
ὡς ἀπιστῶν τοῖς παροῦσιν.	comme se méfiant des présents.
XXXIX. Ἐκ τούτου μὲν	XXXIX. Après cela
Ἀντώνιος	Antoine
κατέπλευσεν ἀπὸ Βρεντησίου	arriva-par-mer de Brindes
ἄγων τὰς δυνάμεις.	amenant les troupes.
Καῖσαρ δὲ θαρρήσας	Et César ayant pris-confiance
προεκαλεῖτο Πομπήϊον,	provoquait Pompée
ἱδρυμένον ἐν καλῷ	établi dans un *poste* avantageux
καὶ χορηγούμενον ἀποχρώντως	et pourvu abondamment
ἔκ τε γῆς καὶ θαλάττης,	et du côté de terre et du côté de mer,
διάγων αὐτὸς κατὰ ἀρχὰς	se trouvant lui-même d'abord
ἐν οὐκ ἀφθόνοις,	en des *lieux* non abondants,
ὕστερον δὲ καὶ σφόδρα πιεσθεὶς	et plus tard même vivement pressé
ἀπορίᾳ τῶν ἀναγκαίων.	par le manque des *choses* nécessaires
Ἀλλὰ οἱ στρατιῶται	Mais les soldats
κόπτοντές τινα ῥίζαν	coupant une certaine racine
καὶ φυρῶντες γάλακτι	et *la* pétrissant avec du lait
προσεφέροντο,	s'*en* nourrissaient,
καί ποτε καὶ διαπλάσαντες	et quelquefois même ayant fabriqué
ἄρτους ἐξ αὐτῆς,	des pains d'elle,
καὶ ἐπιδραμόντες	et ayant couru
ταῖς προφυλακαῖς τῶν πολεμίων,	jusqu'aux avant-postes des ennemis,
ἔβαλλον καὶ διερρίπτουν εἴσω,	*en* jetaient et lançaient dedans,
ἐπιλέγοντες ὡς,	ajoutant que,
ἄχρις ἡ γῆ ἂν ἐκφέρῃ	tant que la terre porterait
τοιαύτας ῥίζας,	de telles racines,

ῥίζας, οὐ παύσονται πολιορκοῦντες Πομπήϊον. Ὁ μέντοι Πομπήϊος οὔτε τοὺς ἄρτους οὔτε τοὺς λόγους εἴα τούτους ἐκφέρεσθαι πρὸς τὸ πλῆθος. Ἠθύμουν γὰρ οἱ στρατιῶται, τὴν ἀγριότητα καὶ τὴν ἀπάθειαν τῶν πολεμίων, ὥσπερ θηρίων, ὀῤῥωδοῦντες. Ἀεὶ δέ τινες περὶ τοῖς ἐρύμασι τοῖς Πομπηΐου μάχαι σποράδες ἐγίνοντο· καὶ περιῆν πάσαις ὁ Καῖσαρ πλὴν μιᾶς, ἐν ᾗ, τροπῆς μεγάλης γενομένης, ἐκινδύνευσε μὲν ἀπολέσαι τὸ στρατόπεδον· Πομπηΐου γὰρ προσβαλόντος, οὐδεὶς ἔμεινεν, ἀλλὰ καὶ τάφροι κατεπίμπλαντο κτεινομένων, καὶ περὶ τοῖς αὐτῶν χαρακώμασι καὶ περιτειχίσμασιν ἔπιπτον ἐλαυνόμενοι προτροπάδην· Καῖσαρ δ' ὑπαντιάζων ἐπειρᾶτο μὲν ἀναστρέφειν τοὺς φεύγοντας, ἐπέραινε δ' οὐδέν· ἀλλ' ἐπιλαμβανομένου τῶν σημείων, ἀπεῤῥίπτουν οἱ κομίζοντες, ὥστε δύο καὶ τριάκοντα λαβεῖν τοὺς πολεμίους, αὐτὸς δὲ παρὰ μικρὸν ἦλθεν ἀποθανεῖν. Ἀνδρὶ γὰρ μεγάλῳ καὶ

ils ne cesseraient pas de tenir Pompée assiégé. Pompée défendit qu'on rapportât ces discours dans son camp, et qu'on y montrât ces pains; il craignait l'entier découragement de ses soldats, qu'il voyait redouter déjà la dureté et l'insensibilité farouche de leurs ennemis, qui, comme des bêtes sauvages, supportaient patiemment les plus grandes privations. Il se faisait chaque jour, près du camp de Pompée, des escarmouches où César avait toujours l'avantage; une fois seulement ses troupes furent mises en déroute, et il se vit en danger de perdre son camp. Pompée les ayant attaquées avec vigueur, aucun des corps de César ne tint ferme; on en fit un si grand carnage que les tranchées furent couvertes de morts, et ils furent poursuivis jusque dans leurs lignes et leurs retranchements. César courut au-devant des fuyards pour les ramener au combat, et, voyant ses efforts inutiles, il saisit les drapeaux des enseignes, afin de les arrêter; mais ils les jetaient à terre, et trente-deux tombèrent au pouvoir de l'ennemi. César lui-même manqua d'y périr: il avait voulu retenir un soldat grand et robuste qui fuyait comme

οὐ παύσονται	ils ne cesseront-pas
πολιορκοῦντες Πομπήϊον.	assiégeant Pompée.
Ὁ μέντοι Πομπήϊος εἴα	Or Pompée *ne* laissait
οὔτε τούτους τοὺς ἄρτους	ni ces pains-là
οὔτε τοὺς λόγους	ni ces paroles
ἐκφέρεσθαι πρὸς τὸ πλῆθος.	se répandre dans la foule.
Οἱ γὰρ στρατιῶται ἠθύμουν,	Car les soldats se décourageaient,
ὀρρωδοῦντες τὴν ἀγριότητα	redoutant la férocité
καὶ τὴν ἀπάθειαν	et l'insensibilité
τῶν πολεμίων,	des ennemis,
ὥσπερ θηρίων.	comme de bêtes-féroces.
Ἀεὶ δέ τινες μάχαι σποράδες	Mais toujours quelques combats épars
ἐγίνοντο πρὸς τοῖς ἐρύμασι	avaient-lieu vers les retranchements
τοῖς Πομπηΐου·	*vers* ceux de Pompée :
καὶ ὁ Καῖσαρ περιῆν πάσαις	et César avait-le-dessus dans tous
πλὴν μιᾶς, ἐν ᾗ,	excepté un, dans lequel,
μεγάλης τροπῆς γενομένης,	une grande déroute ayant eu-lieu,
ἐκινδύνευσε μὲν	il courut-risque
ἀπολέσαι τὸ στρατόπεδον·	de perdre son camp :
Πομπηΐου γὰρ προσβαλόντος,	car Pompée ayant chargé,
οὐδεὶς ἔμεινεν,	nul *ne* soutint *le choc*,
ἀλλὰ καὶ τάφροι	mais et les fossés
κατεπίμπλαντο κτεινομένων,	se remplissaient de tués,
καὶ ἔπιπτον	et ils tombaient
περὶ τοῖς χαρακώμασι	dans les retranchements
καὶ περιτειχίσμασιν	et dans les murs-d'enceinte
αὐτῶν	d'eux-mêmes
ἐλαυνόμενοι προτροπάδην·	poursuivis à-toutes-jambes :
Καῖσαρ δὲ ὑπαντιάζων	et César courant-au-devant *d'eux*
ἐπειρᾶτο μὲν	essayait il-est-vrai
ἀναστρέφειν τοὺς φεύγοντας,	de ramener les fuyards,
ἐπέραινε δὲ οὐδέν·	mais il *n'*avançait rien :
ἀλλὰ ἐπιλαμβανομένου	au contraire *lui* saisissant
τῶν σημείων,	les enseignes,
οἱ κομίζοντες ἀπερρίπτουν,	ceux qui *les* portaient *les* jetaient,
ὥστε τοὺς πολεμίους	de sorte les ennemis
λαβεῖν τριάκοντα καὶ δύο,	*en* avoir pris trente-deux
αὐτὸς δὲ ἦλθε παρὰ μικρὸν	et lui-même *en* vint à petite *distance*
ἀποθανεῖν.	*du* périr.
Ἐπιβαλὼν γὰρ τὴν χεῖρα	Car ayant porté la main

ῥωμαλέῳ, φεύγοντι παρ' αὐτὸν, ἐπιβαλὼν τὴν χεῖρα, μένειν ἐκέλευσε καὶ στρέφεσθαι πρὸς τοὺς πολεμίους. Ὁ δὲ μεστὸς ὢν ταραχῆς παρὰ τὸ δεινὸν, ἐπήρατο τὴν μάχαιραν ὡς καθιξόμενος· φθάνει δ' ὁ τοῦ Καίσαρος ὑπασπιστὴς ἀποκόψας αὐτοῦ τὸν ὦμον. Οὕτω δ' ἀπέγνω τὰ καθ' αὑτὸν, ὥστ', ἐπεὶ Πομπήϊος ὑπ' εὐλαβείας τινὸς ἢ τύχης ἔργῳ μεγάλῳ τέλος οὐκ ἐπέθηκεν, ἀλλὰ καθείρξας εἰς τὸν χάρακα τοὺς φεύγοντας, ἀνεχώρησεν, εἶπεν ἄρα πρὸς τοὺς φίλους ἀπιὼν ὁ Καῖσαρ· «Σήμερον ἂν ἡ νίκη παρὰ τοῖς πολεμίοις ἦν εἰ τὸν νικῶντα εἶχον.» Αὐτὸς δὲ παρελθὼν εἰς τὴν σκηνὴν καὶ κατακλιθεὶς, νύκτα πασῶν ἐκείνην ἀνιαροτάτην διήγαγεν ἐν ἀπόροις λογισμοῖς, ὡς κακῶς ἐστρατηγηκὼς, ὅτι καὶ χώρας ἐπικειμένης βαθείας καὶ πόλεων εὐδαιμόνων τῶν Μακεδονικῶν καὶ Θετταλικῶν, ἐάσας ἐκεῖ περισπάσαι τὸν πόλεμον, ἐνταῦθα καθέζοιτο πρὸς θαλάττῃ, ναυκρατούντων τῶν πολεμίων,

les autres, et l'obliger de faire face à l'ennemi; cet homme, troublé par le danger, et hors de lui-même, leva l'épée pour le frapper; mais l'écuyer de César le prévint, et d'un coup lui abattit l'épaule. César croyait déjà tout perdu; et lorsque Pompée, ou par un excès de précaution, ou par un caprice de la fortune, eut manqué de conduire à son terme un si heureux commencement; que, satisfait d'avoir forcé les fuyards de se renfermer dans leur camp, il se fut retiré; César, en s'en retournant, dit à ses amis : « La victoire était « aujourd'hui assurée aux ennemis, si leur chef avait su vaincre. » Après être rentré dans sa tente, il se coucha et passa la nuit dans la plus cruelle inquiétude, livré à de tristes réflexions : il se reprochait la faute qu'il avait faite, lorsque, ayant devant lui un pays abondant et les villes opulentes de la Macédoine et de la Thessalie, au lieu d'attirer la guerre dans ces belles contrées, il s'était campé sur les bords de la mer, dont les ennemis étaient les maîtres, et où il était

ἀνδρὶ μεγάλῳ καὶ ῥωμαλέῳ,	sur un homme grand et vigoureux
φεύγοντι παρὰ αὐτὸν,	qui fuyait près de lui,
ἐκέλευσε μένειν	il ordonna *lui* s'arrêter
καὶ στρέφεσθαι	et se tourner
πρὸς τοὺς πολεμίους.	contre les ennemis.
Ὁ δὲ ὢν μεστὸς ταραχῆς	Or celui-ci étant plein de trouble
παρὰ τὸ δεινὸν,	à cause du danger,
ἐπήρατο τὴν μάχαιραν	leva son épée
ὡς καθιξόμενος·	comme devant frapper :
ὁ δὲ ὑπασπιστὴς τοῦ Καίσαρος	mais l'écuyer de César
φθάνει ἀποκόψας	*le* prévient ayant abattu
τὸν ὦμον αὐτοῦ.	l'épaule de lui.
Ἀπέγνω δὲ τὰ κατὰ αὐτὸν	Cependant il désespéra quant à soi
οὕτως ὥστε, ἐπεὶ Πομπήϊος	tellement que, comme Pompée
ὑπό τινος εὐλαβείας ἢ τύχης	par quelque circonspection ou for-
οὐκ ἐπέθηκε τέλος	ne mit pas un terme [tune
μεγάλῳ ἔργῳ,	à cette grande action,
ἀλλὰ καθείρξας τοὺς φεύγοντας	mais ayant renfermé les fuyards
εἰς τὸν χάρακα,	dans le retranchement,
ἀνεχώρησεν,	se retira,
ὁ Καῖσαρ ἀπιὼν	César s'en-allant
εἶπεν ἄρα πρὸς τοὺς φίλους·	dit certes à ses amis :
« Σήμερον ἡ νίκη	« Aujourd'hui la victoire
ἂν ἦν παρὰ τοῖς πολεμίοις	serait aux ennemis
εἰ εἶχον τὸν νικῶντα. »	s'ils avaient celui qui vainc. »
Αὐτὸς δὲ παρελθὼν	Et-lui-même étant allé
εἰς τὴν σκηνὴν	dans sa tente
καὶ κατακλιθεὶς,	et s'étant couché,
διήγαγεν ἐκείνην νύκτα	passa cette nuit-là
ἀνιαροτάτην πασῶν	la plus triste de toutes
ἐν λογισμοῖς ἀπόροις,	dans des réflexions inquiètes,
ὡς ἐστρατηγηκὼς κακῶς,	comme ayant conduit-la-guerre mal,
ὅτι, καὶ χώρας βαθείας	parce que, et un pays bas (de plaines
ἐπικειμένης	étant-devant *lui*
καὶ πόλεων εὐδαιμόνων	et des villes opulentes
τῶν Μακεδονικῶν καὶ Θετταλικῶν,	celles de-Macédoine et de-Thessalie
ἐάσας περισπάσαι	ayant négligé d'attirer
τὸν πόλεμον ἐκεῖ,	la guerre là,
καθέξοιτο ἐνταῦθα	il avait campé ici
πρὸς θαλάττῃ,	vers la mer,

πολιορκούμενος τοῖς ἀναγκαίοις μᾶλλον ἢ τοῖς ὅπλοις πολιορκῶν. Οὕτω δὲ ἀνιαθεὶς καὶ ἀδημονήσας πρὸς τὴν ἀπορίαν καὶ χαλεπότητα τῶν παρόντων ἀνίστη τὸν στρατὸν, ἐπὶ Σκιπίωνα προάγειν εἰς Μακεδονίαν ἐγνωκώς· ἢ γὰρ ἐπισπάσεσθαι Πομπήϊον ὅπου μαχεῖται μὴ χορηγούμενος ὁμοίως ἀπὸ τῆς θαλάττης, ἢ περιέσεσθαι μεμονωμένου Σκιπίωνος.

XL. Τοῦτο τὴν Πομπηΐου στρατιὰν ἐπῆρε καὶ τοὺς περὶ αὐτὸν ἡγεμόνας, ὡς ἡττημένου καὶ φεύγοντος, ἔχεσθαι Καίσαρος. Αὐτὸς μὲν γὰρ εὐλαβῶς εἶχε Πομπήϊος ἀναρρῖψαι μάχην περὶ τηλικούτων, καὶ παρεσκευασμένος ἄριστα πᾶσι πρὸς τὸν χρόνον, ἠξίου τρίβειν καὶ μαραίνειν τὴν τῶν πολεμίων ἀκμὴν βραχεῖαν οὖσαν. Τὸ γάρ τοι μαχιμώτατον τῆς Καίσαρος δυνάμεως ἐμπειρίαν μὲν εἶχε καὶ τόλμαν ἀνυπόστατον πρὸς τοὺς ἀγῶνας, ἐν δὲ ταῖς πλάναις καὶ ταῖς στρατοπεδείαις τειχοφυλακοῦντες καὶ

lui-même bien plus assiégé par la disette qu'il n'assiégeait Pompée par les armes. Déchiré par ces réflexions, tourmenté du défaut de vivres et de la situation fâcheuse dans laquelle il se trouvait, il leva son camp, résolu d'aller dans la Macédoine combattre Scipion : il espérait ou attirer Pompée sur ses pas, et l'obliger de combattre dans un pays qui ne lui donnerait pas la facilité de tirer ses provisions par mer, ou opprimer aisément Scipion, si Pompée l'abandonnait.

XL. La retraite de César enfla le courage des soldats de Pompée, et surtout des officiers, qui voulaient qu'on le poursuivît sur-le-champ, comme un ennemi déjà vaincu et mis en fuite. Mais Pompée n'était pas assez imprudent pour mettre de si grands intérêts au hasard d'une bataille : abondamment pourvu de tout ce qui lui était nécessaire pour attendre le bénéfice du temps, il croyait plus sage de tirer la guerre en longueur, et de laisser se consumer le peu de vigueur qui restait encore aux soldats de César. Les plus aguerris d'entre eux avaient beaucoup d'expérience et d'audace dans les combats; mais quand il fallait faire des marches et des campements, garder des places

VIE DE CÉSAR. 149

τῶν πολεμίων	les ennemis
ναυκρατούντων,	ayant-plus-de-forces-navales,
πολιορκούμενος τοῖς ἀναγκαίοις	assiégé par les choses nécessaires
μᾶλλον ἢ πολιορκῶν τοῖς ὅπλοις.	plus que assiégeant par les armes.
Οὕτω δὲ ἀνιαθεὶς	Or ainsi chagriné
καὶ ἀδημονήσας	et tourmenté
πρὸς τὴν ἀπορίαν	à cause du défaut-de-vivres
καὶ χαλεπότητα	et de la difficulté
τῶν παρόντων	des *affaires* présentes
ἀνίστη τὸν στρατὸν,	il fit-décamper l'armée,
ἐγνωκὼς προάγειν	ayant résolu de conduire *elle*
ἐπὶ Σκιπίωνα εἰς Μακεδονίαν·	contre Scipion en Macédoine :
ἢ γὰρ ἐπισπάσεσθαι Πομπήϊον	car ou devoir entraîner Pompée
ὅπου μαχεῖται	où il combattrait
μὴ χορηγούμενος ὁμοίως	n'étant pas pourvu pareillement
ἀπὸ τῆς θαλάττης,	du côté de la mer,
ἢ περιέσεσθαι	ou devoir avoir-le-dessus
Σκιπίωνος μεμονωμένου.	sur Scipion isolé.
XL. Τοῦτο ἐπῆρε	XL. Cela anima
τὴν στρατιὰν Πομπηΐου	l'armée de Pompée
καὶ τοὺς ἡγεμόνας περὶ αὐτὸν	et les chefs autour de lui
ἔχεσθαι Καίσαρος,	à presser César,
ὡς ἡττημένου καὶ φεύγοντος.	comme vaincu et fuyant.
Πομπήϊος γὰρ αὐτὸς	Car Pompée lui-même
εἶχεν εὐλαβῶς	était *disposé* avec-circonspection
ἀναρρῖψαι μάχην	à risquer un combat
περὶ τηλικούτων,	sur de si grands *intérêts*,
καὶ παρεσκευασμένος ἄριστα	et pourvu très-bien
πᾶσι πρὸς τὸν χρόνον,	de tout pour le temps,
ἠξίου	il jugeait-à-propos
τρίβειν καὶ μαραίνειν	d'user et de consumer
τὴν ἀκμὴν τῶν πολεμίων	la vigueur des ennemis
οὖσαν βραχεῖαν.	étant de-peu-de-durée.
Τὸ γάρ τοι μαχιμώτατον	Car certes la *partie* la plus belliqueuse
τῆς δυνάμεως Καίσαρος	des troupes de César
εἶχε μὲν ἐμπειρίαν	avait il-est-vrai de l'expérience
καὶ τόλμαν ἀνυπόστατον	et une audace irrésistible
πρὸς τοὺς ἀγῶνας,	pour les combats,
τειχοφυλακοῦντες δὲ	mais gardant-des-remparts
καὶ νυκτεγερτοῦντες	et veillant-toutes-les-nuits

νυκτεγερτοῦντες ἐξέκαμνον ὑπὸ γήρως, καὶ βαρεῖς ἦσαν τοῖς σώμασι πρὸς τοὺς πόνους, δι' ἀσθένειαν ἐγκαταλείποντες τὴν προθυμίαν. Τότε δὲ καί τι νόσημα λοιμῶδες ἐλέχθη, τὴν ἀτοπίαν τῆς διαίτης ποιησάμενον ἀρχήν, ἐν τῇ στρατιᾷ περιφέρεσθαι τῇ Καίσαρος. Καὶ τὸ μέγιστον, οὔτε χρήμασιν ἐρρωμένος οὔτε τροφῆς εὐπορῶν, χρόνου βραχέος ἐδόκει περὶ αὑτῷ καταλυθήσεσθαι.

XLI. Διὰ ταῦτα Πομπηΐῳ μάχεσθαι μὴ βουλομένῳ μόνος ἐπῄνει Κάτων φειδοῖ τῶν πολιτῶν· ὅς γε καὶ τοὺς πεσόντας ἐν τῇ μάχῃ τῶν πολεμίων εἰς χιλίους τὸ πλῆθος γενομένους ἰδὼν ἀπῆλθεν ἐγκαλυψάμενος καὶ καταδακρύσας. Οἱ δ' ἄλλοι πάντες ἐκάκιζον τὸν Πομπήϊον φυγομαχοῦντα καὶ παρώξυνον, Ἀγαμέμνονα καὶ βασιλέα βασιλέων ἀποκαλοῦντες, ὡς δὴ μὴ βουλόμενον ἀποθέσθαι τὴν μοναρχίαν, ἀλλ' ἀγαλλόμενον, ἡγεμόνων τοσούτων ἐξηρτημένων αὐτοῦ καὶ φοιτώντων ἐπὶ σκηνήν. Φαώνιος

fortes et passer les nuits sous les armes, leur vieillesse les faisait bientôt succomber à ces fatigues; ils étaient trop pesants pour des travaux si pénibles, et leur courage cédait à la faiblesse de leur corps. On disait d'ailleurs qu'il régnait dans son camp une maladie contagieuse, dont la mauvaise nourriture avait été la première cause; et ce qui était encore plus fâcheux pour César, il n'avait ni vivres ni argent, et il ne pouvait éviter de se consumer lui-même en peu de temps.

XLI. Tous ces motifs déterminaient Pompée à refuser le combat. Caton était le seul qui, par le désir d'épargner le sang des citoyens, approuvât sa résolution : il n'avait pu voir les corps des ennemis tués à la dernière action, au nombre de mille, sans verser des larmes; et en se retirant il se couvrit la tête de sa robe, en signe de deuil. Mais tous les autres accusaient Pompée de refuser le combat par lâcheté; ils cherchaient à le piquer en l'appelant Agamemnon et roi des rois, en lui imputant de ne vouloir pas renoncer à cette autorité monarchique dont il était investi, à ce concours de tant de capitaines qui venaient dans sa tente prendre ses ordres, et dont sa vanité était

ἐν ταῖς πλάναις	dans les marches
καὶ ταῖς στρατοπεδείαις	et les campements
ἐξέκαμνον ὑπὸ γήρως,	ils se fatiguaient de vieillesse,
καὶ ἦσαν βαρεῖς	et ils étaient lourds
τοῖς σώμασι πρὸς τοὺς πόνους,	de corps pour les fatigues,
ἐγκαταλείποντες τὴν προθυμίαν	abandonnant leur ardeur
διὰ ἀσθένειαν.	par faiblesse.
Τότε δὲ καὶ	Et alors aussi
τι νόσημα λοιμῶδες	une certaine maladie contagieuse
ἐλέχθη, ποιησάμενον ἀρχὴν	fut dite, ayant eu pour principe
τὴν ἀτοπίαν τῆς διαίτης,	l'étrangeté de la nourriture,
περιφέρεσθαι ἐν τῇ στρατιᾷ	se répandre dans l'armée
τῇ Καίσαρος.	celle de César.
Καὶ τὸ μέγιστον,	Et *ce qui était* le plus grave,
οὔτε ἐρρωμένος χρήμασιν,	ni n'étant-fort d'argent
οὔτε εὐπορῶν τροφῆς,	ni n'étant-bien-pourvu de vivres,
ἐδόκει καταλυθήσεσθαι	il semblait devoir se dissoudre
περὶ αὑτῷ χρόνου βραχέος.	de lui-même en un temps court.
XLI. Διὰ ταῦτα Κάτων μόνος	XLI. A cause de cela Caton seul
ἐπῄνει Πομπηΐῳ	approuvait Pompée
μὴ βουλομένῳ μάχεσθαι	qui ne voulait-pas combattre
φειδοῖ τῶν πολιτῶν·	par épargne des citoyens :
ὅς γε καὶ ἰδὼν	lequel du moins ayant vu
τοὺς τῶν πολεμίων	ceux des ennemis
πεσόντας ἐν τῇ μάχῃ	tombés dans le combat
γενομένους εἰς χιλίους τὸ πλῆθος,	étant jusqu'à mille de nombre,
ἀπῆλθεν ἐγκαλυψάμενος	s'en-revint s'étant voilé
καὶ καταδακρύσας.	et ayant versé-des-larmes.
Πάντες δὲ οἱ ἄλλοι	Mais tous les autres
ἐκάκιζον τὸν Πομπήϊον	accusaient Pompée
φυγομαχοῦντα	qui évitait-le-combat
καὶ παρώξυνον, ἀποκαλοῦντες	et l'excitaient, l'appelant
Ἀγαμέμνονα	Agamemnon
καὶ βασιλέα βασιλέων,	et roi des rois,
ὡς δὴ μὴ βουλόμενον	comme certes ne voulant pas
ἀποθέσθαι τὴν μοναρχίαν,	déposer l'autorité-souveraine,
ἀλλὰ ἀγαλλόμενον,	mais s'enorgueillissant,
τοσούτων ἡγεμόνων	tant de chefs
ἐξηρτημένων αὐτοῦ	dépendant de lui
καὶ φοιτώντων ἐπὶ σκηνήν.	et venant dans sa tente.

δὲ, τὴν Κάτωνος παρῥησίαν ὑποποιούμενος, μανικῶς ἐσχετλία-
ζεν, εἰ μηδὲ τῆτες ἔσται τῶν περὶ Τουσκλάνον¹ ἀπολαῦσαι σύκων
διὰ τὴν Πομπηΐου φιλαρχίαν. Ἀφράνιος δὲ (νεωστὶ γὰρ ἐξ Ἰϐη-
ρίας ἀφῖκτο κακῶς στρατηγήσας), διαϐαλλόμενος ἐπὶ χρήμασι
προδοῦναι τὸν στρατὸν, ἠρώτα διὰ τί πρὸς τὸν ἔμπορον οὐ μά-
χονται τὸν ἐωνημένον παρ' αὐτοῦ τὰς ἐπαρχίας. Ἐκ τούτων
ἁπάντων συνελαυνόμενος ἄκων εἰς μάχην ὁ Πομπήϊος ἐχώρει τὸν
Καίσαρα διώκων. Ὁ δὲ τὴν μὲν ἄλλην πορείαν χαλεπῶς ἤνυσεν,
οὐδενὸς παρέχοντος ἀγοράν, ἀλλὰ πάντων καταφρονούντων διὰ
τὴν ἔναγχος ἧτταν. Ὡς δ' εἷλε Γόμφους², Θεσσαλικὴν πόλιν, οὐ
μόνον ἔθρεψε τὴν στρατιὰν, ἀλλὰ καὶ τοῦ νοσήματος ἀπήλλαξε
παραλόγως. Ἀφθόνῳ γὰρ ἐνέτυχον οἴνῳ, καὶ πιόντες ἀνέδην,
εἶτα χρώμενοι κώμοις καὶ βακχεύοντες ἀνὰ τὴν ὁδὸν, ἐκ μέθης
διεκρούσαντο καὶ παρήλλαξαν τὸ πάθος, εἰς ἕξιν ἑτέραν τοῖς σώμασι μεταπεσόντες.

flattée. Favonius, qui cherchait à imiter la liberté de Caton dans ses paroles, déplorait d'un ton tragique le malheur qu'on aurait encore cette année de ne pas manger des figues de Tusculum, pour ne pas dépouiller Pompée du pouvoir absolu. Afranius, nouvellement arrivé d'Espagne, où il avait fort mal conduit la guerre, et qu'on accusait d'avoir vendu et livré son armée, lui demanda pourquoi il n'allait pas combattre contre ce marchand qui avait acheté de lui ses gouvernements. Tous ces propos ayant forcé Pompée de se déterminer à combattre, il se mit à la poursuite de César. Celui-ci avait éprouvé les plus grandes difficultés dans les premiers jours de sa marche. Personne ne voulait lui fournir des vivres, et sa dernière défaite lui attirait un mépris général; mais lorsqu'il eut pris la ville de Gomphes en Thessalie, il eut des vivres en abondance pour son armée, qui fut guérie même de sa maladie d'une manière fort étrange. Ses soldats, ayant trouvé une quantité prodigieuse de vin, en burent avec excès, et, se livrant à la débauche, ils célébrèrent dans tout le chemin une espèce de bacchanale. Cette ivresse continuelle chassa la maladie, qui venait d'une cause contraire, et changea entièrement la disposition de leurs corps.

Φαώνιος δὲ, ὑποποιούμενος	Et Favonius, contrefaisant
τὴν παῤῥησίαν Κάτωνος,	le franc-parler de Caton,
ἐσχετλίαζε μανικῶς	se tourmentait follement,
εἰ μηδὲ ἔσται τῆτες	s'il ne sera pas *possible* cette année
ἀπολαῦσαι τῶν σύκων	de jouir des figues
περὶ Τουσκλάνον	de Tusculum
διὰ τὴν φιλαρχίαν Πομπηΐου.	à cause de l'ambition de Pompée.
Ἀφράνιος δὲ	Mais Afranius
(ἀφῖκτο γὰρ νεωστὶ	(car il était arrivé récemment
ἐξ Ἰβηρίας	d'Espagne
στρατηγήσας κακῶς),	ayant commandé mal),
διαβαλλόμενος προδοῦναι	accusé d'avoir trahi
τὸν στρατὸν ἐπὶ χρήμασιν,	l'armée pour de l'argent,
ἠρώτα	demandait
διὰ τί οὐ μάχονται	pourquoi on ne combat-pas
πρὸς τὸν ἔμπορον	contre le trafiquant
τὸν ἐωνημένον παρὰ αὐτοῦ	qui avait acheté de lui
τὰς ἐπαρχίας.	les provinces.
Ἐξ ἁπάντων τούτων ὁ Πομπήϊος	Par suite de tout cela Pompée
συνελαυνόμενος ἄκων εἰς μάχην	entraîné malgré-lui au combat
ἐχώρει διώκων τὸν Καίσαρα.	allait poursuivant César.
Ὁ δὲ ἤνυσε μὲν χαλεπῶς	Mais celui-ci acheva avec-peine
τὴν ἄλλην πορείαν,	le reste de sa marche,
οὐδενὸς παρέχοντος ἀγοράν,	nul ne *lui* fournissant de marché,
ἀλλὰ πάντων καταφρονούντων	mais tous *le* méprisant
διὰ τὴν ἧτταν	à cause de sa défaite
(τὴν) ἔναγχος.	*arrivée* récemment.
Ὡς δὲ εἷλε Γόμφους,	Mais dès qu'il eut pris Gomphes,
πόλιν Θεσσαλικήν,	ville de-Thessalie,
οὐ μόνον ἔθρεψε τὴν στρατιάν,	non seulement il nourrit son armée
ἀλλὰ καὶ ἀπήλλαξε παραλόγως	mais encore il *la* délivra étrangement
τοῦ νοσήματος.	de la maladie. [ment,
Ἐνέτυχον γὰρ οἴνῳ ἀφθόνῳ,	Car ils trouvèrent du vin abondam-
καὶ πιόντες ἀνέδην,	et *en* ayant bu librement,
εἶτα χρώμενοι κώμοις	puis usant de débauches
καὶ βακχεύοντες ἀνὰ τὴν ὁδὸν,	et se livrant-à-l'orgie sur la route,
ἐκ μέθης διεκρούσαντο	par l'ivresse ils chassèrent
καὶ παρήλλαξαν τὸ πάθος,	et renvoyèrent la maladie,
μεταπεσόντες τοῖς σώμασιν	étant tombés de corps
εἰς ἑτέραν ἕξιν.	en un autre état.

XLII. Ὡς δ' εἰς τὴν Φαρσαλίαν ἐμβαλόντες ἀμφότεροι κατεστρατοπέδευσαν, ὁ μὲν Πομπήϊος αὖθις εἰς τὸν ἀρχαῖον ἀνεκρούετο λογισμὸν τὴν γνώμην, ἔτι καὶ φασμάτων οὐκ αἰσίων προσγενομένων [καὶ καθ' ὕπνον ὄψεως. Ἐδόκει γὰρ ἑαυτὸν ὁρᾶν ἐν τῷ θεάτρῳ κροτούμενον ὑπὸ Ῥωμαίων]. Οἱ δὲ περὶ αὐτὸν οὕτω θρασεῖς ἦσαν καὶ τὸ νίκημα ταῖς ἐλπίσι προειληφότες, ὥστε φιλονεικεῖν ὑπὲρ τῆς Καίσαρος ἀρχιερωσύνης Δομίτιον καὶ Σπινθῆρα καὶ Σκιπίωνα, διαμιλλωμένους ἀλλήλοις· πέμπειν δὲ πολλοὺς εἰς Ῥώμην μισθουμένους καὶ προκαταλαμβάνοντας οἰκίας ὑπατεύουσι καὶ στρατηγοῦσιν ἐπιτηδείους, ὡς εὐθὺς ἄρξοντες μετὰ τὸν πόλεμον. Μάλιστα δ' ἐσφάδαζον οἱ ἱππεῖς ἐπὶ τὴν μάχην ἠσκημένοι περιττῶς, ὅπλων λαμπρότησι καὶ τρυφαῖς ἵππων καὶ κάλλει σωμάτων μέγα φρονοῦντες, καὶ διὰ τὸ πλῆθος ἑπτακισχίλιοι πρὸς χιλίους τοῦ Καίσαρος ὄντες. Ἦν δὲ καὶ τὸ

XLII. Quand les deux généraux furent entrés dans la Thessalie, et qu'ils eurent assis leur camp l'un vis-à-vis de l'autre, Pompée revint d'autant plus volontiers à sa première résolution qu'il était alarmé par des présages sinistres [et par une vision qu'il avait eue pendant son sommeil. Il avait cru être à Rome dans le théâtre, où le peuple le recevait avec de grands applaudissements]. Mais ceux qu'il avait auprès de lui étaient bien loin de partager ses inquiétudes; au contraire, pleins de présomption, et prévenant la victoire par leurs espérances, déjà Domitius, Spinther et Scipion se disputaient la charge de grand-prêtre que César possédait; plusieurs avaient envoyé retenir et louer d'avance à Rome les maisons les plus convenables à des consuls et à des préteurs, ne doutant pas qu'à la fin de la guerre ils ne fussent élevés à ces magistratures. Mais aucun corps de l'armée ne témoignait plus d'impatience de combattre que celui des chevaliers : fiers de la beauté de leurs armes, du bon état de leurs chevaux, de leur bonne mine et de leur nombre (car ils étaient sept mille, contre mille que César en avait), ils se tenaient assurés de la victoire. Leur infanterie

XLII. Ὡς δὲ ἀμφότεροι
ἐμβαλόντες εἰς τὴν Φαρσαλίαν
κατεστρατοπέδευσαν,
ὁ μὲν Πομπήϊος αὖθις
ἀνεκρούετο τὴν γνώμην
εἰς τὸν ἀρχαῖον λογισμὸν,
καὶ φασμάτων οὐκ αἰσίων
[καὶ ὄψεως κατὰ ὕπνον
προσγενομένων ἔτι.
Ἐδόκει γὰρ ὁρᾶν ἑαυτὸν
κροτούμενον ἐν τῷ θεάτρῳ
ὑπὸ Ῥωμαίων.]
Οἱ δὲ περὶ αὐτὸν
ἦσαν οὕτω θρασεῖς
καὶ προειληφότες
τὸ νίκημα ταῖς ἐλπίσιν,
ὥστε Δομίτιον καὶ Σπινθῆρα
καὶ Σκιπίωνα φιλονεικεῖν
ὑπὲρ τῆς ἀρχιερωσύνης Καίσαρος,
διαμιλλωμένους ἀλλήλοις·
πολλοὺς δὲ πέμπειν
εἰς Ῥώμην
μισθουμένους
καὶ προκαταλαμβάνοντας
οἰκίας ἐπιτηδείους
ὑπατεύουσι καὶ στρατηγοῦσιν,
ὡς ἄρξοντες
εὐθὺς μετὰ τὸν πόλεμον.
Οἱ δὲ ἱππεῖς μάλιστα
ἐσφάδαζον ἐπὶ τὴν μάχην
περιττῶς ἠσκημένοι,
φρονοῦντες μέγα
λαμπρότησιν ὅπλων
καὶ τρυφαῖς ἵππων
καὶ κάλλει σωμάτων,
καὶ ὄντες διὰ τὸ πλῆθος
ἑπτακισχίλιοι
πρὸς χιλίους τοῦ Καίσαρος.
Τὸ δὲ καὶ πλῆθος τῶν πεζῶν
οὐκ ἦν ἀγχώμαλον,

XLII. Mais quand tous-deux
s'étant jetés sur la Pharsalie
eurent campé,
Pompée il-est-vrai de nouveau
rejetait sa pensée
dans son ancien raisonnement,
et des visions non favorables
[et une apparition dans le sommeil
ayant eu-lieu encore.
Car il croyait se voir lui-même
applaudi au théâtre
par les Romains.]
Mais ceux autour de lui
étaient tellement présomptueux
et ayant présumé
la victoire dans leurs espérances,
au point Domitius et Spinther
et Scipion rivaliser
sur le souverain-pontificat de César,
se débattant l'un-avec-l'autre :
et plusieurs envoyer
à Rome
des gens louant
et retenant-d'avance
des maisons convenables
à des consuls et à des préteurs,
comme devant avoir-*ces*-charges
aussitôt après la guerre.
Mais les chevaliers surtout
s'agitaient pour le combat
merveilleusement parés,
pensant grandement
à cause de l'éclat de leurs armes
et du bon-état de leurs chevaux
et de la beauté de leurs corps,
et étant par le nombre
sept-mille
contre mille de César.
Et aussi le nombre des fantassins
n'était pas semblable;

τῶν πεζῶν πλῆθος οὐκ ἀγχώμαλον, ἀλλὰ τετρακισμύριοι καὶ πεντακισχίλιοι παρετάττοντο δισμυρίοις καὶ δισχιλίοις.

XLIII. Ὁ δὲ Καῖσαρ τοὺς στρατιώτας συναγαγὼν, καὶ προειπὼν ὡς δύο μὲν αὐτῷ τάγματα Κορφίνιος² ἄγων ἐγγύς ἐστιν, ἄλλαι δὲ πεντεκαίδεκα σπεῖραι μετὰ Καλήνου κάθηνται περὶ Μέγαρα² καὶ Ἀθήνας, ἠρώτησεν εἴτε βούλονται περιμένειν ἐκείνους, εἴτ' αὐτοὶ διακινδυνεῦσαι καθ' ἑαυτούς. Οἱ δ' ἀνεβόησαν δεόμενοι μὴ περιμένειν, ἀλλὰ μᾶλλον ὅπως τάχιστα συνίωσιν εἰς χεῖρας τοῖς πολεμίοις τεχνάζεσθαι καὶ στρατηγεῖν. Ποιουμένῳ δὲ καθαρμὸν αὐτῷ τῆς δυνάμεως καὶ θύσαντι τὸ πρῶτον ἱερεῖον, εὐθὺς ὁ μάντις ἔφραζε τριῶν ἡμερῶν μάχῃ κριθήσεσθαι πρὸς τοὺς πολεμίους. Ἐρομένου δὲ τοῦ Καίσαρος εἰ καὶ περὶ τοῦ τέλους ἐνορᾷ τι τοῖς ἱερείοις εὔσημον, «Αὐτὸς ἂν, ἔφη, σὺ τοῦτο βέλτιον ἀποκρίναιο σαυτῷ. Μεγάλην γὰρ οἱ θεοὶ μεταβολὴν καὶ μετάπτωσιν ἐπὶ τὰ ἐναντία τῶν καθεστώτων δηλοῦσιν· ὥστ', εἰ

supérieure aussi en nombre, était de quarante-cinq mille hommes, et celle des ennemis ne montait qu'à vingt-deux mille.

XLIII. Mais César, ayant assemblé ses soldats, leur dit que Cornificius, qui n'était pas éloigné, lui amenait deux légions; que Calénus avait autour de Mégare et d'Athènes quinze autres cohortes; et il leur demanda s'ils voulaient attendre ces renforts, ou hasarder seuls la bataille. Ils le conjurèrent tous de ne pas attendre, mais plutôt d'imaginer quelque stratagème pour attirer tout de suite l'ennemi au combat. Il fit un sacrifice pour purifier son armée, et, après l'immolation de la première victime, le devin lui annonça que dans trois jours il en viendrait aux mains avec les ennemis. César lui demanda s'il voyait dans les entrailles quelques signes d'un succès favorable : « Vous « répondrez à cette question mieux que moi, lui dit le devin. Les « dieux me font voir un grand changement, une révolution générale « de l'état actuel des choses à une situation toute contraire : si donc

ἀλλὰ τετρακισμύριοι	mais quarante-mille
καὶ πεντακισχίλιοι	et cinq-mille
παρετάττοντο	se rangeaient-en-bataille
δισμυρίοις καὶ δισχιλίοις.	contre vingt-mille et deux-mille
XLIII. Ὁ δὲ Καῖσαρ	XLIII. Mais César
συναγαγὼν τοὺς στρατιώτας,	ayant rassemblé ses soldats ;
καὶ προειπὼν ὡς μὲν Κορρίνιος	et *leur* ayant dit que Cornificius
ἄγων αὐτῷ δύο τάγματα	amenant à lui deux légions
ἐστὶν ἐγγὺς,	est proche,
πεντεκαίδεκα δὲ ἄλλαι σπεῖραι	et *que* quinze autres cohortes
κάθηνται μετὰ Καλήνου	se tiennent avec Calénus
περὶ Μέγαρα καὶ Ἀθήνας,	autour de Mégare et d'Athènes,
ἠρώτησεν εἴτε βούλονται	*leur* demanda s'ils veulent
περιμένειν ἐκείνους,	attendre ceux-là,
εἴτε διακινδυνεῦσαι	ou s'*ils veulent* se hasarder
αὐτοὶ κατὰ ἑαυτούς.	seuls par eux-mêmes.
Οἱ δὲ ἀνεβόησαν	Et ceux-ci s'écrièrent
δεόμενοι μὴ περιμένειν,	*le* priant de ne-pas attendre,
ἀλλὰ μᾶλλον τεχνάζεσθαι	mais plutôt de ruser
καὶ στρατηγεῖν ὅπως τάχιστα	et de travailler pour qu'au plus tôt
συνίωσιν εἰς χεῖρας	ils en-viennent aux mains
τοῖς πολεμίοις.	avec les ennemis.
Αὐτῷ δὲ ποιουμένῳ καθαρμὸν	Or à lui faisant une lustration
τῆς δυνάμεως καὶ θύσαντι	de l'armée et ayant sacrifié
τὸ πρῶτον ἱερεῖον,	la première victime,
εὐθὺς ὁ μάντις ἔφραζε	aussitôt le devin dit
κριθήσεσθαι μάχῃ	devoir être décidé par un combat
πρὸς τοὺς πολεμίους	contre les ennemis
τριῶν ἡμερῶν.	dans trois jours.
Τοῦ δὲ Καίσαρος ἐρομένου	Mais César demandant
εἰ καὶ ἐνορᾷ τοῖς ἱερείοις	si aussi il voit dans les victimes
τι εὔσημον	quelque *chose* de-bon-augure
περὶ τοῦ τέλους,	sur l'issue,
« Σὺ αὐτὸς, ἔφη,	« Toi-même, dit-il,
ἂν ἀποκρίναιο τοῦτο	répondrais cela
βέλτιον σαυτῷ.	mieux à toi-même.
Οἱ γὰρ θεοὶ δηλοῦσι	Car les dieux indiquent
μεγάλην μεταβολὴν	un grand changement
καὶ μετάπτωσιν	et une révolution
τῶν καθεστώτων	des *choses* établies

μὲν εὖ πράττειν ἡγῇ σεαυτὸν ἐπὶ τῷ παρόντι, τὴν χείρονα προσδόκα τύχην· εἰ δὲ κακῶς, τὴν ἀμείνονα. » Τῇ δὲ πρὸ τῆς μάχης νυκτὶ τὰς φυλακὰς ἐφοδεύοντος αὐτοῦ, περὶ τὸ μεσονύκτιον ὤφθη λαμπὰς οὐρανίου πυρός, ἣν ὑπερενεχθεῖσαν τὸ Καίσαρος στρατόπεδον, λαμπρὰν καὶ φλογώδη γενομένην, ἔδοξεν εἰς τὸ Πομπηίου καταπεσεῖν. Ἑωθινῆς δὲ φυλακῆς καὶ πανικὸν τάραχον ᾔσθοντο γιγνόμενον παρὰ τοῖς πολεμίοις. Οὐ μὴν μαχεῖσθαί γε κατ᾽ ἐκείνην προσεδόκα τὴν ἡμέραν, ἀλλ᾽ ὡς ἐπὶ Σκοτούσσης[1] ὁδεύων ἀνεζεύγνυεν.

XLIV. Ἐπεὶ δὲ, τῶν σκηνῶν ἤδη καταλελυμένων, οἱ σκοποὶ προσίππευσαν αὐτῷ τοὺς πολεμίους ἐπὶ μάχῃ καταβαίνειν ἀπαγγέλλοντες, περιχαρὴς γενόμενος καὶ προσευξάμενος τοῖς θεοῖς, παρέταττε τὴν φάλαγγα, τὴν τάξιν τριπλῆν ποιῶν. Καὶ τοῖς μὲν μέσοις ἐπέστησε Καλβῖνον Δομίτιον[2], τῶν δὲ κεράτων τὸ μὲν εἶχεν Ἀντώνιος, αὐτὸς δὲ τὸ δεξιὸν, ἐν τῷ δεκάτῳ τάγματι μελ-

« vous croyez être bien maintenant, attendez-vous à un état fâcheux; « si vous êtes mal, espérez un meilleur sort. » La veille de la bataille, il visitait lui-même les gardes, lorsque, vers minuit, on aperçut en l'air une traînée de feu qui, passant par-dessus le camp de César, se changea tout à coup en une flamme vive et éclatante, et alla tomber dans le camp de Pompée. Quand on posa les gardes du matin, on reconnut qu'une sorte de terreur panique s'était répandue parmi les ennemis; mais César, qui ne s'attendait pas à combattre ce jour-là, avait donné le signal de décamper, pour se retirer vers la ville de Scotuse.

XLIV. Déjà les tentes étaient levées, lorsque ses coureurs vinrent lui dire que les ennemis se disposaient au combat. Cette nouvelle le comble de joie, et, après avoir fait sa prière aux dieux, il range ses troupes en bataille, et les divise en trois corps. Il donne à Domitius Calvinus le commandement du centre, met Antoine à la tête de l'aile

ἐπὶ τὰ ἐναντία·	en leurs contraires :
ὥστε, εἰ μὲν ἡγῇ	de sorte que, si tu penses
σεαυτὸν πράττειν εὖ	toi-même être-heureux
ἐπὶ τῷ παρόντι,	pour le *temps* présent,
προσδόκα τὴν τύχην χείρονα·	attends la fortune pire :
εἰ δὲ κακῶς,	si *tu penses être*-malheureux,
τὴν ἀμείνονα. »	*attends* la *fortune* meilleure. »
Τῇ δὲ νυκτὶ πρὸ τῆς μάχης	Mais la nuit avant le combat
αὐτοῦ ἐροδεύοντος τὰς φυλακάς,	lui-même parcourant les postes,
λαμπὰς πυρὸς οὐρανίου	un météore de feu céleste
ὤφθη περὶ τὸ μεσονύκτιον,	fut vu vers le milieu-de-la-nuit,
ἣν ὑπερενεχθεῖσαν	lequel planant
τὸ στρατόπεδον Καίσαρος,	sur le camp de César,
γενομένην λαμπρὰν καὶ φλογώδη,	et devenu brillant et flamboyant,
ἔδοξε καταπεσεῖν	il sembla s'abattre
εἰς τὸ Πομπηΐου.	sur celui de Pompée.
Φυλακῆς δὲ ἑωθινῆς	Et à la garde du matin
ᾔσθοντο καὶ	ils remarquèrent aussi
τάραχον πανικὸν	un tumulte panique
γιγνόμενον παρὰ τοῖς πολεμίοις.	se faisant chez les ennemis.
Οὐ μὴν γε προσεδόκα	Pourtant il ne s'attendait-certes-pas
μαχεῖσθαι	devoir combattre
κατὰ ἐκείνην τὴν ἡμέραν,	dans ce jour-là,
ἀλλὰ ἀνεζεύγνυεν	mais il décampait
ὡς ὁδεύων ἐπὶ Σκοτούσσης.	comme marchant vers Scotuse.
XLIV. Ἐπεὶ δὲ, τῶν σκηνῶν	XLIV. Mais lorsque, les tentes
ἤδη καταλελυμένων,	déjà étant défaites,
οἱ σκοποὶ προσίππευσαν	les éclaireurs vinrent-à-cheval
ἀπαγγέλλοντες αὐτῷ	annonçant à lui
τοὺς πολεμίους καταβαίνειν	les ennemis descendre
ἐπὶ μάχῃ,	pour le combat,
γενόμενος περιχαρὴς	devenu tout-joyeux
καὶ προσευξάμενος τοῖς θεοῖς,	et ayant prié les dieux,
παρέταττε τὴν φάλαγγα,	il rangea-en-bataille ses troupes,
ποιῶν τὴν τάξιν τριπλῆν.	faisant l'ordre-de-bataille triple.
Καὶ ἐπέστησε μὲν τοῖς μέσοις	Et il préposa à ceux du-milieu
Καλβῖνον Δομίτιον,	Calvinus Domitius,
Ἀντώνιος δὲ εἶχε	et Antoine avait
τὸ μὲν τῶν κεράτων,	l'une des ailes,
αὐτὸς δὲ τὸ δεξιόν,	et lui-même *avait* la droite,

λων μάχεσθαι. Κατὰ τοῦτο δὲ τοὺς τῶν πολεμίων ἱππεῖς ἀντιταττομένους ὁρῶν καὶ δεδοικὼς τὴν λαμπρότητα καὶ τὸ πλῆθος αὐτῶν, ἀπὸ τῆς ἐσχάτης τάξεως ἀδήλως ἐκέλευσε περιελθεῖν πρὸς ἑαυτὸν ἓξ σπείρας, καὶ κατόπιν ἔστησε τοῦ δεξιοῦ, διδάξας ἃ χρὴ ποιεῖν, ὅταν οἱ τῶν πολεμίων ἱππεῖς προσφέρωνται. Πομπήϊος δὲ τὸ μὲν αὐτὸς εἶχε τῶν κεράτων, τὸ δ' εὐώνυμον Δομίτιος, τοῦ δὲ μέσου Σκιπίων ἦρχεν ὁ πενθερός. Οἱ δ' ἱππεῖς ἅπαντες ἐπὶ τὸ ἀριστερὸν ἔβρισαν, ὡς τὸ δεξιὸν κυκλωσόμενοι τῶν πολεμίων καὶ λαμπρὰν περὶ αὐτὸν τὸν ἡγεμόνα ποιησόμενοι τροπήν. Οὐδὲν γὰρ ἀνθέξειν βάθος ὁπλιτικῆς φάλαγγος, ἀλλὰ συντρίψεσθαι καὶ καταρράξεσθαι πάντα τοῖς ἐναντίοις, ἐπιβολῆς ἅμα τοσούτων ἱππέων γενομένης. Ἐπεὶ δὲ σημαίνειν ἔμελλον ἀμφότεροι τὴν ἔφοδον, Πομπήϊος μὲν ἐκέλευσε τοὺς ὁπλίτας ἑστῶτας ἐν προβολῇ καὶ μένοντας ἀραρότως δέχεσθαι τὴν ἐπι-

gauche, et se place lui-même à la droite, afin de combattre avec la dixième légion. La cavalerie des ennemis était opposée à cette aile droite; et César, qui craignit leur nombre et l'éclat de leurs armes, tira secrètement de sa dernière ligne six cohortes, qu'il plaça derrière son aile droite, après leur avoir prescrit ce qu'elles devaient faire, quand la cavalerie ennemie viendrait à la charge. Pompée était à son aile droite; Domitius commandait la gauche, et Scipion, son beau-père, occupait le centre. Toute sa cavalerie s'était portée à l'aile gauche, dans le dessein d'envelopper la droite des ennemis, et de commencer leur entière déroute à l'endroit même où se trouvait le général; elle ne doutait pas que le bataillon le plus profond de cette aile ne cédât à ses efforts; que le premier choc d'une cavalerie si nombreuse ne la mît en désordre et ne la rompît entièrement. Les deux généraux allaient faire sonner la charge, lorsque Pompée ordonna à son infanterie de rester immobile et bien serrée, pour

μέλλων μάχεσθαι	devant combattre
ἐν τῷ δεκάτῳ τάγματι.	dans la dixième légion.
Ὁρῶν δὲ	Mais voyant
τοὺς ἱππεῖς τῶν πολεμίων	les cavaliers des ennemis
ἀντιταττομένους κατὰ τοῦτο	rangés-en-face de cette *aile*
καὶ δεδοικὼς τὴν λαμπρότητα	et craignant l'éclat
καὶ τὸ πλῆθος αὐτῶν,	et le nombre d'eux,
ἐκέλευσεν ἓξ σπείρας	il ordonna six cohortes
περιελθεῖν ἀδήλως πρὸς ἑαυτὸν	venir secrètement vers lui
ἀπὸ τῆς ἐσχάτης τάξεως,	de la dernière ligne,
καὶ ἔστησε κατόπιν τοῦ δεξιοῦ,	et *les* plaça derrière l'*aile* droite,
διδάξας	*les* ayant instruits
ἃ χρὴ ποιεῖν,	des *choses* qu'il faut faire,
ὅταν οἱ ἱππεῖς τῶν πολεμίων	lorsque les cavaliers des ennemis
προσφέρωνται.	se porteront-contre eux.
Πομπήϊος δὲ εἶχεν αὐτὸς	Mais Pompée avait lui-même
τὸ μὲν τῶν κεράτων,	l'une des ailes,
Δομίτιος δὲ τὸ εὐώνυμον,	et Domitius *avait* la gauche,
Σκιπίων δὲ ὁ πενθερὸς	et Scipion beau-père *de Pompée*
ἦρχε τοῦ μέσου.	commandait le centre.
Οἱ δὲ ἱππεῖς ἔβρισαν ἅπαντες	Mais les cavaliers pesèrent tous
ἐπὶ τὸ ἀριστερὸν,	sur la gauche,
ὡς κυκλωσόμενοι	comme devant envelopper
τὸ δεξιὸν τῶν πολεμίων	la droite des ennemis
καὶ ποιησόμενοι λαμπρὰν τροπὴν	et devant faire une éclatante déroute
περὶ τὸν ἡγεμόνα αὐτόν.	autour du général lui-même.
Οὐδὲν γὰρ βάθος	Car aucune profondeur
φάλαγγος ὁπλιτικῆς	de la troupe des-hoplites
ἀνθέξειν,	*ne* devoir résister,
ἀλλὰ πάντα τοῖς ἐναντίοις	mais toutes *les forces* aux ennemis
συντρίψεσθαι καὶ καταρράξεσθαι,	devoir être écrasées et rompues,
ἐπιβολῆς τοσούτων ἱππέων	une attaque de tant de cavaliers
γενομένης ἅμα.	ayant eu lieu à-la-fois.
Ἐπεὶ δὲ ἀμφότεροι ἔμελλον	Mais lorsque les deux *chefs* allaient
σημαίνειν τὴν ἔφοδον,	donner-le- signal de l'attaque,
Πομπήϊος μὲν ἐκέλευσε	Pompée ordonna
τοὺς ὁπλίτας	les hoplites
ἑστῶτας ἐν προβολῇ	se tenant en défense
καὶ μένοντας ἀραρότως	et restant en-ordre
δέχεσθαι τὴν ἐπιδρομὴν	recevoir le choc

ὁρμὴν τῶν πολεμίων, μέχρις ἂν ὑσσοῦ βολῆς ἐντὸς γένωνται. Καῖσαρ δὲ καὶ περὶ τοῦτο διαμαρτεῖν φησιν αὐτὸν, ἀγνοήσαντα τὴν μετὰ δρόμου καὶ φορᾶς ἐν ἀρχῇ γινομένην σύρραξιν, ὥς ἔν τε ταῖς πληγαῖς βίαν προστίθησι καὶ συνεκκαίει τὸν θυμὸν, ἐκ πάντων ἀναρριπιζόμενον. Αὐτὸς δὲ κινεῖν τὴν φάλαγγα μέλλων, καὶ προϊὼν ἐπ' ἔργον ἤδη, πρῶτον ὁρᾷ τῶν ταξιάρχων ἄνδρα τινὰ πιστὸν αὐτῷ καὶ πολέμων ἔμπειρον ἐπιθαρσύνοντα τοὺς ὑφ' αὑτῷ καὶ προκαλούμενον εἰς ἄμυναν ἀλκῆς. Τοῦτον ὀνομαστὶ προσαγορεύσας· « Τί ἐλπίζομεν, εἶπεν, ὦ Γάϊε Κρασσίνιε, καὶ πῶς τι θάρσους ἔχομεν; » Ὁ δὲ Κρασσίνιος, ἐκτείνας τὴν δεξιὰν καὶ μέγα βοήσας· « Νικήσομεν, ἔφη, λαμπρῶς, ὦ Καῖσαρ· ἐμὲ γὰρ ἢ ζῶντα τήμερον ἢ τεθνηκότα ἐπαινέσεις. » Ταῦτ' εἰπὼν πρῶτος ἐμβάλλει τοῖς πολεμίοις δρόμῳ, συνεπισπασάμενος τοὺς περὶ ἑαυτὸν ἑκατὸν καὶ εἴκοσι στρατιώτας. Διακόψας δὲ τοὺς

attendre le choc de l'ennemi et ne s'ébranler que lorsqu'il serait à la portée du trait. César dit qu'en cela il fit une grande faute; qu'il ignorait sans doute qu'au commencement de l'action l'impétuosité de la course rend le choc bien plus terrible, qu'elle donne plus de raideur aux coups, et qu'elle enflamme le courage, qui est comme allumé par le mouvement d'une si grande multitude. César ébranlait déjà ses bataillons pour aller à la charge, lorsqu'il vit un de ses premiers capitaines, homme d'une grande expérience dans la guerre et d'une fidélité à toute épreuve, qui animait ses soldats à combattre en gens de cœur. César lui adressant la parole : « Eh bien, Crassi- « nius, lui dit-il, que devons-nous espérer aujourd'hui? Avons-nous « bon courage? » Crassinius lui tendant la main : « Nous vaincrons « avec gloire, César, lui dit-il d'une voix forte; et aujourd'hui vous « me louerez mort ou vif. » En disant ces mots, il s'élance avec impétuosité sur l'ennemi, et entraîne après lui sa compagnie, au nombre de cent vingt hommes. Il taille en pièces les premiers qu'il trouve sur

τῶν πολεμίων,	des ennemis,
μέχρις ἂν γένωνται	jusqu'à ce qu'ils fussent
ἐντὸς βολῆς ὑσσοῦ.	en dedans de la portée du trait.
Καῖσαρ δὲ φησιν αὐτὸν	Mais César dit lui (*Pompée*)
διαμαρτεῖν καὶ περὶ τοῦτο,	avoir failli en cela,
ἀγνοήσαντα τὴν σύρραξιν	ayant ignoré le choc
γινομένην ἐν ἀρχῇ	qui a-lieu dans le commencement
μετὰ δρόμου καὶ φορᾶς,	avec course et élan,
ὡς προστίθησί τε βίαν	combien il ajoute de force
ἐν ταῖς πληγαῖς	dans les coups
καὶ συνεκκαίει τὸν θυμὸν,	et enflamme le courage,
ἀναρριπιζόμενον ἐκ πάντων.	qui s'allume par *le mouvement* de tous
Αὐτὸς δὲ μέλλων	Mais lui-même étant-sur-le-point
κινεῖν τὴν φάλαγγα,	de mettre-en-mouvement sa troupe,
καὶ προϊὼν ἤδη ἐπὶ ἔργον,	et s'avançant déjà à l'œuvre,
ὁρᾷ πρῶτον	il voit le premier
τῶν ταξιαρχῶν	des chefs-de-cohortes
τινὰ ἄνδρα πιστὸν αὐτῷ	un homme fidèle à lui
καὶ ἔμπειρον πολέμων	et ayant-l'-expérience des guerres
ἐπιθαρσύνοντα τοὺς ὑπὸ αὐτῷ	qui animait ceux sous lui
καὶ προκαλούμενον	et qui *les* excitait
εἰς ἄμυναν ἀλκῆς.	au soutien de leur courage.
Προσαγορεύσας τοῦτον	Ayant apostrophé celui-ci
ὀνομαστί·	par-son-nom :
« Τί ἐλπίζομεν, εἶπεν,	« Quoi espérons-nous, dit-il,
ὦ Γάϊε Κρασσίνιε,	ô Caius Crassinius,
καὶ πῶς τι ἔχομεν	et comment sommes-nous
θάρσους ; »	*du côté* du courage ? »
Ὁ δὲ Κρασσίνιος,	Et Crassinius
ἐκτείνας τὴν δεξιὰν	ayant étendu la *main* droite
καὶ βοήσας μέγα·	et ayant crié fort :
« Νικήσομεν, ἔφη, λαμπρῶς,	« Nous vaincrons, dit-il, brillamment,
ὦ Καῖσαρ· τήμερον γὰρ	ô César : car aujourd'hui
ἐπαινέσεις ἐμὲ	tu loueras moi
ἢ ζῶντα ἢ τεθνηκότα. »	ou vivant ou mort. »
Εἰπὼν ταῦτα ἐμβάλλει πρῶτος	Ayant dit ces *mots* il fond le premier
δρόμῳ τοῖς πολεμίοις,	à la course sur les ennemis,
συνεπισπασάμενος	ayant entraîné-avec *lui*
ἑκατὸν καὶ εἴκοσι στρατιώτας	cent et vingt soldats
τοὺς περὶ ἑαυτόν.	ceux autour de lui.

πρώτους καὶ πρόσω χωρῶν φόνῳ πολλῷ καὶ βιαζόμενος, ἀνακόπτεται ξίφει πληγεὶς διὰ τοῦ στόματος, ὥστε καὶ τὴν ἀκμὴν¹ ὑπὲρ τὸ ἰνίον ἀνασχεῖν.

XLV. Οὕτω δὲ τῶν πεζῶν κατὰ τὸ μέσον συρραγέντων καὶ μαχομένων ἀπὸ τοῦ κέρατος, οἱ Πομπηίου ἱππεῖς σοβαρῶς ἐπήλαυνον, εἰς κύκλωσιν τοῦ δεξιοῦ τὰς εἴλας ἀναχεόμενοι· καὶ πρὶν ἢ προσβαλεῖν αὐτοὺς, ἐκτρέχουσιν αἱ σπεῖραι παρὰ Καίσαρος, οὔχ, ὥσπερ εἰώθεσαν, ἀκοντίσμασι χρώμενοι τοῖς ὑσσοῖς, οὐδὲ μηροὺς παίοντες ἐκ χειρὸς ἢ κνήμας τῶν πολεμίων, ἀλλὰ τῶν ὄψεων ἐφιέμενοι καὶ τὰ πρόσωπα συντιτρώσκοντες, ὑπὸ Καίσαρος δεδιδαγμένοι τοῦτο ποιεῖν, ἐλπίζοντος ἄνδρας οὐ πολλὰ πολέμοις οὐδὲ τραύμασιν ὡμιληκότας, νέους δὲ καὶ κομῶντας ἐπὶ κάλλει καὶ ὥρᾳ μάλιστα, τὰς τοιαύτας πληγὰς ὑπόψεσθαι καὶ μὴ μενεῖν, τὸν ἐν τῷ παρόντι κίνδυνον ἅμα καὶ τὴν αὖθις αἰσχύνην δεδοικότας. Ὃ δὴ καὶ συνέβαινεν· οὐ γὰρ ἠνείχοντο τῶν ὑσσῶν ἀναφερομένων, οὐδ᾽ ἐτόλμων ἐν ὀφθαλμοῖς τὸν σίδηρον ὁρῶντες,

son passage, pénètre au milieu des plus épais bataillons, et s'entoure de morts, jusqu'à ce qu'enfin il reçoit dans la bouche un coup d'épée si violent que la pointe sortit par la nuque.

XLV. Quand l'infanterie des deux armées fut ainsi engagée dans une mêlée très-vive, la cavalerie de l'aile gauche de Pompée s'avança avec fierté, et étendit ses escadrons pour envelopper l'aile droite de César; mais elle n'avait pas encore eu le temps de la charger, lorsque les six cohortes que César avait placées derrière son aile courent sur ces cavaliers ; et au lieu de lancer de loin leurs javelots, suivant leur coutume, et de frapper à coups d'épée les jambes et les cuisses des ennemis, elles portent leurs coups dans les yeux et cherchent à les blesser au visage ; c'était l'ordre qu'elles avaient reçu de César, qui s'était bien douté que ces cavaliers, si novices dans les combats et peu accoutumés aux blessures, qui d'ailleurs, à la fleur de l'âge, étalaient avec complaisance leur jeunesse et leur beauté, éviteraient avec soin ces sortes de blessures, et ne soutiendraient pas longtemps un genre de combat où ils auraient à craindre et le danger actuel et la difformité pour l'avenir. Il ne fut pas trompé dans son espérance : ces jeunes gens délicats ne purent supporter les coups de javeline qu'on leur portait au visage, et, n'osant fixer ce fer qui brillait de si

Διακόψας δὲ τοὺς πρώτους	Et ayant rompu les premiers *ennemis*
καὶ χωρῶν πρόσω	et marchant en avant
πολλῷ φόνῳ	avec beaucoup de carnage
καὶ βιαζόμενος, ἀνακόπτεται	et faisant-des-efforts, il est abattu
πληγεὶς ξίφει διὰ τοῦ στόματος,	frappé de l'épée à la bouche,
ὥστε καὶ τὴν ἀκμὴν	de sorte même la pointe
ἀνασχεῖν ὑπὲρ τὸ ἰνίον.	être ressortie au-dessus de la nuque.
XLV. Τῶν δὲ πεζῶν	XLV. Or les fantassins
συρραγέντων οὕτω κατὰ τὸ μέσον	s'étant entrechoqués ainsi au centre
καὶ μαχομένων ἀπὸ τοῦ κέρατος,	et combattant loin de l'aile,
οἱ ἱππεῖς Πομπηίου	les cavaliers de Pompée
ἐπήλαυνον σοβαρῶς,	s'avancèrent fièrement,
ἀναχεόμενοι τὰς εἴλας	répandant leurs escadrons
εἰς κύκλωσιν τοῦ δεξιοῦ·	pour l'investissement de l'*aile* droite
καὶ πρὶν ἢ αὐτοὺς προσβαλεῖν,	et avant que eux avoir chargé,
αἱ σπεῖραι παρὰ Καίσαρος	les cohortes devers César
ἐκτρέχουσιν,	accourent,
οὐ χρώμενοι τοῖς ὑσσοῖς	ne se servant pas de leurs traits,
ἀκοντίσμασιν,	*comme* de javelots
ὥσπερ εἰώθεσαν,	selon qu'ils avaient-coutume,
οὐδὲ παίοντες ἐκ χειρὸς	ni *ne* frappant de la main
μηροὺς ἢ κνήμας τῶν πολεμίων,	les cuisses ou les jambes des ennemis,
ἀλλὰ ἐφιέμενοι τῶν ὄψεων	mais visant aux yeux
καὶ συντιτρώσκοντες τὰ πρόσωπα,	et blessant les visages,
δεδιδαγμένοι ποιεῖν τοῦτο	instruits à faire cela
ὑπὸ Καίσαρος, ἐλπίζοντος	par César, qui espérait
ἄνδρας	des hommes
οὐ πολλὰ ὡμιληκότας	n'ayant-pas-beaucoup-l'habitude
πολέμοις οὐδὲ τραύμασι,	des guerres ni des blessures,
νέους δὲ καὶ μάλιστα κομῶντας	mais jeunes et surtout fiers
ἐπὶ κάλλει καὶ ὥρᾳ,	de leur beauté et de leur jeunesse,
ὑπόψεσθαι τὰς τοιαύτας πληγὰς	devoir redouter de tels coups
καὶ μὴ μενεῖν,	et ne-pas rester-fermes,
δεδοικότας ἅμα	craignant à-la-fois
τὸν κίνδυνον ἐν τῷ παρόντι	le danger dans le *moment* présent
καὶ τὴν αἰσχύνην αὖθις.	et la honte ensuite.
Ὃ δὴ καὶ συνέβαινεν·	Ce qui certes aussi arrivait :
οὐ γὰρ ἠνείχοντο	car ils ne supportaient pas
τῶν ὑσσῶν ἀναφερομένων,	les traits dirig**és-en-haut**,
οὐδὲ ἐτόλμων ὁρῶντες	ni *n*'osaient voyant

ἀλλ' ἀπεστρέφοντο καὶ συνεκαλύπτοντο, φειδόμενοι τῶν προσ-
ώπων. Καὶ τέλος οὕτω ταράξαντες ἑαυτοὺς, ἐτράποντο φεύγειν,
αἴσχιστα λυμηνάμενοι τὸ σύμπαν. Εὐθὺς γὰρ οἱ μὲν νενικηκότες
τούτους ἐκυκλοῦντο τοὺς πεζοὺς, καὶ κατὰ νώτου προσπίπτοντες
ἔκοπτον. Πομπήϊος δ' ὡς κατεῖδεν ἀπὸ θατέρου τοὺς ἱππεῖς φυγῇ
σκεδασθέντας, οὐκέτ' ἦν ὁ αὐτὸς, οὐδ' ἐμέμνητο Πομπήϊος ὢν
Μάγνος, ἀλλ' ὑπὸ θεοῦ μάλιστα βλαπτομένῳ τὴν γνώμην ἐοικὼς
ἢ διὰ θείας ὄττης τεθαμβημένος, ἄφθογγος ᾤχετ' ἀπιὼν ἐπὶ
σκηνήν· καὶ καθεζόμενος ἐκαραδόκει τὸ μέλλον, ἄχρις οὗ, τροπῆς
ἁπάντων γενομένης, ἐπέβαινον οἱ πολέμιοι τοῦ χάρακος καὶ
διεμάχοντο πρὸς τοὺς φυλάττοντας. Τότε δ', ὥσπερ ἔννους γενόμενος καὶ ταύτην μόνην, ὥς φασι, φωνὴν ἀφείς· « Οὐκοῦν καὶ

près à leurs yeux, ils détournaient la vue et se couvraient la tête pour
préserver leur figure. Ils rompirent enfin eux-mêmes leurs rangs, et,
prenant honteusement la fuite, ils causèrent la perte du reste de l'armée; car les soldats de César, après les avoir vaincus, enveloppèrent
l'infanterie, et, la prenant par derrière, ils la taillèrent en pièces.
Pompée n'eut pas plutôt vu, de son aile droite, la déroute de sa
cavalerie, qu'il ne fut plus le même : oubliant qu'il était le grand
Pompée, et semblable à un homme dont un dieu aurait troublé la
raison, ou peut-être accablé d'une défaite qu'il regardait comme
l'ouvrage de quelque divinité, il se retira dans sa tente sans dire un
seul mot, et s'y assit pour attendre l'issue du combat. Son armée
ayant été entièrement rompue et mise en fuite, les ennemis vinrent
attaquer les retranchements et combattre contre ceux qui les défendaient. Alors, revenu à lui-même, il s'écria : « Eh quoi! jusque dans

τὸν σίδηρον ἐν ὀφθαλμοῖς,	le fer devant leurs yeux,
ἀλλὰ ἀπεστρέφοντο	mais ils se détournaient
καὶ συνεκαλύπτοντο,	et se voilaient
φειδόμενοι τῶν προσώπων.	ménageant leurs visages.
Καὶ τέλος	Et enfin
ταράξαντες ἑαυτοὺς οὕτως,	s'étant troublés eux-mêmes ainsi
ἐτράποντο φεύγειν,	ils se tournèrent pour fuir,
λυμηνάμενοι αἴσχιστα	ayant perdu très honteusement
τὸ σύμπαν.	l'*armée* entière.
Εὐθὺς γὰρ	Car aussitôt
οἱ μὲν νενικηκότες τούτους	ceux qui avaient vaincu ceux-ci
ἐκυκλοῦντο τοὺς πεζούς,	enveloppaient les fantassins,
καὶ προσπίπτοντες κατὰ νώτου	et tombant-sur *eux* par derrière,
ἔκοπτον.	*les* taillaient-en-pièces.
Πομπήϊος δὲ ὡς κατεῖδεν	Mais Pompée dès qu'il vit
ἀπὸ θατέρου τοὺς ἱππεῖς	de l'autre *aile* les cavaliers
σκεδασθέντας φυγῇ	dispersés par la fuite
οὐκέτι ἦν ὁ αὐτός,	n'était-plus le même,
οὐδὲ ἐμέμνητο	ni *ne* se souvenait
ὢν Πομπήϊος Μάγνος,	étant Pompée le Grand,
ἀλλὰ ἐοικὼς μάλιστα	mais ressemblant surtout
βλαπτομένῳ τὴν γνώμην	à *quelqu'un* blessé dans sa raison
ὑπὸ θεοῦ	par un dieu
ἢ τεθαμβημένος	ou frappé-de-stupeur
διὰ ὄττης θείας,	par une voix divine,
ᾤχετο ἄφθογγος	il se retira sans-dire-un-mot
ἀπιὼν ἐπὶ σκηνήν·	s'en-allant dans sa tente :
καὶ καθεζόμενος	et s'asseyant
ἐκαραδόκει τὸ μέλλον,	il attendait ce qui allait-arriver,
ἄχρις οὗ,	jusqu'à ce que,
τροπῆς ἁπάντων γενομένης,	la déroute de tous ayant eu-lieu,
οἱ πολέμιοι	les ennemis
ἐπέβαινον τοῦ χάρακος	envahirent le retranchement
καὶ διεμάχοντο	et combattirent
πρὸς τοὺς φυλάσσοντας.	contre ceux qui *le* gardaient.
Τότε δὲ, ὥσπερ γενόμενος ἔννους,	Et alors, comme devenu sensé,
καὶ ἀφεὶς,	et ayant laissé-échapper,
ὥς φασι,	comme on dit,
ταύτην μόνην φωνήν·	cette seule parole :
«Οὐκοῦν καὶ ἐπὶ τὴν παρεμβολήν;»	« Donc même dans mon camp ? »

ἐπὶ τὴν παρεμβολήν; » ἀπεδύσατο μὲν τὴν ἐναγώνιον καὶ στρατηγικὴν ἐσθῆτα, φεύγοντι δὲ πρέπουσαν μεταλαβὼν ὑπεξῆλθεν. Ἀλλ' οὗτος μὲν οἵαις ὕστερον χρησάμενος τύχαις ὅπως τε παραδοὺς ἑαυτὸν τοῖς Αἰγυπτίοις ἀνδράσιν ἀνῃρέθη, δηλοῦμεν ἐν τοῖς περὶ ἐκείνου γράμμασιν.

XLVI. Ὁ δὲ Καῖσαρ ὡς ἐν τῷ χάρακι τοῦ Πομπηΐου γενόμενος τούς τε κειμένους νεκροὺς ἤδη τῶν πολεμίων εἶδε, καὶ τοὺς ἔτι κτεινομένους, εἶπεν ἄρα στενάξας· « Τοῦτ' ἐβουλήθησαν· [εἰς τοῦτό με ἀνάγκης ὑπηγάγοντο, ἵνα] Γάϊος Καῖσαρ, ὁ μεγίστους πολέμους κατορθώσας, εἰ προηκάμην τὰ στρατεύματα, κἂν κατεδικάσθην[1]· » Ταῦτά φησι Πολλίων Ἀσίνιος τὰ ῥήματα ῥωμαϊστὶ μὲν ἀναφθέγξασθαι τὸν Καίσαρα παρὰ τὸν τότε καιρόν, ἑλληνιστὶ δ' ὑπ' αὐτοῦ γεγράφθαι. Τῶν δ' ἀποθανόντων τοὺς πλείστους οἰκέτας γενέσθαι, περὶ τὴν κατάληψιν τοῦ χάρακος ἀναιρεθέντας· στρατιώτας δὲ μὴ πλείους ἑξακισχιλίων πεσεῖν.

« mon camp! » Il quitta sa cotte d'armes avec toutes les autres marques de sa dignité, et, prenant un habillement plus propre à la fuite, il se déroba du camp. La suite de ses aventures et son assassinat par les Égyptiens, auxquels il s'était livré, sont rapportés en détail dans sa Vie.

XLVI. César, entrant dans le camp de Pompée, vit ce grand nombre d'ennemis dont la terre était couverte et ceux qu'on massacrait encore; ce spectacle lui arracha un profond soupir : « Hélas!
« dit-il, ils l'ont voulu; [ils m'ont réduit à cette cruelle nécessité :]
« oui, si Caïus César eût licencié son armée, malgré tant de guerres
« terminées avec gloire, il aurait été condamné. » Asinius Pollion dit que César prononça ces paroles en latin, et que lui les traduisit en grec dans son histoire. Il ajoute que le plus grand nombre de ceux qui furent tués à la prise du camp étaient des valets de l'armée, et que dans la bataille il ne périt pas plus de six mille hommes. César incorpora dans ses légions la plupart des prisonniers et fit grâce à

ἀπεδύσατο μὲν	il se dépouilla
τὴν ἐσθῆτα ἐναγώνιον	du vêtement de-guerre
καὶ στρατηγικήν,	et de-général,
μεταλαβὼν δὲ	et ayant pris-en-échange
πρέπουσαν	un *habillement* convenable
φεύγοντι	à quelqu'un qui fuit
ὑπεξῆλθεν.	il sortit-à-la-dérobée.
Ἀλλὰ δηλοῦμεν ἐν τοῖς γράμμασι	Mais nous montrons dans les écrits
(τοῖς) περὶ ἐκείνου,	concernant lui,
οἵαις τύχαις οὗτος	de quelles vicissitudes celui-ci
χρησάμενος ὕστερον	ayant usé plus tard
ὅπως τε παραδοὺς ἑαυτὸν	et comment s'étant livré lui-même
τοῖς ἀνδράσιν Αἰγυπτίοις	aux hommes d'-Égypte
ἀνῃρέθη.	il fut assassiné.
XLVI. Ὁ δὲ Καῖσαρ	XLVI. Mais César,
ὡς γενόμενος	dès que arrivé
ἐν τῷ χάρακι τοῦ Πομπηίου	dans le retranchement de Pompée
εἶδε τούς τε νεκροὺς τῶν πολεμίων	il vit et les morts des ennemis
ἤδη κειμένους,	déjà gisants,
καὶ τοὺς ἔτι κτεινομένους,	et ceux encore que l'on tuait,
εἶπεν ἄρα στενάξας·	dit certes ayant gémi :
« Ἐβουλήθησαν τοῦτο·	« Ils ont voulu cela :
[ὑπηγάγοντό με	[ils ont amené moi
εἰς τοῦτο ἀνάγκης, ἵνα]	à cela de nécessité, que]
Γάιος Καῖσαρ, ὁ κατορθώσας	moi Caïus César, qui avais réussi
μεγίστους πολέμους,	dans les plus grandes guerres,
εἰ προηκάμην τὰ στρατεύματα,	si j'eusse licencié mes troupes,
καὶ ἂν κατεδικάσθην. »	j'eusse été condamné. »
Πολλίων Ἀσίνιός φησι μὲν	Pollion Asinius dit
τὸν Καίσαρα ἀναφθέγξασθαι	César avoir prononcé
ταῦτα τὰ ῥήματα ῥωμαϊστὶ	ces paroles-là en-romain
παρὰ τὸν καιρὸν τότε,	dans la circonstance d'alors,
γεγράφθαι δὲ ἑλληνιστὶ	mais *elles* avoir été écrites en-grec
ὑπὸ αὐτοῦ.	par lui (Pollion.)
Τῶν δὲ ἀποθανόντων	Cependant de ceux qui étaient morts
τοὺς πλείστους	*il dit* la plupart avoir été
γενέσθαι οἰκέτας,	des serviteurs,
ἀναιρεθέντας	qui furent tués
περὶ τὴν κατάληψιν τοῦ χάρακος·	à la prise du retranchement :
στρατιώτας δὲ πεσεῖν	mais les soldats être tombés

Τῶν δὲ ζώντων ἁλόντων κατέμιξε τοὺς πλείστους ὁ Καῖσαρ εἰς τὰ τάγματα· πολλοῖς δὲ καὶ τῶν ἐπιφανῶν ἄδειαν ἔδωκεν, ὧν καὶ Βροῦτος ἦν ὁ κτείνας αὐτὸν ὕστερον· ἐφ' ᾧ λέγεται μὴ φαινομένῳ μὲν ἀγωνιάσαι, σωθέντος δὲ καὶ παραγενομένου πρὸς αὐτὸν ἡσθῆναι διαφερόντως.

XLVII. Σημείων δὲ πολλῶν γενομένων τῆς νίκης ἐπιφανέστατον ἱστορεῖται τὸ περὶ Τράλλεις[1]. Ἐν γὰρ ἱερῷ Νίκης ἀνδριὰς εἱστήκει Καίσαρος, καὶ τὸ περὶ αὐτὸ χωρίον αὐτό τε στερεὸν φύσει καὶ λίθῳ σκληρῷ κατεστρωμένον ἦν ἄνωθεν· ἐκ τούτου λέγουσιν ἀνατεῖλαι φοίνικα παρὰ τὴν βάσιν τοῦ ἀνδριάντος. Ἐν δὲ Παταβίῳ[2] Γάϊος Κορνήλιος, ἀνὴρ εὐδόκιμος ἐπὶ μαντικῇ, Λιβίου τοῦ συγγραφέως πολίτης καὶ γνώριμος, ἐτύγχανεν ἐπ' οἰωνοῖς καθήμενος ἐκείνην τὴν ἡμέραν. Καὶ πρῶτον μὲν, ὡς Λίβιός φησι, τὸν καιρὸν ἔγνω τῆς μάχης καὶ πρὸς τοὺς παρόντας εἶπεν ὅτι καὶ δὴ περαίνεται τὸ χρῆμα καὶ συνίασιν εἰς ἔργον οἱ ἄνδρες. Αὖθις δὲ πρὸς τῇ θέᾳ γενόμενος καὶ τὰ σημεῖα κατιδὼν,

plusieurs des plus distingués : de ce nombre fut Brutus, celui qui le tua depuis. César, ne le voyant pas paraître après la bataille, en témoigna beaucoup d'inquiétude ; et quand il le vit venir à lui sans avoir éprouvé aucun accident, il montra la plus grande joie.

XLVII. Entre les divers présages qui précédèrent cette victoire, le plus remarquable est celui qu'on en eut à Tralles. Il y avait dans le temple de la Victoire une statue de César ; du sol d'alentour, qui, ferme par lui-même, était encore pavé d'une pierre très-dure, il sortit un palmier près du piédestal de la statue. A Padoue, Caïus Cornélius, devin célèbre, compatriote et ami de l'historien Tite-Live, était assis ce jour-là pour contempler le vol des oiseaux. Il connut l'instant de la bataille, et dit à ceux qui étaient présents que l'affaire allait se terminer, et que les deux généraux engageaient le combat. Il se remit à ses observations, et, après avoir examiné les signes, il

μὴ πλείους ἑξακισχιλίων.	non plus nombreux *que* six-mille.
Τῶν δὲ ἁλόντων ζώντων	Et de ceux qui furent pris vivants
ὁ Καῖσαρ κατέμιξε τοὺς πλείστους	César mêla la plupart
εἰς τὰ τάγματα·	dans ses légions :
ἔδωκε δὲ καὶ ἄδειαν	et il accorda même l'impunité
πολλοῖς τῶν ἐπιφανῶν,	à plusieurs des distingués,
ὧν καὶ ἦν Βροῦτος	desquels même était Brutus
ὁ κτείνας αὐτὸν ὕστερον·	qui tua lui plus tard :
ἐπὶ ᾧ μὴ φαινομένῳ	à propos duquel ne paraissant-pas
λέγεται μὲν ἀγωνιάσαι,	il est dit avoir eu-de-l'inquiétude,
ἡσθῆναι δὲ διαφερόντως	puis s'être réjoui excessivement
σωθέντος	*celui-ci* ayant été sauvé
καὶ παραγενομένου πρὸς αὐτόν.	et étant venu vers lui.
XLVII. Πολλῶν δὲ σημείων	XLVII. Or des nombreux signes
τῆς νίκης γενομένων	de cette victoire qui eurent lieu
τὸ περὶ Τράλλεις	celui de Tralles
ἱστορεῖται ἐπιφανέστατον.	est rapporté le plus remarquable.
Ἐν γὰρ ἱερῷ Νίκης	Car dans le temple de la Victoire
ἀνδριὰς Καίσαρος εἱστήκει,	une statue de César était dressée,
καὶ τὸ χωρίον (τὸ) περὶ αὐτὸ	et la place autour de ce *temple*
ἦν τε αὐτὸ στερεὸν φύσει	était et elle-même ferme de nature
καὶ κατεστρωμένον ἄνωθεν	et recouverte par-dessus
λίθῳ σκληρῷ·	d'une pierre dure :
λέγουσι φοίνικα	on dit un palmier
ἀνατεῖλαι ἐκ τούτου	avoir poussé de ce *terrain*
παρὰ τὴν βάσιν τοῦ ἀνδριάντος.	près de la base de la statue.
Ἐν δὲ Παταβίῳ Γάϊος Κορνήλιος,	Or à Padoue Caïus Cornélius,
ἀνὴρ εὐδόκιμος ἐπὶ μαντικῇ,	homme renommé pour l'art-de-devi-
πολίτης καὶ γνώριμος	compatriote et intime *ami* [ner,
Λιβίου τοῦ συγγραφέως,	de *Tite*-Live l'historien,
ἐτύγχανεν ἐκείνην τὴν ἡμέραν	se trouvait ce jour-là
καθήμενος ἐπὶ οἰωνοῖς.	assis pour *contempler* les oiseaux.
Καὶ πρῶτον μὲν, ὥς φησι Λίβιος,	Et d'abord, comme dit *Tite*-Live,
ἔγνω τὸν καιρὸν τῆς μάχης	il connut l'instant du combat
καὶ εἶπε πρὸς τοὺς παρόντας	et dit à ceux qui étaient-présents
ὅτι καὶ δὴ τὸ χρῆμα περαίνεται	que certes l'affaire se termine
καὶ οἱ ἄνδρες	et *que* les hommes (*César et Pompée*)
συνίασιν εἰς ἔργον.	en viennent à l'œuvre.
Αὖθις δὲ γενόμενος	Et de nouveau étant venu
πρὸς τῇ θέᾳ	à l'observation

ἀνήλατο μετ' ἐνθουσιασμοῦ βοῶν· « Νικᾷς, ὦ Καῖσαρ. » Ἐκπλαγέντων δὲ τῶν παρατυχόντων, περιελὼν τὸν στέφανον ἀπὸ τῆς κεφαλῆς, ἐνωμότως ἔφη μὴ πρὶν ἐπιθήσεσθαι πάλιν, ἢ τῇδε τῇ τέχνῃ μαρτυρῆσαι τὸ ἔργον. Ταῦτα μὲν οὖν ὁ Λίβιος οὕτω γενέσθαι καταβεβαιοῦται.

XLVIII. Καῖσαρ δὲ, τῷ Θετταλῶν ἔθνει τὴν ἐλευθερίαν ἀναθεὶς νικητήριον, ἐδίωκε Πομπήϊον· ἁψάμενος δὲ τῆς Ἀσίας, Κνιδίους¹ τε Θεοπόμπῳ τῷ συναγαγόντι τοὺς μύθους χαριζόμενος ἠλευθέρωσε, καὶ πᾶσι τοῖς τὴν Ἀσίαν κατοικοῦσι τὸ τρίτον τῶν φόρων ἀνῆκεν. Εἰς δ' Ἀλεξάνδρειαν ἐπὶ Πομπηΐῳ τεθνηκότι καταχθεὶς, Θεόδοτον μὲν ἀπεστράφη τὴν Πομπηΐου κεφαλὴν προσφέροντα, τὴν δὲ σφραγῖδα δεξάμενος τοῦ ἀνδρὸς κατεδάκρυσεν· ὅσοι δὲ τῶν ἑταίρων αὐτοῦ καὶ συνήθων πλανώμενοι κατὰ τὴν χώραν ἑαλώκεσαν ὑπὸ τοῦ βασιλέως, πάντας εὐεργέτησε καὶ

se leva avec enthousiasme et s'écria : « Tu triomphes, César ! » Comme il vit tous les assistants étonnés de cette prophétie, il déposa la couronne qu'il avait sur la tête, et jura qu'il ne la remettrait que lorsque l'événement aurait justifié sa prédiction. Voilà, au rapport de Tite-Live, comment la chose se passa.

XLVIII. César, après avoir rendu la liberté à toute la Thessalie, en considération de la victoire qu'il avait remportée, se mit à la poursuite de Pompée. Arrivé en Asie, il accorda la même grâce aux Cnidiens en faveur de Théopompe, auteur d'un recueil de mythologie, et déchargea tous les habitants de l'Asie du tiers des impôts. Il n'aborda à Alexandrie qu'après l'assassinat de Pompée; et quand Théodote lui présenta la tête de ce grand homme, il détourna les yeux avec horreur; et en recevant son cachet, il ne put retenir ses larmes. Il combla de présents tous les amis de Pompée, qui, s'étant dispersés, après sa mort, dans la campagne, avaient été pris par le roi d'Égypte, et il se les attacha ; il écrivit à ses amis de Rome que

καὶ κατιδὼν τὰ σημεῖα,	et ayant vu les présages,
ἀνήλατο βοῶν	il s'élança criant
μετὰ ἐνθουσιασμοῦ·	avec enthousiasme :
« Νικᾷς, ὦ Καῖσαρ. »	« Tu vaincs, ô César. »
Τῶν δὲ παρατυχόντων	Et ceux qui se trouvaient-là
ἐκπλαγέντων,	étant étonnés,
περιελὼν τὸν στέφανον	ayant saisi la couronne
ἀπὸ τῆς κεφαλῆς,	de dessus sa tête,
ἔφη ἐνωμότως	il dit avec-serment
μὴ ἐπιθήσεσθαι πάλιν	ne-pas *la* devoir remettre de nouveau
πρὶν ἢ τὸ ἔργον	avant que le fait
μαρτυρῆσαι	avoir rendu-témoignage
τῇδε τῇ τέχνῃ.	à cette divination.
Ὁ μὲν οὖν Λίβιος	Or donc *Tite*-Live
καταβεβαιοῦται ταῦτα	assure ces *choses*
γενέσθαι οὕτω.	avoir eu-lieu ainsi.
XLVIII. Καῖσαρ δὲ,	XLVIII. Mais César
ἀναθεὶς νικητήριον	ayant offert *comme* gage-de-victoire
τὴν ἐλευθερίαν	la liberté
τῷ ἔθνει Θετταλῶν,	au peuple des Thessaliens,
ἐδίωκε Πομπήϊον·	poursuivait Pompée :
ἁψάμενος δὲ τῆς Ἀσίας,	et ayant mis-le-pied en Asie,
ἠλευθέρωσέ τε Κνιδίους	et il affranchit les Cnidiens
χαριζόμενος Θεοπόμπῳ	se rendant-agréable à Théopompe
τῷ συναγαγόντι τοὺς μύθους,	qui recueillit des fables,
καὶ ἀνῆκε τὸ τρίτον τῶν φόρων	et il remit le tiers des tributs
πᾶσι τοῖς	à tous ceux
κατοικοῦσι τὴν Ἀσίαν.	qui habitaient l'Asie.
Καταχθεὶς δὲ εἰς Ἀλεξάνδρειαν	Puis ayant débarqué à Alexandrie
ἐπὶ Πομπηΐῳ τεθνηκότι,	après Pompée mort,
ἀπεστράφη μὲν Θεόδοτον	il se détourna de Théodote
προσφέροντα	qui *lui* présentait
τὴν κεφαλὴν Πομπηΐου,	la tête de Pompée,
δεξάμενος δὲ τὴν σφραγῖδα	et ayant reçu le cachet
τοῦ ἀνδρὸς	de *cet* homme
κατεδάκρυσεν·	il pleura :
εὐεργέτησε δὲ καὶ προσηγάγετο	et il combla-de-bienfaits et s'attacha
πάντας ὅσοι	tous ceux qui
τῶν ἑταίρων	d'entre les compagnons
καὶ συνήθων αὐτοῦ	et familiers de lui

προσηγάγετο. Τοῖς δὲ φίλοις εἰς Ῥώμην ἔγραφεν ὅτι τῆς νίκης ἀπολαύοι τοῦτο μέγιστον καὶ ἥδιστον, τὸ σώζειν τινὰς ἀεὶ τῶν πεπολεμηκότων πολιτῶν αὐτῷ. Τὸν δ' αὐτόθι πόλεμον οἱ μὲν οὐκ ἀναγκαῖον, ἀλλ' ἔρωτι Κλεοπάτρας ἄδοξον αὐτῷ καὶ κινδυνώδη γενέσθαι λέγουσιν· οἱ δὲ τοὺς βασιλικοὺς αἰτιῶνται, καὶ μάλιστα τὸν εὐνοῦχον Ποθεινὸν, ὃς πλεῖστον δυνάμενος καὶ Πομπήιον μὲν ἀνῃρηκὼς ἔναγχος, ἐκβεβληκὼς δὲ Κλεοπάτραν, κρύφα μὲν ἐπεβούλευε τῷ Καίσαρι· καὶ διὰ τοῦτό φασιν αὐτὸν ἀρξάμενον ἔκτοτε διανυκτερεύειν ἐν τοῖς πότοις, ἕνεκα φυλακῆς τοῦ σώματος· φανερῶς δ' οὐκ ἦν ἀνεκτός, ἐπίφθονα πολλὰ καὶ πρὸς ὕβριν εἰς τὸν Καίσαρα λέγων καὶ πράττων. Τοὺς μὲν γὰρ στρατιώτας, τὸν κάκιστον μετρουμένους καὶ παλαιότατον σῖτον ἐκέλευσεν ἀνέ-

le fruit le plus réel et le plus doux qu'il pût retirer de sa victoire était de sauver tous les jours quelques-uns de ceux de ses concitoyens qui avaient porté les armes contre lui. Les historiens varient sur les motifs de la guerre d'Alexandrie : les uns disent que son amour pour Cléopâtre la lui fit entreprendre avec autant de honte pour sa réputation que de danger pour sa personne; les autres en accusent les ministres du roi, et surtout l'eunuque Pothin, qui, jouissant auprès de Ptolémée du plus grand crédit, après avoir tué Pompée, avait chassé Cléopâtre et tendait secrètement des embûches à César. Ce fut là, dit-on, ce qui détermina César à passer depuis ce temps-là les nuits dans les festins, pour veiller à sa sûreté. D'ailleurs, en public même, Pothin n'était plus supportable : il ne cessait de dire et de faire tout ce qui pouvait rendre César odieux et méprisable. Il donnait pour les soldats romains le pain le plus vieux et le plus gâté

VIE DE CÉSAR.

ἑαλώκεσαν ὑπὸ τοῦ βασιλέως	avaient été pris par le roi d'Égypte
πλανώμενοι κατὰ τὴν χώραν.	errants par le pays.
Ἔγραφε δὲ τοῖς φίλοις	Et il écrivait à ses amis
εἰς Ῥώμην	à Rome
ὅτι ἀπολαύοι τοῦτο	qu'il recueillait ce *fruit*
μέγιστον καὶ ἥδιστον	le plus grand et le plus agréable
τῆς νίκης, τὸ σώζειν ἀεὶ	de sa victoire, de sauver toujour
τινὰς τῶν πολιτῶν	quelques-uns des citoyens
πεπολεμηκότων	qui avaient fait-la-guerre
αὐτῷ.	à lui.
Οἱ μὲν λέγουσι δὲ	Mais les uns disent
τὸν πόλεμον αὐτόθι	la guerre de là (*d'Alexandrie*)
οὐκ ἀναγκαῖον,	non nécessaire,
ἀλλὰ ἄδοξον αὐτῷ καὶ κινδυνώδη	mais honteuse à lui et dangereuse
γενέσθαι	avoir eu-lieu
ἔρωτι Κλεοπάτρας·	par amour pour Cléopâtre : [roi,
οἱ δὲ αἰτιῶνται τοὺς βασιλικούς,	les autres accusent les *ministres* du-
καὶ μάλιστα τὸν εὐνοῦχον Ποθεινόν,	et surtout l'eunuque Pothin,
ὃς δυνάμενος πλεῖστον	qui pouvant le plus
καὶ ἀνῃρηκὼς μὲν Πομπήϊον	et ayant tué Pompée
ἔναγχος,	récemment,
ἐκβεβληκὼς δὲ Κλεοπάτραν,	et ayant chassé Cléopâtre,
ἐπεβούλευε μὲν κρύφα	tendait-des-embûches secrètement
τῷ Καίσαρι·	à César ;
καὶ διὰ τοῦτό φασιν	et à cause de cela on dit
αὐτὸν ἀρξάμενον ἔκτοτε	lui (*César*) ayant commencé dès-lors
διανυκτερεύειν ἐν τοῖς πότοις,	à passer-les-nuits dans les festins,
ἕνεκα φυλακῆς τοῦ σώματος·	pour la garde de son corps :
οὐκ ἦν δὲ	mais il (*Pothin*) n'était pas
ἀνεκτὸς φανερῶς,	supportable en-public,
λέγων καὶ πράττων	disant et faisant
εἰς τὸν Καίσαρα	contre César
πολλὰ ἐπίφθονα	beaucoup de *choses* odieuses
καὶ πρὸς ὕβριν.	et pour l'outrage.
Ἐκέλευσε μὲν γὰρ	Car d'une part il ordonna
τοὺς στρατιώτας	les soldats
μετρουμένους	recevant-pour-ration
τὸν σῖτον κάκιστον	le blé le plus mauvais
καὶ παλαιότατον	et le plus vieux
ἀνέχεσθαι κ'' στέργειν	le supporter et s'*en* contenter

γεσθαι καὶ στέργειν ἐσθίοντας τὰ ἀλλότρια· πρὸς δὲ τὰ δεῖπνα σκεύεσιν ἐχρῆτο ξυλίνοις καὶ κεραμεοῖς, ὡς τὰ χρυσᾶ καὶ ἀργυρᾶ πάντα Καίσαρος ἔχοντος εἴς τι χρέος. Ὤφειλε γὰρ ὁ τοῦ βασιλέως τότε πατὴρ Καίσαρι χιλίας ἑπτακοσίας πεντήκοντα μυριάδας, ὧν τὰς μὲν ἄλλας ἀνῆκε τοῖς παισὶν αὐτοῦ πρότερον ὁ Καῖσαρ, τὰς δὲ χιλίας ἠξίου τότε λαβὼν διαθρέψαι τὸ στράτευμα. Τοῦ δὲ Ποθεινοῦ νῦν μὲν αὐτὸν ἀπιέναι καὶ τῶν μεγάλων ἔχεσθαι πραγμάτων κελεύοντος, ὕστερον δὲ κομιεῖσθαι μετὰ χάριτος, εἰπὼν ὡς Αἰγυπτίων ἐλάχιστα δέοιτο συμβούλων, κρύφα τὴν Κλεοπάτραν ἀπὸ τῆς χώρας μετεπέμπετο.

XLIX. Κἀκείνη παραλαβοῦσα τῶν φίλων Ἀπολλόδωρον τὸν Σικελιώτην μόνον, εἰς ἀκάτιον μικρὸν ἐμβᾶσα, τοῖς μὲν βασιλείοις προσέσχεν, ἤδη συσκοτάζοντος· ἀπόρου δὲ τοῦ λαθεῖν ὄντος ἄλλως, ἡ μὲν εἰς στρωματόδεσμον ἐνδῦσα προτείνει μακρὰν

et leur disait que, vivant aux dépens d'autrui, ils devaient s'en contenter et prendre patience. Il ne faisait servir à la table même du roi que de la vaisselle de bois et de terre, sous prétexte que César avait reçu, pour gage d'une dette, toute la vaisselle d'or et d'argent. Le père du roi régnant avait en effet contracté envers César une dette de dix-sept millions cinq cent mille drachmes, dont César avait déjà remis aux enfants de ce prince sept millions cinq cent mille sesterces, et demandait les dix millions restants pour l'entretien de ses troupes. Pothin le pressait de partir pour aller terminer les affaires importantes qu'il avait, en l'assurant qu'à son retour il recevrait, avec les bonnes grâces du roi, tout l'argent qui lui était dû. César lui répondit qu'il ne prenait pas conseil des Égyptiens, et il manda secrètement à Cléopâtre de revenir.

XLIX. Elle partit sur-le-champ, et ne prit de tous ses amis que le seul Apollodore de Sicile; elle se mit dans un petit bateau, et arriva de nuit devant le palais d'Alexandrie. Comme elle ne pouvait y entrer sans être reconnue, elle s'enveloppa dans un paquet de hardes,

ἐσθίοντας τὰ ἀλλότρια·	mangeant les *biens* d'-autrui :
πρὸς δὲ τὰ δεῖπνα	et d'autre part pour les repas
ἐχρῆτο σκεύεσι	il se servait de vaisselle
ξυλίνοις καὶ κεραμεοῖς,	de-bois et de-terre,
ὡς Καίσαρος ἔχοντος	comme César ayant
πάντα τὰ χρυσᾶ καὶ ἀργυρᾶ	toute celle d'-or et d'-argent
εἴς τι χρέος.	pour quelque dette.
Ὁ γὰρ πατὴρ τοῦ βασιλέως τότε	Car le père du roi *d'alors*
ὤφειλε Καίσαρι	devait à César
χιλίας ἑπτακοσίας	mille sept-cent
πεντήκοντα μυριάδας,	cinquante myriades,
ὧν ὁ Καῖσαρ πρότερον	desquelles César auparavant
ἀνῆκε τὰς μὲν ἄλλας	avait remis les autres
τοῖς παισὶν αὐτοῦ,	aux enfants de lui (*de ce roi*),
τότε δὲ λαβὼν τὰς χιλίας	et alors ayant reçu les mille *restantes*
ἠξίου διαθρέψαι τὸ στράτευμα.	voulait *en* entretenir son armée.
Τοῦ δὲ Ποθεινοῦ κελεύοντος αὐτὸν	Mais Pothin engageant lui
ἀπιέναι μὲν νῦν καὶ ἔχεσθαι	à s'en-aller maintenant et à s'occuper
τῶν μεγάλων πραγμάτων,	de ses grandes affaires,
ὕστερον δὲ	et *disant lui* plus tard
κομιεῖσθαι	devoir recevoir *le tout*
μετὰ χάριτος,	avec la faveur *du roi,*
εἰπὼν	César ayant dit
ὡς ἐλάχιστα δέοιτο	qu'il *n*'avait-nullement-besoin
συμβούλων Αἰγυπτίων,	de conseillers Égyptiens,
μετεπέμπετο κρύφα	manda secrètement
τὴν Κλεοπάτραν	Cléopâtre
ἀπὸ τῆς χώρας.	de l'endroit *où elle était.*
XLIX. Καὶ ἐκείνη	XLIX. Et celle-ci
παραλαβοῦσα	ayant pris-avec elle
μόνον τῶν φίλων	un seul de ses amis
Ἀπολλόδωρον τὸν Σικελιώτην,	Apollodore le Sicilien,
ἐμβᾶσα εἰς μικρὸν ἀκάτιον,	étant montée sur un petit bateau,
προσέσχε μὲν τοῖς βασιλείοις,	approcha du palais,
ἤδη συσκοτάζοντος·	déjà faisant-nuit :
τοῦ δὲ λαθεῖν	mais le se cacher
ὄντος ἄλλως ἀπόρου,	étant autrement impossible,
ἡ μὲν ἐνδῦσα	s'étant enveloppée
εἰς στρωματόδεσμον	dans un paquet-de-hardes
προτείνει ἑαυτὴν μακράν,	elle s'y étend longue.

ἑαυτήν, ὁ δ' Ἀπολλόδωρος ἱμάντι συνδήσας τὸν στρωματόδεσμον, εἰσκομίζει διὰ θυρῶν πρὸς τὸν Καίσαρα. Καὶ τούτῳ τε πρώτῳ λέγεται τῷ τεχνήματι τῆς Κλεοπάτρας ἁλῶναι, λαμυρᾶς φανείσης, καὶ τῆς ἄλλης ὁμιλίας καὶ χάριτος ἥττων γενόμενος, διαλλάξαι πρὸς τὸν ἀδελφὸν¹ ὡς συμβασιλεύσουσαν. Ἔπειτα δὲ ταῖς διαλλαγαῖς ἑστιωμένων ἁπάντων, οἰκέτης Καίσαρος κουρεὺς διὰ δειλίαν, ᾗ πάντας ἀνθρώπους ὑπερέβαλλεν, οὐδὲν ἐῶν ἀνεξέταστον, ἀλλ' ὠτακουστῶν καὶ πολυπραγμονῶν συνῆκεν ἐπιβουλὴν Καίσαρι πραττομένην ὑπ' Ἀχιλλᾶ τοῦ στρατηγοῦ καὶ Ποθεινοῦ τοῦ εὐνούχου. Φωράσας δ' ὁ Καῖσαρ, φρουρὰν μὲν περιέστησε τῷ ἀνδρῶνι, τὸν δὲ Ποθεινὸν ἀνεῖλεν· ὁ δ' Ἀχιλλᾶς φυγὼν εἰς τὸ στρατόπεδον, περιέστησεν αὐτῷ βαρὺν καὶ δυσμεταχείριστον πόλεμον ὀλιγοστῷ πρὸς τοσαύτην ἀμυνομένῳ πόλιν καὶ δύναμιν. Ἐν ᾧ πρῶτον μὲν ἐκινδύνευσεν ὕδατος ἀποκλει-

qu'Apollodore lia avec une courroie, et qu'il fit entrer chez César par la porte même du palais. Cette ruse de Cléopâtre fut, dit-on, le premier appât auquel César fut pris ; il en conçut une idée favorable de son esprit, et, vaincu ensuite par sa douceur, par les grâces de sa conversation, il la réconcilia avec son frère, à condition qu'elle partagerait le trône. Dans le festin qui suivit cette réconciliation, un des esclaves de César, qui était son barbier, et l'homme le plus timide et le plus soupçonneux, en parcourant tout le palais, en prêtant l'oreille à tout, en examinant tout ce qui se passait, découvrit que Pothin et Achillas, général des troupes du roi, dressaient une embûche à César pour se défaire de lui. César en ayant eu la preuve, plaça des gardes autour de la salle, et fit tuer Pothin. Achillas, s'étant sauvé à l'armée, suscita contre César une guerre difficile et dangereuse, dans laquelle, avec très-peu de troupes, celui-ci eut à résister à une ville puissante et à une nombreuse armée. Le premier danger auquel il se vit exposé fut la disette d'eau ; les enne-

ὁ δὲ Ἀπολλόδωρος	et Apollodore
συνδήσας ἱμάντι	ayant lié avec une courroie
τὸν στρωματόδεσμον,	le paquet-de-hardes,
εἰσκομίζει διὰ θυρῶν	l'introduit par les portes
πρὸς τὸν Καίσαρα.	auprès de César.
Καὶ λέγεται ἁλῶναί τε	Et il est dit et avoir été pris
τούτῳ τῷ πρώτῳ τεχνήματι	par ce premier artifice
τῆς Κλεοπάτρας,	de Cléopâtre,
φανείσης λαμυρᾶς,	qui *lui* parut pleine-d'esprit,
καὶ γενόμενος ἥττων	et ayant été vaincu
τῆς ἄλλης ὁμιλίας	par le reste de sa conversation
καὶ χάριτος,	et de sa grâce,
διαλλάξαι πρὸς τὸν ἀδελφὸν	l'avoir réconciliée avec son frère
ὡς συμβασιλεύσουσαν.	comme *elle* devant régner avec *lui*.
Ἔπειτα δὲ ἁπάντων	Et ensuite tous
ἑστιωμένων ταῖς διαλλαγαῖς,	festinant pour la réconciliation,
κουρεὺς οἰκέτης Καίσαρος	un barbier valet de César
οὐδὲν ἐῶν ἀνεξέταστον	*ne* laissant rien non-examiné
διὰ δειλίαν,	par suite de la poltronnerie,
ᾗ ὑπερέβαλλε	par laquelle il surpassait
πάντας ἀνθρώπους,	tous les hommes,
ἀλλὰ ὠτακουστῶν	mais prêtant-l'oreille
καὶ πολυπραγμονῶν	et s'occupant-de-tout
συνῆκεν ἐπιβουλὴν	découvrit le piége
πραττομένην Καίσαρι	fait (*tendu*) à César
ὑπὸ τοῦ στρατηγοῦ Ἀχιλλᾶ	par le général Achillas
καὶ τοῦ εὐνούχου Ποθεινοῦ.	et l'eunuque Pothin.
Ὁ δὲ Καῖσαρ φωράσας,	Et César *les* ayant pris-sur-le-fait
περιέστησε μὲν φρουρὰν	mit une garde
τῷ ἀνδρῶνι,	autour de la salle-des-hommes,
ἀνεῖλε δὲ τὸν Ποθεινόν·	et fit-périr Pothin :
ὁ δὲ Ἀχιλλᾶς φυγὼν	mais Achillas ayant fui
εἰς τὸ στρατόπεδον,	dans le camp,
περιέστησε πόλεμον	suscita une guerre
βαρὺν καὶ δυσμεταχείριστον	redoutable et difficile
αὐτῷ ἀμυνομένῳ	à lui (*César*) qui se défendait
ὀλιγοστῷ	avec-peu-de-monde
πρὸς τοσαύτην πόλιν	contre une si grande ville
καὶ δύναμιν.	et une *si grande* armée.
Ἐν ᾧ πρῶτον μὲν	Dans laquelle *guerre* d'abord

σθείς· αἱ γὰρ διώρυχες ἀπῳκοδομήθησαν ὑπὸ τῶν πολεμίων. Δεύτερον δὲ, περικοπτόμενος τὸν στόλον, ἠναγκάσθη διὰ πυρὸς ἀπώσασθαι τὸν κίνδυνον, ὃ καὶ τὴν μεγάλην βιβλιοθήκην ἐκ τῶν νεωρίων ἐπινεμόμενον διέφθειρε. Τρίτον δὲ, περὶ τῇ Φάρῳ[1] μάχης συνεστώσης, κατεπήδησε μὲν ἀπὸ τοῦ χώματος εἰς ἀκάτιον καὶ παρεβοήθει τοῖς ἀγωνιζομένοις. Ἐπιπλεόντων δὲ πολλαχόθεν αὐτῷ τῶν Αἰγυπτίων, ῥίψας ἑαυτὸν εἰς τὴν θάλασσαν, ἀπενήξατο μόλις καὶ χαλεπῶς· ὅτε καὶ λέγεται βιβλίδια κρατῶν πολλὰ μὴ προέσθαι βαλλόμενος καὶ βαπτιζόμενος, ἀλλ' ἀνέχων ὑπὲρ τῆς θαλάσσης τὰ βιβλίδια, τῇ ἑτέρᾳ χειρὶ νήχεσθαι· τὸ δ' ἀκάτιον εὐθὺς ἐβυθίσθη. Τέλος δὲ, τοῦ βασιλέως πρὸς τοὺς πολεμίους

mis avaient bouché tous les aqueducs qui pouvaient lui en fournir. Il courut un second péril, lorsque les Alexandrins voulurent lui enlever sa flotte, et que, pour se sauver, il fut obligé de la brûler lui-même : le feu prit à l'arsenal, et consuma la grande bibliothèque que les rois d'Égypte avaient formée. Enfin, dans le combat qui se donna près de l'île de Pharos, il sauta de la digue dans un bateau, pour aller au secours de ses troupes, qui étaient pressées par l'ennemi : voyant les Égyptiens accourir de toutes parts pour l'envelopper, il se jette à la mer et se sauve à la nage avec la plus grande difficulté. Ce fut, dit-on, dans cette occasion qu'il nagea en tenant dans sa main des papiers, qu'il n'abandonna jamais, malgré la multitude de traits que les ennemis faisaient pleuvoir sur lui, et qui l'obligeaient souvent de plonger ; il soutint toujours ces papiers d'une main au-dessus de l'eau, pendant qu'il nageait de l'autre. Il était à peine à terre que le bateau coula à fond. Le roi ayant joint son armée, César le suivit,

ἐκινδύνευσεν | César fut-en-danger
ἀποκλεισθεὶς ὕδατος· | étant intercepté *du côté* de l'eau :
αἱ γὰρ διώρυχες | car les aqueducs
ἀπῳκοδομήθησαν | avaient été bouchés
ὑπὸ τῶν πολεμίων. | par les ennemis.
Δεύτερον δὲ, | Et en-second-lieu,
περικοπτόμενος τὸν στόλον, | étant coupé de sa flotte,
ἠναγκάσθη | il fut forcé
ἀπώσασθαι τὸν κίνδυνον | d'éloigner le danger
διὰ πυρὸς, ὃ καὶ | par l'incendie, qui même
ἐπινεμόμενον ἐκ τῶν νεωρίων | se répandant des arsenaux
διέφθειρε | détruisit
τὴν μεγάλην βιβλιοθήκην. | la grande bibliothèque.
Τρίτον δὲ, μάχης | Et en-troisième-lieu, un combat
συνεστώσης περὶ τῇ Φάρῳ, | s'étant engagé près de Pharos,
κατεπήδησε μὲν | il s'élança
ἀπὸ τοῦ χώματος εἰς ἀκάτιον | de la digue dans un bateau
καὶ παρεβοήθει | et porta-secours
τοῖς ἀγωνιζομένοις. | aux combattants.
Τῶν δὲ Αἰγυπτίων | Or les Égyptiens
ἐπιπλεόντων αὐτῷ | naviguant vers lui
πολλαχόθεν, | de-plusieurs-côtés,
ῥίψας ἑαυτὸν | s'étant jeté lui-même
εἰς τὴν θάλασσαν, | à la mer,
ἀπενήξατο μόλις | il se-sauva-à-la-nage avec peine
καὶ χαλεπῶς· | et difficilement :
ὅτε καὶ λέγεται | lorsque même il est dit
κρατῶν | tenant-fortement
πολλὰ βιβλίδια | plusieurs petits-livres
μὴ προέσθαι | ne *les* avoir pas-lâchés [geant,
βαλλόμενος καὶ βαπτιζόμενος, | étant-en-butte-aux-traits et plon-
ἀλλὰ ἀνέχων τὰ βιβλίδια | mais élevant les petits-livres
ὑπὲρ τῆς θαλάσσης | au-dessus de la mer
νήχεσθαι τῇ ἑτέρᾳ χειρί· | nager de l'autre main :
τὸ δὲ ἀκάτιον | mais le bateau
ἐβυθίσθη εὐθύς. | fut coulé-à-fond aussitôt.
Τέλος δὲ, τοῦ βασιλέως | Mais enfin, le roi
ἀποχωρήσαντος | s'étant rendu
πρὸς τοὺς πολεμίους, | vers les ennemis,
ἐπελθὼν | César étant survenu

ἀποχωρήσαντος, ἐπελθὼν καὶ συνάψας μάχην, ἐνίκησε, πολλῶν πεσόντων αὐτοῦ τε τοῦ βασιλέως ἀφανοῦς γενομένου. Καταλιπὼν δὲ τὴν Κλεοπάτραν βασιλεύουσαν Αἰγύπτου καὶ μικρὸν ὕστερον ἐξ αὐτοῦ τεκοῦσαν υἱὸν, ὃν Ἀλεξανδρεῖς Καισαρίωνα προσηγόρευον, ὥρμησεν ἐπὶ Συρίας.

L. Κἀκεῖθεν ἐπιὼν τὴν Ἀσίαν, ἐπυνθάνετο Δομίτιον μὲν ὑπὸ Φαρνάκου, τοῦ Μιθριδάτου παιδὸς, ἡττημένον ἐκ Πόντου πεφευγέναι σὺν ὀλίγοις, Φαρνάκην δὲ τῇ νίκῃ χρώμενον ἀπλήστως καὶ Βιθυνίαν ἔχοντα καὶ Καππαδοκίαν, Ἀρμενίας ἐφίεσθαι τῆς μικρᾶς καλουμένης, καὶ πάντας ἀνιστάναι τοὺς ταύτῃ βασιλεῖς καὶ τετράρχας. Εὐθὺς οὖν ἐπὶ τὸν ἄνδρα τρισὶν ἤλαυνε τάγμασι, καὶ περὶ πόλιν Ζῆλαν¹ μάχην μεγάλην συνάψας, αὐτὸν μὲν ἐξέβαλε τοῦ Πόντου φεύγοντα, τὴν δὲ στρατιὰν ἄρδην ἀνεῖλε. Καὶ τῆς μάχης ταύτης τὴν ὀξύτητα καὶ τὸ τάχος ἀναγγέλλων εἰς Ῥώμην πρός τινα τῶν φίλων Ἀμίντιον² ἔγραψε τρεῖς λέξεις·

---

lui livra bataille, et après lui avoir tué beaucoup de monde, il remporta une victoire complète. Ptolémée disparut à ce combat, et depuis on n'en entendit plus parler. César donna tout le royaume d'Égypte à Cléopâtre, qui, peu de temps après, accoucha d'un fils que les Alexandrins appelèrent Césarion; et aussitôt César partit pour la Syrie.

L. En arrivant en Asie, il apprit que Domitius, après avoir été battu par Pharnace, fils de Mithridate, s'était enfui du Pont avec peu de troupes; que Pharnace, poursuivant avec chaleur sa victoire, s'était emparé de la Bithynie et de la Cappadoce, et se préparait à envahir la petite Arménie, dont il avait fait soulever les rois et les tétrarques. César marche promptement contre lui avec trois légions, et lui livre une grande bataille près de la ville de Zéla; il taille en pièces toute son armée et le chasse du royaume de Pont. Ce fut alors que, pour marquer la rapidité de cette victoire, il écrivit à Amintius, un de ses amis de Rome, ces trois mots seulement : « Je suis venu,

καὶ συνάψας μάχην,	et ayant livré bataille,
ἐνίκησε,	vainquit,
πολλῶν πεσόντων	beaucoup étant tombés
τοῦ τε βασιλέως αὐτοῦ	et le roi lui-même
γενομένου ἀφανοῦς.	étant devenu invisible.
Καταλιπὼν δὲ τὴν Κλεοπάτραν	Or ayant laissé Cléopâtre
βασιλεύουσαν Αἰγύπτου	régnant sur l'Égypte
καὶ τεκοῦσαν μικρὸν ὕστερον	et qui mit-au-monde peu après
ἐξ αὐτοῦ	de lui
υἱὸν ὃν Ἀλεξανδρεῖς	un fils que les Alexandrins
προσηγόρευον Καισαρίωνα,	appelèrent Césarion,
ὥρμησεν ἐπὶ Συρίας.	il partit pour la Syrie.
L. Καὶ ἐκεῖθεν	L. Et de-là
ἐπιὼν τὴν Ἀσίαν,	ayant passé en Asie,
ἐπυνθάνετο Δομίτιον μὲν	il apprit Domitius d'une part
ἡττημένον ὑπὸ Φαρνάκου,	vaincu par Pharnace,
τοῦ παιδὸς Μιθριδάτου,	le fils de Mithridate,
πεφευγέναι ἐκ Πόντου	s'être enfui du Pont
σὺν ὀλίγοις,	avec quelques *hommes*,
Φαρνάκην δὲ	et d'autre part Pharnace
χρώμενον τῇ νίκῃ ἀπλήστως	usant de la victoire sans-mesure
καὶ ἔχοντα Βιθυνίαν	et occupant la Bithynie
καὶ Καππαδοκίαν,	et la Cappadoce,
ἐφίεσθαι Ἀρμενίας	se diriger-vers l'Arménie
τῆς καλουμένης μικρᾶς,	celle qui est appelée petite,
καὶ ἀνιστάναι	et soulever
πάντας τοὺς βασιλεῖς	tous les rois
καὶ τετράρχας ταύτῃ.	et les tétrarques de ce *pays*.
Εὐθὺς οὖν ἤλαυνεν	Aussitôt donc il poussa
ἐπὶ τὸν ἄνδρα	contre *cet* homme
τρισὶ τάγμασι,	avec trois légions,
καὶ συνάψας	et ayant livré
μεγάλην μάχην	une grande bataille
περὶ πόλιν Ζῆλαν,	près de la ville de Zéla,
ἐξέβαλε μὲν τοῦ Πόντου	il chassa du Pont
αὐτὸν φεύγοντα,	lui qui fuyait,
ἀνεῖλε δὲ ἄρδην	et détruisit entièrement
τὴν στρατιάν.	l'armée *de lui*.
Καὶ ἀναγγέλλων εἰς Ῥώμην	Et annonçant à Rome
πρὸς Ἀμίντιόν τινα τῶν φίλων	à Amintius un de ses amis

« Ἦλθον, εἶδον, ἐνίκησα. » Ῥωμαϊστὶ δὲ αἱ λέξεις εἰς ὅμοιον ἀπολήγουσαι σχῆμα ῥήματος οὐκ ἀπίθανον τὴν βραχυλογίαν ἔχουσιν.

LI. Ἐκ τούτου διαβαλὼν εἰς Ἰταλίαν, ἀνέβαινεν εἰς Ῥώμην, τοῦ μὲν ἐνιαυτοῦ καταστρέφοντος, εἰς ὃν ᾕρητο δικτάτωρ τὸ δεύτερον, οὐδέποτε τῆς ἀρχῆς ἐκείνης πρότερον ἐνιαυσίου γενομένης. Εἰς δὲ τοὐπιὸν ὕπατος ἀπεδείχθη· καὶ κακῶς ἤκουσεν ὅτι, τῶν στρατιωτῶν στασιασάντων καὶ δύο στρατηγικοὺς ἄνδρας ἀνελόντων Κοσκώνιον καὶ Γάλβαν, ἐπετίμησε μὲν αὐτοῖς τοσοῦτον ὅσον ἀντὶ στρατιωτῶν πολίτας προσαγορεῦσαι, χιλίας δὲ διένειμεν ἑκάστῳ δραχμὰς καὶ χώραν τῆς Ἰταλίας ἀπεκλήρωσε πολλήν. Ἦν δ' αὐτοῦ διαβολὴ καὶ ἡ Δολοβέλλα μανία, καὶ ἡ Ἀμιντίου φιλαργυρία, καὶ μεθύων Ἀντώνιος, καὶ Κορφίνιος¹ τὴν Πομπηίου σκευωρούμενος οἰκίαν καὶ μετοικοδομῶν ὡς ἱκανὴν οὐκ

« j'ai vu, j'ai vaincu. » Dans le latin, ces trois mots terminés de même ont une brièveté qui n'est pas sans grâce.

LI. Après cette grande victoire, il repassa en Italie, et arriva à Rome vers la fin de l'année où devait se terminer sa seconde dictature : cette charge, avant lui, n'avait jamais été annuelle. Il fut nommé consul pour l'année suivante. On le blâma fort de son extrême indulgence pour ses soldats, qui, dans une émeute, avaient tué deux personnages prétoriens, Cosconius et Galba. La seule punition qu'il leur infligea fut de leur donner le nom de citoyens, au lieu de celui de soldats; il leur distribua même mille drachmes par tête, et leur assigna des terres considérables dans l'Italie. On lui reprochait aussi les fureurs de Dolabella, l'avarice d'Amintius, les ivrogneries d'Antoine et l'insolence de Cornificius, qui, s'étant adjugé la maison de Pompée, et ne la trouvant pas assez grande pour lui, en construisait

VIE DE CÉSAR.

τὴν ὀξύτητα καὶ τὸ τάχος	la célérité et la promptitude
ταύτης τῆς μάχης,	de cette bataille,
ἔγραψε τρεῖς λέξεις·	il écrivit trois mots :
« Ἦλθον, εἶδον,	« Je suis venu, j'ai vu,
ἐνίκησα. »	j'ai vaincu. »
Ῥωμαϊστὶ δὲ αἱ λέξεις	Or en-romain les expressions
ἀπολήγουσαι	qui se terminent
εἰς σχῆμα ὅμοιον ῥήματος	en une forme semblable de mot
ἔχουσι τὴν βραχυλογίαν	ont une brièveté
οὐκ ἀπίθανον.	non sans-grâce.
LI. Ἐκ τούτου	LI. Après cela
διαβαλὼν εἰς Ἰταλίαν,	ayant passé en Italie,
ἀνέβαινεν εἰς Ῥώμην,	il revint à Rome,
τοῦ μὲν ἐνιαυτοῦ καταστρέφοντος,	l'année finissant,
εἰς ὃν ᾕρητο δικτάτωρ	pour laquelle il avait été élu dictateur
τὸ δεύτερον,	la seconde *fois*,
ἐκείνης τῆς ἀρχῆς	cette charge-là
γενομένης ἐνιαυσίου	*n*'ayant été annuelle
οὐδέποτε πρότερον.	jamais auparavant.
Ἀπεδείχθη δὲ ὕπατος	Et il fut nommé consul
εἰς τὸ ἐπιόν·	pour *l'année* suivante :
καὶ ἤκουσε κακῶς,	et il entendit mal *parler de lui*,
ὅτι, τῶν στρατιωτῶν	parce que, les soldats
στασιασάντων καὶ ἀνελόντων	s'étant révoltés et ayant tué
δύο ἄνδρας στρατηγικοὺς	deux hommes prétoriens
Κοσκώνιον καὶ Γάλβαν,	Cosconius et Galba,
ἐπετίμησε μὲν αὐτοῖς	il avait blâmé eux
τοσοῦτον ὅσον προσαγορεῦσαι	en tant que de *les* appeler
πολίτας ἀντὶ στρατιωτῶν,	citoyens au lieu de soldats,
διένειμε δὲ ἑκάστῳ	et avait distribué à chacun
χιλίας δραχμὰς	mille drachmes
καὶ ἀπεκλήρωσε	et *leur* avait donné-en-partage
πολλὴν χώραν τῆς Ἰταλίας.	un grand territoire de l'Italie.
Διαβολὴ δὲ αὐτοῦ	Mais un sujet-de-reproche contre lui
ἦν	était
καὶ ἡ μανία Δολοβέλλα,	et la fureur de Dolabella,
καὶ ἡ φιλαργυρία Ἀμιντίου,	et l'avarice d'Amintius,
καὶ Ἀντώνιος μεθύων,	et Antoine qui s'enivrait,
καὶ Κορρίνιος σκευωρούμενος	et Cornificius qui fouillait
τὴν οἰκίαν Πομπηΐου	la maison de Pompée

οὖσαν. Ἐπὶ τούτοις γὰρ ἐδυσφόρουν Ῥωμαῖοι. Καῖσαρ δὲ διὰ τὴν ὑπόθεσιν τῆς πολιτείας, οὐκ ἀγνοῶν οὐδὲ βουλόμενος, ἠναγκάζετο χρῆσθαι τοῖς ὑπουργοῦσι.

LII. Τῶν δὲ περὶ Κάτωνα καὶ Σκιπίωνα μετὰ τὴν ἐν Φαρσάλῳ μάχην εἰς Λιβύην φυγόντων, κἀκεῖ τοῦ βασιλέως Ἰόβα βοηθοῦντος αὐτοῖς, ἠθροικότων δυνάμεις ἀξιολόγους, ἔγνω στρατεύειν ὁ Καῖσαρ ἐπ' αὐτούς· καὶ περὶ τροπὰς χειμερινὰς διαβὰς εἰς Σικελίαν, καὶ βουλόμενος εὐθὺς ἀποκόψαι τῶν περὶ αὐτὸν ἡγεμόνων ἅπασαν ἐλπίδα μελλήσεως καὶ διατριβῆς, ἐπὶ τοῦ κλύσματος ἔπηξε τὴν ἑαυτοῦ σκηνήν· καὶ γενομένου πνεύματος, ἐμβὰς ἀνήχθη μετὰ τρισχιλίων πεζῶν καὶ ἱππέων ὀλίγων. Ἀποβιβάσας δὲ τούτους καὶ λαθὼν, ἀνήχθη πάλιν, ὑπὲρ τῆς μείζονος ὀρρωδῶν δυνάμεως· καὶ κατὰ θάλατταν οὖσιν ἤδη προστυχὼν,

sur le même terrain une plus grande. Les Romains étaient indignés de tous ces désordres; et César, qui ne l'ignorait pas, aurait bien voulu les empêcher; mais, pour arriver à ses fins politiques, il était obligé d'employer de pareils agents.

LII. Après la bataille de Pharsale, Caton et Scipion s'étaient enfuis en Afrique, où, par le secours du roi Juba, ils avaient mis sur pied une armée assez considérable. César, ayant résolu de marcher contre eux sans différer, passe en Sicile vers le solstice d'hiver; et, pour ôter à ses officiers tout espoir de retard et de délai, il dresse sa tente sur le bord de la mer, et, au premier vent favorable, il fait voile avec trois mille hommes de pied et quelques chevaux; il les débarque sans être aperçu, et se remet aussitôt en mer pour aller chercher le reste de son armée, dont il était inquiet; il la rencontre

καὶ μετοικοδομῶν	et qui rebâtissait *elle*
ὡς οὐκ οὖσαν ἱκανήν.	comme n'étant pas suffisante.
Ῥωμαῖοι γὰρ	Car les Romains
ἐδυσφόρουν ἐπὶ τούτοις.	étaient indignés de ces *choses*.
Καῖσαρ δὲ,	Mais César,
διὰ τὴν ὑπόθεσιν τῆς πολιτείας,	à cause du but de sa politique,
οὐκ ἀγνοῶν οὐδὲ βουλόμενος,	n'ignorant pas *cela* ni *ne le* voulant,
ἠναγκάζετο χρῆσθαι	était forcé d'user
τοῖς ὑπουργοῦσι.	de ceux qui servaient *lui*.
LII. Τῶν δὲ περὶ Κάτωνα	LII. Cependant Caton
καὶ Σκιπίωνα	et Scipion
φυγόντων εἰς Λιβύην	ayant fui en Libye
μετὰ τὴν μάχην ἐν Φαρσάλῳ,	après la bataille *livrée* à Pharsale,
καὶ ἐκεῖ ἠθροικότων	et là ayant rassemblé
δυνάμεις ἀξιολόγους,	des forces considérables,
τοῦ βασιλέως Ἰόβα	le roi Juba
βοηθοῦντος αὐτοῖς,	secourant eux,
ὁ Καῖσαρ ἔγνω	César résolut
στρατεύειν	de se mettre-en-campagne
ἐπὶ αὐτούς·	contre eux :
καὶ διαβὰς εἰς Σικελίαν	et ayant passé en Sicile
περὶ τροπὰς χειμερινὰς,	vers le solstice d'-hiver,
καὶ βουλόμενος εὐθὺς ἀποκόψαι	et voulant aussitôt détruire
ἅπασαν ἐλπίδα μελλήσεως	tout espoir de retard
καὶ διατριβῆς	et de délai
τῶν ἡγεμόνων (τῶν) περὶ αὐτὸν,	des officiers *étant* autour de lui,
ἔπηξε τὴν σκηνὴν ἑαυτοῦ	il planta la tente de soi
ἐπὶ τοῦ κλύσματος·	sur le bord-de-la-mer :
καὶ πνεύματος γενομένου,	et un souffle-de-vent étant venu,
ἐμβὰς ἀνήχθη	s'étant embarqué il partit
μετὰ τρισχιλίων πεζῶν	avec trois-mille fantassins
καὶ ὀλίγων ἱππέων.	et quelques cavaliers.
Ἀποβιβάσας δὲ τούτους	Puis ayant débarqué ceux-ci
καὶ λαθὼν,	et n'étant-pas-aperçu,
ἀνήχθη πάλιν,	il partit de nouveau,
ὀρρωδῶν	craignant
ὑπὲρ τῆς μείζονος δυνάμεως·	pour sa plus nombreuse armée :
καὶ προστυχὼν	et ayant rencontré *eux*
οὖσιν ἤδη κατὰ θάλατταν,	qui étaient déjà en mer,
κατήγαγεν ἅπαντας	il ramena *eux* tous

κατήγαγεν ἅπαντας εἰς τὸ στρατόπεδον. Πυνθανόμενος δὲ χρησμῷ τινι παλαιῷ θαῤῥεῖν τοὺς πολεμίους, ὡς προσῆκον ἀεὶ τῷ Σκιπιώνων γένει κρατεῖν ἐν Λιβύῃ, χαλεπὸν εἰπεῖν εἴτ' ἐκφλαυρίζων ἐν παιδιᾷ τινι τὸν Σκιπίωνα στρατηγοῦντα τῶν πολεμίων, εἴτε καὶ σπουδῇ τὸν οἰωνὸν οἰκειούμενος (ἦν γὰρ καὶ παρ' αὐτῷ τις ἄνθρωπος, ἄλλως μὲν εὐκαταφρόνητος καὶ παρημελημένος, οἰκίας δὲ τῆς Ἀφρικανῶν, Σκιπίων ἐκαλεῖτο Σαλλουτίων), τοῦτον ἐν ταῖς μάχαις προέταττεν ὥσπερ ἡγεμόνα τῆς στρατιᾶς, ἀναγκαζόμενος πολλάκις ἐξάπτεσθαι τῶν πολεμίων καὶ φιλομαχεῖν. Ἦν γὰρ οὔτε σῖτος τοῖς ἀνδράσιν ἄφθονος, οὔτε ὑποζυγίοις χιλός, ἀλλὰ βρύοις ἠναγκάζοντο θαλαττίοις, ἀποπλυθείσης τῆς ἁλμυρίδος, ὀλίγην ἄγρωστιν ὥσπερ ἥδυσμα παραμιγνύντες, ἐπάγειν τοὺς ἵππους. Οἱ γὰρ Νομάδες ἐπιφαινόμενοι πολλοὶ καὶ ταχεῖς, ἑκάστοτε κατεῖχον τὴν χώραν. Καί ποτε τῶν Καίσαρος ἱππέων

sur sa route et l'amène dans son camp. Il apprit en arrivant que les ennemis avaient la plus grande confiance en un ancien oracle qui portait que la race des Scipions serait toujours victorieuse en Afrique. Il serait difficile de dire s'il se fit un jeu de tourner en ridicule Scipion, qui commandait les troupes ennemies, ou s'il voulut sérieusement s'approprier cet oracle; mais il prit dans son camp un homme obscur et méprisé, qui était de la famille des Scipions, et qui se nommait Scipion Sallution. Dans tous les combats, il le mettait à la tête de l'armée, comme s'il eût été le véritable général, et l'obligeait souvent de combattre contre les ennemis. César, ayant peu de vivres pour les hommes et peu de fourrages pour les chevaux, qu'il fallait nourrir avec de la mousse et de l'algue marine qu'on faisait macérer dans de l'eau douce, et à laquelle on mêlait du chiendent pour lui donner un peu de goût, était forcé d'en venir souvent aux mains avec l'ennemi, pour se procurer des provisions. Les Numides, peuple très-léger à la course, se montraient tous les jours en grand nombre et étaient maîtres de la campagne. Un jour que les cavaliers de César

εἰς τὸ στρατόπεδον.	dans le camp.
Πυνθανόμενος δὲ	Mais apprenant
τοὺς πολεμίους	les ennemis
θαρρεῖν	s'encourager
τινὶ παλαιῷ χρησμῷ,	par un certain ancien oracle,
ὡς προσῆκον ἀεὶ	comme appartenant toujours
τῷ γένει Σκιπιώνων	à la race des Scipions
κρατεῖν ἐν Λιβύῃ,	de dominer en Lybie,
χαλεπὸν εἰπεῖν·	*il est* difficile de dire
εἴτε ἐκφλαυρίζων	s'*il fit cela* ridiculisant
ἔν τινι παιδιᾷ	par quelque plaisanterie
τὸν Σκιπίωνα	le Scipion
στρατηγοῦντα τῶν πολεμίων,	qui commandait les ennemis,
εἴτε καὶ οἰκειούμενος	ou si s'appropriant
τὸν οἰωνὸν σπουδῇ	l'oracle sérieusement
(τὶς γὰρ ἄνθρωπος	(car un certain homme
ἦν καὶ παρὰ αὐτῷ,	était aussi auprès de lui,
ἄλλως μὲν εὐκαταφρόνητος	d'ailleurs certes méprisable
καὶ παρημελημένος,	et négligé,
τῆς δὲ οἰκίας Ἀφρικανῶν,	mais de la famille des Africains,
ἐκαλεῖτο Σκιπίων Σαλλουτίων),	il s'appelait Scipion Sallution),
προέταττε τοῦτον	il mit-en-avant celui-ci
ἐν ταῖς μάχαις	dans les combats
ὥσπερ ἡγεμόνα τῆς στρατιᾶς,	comme commandant de l'armée,
ἀναγκαζόμενος πολλάκις	*le* forçant souvent
ἐξάπτεσθαι τῶν πολεμίων	d'attaquer les ennemis
καὶ φιλομαχεῖν.	et de combattre-en-téméraire.
Οὔτε γὰρ σῖτος	Car ni le blé
ἦν ἄφθονος τοῖς ἀνδράσιν,	*n'*était abondant aux hommes
οὔτε χιλὸς ὑποζυγίοις,	ni le fourrage aux bêtes-de-somme,
ἀλλὰ ἠναγκάζοντο	mais ils étaient forcés
ἐπάγειν τοὺς ἵππους	de conduire les chevaux
βρύοις θαλαττίοις,	dans des algues marines,
τῆς ἁλμυρίδος ἀπολυθείσης,	l'eau-salée *en* étant ôtée,
παραμιγνύντες ὀλίγην ἄγρωστιν	mélangeant un peu de chiendent
ὥσπερ ἥδυσμα.	comme assaisonnement.
Οἱ γὰρ Νομάδες	Car les Numides
ἐπιφαινόμενοι πολλοὶ καὶ ταχεῖς,	se montrant nombreux et rapides,
κατεῖχον ἑκάστοτε τὴν χώραν.	occupaient partout le pays.
Καί ποτε τῶν ἱππέων Καίσαρος	Et un-jour les cavaliers de César

σχολὴν ἀγόντων (ἔτυχε γὰρ αὐτοῖς ἀνὴρ Λίβυς ἐπιδεικνύμενος ὄρχησιν ἅμα καὶ μοναυλῶν θαύματος ἀξίως· οἱ δὲ τερπόμενοι ἐκάθηντο τοῖς παισὶ τοὺς ἵππους ἐπιτρέψαντες), ἐξαίφνης [δὲ] περιελθόντες ἐμβάλλουσιν οἱ πολέμιοι, καὶ τοὺς μὲν αὐτοῦ κτείνουσι, τοῖς δ' εἰς τὸ στρατόπεδον προτροπάδην ἐλαυνομένοις συνεισέπεσον. Εἰ δὲ μὴ Καῖσαρ αὐτός, ἅμα δὲ Καίσαρι Πολλίων Ἀσίνιος βοηθοῦντες ἐκ τοῦ χάρακος ἔσχον τὴν φυγήν, διεπέπρακτ' ἂν ὁ πόλεμος. Ἔστι δ' ὅτε καὶ καθ' ἑτέραν μάχην ἐπλεονέκτησαν οἱ πολέμιοι, συμπλοκῆς γενομένης, ἐν ᾗ Καῖσαρ τὸν ἀετοφόρον φεύγοντα λέγεται κατασχὼν ἐκ τοῦ αὐχένος, ἀναστρέψαι καὶ εἰπεῖν· « Ἐνταῦθά εἰσιν οἱ πολέμιοι. »

LIII. Τούτοις μέντοι τοῖς προτερήμασιν ἐπήρθη Σκιπίων μάχῃ κριθῆναι· καὶ καταλιπὼν χωρὶς μὲν Ἀφράνιον, χωρὶς δὲ Ἰόβαν, δι' ὀλίγου στρατοπεδεύοντας, αὐτὸς ἐτείχιζεν ὑπὲρ λίμνης ἔρυμα τῷ στρατοπέδῳ, περὶ πόλιν Θάψον¹, ὡς εἴη πᾶσιν ἐπὶ τὴν μάχην ὁρμητήριον καὶ καταφυγή. Πονουμένῳ δ' αὐτῷ περὶ

n'ayant rien à faire, s'amusaient à regarder un Africain qui dansait et jouait de la flûte à ravir ; que, charmés de son talent, ils étaient assis à l'admirer et avaient laissé les chevaux à leurs valets, tout à coup les ennemis fondent sur eux, les enveloppent, tuent les uns, mettent les autres en fuite et les poursuivent jusqu'à leur camp, où ils entrent pêle-mêle avec eux. Si César et Pollion n'étaient sortis des retranchements pour courir à leur secours et les arrêter dans leur fuite, la guerre était ce jour-là terminée. Dans une seconde rencontre, où les ennemis eurent encore l'avantage, César, voyant l'enseigne qui portait l'aigle prendre la fuite, court à lui, le saisit au cou et le force de faire volte-face en lui disant : « C'est là qu'est l'en« nemi. »

LIII. Ces succès enflèrent tellement Scipion qu'il résolut de risquer une bataille, et que, laissant d'un côté Afranius, de l'autre Juba, qui campaient séparément à peu de distance de lui, il plaça son camp au-dessus d'un lac près de la ville de Thapsus, et le fortifia pour servir d'arsenal et de retraite à ses troupes. Il était occupé de ce travail,

ἀγόντων σχολὴν	ayant du loisir
(ἀνὴρ γὰρ Λίβυς ἔτυχεν	(car un homme Lybien se trouva
ἐπιδεικνύμενος αὐτοῖς ὄρχησιν	montrant à eux une danse
καὶ ἅμα μοναυλῶν	et en-même-temps jouant-de-la-flûte
ἀξίως θαύματος·	d'une-manière-digne d'admiration :
οἱ δὲ τερπόμενοι ἐκάθηντο	et eux charmés étaient assis
ἐπιτρέψαντες τοὺς ἵππους	ayant confié les chevaux
τοῖς παισίν),	aux valets),
οἱ [δὲ] πολέμιοι ἐξαίφνης	[or] les ennemis tout-à-coup
περιελθόντες ἐμβάλλουσι,	étant accourus fondent-sur eux,
καὶ κτείνουσι τοὺς μὲν αὐτοῦ,	et tuent les uns là,
συνεισέπεσον δὲ εἰς τὸ στρατόπεδον	et se précipitèrent dans le camp
τοῖς ἐλαυνομένοις	avec les autres qui étaient poursuivis
προτροπάδην.	à-toutes-jambes.
Εἰ δὲ Καῖσαρ αὐτὸς,	Et si César lui-même,
ἅμα δὲ Καίσαρι Πολλίων Ἀσίνιος	et avec César Pollion Asinius
βοηθοῦντες	portant secours à eux
ἐκ τοῦ χάρακος	du retranchement
μὴ ἔσχον τὴν φυγὴν,	n'avaient arrêté la fuite,
ὁ πόλεμος διεπέπρακτο ἄν.	la guerre aurait été achevée.
Ἔστι δὲ ὅτε καὶ	Mais il est que aussi
κατὰ ἑτέραν μάχην	dans un autre combat
οἱ πολέμιοι ἐπλεονέκτησαν,	les ennemis eurent-l'avantage,
συμπλοκῆς γενομένης,	une mêlée ayant eu-lieu,
ἐν ᾗ Καῖσαρ λέγεται	dans laquelle César est dit
κατασχὼν ἐκ τοῦ αὐχένος	ayant retenu par le cou
τὸν ἀετοφόρον φεύγοντα,	le porte-aigle qui fuyait,
ἀναστρέψαι καὶ εἰπεῖν·	l'avoir fait-retourner et avoir dit :
« Ἐνταῦθά εἰσιν οἱ πολέμιοι. »	« Là sont les ennemis. »
LIII. Σκιπίων μέντοι	LIII. Cependant Scipion
ἐπήρθη τούτοις τοῖς προτερήμασι	fut animé par ces avantages-ci
κριθῆναι μάχῃ·	à décider l'affaire par un combat :
καὶ καταλιπὼν	et ayant laissé
χωρὶς μὲν Ἀφράνιον,	séparément d'une part Afranius,
χωρὶς δὲ Ἰόβαν,	séparément de l'autre Juba,
στρατοπεδεύοντας δι' ὀλίγου,	qui campaient à une petite distance,
αὐτὸς ἐτείχιζεν ὑπὲρ λίμνης	lui-même fit-bâtir au-dessus d'un lac
ἔρυμα τῷ στρατοπέδῳ,	un rempart pour son camp,
περὶ πόλιν Θάψον,	près de la ville de Thapsus,
ὡς ὁρμητήριον καὶ καταφυγὴ	afin que un arsenal et un refuge

ταῦτα, Καῖσαρ ὑλώδεις τόπους καὶ προσβολὰς ἀφράστους ἔχοντας ἀμηχάνῳ τάχει διελθὼν, τοὺς μὲν ἐκυκλοῦτο, τοῖς δὲ προσέβαλε κατὰ στόμα. Τρεψάμενος δὲ τούτους, ἐχρῆτο τῷ καιρῷ καὶ τῇ ῥύμῃ τῆς τύχης· ὑφ' ἧς αὐτοβοεὶ μὲν ᾕρει τὸ Ἀφρανίου στρατόπεδον, αὐτοβοεὶ δὲ, φεύγοντος Ἰόβα, διεπόρθει τὸ τῶν Νομάδων· ἡμέρας δὲ μιᾶς μέρει μικρῷ τριῶν στρατοπέδων ἐγκρατὴς γεγονὼς, καὶ πεντακισμυρίους τῶν πολεμίων ἀνῃρηκὼς, οὐδὲ πεντήκοντα τῶν ἰδίων ἀπέβαλεν. Οἱ μὲν ταῦτα περὶ τῆς μάχης ἐκείνης ἀναγγέλλουσιν· οἱ δ' οὔ φασιν αὐτὸν ἐν τῷ ἔργῳ γενέσθαι, συντάττοντος δὲ τὴν στρατιὰν καὶ διακοσμοῦντος ἅψασθαι τὸ σύνηθες νόσημα· τὸν δ' εὐθὺς αἰσθόμενον ἀρχομένου, πρὶν ἐκταράττεσθαι καὶ καταλαμβάνεσθαι παντάπασιν ὑπὸ τοῦ πάθους τὴν αἴσθησιν, ἤδη σειόμενον εἴς τινα τῶν πλησίον πύργων κομισθῆναι, καὶ διαγαγεῖν ἐν ἡσυχίᾳ. Τῶν δὲ πεφευγότων

lorsque César, traversant avec une incroyable rapidité un pays marécageux et coupé de défilés, tombe sur ses soldats, prend les uns en queue, attaque les autres de front et les met tous en fuite. De là, saisissant l'occasion et profitant de sa fortune, il prend tout d'un trait le camp d'Afranius, enlève et pille celui des Numides, d'où Juba s'était retiré. Ainsi, dans la moindre partie d'un seul jour, il s'empare de trois camps et tue cinquante mille ennemis, sans avoir perdu cinquante des siens. Voilà le récit que quelques historiens font de cette bataille; d'autres prétendent que César ne fut pas présent à l'action; qu'au moment où il rangeait son armée en bataille et donnait ses ordres, il fut pris d'un accès d'épilepsie, maladie à laquelle il était sujet; que, lorsqu'il en sentit les premières atteintes, et qu'il était déjà saisi du tremblement, avant que la maladie lui eût entièrement ôté l'usage de ses sens et de ses forces, il se fit porter dans une des tours voisines, où il attendit en repos la fin de l'accès. D'un grand nombre d'hommes consulaires et prétoriens qui échap-

εἴη πᾶσιν ἐπὶ τὴν μάχην.	fussent à tous pour le combat.
Αὐτῷ δὲ πονουμένῳ περὶ ταῦτα	Mais lui s'occupant de ces *choses*,
Καῖσαρ διελθὼν	César ayant traversé
τάχει ἀμηχάνῳ	avec une vitesse inexplicable
τόπους ὑλώδεις	des lieux couverts-de-bois
καὶ ἔχοντας προσβολὰς ἀφράστους,	et qui avaient des débouchés cachés
ἐκυκλοῦτο τοὺς μὲν,	enveloppa les uns,
προσέβαλε δὲ τοῖς κατὰ στόμα.	et fondit sur les autres de front.
Τρεψάμενος δὲ τούτους,	Et ayant mis-en-fuite ceux-ci
ἐχρῆτο τῷ καιρῷ	il usa de l'occasion
καὶ τῇ ῥύμῃ τῆς τύχης,	et de l'élan de la fortune
ὑπὸ ἧς ᾕρει μὲν αὐτοβοεὶ	grâce à laquelle il prit d'un-trait
τὸ στρατόπεδον Ἀφρανίου,	le camp d'Afranius,
αὐτοβοεὶ δὲ, Ἰόβα φεύγοντος,	d'un-trait aussi, Juba fuyant,
διεπόρθει τὸ τῶν Νομάδων·	il pilla celui des Numides :
μικρῷ δὲ μέρει μιᾶς ἡμέρας	et en une petite partie d'un seul jour
γενόμενος ἐγκρατὴς	devenu maître
τριῶν στρατοπέδων,	de trois camps,
καὶ ἀνῃρηκὼς	et ayant tué
πεντακισμυρίους τῶν πολεμίων,	cinquante-mille des ennemis,
οὐδὲ ἀπέβαλε πεντήκοντα	il ne perdit-pas-même cinquante
τῶν ἰδίων.	des *siens* propres.
Οἱ μὲν ἀναγγέλλουσι ταῦτα	Les uns rapportent ces *choses*
περὶ ἐκείνης τῆς μάχης·	sur ce combat-là :
οἱ δέ φασιν αὐτὸν	les autres disent lui
οὐ γενέσθαι ἐν τῷ ἔργῳ,	n'avoir pas été dans l'action,
τὸ δὲ νόσημα σύνηθες	mais la maladie habituelle
ἅψασθαι συντάττοντος	avoir saisi *lui* qui rangeait
καὶ διακοσμοῦντος τὴν στρατιάν·	et qui ordonnait son armée :
τὸν δὲ αἰσθόμενον	et lui s'*en* étant aperçu
εὐθὺς ἀρχομένου,	aussitôt *elle* commençant,
πρὶν τὴν αἴσθησιν ἐκταράττεσθαι	avant sa sensibilité être troublée
καὶ καταλαμβάνεσθαι παντάπασιν	et être saisie tout-à-fait
ὑπὸ τοῦ πάθους,	par le mal,
ἤδη σειόμενον κομισθῆναι	déjà agité s'être fait-porter
εἴς τινα τῶν πύργων πλησίον,	dans une des tours près,
καὶ διαγαγεῖν ἐν ἡσυχίᾳ.	et être resté en repos.
Τῶν δὲ ἀνδρῶν ὑπατικῶν	Mais des hommes consulaire
καὶ στρατηγικῶν	et prétoriens
πεφευγότων ἐκ τῆς μάχης	qui avaient fui du combat

ἐκ τῆς μάχης ὑπατικῶν καὶ στρατηγικῶν ἀνδρῶν οἱ μὲν ἑαυτοὺς διέφθειραν ἁλισκόμενοι, συχνοὺς δὲ Καῖσαρ ἔκτεινεν ἁλόντας.

LIV. Κάτωνα δὲ λαβεῖν ζῶντα φιλοτιμούμενος, ἔσπευδε πρὸς Ἰτύκην[1]· ἐκείνην γὰρ παραφυλάττων τὴν πόλιν, οὐ μετέσχε τοῦ ἀγῶνος. Πυθόμενος δ' ὡς ἑαυτὸν ὁ ἀνὴρ διεργάσαιτο, δῆλος μὲν ἦν δηχθείς, ἐφ' ᾧ δ', ἄδηλον. Εἶπε δ' οὖν· « Ὦ Κάτων, φθονῶ σοι τοῦ θανάτου· καὶ γὰρ σύ μοι τῆς σωτηρίας ἐφθόνησας. » Ὁ μὲν οὖν μετὰ ταῦτα γραφεὶς ὑπ' αὐτοῦ πρὸς Κάτωνα τεθνεῶτα λόγος οὐ δοκεῖ πράως ἔχοντος οὐδ' εὐδιαλλάκτως σημεῖον εἶναι. Πῶς γὰρ ἂν ἐφείσατο ζῶντος, εἰς ἀναίσθητον ἐκχέας ὀργὴν τοσαύτην; Τῇ δὲ πρὸς Κικέρωνα καὶ Βροῦτον αὐτοῦ καὶ μυρίους ἄλλους τῶν πεπολεμηκότων ἐπιεικείᾳ τεκμαίρονται καὶ τὸν λόγον ἐκεῖνον οὐχ ἐξ ἀπεχθείας, ἀλλὰ φιλοτιμίᾳ πολιτικῇ συντετάχθαι διὰ τοιαύτην αἰτίαν. Ἔγραψε Κικέρων ἐγκώμιον Κάτωνος, ὄνομα τῷ λόγῳ θέμενος Κάτωνα· καὶ πολλοῖς ὁ λόγος

pèrent au carnage et qui furent faits prisonniers, les uns se tuèrent eux-mêmes, et César en fit mourir plusieurs.

LIV. Comme il avait le plus grand désir de prendre Caton vivant, il marcha promptement vers Utique : Caton, chargé de la défense de cette ville, ne s'était pas trouvé à la bataille. César apprit en chemin qu'il s'était donné lui-même la mort, et laissa voir toute la peine qu'il en ressentait ; on ignore par quel motif ; il dit seulement, quand on lui en donna la nouvelle : « O Caton, j'envie ta mort, puisque tu « m'as envié la gloire de te donner la vie! » Le traité qu'il écrivit contre Caton, après sa mort, n'est pas d'un homme adouci à son égard et qui fût disposé à lui pardonner. L'eût-il épargné vivant, s'il l'eût eu en sa puissance, lui qui versait sur Caton, mort depuis longtemps, tant de fiel et d'amertume ? Il est vrai que la clémence dont il usa envers Cicéron, Brutus et mille autres qui avaient porté les armes contre lui, fait conjecturer qu'il aurait aussi pardonné à Caton, et que, s'il composa ce traité contre lui, ce fut moins par un sentiment de haine que par une rivalité politique : il le fit à l'occasion suivante. Cicéron avait composé l'éloge de Caton, et donné même le nom de ce célèbre Romain à cet ouvrage, qui, sorti de la plume du

οἱ μὲν ἁλισκόμενοι
διέφθειραν ἑαυτοὺς,
Καῖσαρ δὲ ἔκτεινε συχνοὺς
ἁλόντας.
LIV. Φιλοτιμούμενος δὲ
λαβεῖν Κάτωνα ζῶντα,
ἔσπευδε πρὸς Ἰτύχην·
παραφυλάττων γὰρ
ἐκείνην τὴν πόλιν,
οὐ μετέσχε τοῦ ἀγῶνος.
Πυθόμενος δὲ ὡς ὁ ἀνὴρ
διεργάσαιτο ἑαυτὸν,
ἦν μὲν δῆλος δηχθεὶς,
ἐπὶ ᾧ δὲ, ἄδηλον.
Εἶπε δὲ οὖν· « Ὦ Κάτων,
φθονῶ σοι τοῦ θανάτου·
καὶ γὰρ σὺ ἐφθόνησάς μοι
τῆς σωτηρίας. »
Ὁ μὲν οὖν λόγος
γραφεὶς μετὰ ταῦτα ὑπὸ αὐτοῦ
πρὸς Κάτωνα τεθνεῶτα
οὐ δοκεῖ εἶναι σημεῖον
ἔχοντος πρᾴως
οὐδὲ εὐδιαλλάκτως.
Πῶς γὰρ ἂν ἐφείσατο
ζῶντος,
ἐκχέας τοσαύτην ὀργὴν
εἰς ἀναίσθητον;
Τῇ δὲ ἐπιεικείᾳ αὐτοῦ
πρὸς Κικέρωνα καὶ Βροῦτον
καὶ μυρίους ἄλλους
τῶν πεπολεμηκότων
τεκμαίρονται καὶ ἐκεῖνον λόγον
συντετάχθαι οὐκ ἐξ ἀπεχθείας,
ἀλλὰ φιλοτιμίᾳ πολιτικῇ
διὰ τοιαύτην αἰτίαν.
Κικέρων ἔγραψεν
ἐγκώμιον Κάτωνος,
θέμενος Κάτωνα
ὄνομα τῷ λόγῳ·

les uns étant pris
se tuèrent eux-mêmes,
et César *en* fit-périr plusieurs
qui avaient été pris.
LIV. Mais désirant-vivement
prendre Caton vivant,
il se hâta vers Utique :
car *Caton* gardant
cette ville-là,
n'avait pas-pris-part au combat.
Or ayant appris que cet homme
s'était tué lui-même,
il était visible étant affligé, [taine.
mais pourquoi, *la chose est* incer-
Il dit donc : « O Caton,
j'envie à toi la mort :
en effet tu as envié à moi
le salut. »
Certainement le traité
écrit après cela par lui
contre Caton mort
ne semble pas être la preuve
d'un homme étant *disposé* doucement
ni pacifiquement.
Car comment eût-il épargné
lui vivant,
ayant versé tant de colère
sur *lui* privé-de-sentiment ?
Mais par la clémence de lui
envers Cicéron et Brutus
et dix-mille autres
de ceux *lui* ayant fait-la-guerre
on conjecture ce traité-là aussi
avoir été composé non par haine,
mais par rivalité politique
à cause d'un tel motif.
Cicéron avait écrit
un éloge de Caton,
ayant mis Caton
pour titre à l'ouvrage ;

ἦν διὰ σπουδῆς, ὡς εἰκὸς, ὑπὸ τοῦ δεινοτάτου τῶν ῥητόρων εἰς τὴν καλλίστην πεποιημένος ὑπόθεσιν. Τοῦτ᾽ ἠνία Καίσαρα, κατηγορίαν αὐτοῦ νομίζοντα τὸν τοῦ τεθνηκότος δι᾽ αὐτὸν ἔπαινον. Ἔγραψεν οὖν πολλάς τινας κατὰ τοῦ Κάτωνος αἰτίας συναγαγών· τὸ δὲ βιβλίον Ἀντικάτων ἐπιγέγραπται. Καὶ σπουδαστὰς ἔχει τῶν λόγων ἑκάτερος διὰ Καίσαρα καὶ Κάτωνα[1] πολλούς.

LV. Ἀλλὰ γὰρ ὡς ἐπανῆλθεν εἰς Ῥώμην ἀπὸ Λιβύης, πρῶτον μὲν ὑπὲρ τῆς νίκης ἐμεγαληγόρησε πρὸς τὸν δῆμον, ὡς τοσαύτην κεχειρωμένος χώραν, ὅση παρέξει καθ᾽ ἕκαστον ἐνιαυτὸν εἰς τὸ δημόσιον σίτου μὲν εἴκοσι μυριάδας Ἀττικῶν μεδίμνων, ἐλαίου δὲ λιτρῶν μυριάδας τριακοσίας. Ἔπειτα θριάμβους κατήγαγε, τὸν Αἰγυπτιακὸν, τὸν Ποντικὸν, τὸν Λιβυκὸν, οὐκ ἀπὸ Σκιπίωνος, ἀλλ᾽ ἀπὸ Ἰόβα δῆθεν τοῦ βασιλέως[2]. Τότε καὶ Ἰόβας, υἱὸς ὢν ἐκείνου, κομιδῇ νήπιος, ἐν τῷ θριάμβῳ παρήχθη, μακαριωτάτην ἁλοὺς ἅλωσιν, ἐκ βαρβάρου καὶ Νομάδος

plus grand orateur de Rome, et écrit sur un si beau sujet, était, comme on peut le croire, fort recherché. César en eut du chagrin; il regarda comme une censure indirecte de sa personne l'éloge d'un homme dont il avait occasionné la mort. Il composa donc un écrit dans lequel il entassa beaucoup de charges contre lui, et qu'il intitula Anti-Caton. Les noms de Caton et de César font encore aujourd'hui à ces deux ouvrages de zélés partisans.

LV. Dès que César fut de retour de son expédition d'Afrique, il fit une harangue au peuple, où il parla de sa victoire dans les termes les plus magnifiques; il dit que les pays dont il venait de faire la conquête étaient si étendus, que le peuple romain en tirerait tous les ans deux cent mille médimnes attiques de blé et trois millions de livres d'huile. Il triompha trois fois : la première pour l'Égypte, la seconde pour le Pont, et la troisième pour l'Afrique. Dans ce dernier triomphe, Scipion n'était pas nommé; il n'y était question que du roi Juba : le fils de ce prince, qui était encore dans l'enfance, suivit le char du triomphateur, et ce fut pour lui la captivité la plus heureuse. Né barbare et Numide, il dut à son malheur de devenir

καὶ ὁ λόγος ἦν διὰ σπουδῆς	et cet ouvrage était en vogue
πολλοῖς,	auprès de beaucoup *de gens*,
ὡς εἰκὸς,	comme *c'est* naturel,
πεποιημένος	ayant été composé
ὑπὸ τοῦ δεινοτάτου τῶν ῥητόρων	par le plus éloquent des orateurs
εἰς τὴν καλλίστην ὑπόθεσιν.	sur le plus beau sujet.
Τοῦτο ἠνία Καίσαρα,	Cela chagrinait César,
νομίζοντα τὸν ἔπαινον	qui regardait l'éloge
τοῦ τεθνηκότος διὰ αὐτὸν	de celui mort à cause de lui
κατηγορίαν	*comme* une accusation
αὐτοῦ.	contre lui-même.
Ἔγραψεν οὖν συναγαγὼν	Il écrivit donc ayant rassemblé
πολλάς τινας αἰτίας	beaucoup de griefs
κατὰ τοῦ Κάτωνος·	contre Caton :
τὸ δὲ βιβλίον	et le livre
ἐπιγέγραπται Ἀντικάτων.	fut intitulé Anti-Caton.
Καὶ ἑκάτερος τῶν λόγων	Et chacun des *deux* ouvrages
ἔχει σπουδαστὰς	a de zélés-partisans
διὰ Καίσαρα καὶ Κάτωνα.	à cause de César et de Caton.
LV. Ἀλλὰ γὰρ ὡς ἐπανῆλθεν	LV. Cependant dès qu'il fut revenu
ἀπὸ Λιβύης εἰς Ῥώμην,	de Libye à Rome,
πρῶτον μὲν ἐμεγαληγόρησε	d'abord il parla-magnifiquement
πρὸς τὸν δῆμον ὑπὲρ τῆς νίκης,	au peuple sur sa victoire, [grand,
ὡς κεχειρωμένος χώραν τοσαύτην,	comme ayant soumis un pays si
ὅτι παρέξει καθ' ἕκαστον ἐνιαυτὸν	qu'il fournira par chaque année
εἰς τὸ δημόσιον	à la république
εἴκοσι μὲν μυριάδας	d'une part vingt myriades
μεδίμνων Ἀττικῶν σίτου,	de médimnes attiques de blé,
τριακοσίας δὲ μυριάδας	et de l'autre trois-cents myriades
λιτρῶν ἐλαίου.	de livres d'huile.
Ἔπειτα κατήγαγε θριάμβους,	Ensuite il conduisit des triomphes,
τὸν Αἰγυπτιακὸν, τὸν Ποντικὸν,	l'un d'-Égypte, l'autre du-Pont,
τὸν Λιβυκὸν, οὐκ ἀπὸ Σκιπίωνος,	l'autre de-Libye, non sur Scipion,
ἀλλὰ δῆθεν ἀπὸ τοῦ βασιλέως Ἰόβα.	mais certes sur le roi Juba.
Τότε καὶ Ἰόβας,	Alors aussi Juba,
ὢν υἱὸς ἐκείνου,	qui était fils de celui-là,
κομιδῇ νήπιος,	tout-à-fait enfant,
παρήχθη ἐν τῷ θριάμβῳ,	fut mené dans le triomphe,
ἁλοὺς	ayant été pris
ἅλωσιν μακαριωτάτην,	par la prise la plus heureuse

Ἑλλήνων τοῖς πολυμαθεστάτοις ἐνάριθμιος γενέσθαι συγγραφεῦσι. Μετὰ δὲ τοὺς θριάμβους στρατιώταις τε μεγάλας δωρεὰς ἐδίδου, καὶ τὸν δῆμον ἀνελάμβανεν ἑστιάσεσι καὶ θέαις· ἑστιάσας μὲν ἐν δισμυρίοις καὶ δισχιλίοις τρικλίνοις ὁμοῦ σύμπαντας, θέας δὲ καὶ μονομάχων καὶ ναυμάχων ἀνδρῶν παρασχὼν ἐπὶ τῇ θυγατρὶ Ἰουλίᾳ πάλαι τεθνεώσῃ. Μετὰ δὲ τὰς θέας γενομένων τιμήσεων, ἀντὶ τῶν προτέρων δυεῖν καὶ τριάκοντα μυριάδων ἐξητάσθησαν αἱ πᾶσαι πεντεκαίδεκα. Τηλικαύτην ἡ στάσις ἀπειργάσατο συμφορὰν καὶ τοσοῦτον ἀπανάλωσε τοῦ δήμου μέρος· ἔξω λόγου τιθεμένοις τὰ κατασχόντα τὴν ἄλλην Ἰταλίαν ἀτυχήματα καὶ τὰς ἐπαρχίας.

LVI. Συντελεσθέντων δὲ τούτων, ὕπατος ἀποδειχθεὶς τὸ τέταρτον, εἰς Ἰβηρίαν ἐστράτευσεν ἐπὶ τοὺς Πομπηίου παῖδας,

un des plus savants historiens grecs. Après ses triomphes, César fit de grandes largesses à ses soldats et donna des festins et des spectacles à tout le peuple, qu'il traita sur vingt-deux mille tables de trois lits chacune. Il fit représenter en l'honneur de sa fille Julie, morte depuis longtemps, des combats de gladiateurs et des naumachies. Quand tous ces spectacles furent terminés, on fit le dénombrement du peuple, et, au lieu de trois cent vingt mille citoyens qu'avait donnés le dernier dénombrement, il ne s'en trouva que cent cinquante mille, tant la guerre civile avait été meurtrière pour Rome! tant elle avait moissonné de citoyens, sans compter tous les fléaux dont elle avait affligé le reste de l'Italie et toutes les provinces!

LVI. Après ce dénombrement, César, nommé consul pour la quatrième fois, partit sur-le-champ pour aller en Espagne faire la guerre

γενέσθαι	au point d'être devenu
ἐκ βαρβάρου καὶ Νομάδος	de barbare et Numide
ἐναρίθμιος τοῖς συγγραφεῦσι	compté parmi les historiens
πολυμαθεστάτοις τῶν Ἑλλήνων.	les plus instruits des Grecs.
Μετὰ δὲ τοὺς θριάμβους	Mais après les triomphes
ἐδίδου τε στρατιώταις	César et donna aux soldats
μεγάλας δωρεάς,	de grands présents,
καὶ ἀνελάμβανε τὸν δῆμον	et gagna le peuple
ἑστιάσεσι καὶ θέαις·	par des festins et des spectacles
ἑστιάσας μὲν	d'une part ayant traité
σύμπαντας ὁμοῦ	tous *les citoyens* ensemble
ἐν δισμυρίοις	sur vingt-mille
καὶ δισχιλίοις τρικλίνοις,	et deux-mille tables-à-trois-lits,
παρασχὼν δὲ θέας	de l'autre ayant donné des spectacles
ἀνδρῶν καὶ μονομάχων	d'hommes et de gladiateurs
καὶ ναυμάχων	et de combattants-sur-l'eau
ἐπὶ τῇ θυγατρὶ Ἰουλίᾳ	à l'occasion de sa fille Julie
τεθνεώσῃ πάλαι.	morte depuis longtemps.
Μετὰ δὲ τὰς θέας	Et après les spectacles
τιμήσεων γενομένων,	un dénombrement ayant eu-lieu,
ἀντὶ	à la place
τῶν τριάκοντα καὶ δυεῖν μυριάδων	des trente-deux myriades
προτέρων,	antérieures,
πεντεκαίδεκα αἱ πᾶσαι	quinze en-tout
ἐξητάσθησαν.	furent recensées.
Ἡ στάσις ἀπειργάσατο	La dissension produisit
τηλικαύτην συμφορὰν	un si grand malheur
καὶ ἀπανάλωσε	et consuma
τοσοῦτον μέρος τοῦ δήμου·	une si grande partie du peuple :
τιθεμένοις	*ainsi est-il* pour ceux qui mettent
ἔξω λόγου	hors de compte
τὰ ἀτυχήματα κατασχόντα	les malheurs qui remplirent
τὴν ἄλλην Ἰταλίαν	le reste de l'Italie
καὶ τὰς ἐπαρχίας.	et les provinces.
LVI. Τούτων δὲ	LVI. Mais ces *choses*
συντελεσθέντων,	étant accomplies,
ἀποδειχθεὶς ὕπατος	César nommé consul
τὸ τέταρτον,	pour la quatrième *fois*,
ἐστράτευσεν εἰς Ἰβηρίαν	fit-une-expédition en Espagne
ἐπὶ τοὺς παῖδας Πομπηίου.	contre les fils de Pompée.

νέους μὲν ὄντας ἔτι, θαυμαστὴν δὲ τῷ πλήθει στρατιὰν συνειλο
χότας¹, καὶ τόλμαν ἀποδεικνυμένους ἀξιόχρεων πρὸς ἡγεμονίαν,
ὥστε κίνδυνον τῷ Καίσαρι περιστῆσαι τὸν ἔσχατον. Ἡ δὲ μεγάλη
μάχη περὶ πόλιν συνέστη Μοῦνδαν², ἐν ᾗ Καῖσαρ ἐκθλιβομένους
ὁρῶν τοὺς ἑαυτοῦ καὶ κακῶς ἀντέχοντας, ἐβόα διὰ τῶν ὅπλων
καὶ τῶν τάξεων διαθέων, εἰ μηδὲν αἰδοῦνται, λαβόντας αὐτὸν
ἐγχειρίσαι τοῖς παιδαρίοις³. Μόλις δὲ προθυμίᾳ πολλῇ τοὺς πολε
μίους ὠσάμενος, ἐκείνων μὲν ὑπὲρ τρισμυρίους διέφθειρε, τῶν
δ' αὐτοῦ χιλίους ἀπώλεσε τοὺς ἀρίστους. Ἀπιὼν δὲ μετὰ τὴν
μάχην πρὸς τοὺς φίλους εἶπεν, ὡς πολλάκις μὲν ἀγωνίσαιτο περὶ
νίκης, νῦν δὲ πρῶτον περὶ ψυχῆς. Ταύτην τὴν μάχην ἐνίκησε τῇ
τῶν Διονυσίων ἑορτῇ⁴, καθ' ἣν λέγεται καὶ Πομπήϊος Μάγνος
ἐπὶ τὸν πόλεμον ἐξελθεῖν· διὰ μέσου δὲ χρόνος ἐνιαυτῶν τεσσά
ρων διῆλθε. Τῶν δὲ Πομπηίου παίδων ὁ μὲν νεώτερος διέφυγε,
τοῦ δὲ πρεσβυτέρου μεθ' ἡμέρας ὀλίγας Δείδιος ἀνήνεγκε τὴν

aux fils de Pompée. Malgré leur jeunesse, ils avaient mis sur pied une armée formidable par le nombre des soldats, et ils montraient une audace qui les rendait dignes du commandement; aussi mirent-ils César dans le plus grand danger. Ils livrèrent, sous les murs de la ville de Munda, une grande bataille dans laquelle César voyant ses troupes, vivement pressées, n'opposer aux ennemis qu'une faible résistance, se jeta au fort de la mêlée en criant à ses soldats de le livrer eux-mêmes aux mains de ces enfants, s'ils n'avaient pas de honte. Ce ne fut que par des efforts extraordinaires qu'il parvint à repousser les ennemis; il leur tua plus de trente mille hommes et perdit mille des siens, qui étaient les plus braves de l'armée. En rentrant dans son camp, après la bataille, il dit à ses amis qu'il avait souvent combattu pour la victoire, mais qu'il venait de combattre pour la vie. Il remporta cette victoire le jour de la fête des Dionysiaques, le même jour que Pompée, quatre ans auparavant, était sorti de Rome pour cette guerre civile. Le plus jeune des fils de Pompée se sauva de la bataille, et peu de jours après Didius vint mettre aux pieds de César la tête de l'aîné. Ce fut la dernière guerre de

ὄντας μὲν ἔτι νέους,	qui étaient il-est-vrai encore jeunes,
συνειλοχότας δὲ στρατιὰν	mais qui avaient rassemblé une armée
θαυμαστὴν τῷ πλήθει,	étonnante par le nombre,
καὶ ἀποδεικνυμένους	et qui montraient
τόλμαν ἀξιόχρεων	une audace remarquable
πρὸς ἡγεμονίαν,	pour le commandement,
ὥστε περιστῆσαι τῷ Καίσαρι	au point d'avoir suscité à César
τὸν ἔσχατον κίνδυνον.	un extrême péril.
Ἡ δὲ μεγάλη μάχη	Or la grande bataille
συνέστη περὶ πόλιν Μοῦνδαν,	se livra près de la ville de Munda,
ἐν ᾗ Καῖσαρ ὁρῶν	dans laquelle *bataille* César voyant
τοὺς ἑαυτοῦ ἐκθλιβομένους	les *gens* de lui pressés
καὶ ἀντέχοντας κακῶς,	et résistant mal,
ἐβόα διαθέων	cria *en* courant
διὰ τῶν ὅπλων καὶ τῶν τάξεων,	à travers les armes et les rangs,
εἰ αἰδοῦνται μηδὲν,	s'ils *n'*ont-honte de rien,
λαβόντας αὐτὸν	*eux* ayant saisi lui
ἐγχειρίσαι τοῖς παιδαρίοις.	de *le* livrer à ces faibles-enfants.
Ὠσάμενος δὲ τοὺς πολεμίους	Et ayant repoussé les ennemis
μόλις πολλῇ προθυμίᾳ,	avec-peine par beaucoup d'ardeur,
διέφθειρε μὲν	d'une part il tua
ὑπὲρ τρισμυρίους ἐκείνων,	au-delà de trente-mille de ceux-là,
ἀπώλεσε δὲ τῶν αὑτοῦ	de l'autre il perdit de ceux de lui
χιλίους τοὺς ἀρίστους.	mille les plus braves.
Ἀπιὼν δὲ μετὰ τὴν μάχην	Et s'en-allant après le combat
εἶπε πρὸς τοὺς φίλους,	il dit à ses amis,
ὡς πολλάκις μὲν	que souvent certes
ἀγωνίσαιτο περὶ νίκης,	il avait combattu pour la victoire,
νῦν δὲ πρῶτον	mais maintenant la première *fois*
περὶ ψυχῆς.	pour la vie.
Ἐνίκησε μὲν ταύτην τὴν μάχην	Or il vainquit dans ce combat
τῇ ἑορτῇ τῶν Διονυσίων,	à la fête des Dionysiaques,
κατὰ ἣν καὶ Πομπήϊος Μάγνος	dans laquelle aussi Pompée le Grand
λέγεται ἐξελθεῖν	est dit être parti
ἐπὶ τὸν πόλεμον·	pour la guerre :
διὰ μέσου δὲ διῆλθε	mais dans l'intervalle s'écoula
χρόνος τεσσάρων ἐνιαυτῶν.	un temps de quatre ans.
Τῶν δὲ παίδων Πομπηίου	Or des fils de Pompée
ὁ μὲν νεώτερος διέφυγε,	le plus jeune il-est-vrai échappa,
Δείδιος δὲ μετὰ ὀλίγας ἡμέρας	mais Didius après peu de jours

κεφαλήν. Τοῦτον ἔσχατον Καῖσαρ ἐπολέμησε τὸν πόλεμον· ὁ δ᾽ ἀπ᾽ αὐτοῦ καταχθεὶς θρίαμβος, ὡς οὐδὲν ἄλλο, Ῥωμαίους ἠνίασεν. Οὐ γὰρ ἀλλοφύλους ἡγεμόνας, οὐδὲ βαρβάρους βασιλεῖς κατηγωνισμένον, ἀνδρὸς δὲ Ῥωμαίων κρατίστου, τύχαις κεχρημένου, παῖδας καὶ γένος ἄρδην ἀνῃρηκότα ταῖς τῆς πατρίδος ἐπιπομπεύειν συμφοραῖς οὐ καλῶς εἶχεν, ἀγαλλόμενον ἐπὶ τούτοις, ὧν μία καὶ πρὸς θεοὺς καὶ πρὸς ἀνθρώπους ἀπολογία τὸ μετ᾽ ἀνάγκης πεπράχθαι· καὶ ταῦτα πρότερον μήτ᾽ ἄγγελον μήτε γράμματα δημοσίᾳ πέμψαντα περὶ νίκης ἀπὸ τῶν ἐμφυλίων πολέμων, ἀλλ᾽ ἀπωσάμενον αἰσχύνῃ τὴν δόξαν.

LVII. Οὐ μὴν ἀλλὰ καὶ πρὸς τὴν τύχην τοῦ ἀνδρὸς ἐγκεκλικότες, καὶ δεδεγμένοι τὸν χαλινόν, καὶ τῶν ἐμφυλίων πολέμων καὶ κακῶν ἀναπνοὴν ἡγούμενοι τὴν μοναρχίαν, δικτάτωρα μὲν

César, et le triomphe qui la suivit affligea plus les Romains que tout ce qu'il avait pu faire précédemment ; c'était, non pour ses victoires sur des généraux étrangers ou sur des rois barbares qu'il triomphait, mais pour avoir détruit et éteint la race du plus grand homme que Rome eût produit, et qui avait été la victime des caprices de la fortune. On ne lui pardonnait pas de triompher ainsi des malheurs de sa patrie, et de se glorifier d'un succès que la nécessité seule pouvait excuser et devant les dieux et devant les hommes, d'autant que jusqu'alors il n'avait jamais ni envoyé de courriers, ni écrit de lettres au sénat pour annoncer les victoires qu'il avait remportées dans les guerres civiles ; il avait toujours paru rejeter une gloire dont il était honteux.

LVII. Cependant les Romains pliaient sous l'ascendant de sa fortune et se soumettaient au frein sans résistance : persuadés même qu'ils ne pourraient se relever de tous les maux qu'avaient causés les guerres civiles que sous l'autorité d'un seul, ils le nommèrent dicta-

ἀνήνεγκε τὴν κεφαλὴν	rapporta la tête
τοῦ πρεσβυτέρου.	de l'aîné.
Καῖσαρ ἐπολέμησε	César guerroya
τοῦτον τὸν πόλεμον ἔσχατον·	cette guerre la dernière :
ὁ δὲ θρίαμβος καταχθεὶς ἀ.τὸ αὐτοῦ	mais le triomphe mené après elle
ἠνίασε Ῥωμαίους,	chagrina les Romains,
ὡς οὐδὲν ἄλλο.	comme aucune autre *chose*.
Οὐ γὰρ εἶχε καλῶς	Car il n'était pas bien
οὐ κατηγωνισμένον	*celui* n'ayant pas combattu
ἡγεμόνας ἀλλοφύλους,	des généraux étrangers,
οὐδὲ βασιλεῖς βαρβάρους,	ni des rois barbares,
ἀνηρηκότα δὲ ἄρδην	mais ayant exterminé entièrement
παῖδας καὶ γένος	les enfants et la race
ἀνδρὸς	d'un homme
κρατίστου Ῥωμαίων,	le plus puissant des Romains,
κεχρημένου	qui avait éprouvé
τύχαις	les chances-de-la-fortune
ἐπιπομπεύειν	triompher
ταῖς συμφοραῖς τῆς πατρίδος,	des malheurs de la patrie,
ἀγαλλόμενον ἐπὶ τούτοις,	se faisant-gloire de ces *choses*,
ὧν μία ἀπολογία	desquelles la seule apologie
καὶ πρὸς θεοὺς	et devant les dieux
καὶ πρὸς ἀνθρώπους	et devant les hommes
τὸ πεπρᾶχθαι μετὰ ἀνάγκης·	*est* d'avoir été faites par nécessité :
καὶ ταῦτα	et cela
πέμψαντα πρότερον	*lui* qui n'avait envoyé auparavant
δημοσίᾳ	publiquement
μήτε ἄγγελον μήτε γράμματα	ni courrier ni lettres
περὶ νίκης	sur une victoire
ἀπὸ τῶν πολέμων ἐμφυλίων,	de guerres civiles,
ἀλλὰ ἀπωσάμενον	mais qui avait rejeté
τὴν δόξαν αἰσχύνῃ.	cette gloire par honte.
LVII. Οὐ μὴν ἀλλὰ	LVII. Cependant
καὶ ἐγκεκλικότες	et courbés
πρὸς τὴν τύχην τοῦ ἀνδρὸς,	sous la fortune de cet homme,
καὶ δεδεγμένοι τὸν χαλινὸν,	et ayant reçu le frein,
καὶ ἡγούμενοι τὴν μοναρχίαν	et pensant le pouvoir-d'un-seul
ἀναπνοὴν τῶν πολέμων	*être* un moyen-de-respirer des guerres
καὶ κακῶν ἐμφυλίων,	et des malheurs civils,
ἀπέδειξαν μὲν αὐτὸν	les Romains nommèrent lui

αὐτὸν ἀπέδειξαν διὰ βίου. Τοῦτο ἦν ὁμολογουμένη μὲν τυραννὶς τῷ ἀνυπευθύνῳ τῆς μοναρχίας τὸ ἀκατάπαυστον προσλαβούσης Τιμὰς δὲ τὰς πρώτας Κικέρωνος εἰς τὴν βουλὴν γράψαντος, ὧν ἀμωσγέπως ἀνθρώπινον ἦν τὸ μέγεθος, ἕτεροι προστιθέντες ὑπερβολὰς, καὶ διαμιλλώμενοι πρὸς ἀλλήλους, ἐξειργάσαντο καὶ τοῖς πραοτάτοις ἐπαχθῆ τὸν ἄνδρα καὶ λυπηρὸν γενέσθαι, διὰ τὸν ὄγκον καὶ τὴν ἀτοπίαν τῶν ψηφιζομένων. Οἷς οὐδὲν ἧττον οἴονται συναγωνίσασθαι τῶν κολακευόντων Καίσαρα τοὺς μισοῦντας, ὅπως ὅτι πλείστας κατ' αὐτοῦ προφάσεις ἔχωσι καὶ μετὰ μεγίστων ἐγκλημάτων ἐπιχειρεῖν δοκῶσιν. Ἐπεὶ τά γ' ἄλλα, τῶν ἐμφυλίων αὐτῷ πολέμων πέρας ἐσχηκότων, ἀνέγκλητον παρεῖχε· καὶ τό γε τῆς Ἐπιεικείας ἱερὸν οὐκ ἀπὸ τρόπου δοκοῦσι χαριστήριον ἐπὶ τῇ πραότητι ψηφίσασθαι. Καὶ γὰρ ἀφῆκε πολλοὺς τῶν πεπολεμηκότων πρὸς αὐτόν, ἐνίοις δὲ καὶ τιμὰς καὶ ἀρχὰς, ὡς Βρούτῳ καὶ Κασσίῳ, προσέθηκεν· ἐστρατήγουν γὰρ ἀμφότεροι.

jour à vie. C'était reconnaître ouvertement la tyrannie, puisqu'à l'autorité absolue et indépendante de la monarchie on ajoutait l'assurance de la posséder toujours. Les premiers honneurs que Cicéron avait proposé au sénat de lui décerner étaient dans les bornes d'une grandeur humaine; mais d'autres y en ajoutèrent de si immodérés, en se disputant à l'envi à qui lui en prodiguerait le plus, que, par ces distinctions excessives et déplacées, ils le rendirent odieux et insupportable aux personnes même du naturel le plus doux. Aussi croit-on que ses ennemis ne contribuèrent pas moins que ses flatteurs à les lui faire décerner, pour se préparer plus de prétextes de l'attaquer un jour, et paraître avoir contre lui les griefs les plus considérables; car il faut avouer que, les guerres civiles une fois terminées, il se montra depuis irréprochable dans sa conduite. Ce fut donc une justice que les Romains lui rendirent, lorsqu'ils ordonnèrent que, pour consacrer sa douceur dans la victoire, on bâtirait en son honneur un temple à la Clémence. En effet, il avait pardonné à la plupart de ceux qui avaient porté les armes contre lui; il donna même à quelques-uns d'entre eux des dignités et des emplois, en particulier à Brutus et à Cassius, qu'il nomma tous deux préteurs. Il ne vit pas

VIE DE CÉSAR.

δικτάτορα διὰ βίου.	dictateur à vie.
Τοῦτο ἦν τυραννὶς ὁμολογουμένη	Cela était une tyrannie avouée,
τῆς μοναρχίας προσλαβούσης	ce pouvoir-d'un-seul ajoutant
τὸ ἀκατάπαυστον τῷ ἀνυπευθύνῳ.	la perpétuité à l'irresponsabilité.
Κικέρωνος δὲ γράψαντος	Mais Cicéron ayant proposé
εἰς τὴν βουλὴν	devant le sénat
τὰς πρώτας τιμὰς,	les premiers honneurs,
ὧν ἁμωσγέπως	desquels en-quelque-sorte
τὸ μέγεθος ἦν ἀνθρώπινον,	la grandeur était humaine,
ἕτεροι προστιθέντες ὑπερβολὰς,	d'autres ajoutant des exagérations,
καὶ διαμιλλώμενοι πρὸς ἀλλήλους,	et rivalisant les-uns-avec-les-autres
ἐξειργάσαντο τὸν ἄνδρα	firent cet homme (*César*)
γενέσθαι ἐπαχθῆ καὶ λυπηρὸν	devenir odieux et fâcheux
καὶ τοῖς πρᾳοτάτοις,	même aux plus modérés,
διὰ τὸν ὄγκον καὶ τὴν ἀτοπίαν	par l'excès et l'étrangeté
τῶν ψηφιζομένων.	des *honneurs* décernés.
Οἷς οἴονται	Auxquels on pense
τοὺς μισοῦντας Καίσαρα	ceux haïssant César
οὐδὲν συναγωνίσασθαι ἧττον	n'avoir pas travaillé moins
τῶν κολακευόντων,	*que* ceux flattant *lui*,
ὅπως ἔχωσι κατὰ αὐτοῦ	afin qu'ils eussent contre lui
ὅτι πλείστας προφάσεις	les plus nombreux prétextes
καὶ δοκῶσιν ἐπιχειρεῖν	et qu'ils parussent *l'*attaquer
μετὰ μεγίστων ἐγκλημάτων.	avec les plus grands griefs. [*choses*
Ἐπεί γε τὰ ἄλλα	Puisque du moins, pour les autres
παρεῖχεν ἀνέγκλητον,	il *se* montrait irréprehensible,
τῶν πολέμων ἐμφυλίων	les guerres civiles
ἐσχηκότων πέρας αὐτῷ·	ayant eu fin par lui :
καί γε δοκοῦσι	et certes *les Romains* semblent
ψηφίσασθαι οὐκ ἀπὸ τρόπου	avoir décrété non contre la raison
τὸ ἱερὸν τῆς Ἐπιεικείας	le temple de la Clémence
χαριστήριον	*comme* marque-de-reconnaissance
ἐπὶ τῇ πρᾳότητι.	pour sa modération.
Καὶ γὰρ ἀφῆκε πολλοὺς	En effet il laissa *impunis* plusieurs
τῶν πεπολεμηκότων	de ceux qui avaient-fait-la-guerre
πρὸς αὐτὸν,	à lui,
προσέθηκε δὲ ἐνίοις,	il ajouta même à quelques-uns,
ὡς Βρούτῳ καὶ Κασσίῳ,	comme à Brutus et à Cassius,
καὶ τιμὰς καὶ ἀρχάς·	et des honneurs et des dignités :
ἀμφότεροι γὰρ ἐστρατήγουν.	car tous-deux furent-préteurs.

Καὶ τὰς Πομπηίου καταβεβλημένας εἰκόνας οὐ περιεῖδεν, ἀλλ' ἀνέστησεν· ἐφ' ὧν καὶ Κικέρων εἶπεν, ὅτι Καῖσαρ τοὺς Πομπηίου στήσας ἀνδριάντας τοὺς ἰδίους ἔπηξε. Τῶν δὲ φίλων ἀξιούντων αὐτὸν δορυφορεῖσθαι, καὶ πολλῶν ἐπὶ τοῦτο παρεχόντων ἑαυτούς, οὐχ ὑπέμεινεν, εἰπὼν ὡς βέλτιόν ἐστιν ἅπαξ ἀποθανεῖν ἢ ἀεὶ προσδοκᾶν. Τὴν δ' εὔνοιαν ὡς κάλλιστον ἅμα καὶ βεβαιότατον ἑαυτῷ περιβαλλόμενος φυλακτήριον, αὖθις ἀνελάμβανε τὸν δῆμον ἑστιάσεσι καὶ σιτηρεσίοις, τὸ δὲ στρατιωτικὸν ἀποικίαις· ὧν ἐπιφανέσταται Καρχηδὼν καὶ Κόρινθος ἦσαν· αἷς καὶ πρότερον τὴν ἅλωσιν, καὶ τότε τὴν ἀνάληψιν ἅμα καὶ κατὰ τὸν αὐτὸν χρόνον ἀμφοτέραις γενέσθαι συνέτυχε.

LVIII. Τῶν δὲ δυνατῶν τοῖς μὲν ὑπατείας καὶ στρατηγίας εἰς τοὐπιὸν ἐπηγγέλλετο, τοὺς δ' ἄλλαις τισὶν ἐξουσίαις καὶ τιμαῖς παρεμυθεῖτο, πᾶσι δ' ἐλπίζειν ἐνεδίδου μνηστευόμενος ἄρχειν ἑκόντων· ὡς καὶ Μαξίμου τοῦ ὑπάτου τελευτήσαντος, εἰς τὴν

---

même avec indifférence qu'on eût abattu les statues de Pompée, mais il les fit relever. « César, dit à ce sujet Cicéron, en relevant les sta-
« tues de Pompée, a affermi les siennes. » Ses amis lui conseillaient de prendre des gardes pour sa sûreté, et plusieurs même d'entre eux s'offraient à lui en servir. Il le refusa constamment, et leur dit qu'il valait mieux mourir une fois que de craindre continuellement la mort; mais, persuadé que l'affection du peuple était la garde la plus honorable et la plus sûre dont il pût s'entourer, il s'appliqua de nouveau à gagner les citoyens par des repas publics, par des distributions de blé, et les soldats par l'établissement de nouvelles colonies. Les plus considérables furent Corinthe et Carthage : ainsi ces deux villes, qui avaient été prises et détruites en même temps, furent aussi rétablies et repeuplées ensemble.

LVIII. Il s'attira la bienveillance des grands en promettant aux uns des consulats et des prétures, en consolant les autres de leurs pertes par des charges et des honneurs, en donnant enfin à tous les plus belles espérances, et cherchant par là à rendre la soumission volontaire. Le consul Fabius Maximus étant mort la veille de l'expi-

Καὶ οὐ περιεῖδεν,	Et il ne négligea pas,
ἀλλὰ ἀνέστησε	mais releva
τὰς εἰκόνας Πομπηίου	les statues de Pompée
καταβεβλημένας·	qui étaient renversées :
ἐπὶ ὧν καὶ Κικέρων εἶπεν,	sur lesquelles même Cicéron dit
ὅτι Καῖσαρ στήσας	que César ayant relevé
τοὺς ἀνδριάντας Πομπηίου	les statues de Pompée
ἔπηξε τοὺς ἰδίους.	avait affermi les *siennes* propres.
Τῶν δὲ φίλων ἀξιούντων αὐτὸν	Mais ses amis conseillant à lui
δορυφορεῖσθαι, καὶ πολλῶν	de s'entourer-de-gardes, et beaucoup
παρεχόντων ἑαυτοὺς ἐπὶ τοῦτο,	s'offrant eux-mêmes pour cela,
οὐχ ὑπέμεινεν,	il ne *le* souffrit pas,
εἰπὼν ὡς ἐστι βέλτιον	disant qu'il est meilleur
ἀποθανεῖν ἅπαξ	de mourir une-fois
ἢ προσδοκᾶν ἀεί.	que d'attendre toujours.
Περιβαλλόμενος δὲ ἑαυτῷ	Mais mettant-autour de soi-même
τὴν εὔνοιαν ὡς φυλακτήριον	la bienveillance comme garde
κάλλιστον ἅμα καὶ βεβαιότατον,	la plus belle à-la-fois et la plus ferme,
αὖθις ἀνελάμβανε τὸν δῆμον	de nouveau il gagnait le peuple
ἑστιάσεσι	par des festins
καὶ σιτηρεσίοις,	et des distributions-de-vivres,
τὸ δὲ στρατιωτικὸν ἀποικίαις·	et l'armée par des colonies :
ὧν ἐπιφανέσταται	desquelles les plus remarquables
ἦσαν Καρχηδὼν καὶ Κόρινθος·	furent Carthage et Corinthe :
αἷς ἀμφοτέραις συνέτυχε	auxquelles toutes-deux il arriva
καὶ πρότερον τὴν ἅλωσιν,	et antérieurement la prise
καὶ τότε τὴν ἀνάληψιν	et alors le rétablissement
γενέσθαι ἅμα	avoir eu-lieu ensemble
καὶ κατὰ τὸν αὐτὸν χρόνον.	et dans le même temps.
LVIII. Ἐπηγγέλλετο δὲ	LVIII. D'un autre côté il promettait
τοῖς μὲν τῶν δυνατῶν	aux uns des puissants
ὑπατείας	des consulats
καὶ στρατηγίας εἰς τὸ ἐπιόν,	et des prétures pour l'avenir,
παρεμυθεῖτο δὲ τοὺς	et consolait les autres
τισὶν ἄλλαις ἐξουσίαις	par quelques autres charges
καὶ τιμαῖς,	et honneurs,
ἐνεδίδου δὲ πᾶσιν ἐλπίζειν	et donnait à tous d'espérer
μνηστευόμενος ἄρχειν	aspirant à gouverner
ἑκόντων·	des *hommes* de-bonne-volonté :
ὡς καὶ τοῦ ὑπάτου Μαξίμου	au point même, le consul Maximus

περιοῦσαν ἔτι τῆς ἀρχῆς μίαν ἡμέραν ὕπατον ἀποδεῖξα Κανίνιον Ῥεβίλιον. Πρὸς ὃν, ὡς ἔοικε, πολλῶν δεξιώσασθαι καὶ προπέμψαι βαδιζόντων, ὁ Κικέρων· «Σπεύδωμεν, ἔφη, πρὶν φθάσῃ τῆς ὑπατείας ἐξελθὼν ὁ ἄνθρωπος.» Ἐπεὶ δὲ τὸ φύσει μεγαλουργὸν αὐτοῦ καὶ φιλότιμον αἱ πολλαὶ κατορθώσεις οὐ πρὸς ἀπόλαυσιν ἔτρεπον τῶν πεπονημένων, ἀλλ' ὑπέκκαυμα καὶ θάρσος οὖσαι πρὸς τὰ μέλλοντα, μειζόνων ἐνέτικτον ἐπινοίας πραγμάτων καὶ καινῆς ἔρωτα δόξης, ὡς ἀποκεχρημένῳ τῇ παρούσῃ· τὸ μὲν πάθος οὐδὲν ἦν ἕτερον ἢ ζῆλος αὐτοῦ, καθάπερ ἄλλου, καὶ φιλονεικία τις ὑπὲρ τῶν μελλόντων πρὸς τὰ πεπραγμένα· παρασκευὴ δὲ καὶ γνώμη στρατεύειν μὲν ἐπὶ Πάρθους, καταστρεψαμένῳ δὲ τούτους καὶ δι' Ὑρκανίας παρὰ τὴν Κασπίαν θάλασσαν¹ καὶ τὸν Καύκασον² ἐκπεριελθόντι τὸν Πόντον εἰς τὴν

ration de son consulat, César nomma Caninius Rébilius consul pour le seul jour qui restait; et comme on allait en foule, suivant l'usage, chez le nouveau consul pour le féliciter et l'accompagner au sénat, Cicéron dit plaisamment : « Hâtons-nous d'y aller, de peur qu'il ne « sorte de charge avant d'avoir pu recevoir notre compliment. » César se sentait né pour les grandes entreprises; et, loin que ses nombreux exploits lui fissent désirer la jouissance paisible du fruit de ses travaux, ils lui inspirèrent au contraire de plus vastes projets; et flétrissant, pour ainsi dire, à ses yeux la gloire qu'il avait acquise, ils allumèrent en lui l'amour d'une gloire plus grande encore. Cette passion n'était qu'une sorte de jalousie contre lui-même, telle qu'il aurait pu en avoir à l'égard d'un étranger; qu'une rivalité de surpasser ses exploits précédents par ceux qu'il projetait pour l'avenir. Il avait formé le dessein de porter la guerre chez les Parthes, et il en faisait déjà les préparatifs. Il se proposait, après les avoir domptés, de traverser l'Hyrcanie le long de la mer Caspienne et du mont Caucase,

τελευτήσαντος,	étant mort,
ἀποδεῖξαι ὕπατον	*lui* avoir nommé consul
Κανίνιον Ῥεβίλιον	Caninius Rébilius
εἰς τὴν μίαν ἡμέραν	pour le seul jour
περιοῦσαν ἔτι τῆς ἀρχῆς.	qui restait encore de cette charge.
Πρὸς ὃν πολλῶν βαδιζόντων,	Vers lequel plusieurs se rendant,
ὡς ἔοικε,	comme il convient,
δεξιώσασθαι καὶ προπέμψαι,	pour *le* féliciter et *l'*accompagner,
ὁ Κικέρων· « Σπεύδωμεν, ἔφη,	Cicéron : « Hâtons-nous, dit-il,
πρὶν ὁ ἄνθρωπος	avant que l'homme
φθάσῃ	*ne nous* ait prévenus
ἐξελθὼν τῆς ὑπατείας. »	étant sorti du consulat. »
Ἐπεὶ δὲ αἱ πολλαὶ κατορθώσεις	Mais comme les nombreux succès
οὐκ ἔτρεπον πρὸς ἀπόλαυσιν	ne tournaient pas vers la jouissance
τῶν πεπονημένων	des *choses* faites-à-force-de-travaux
τὸ αὐτοῦ φύσει	le *caractère* de lui de nature
μεγαλουργὸν καὶ φιλότιμον,	entreprenant et ambitieux,
ἀλλὰ οὖσαι ὑπέκκαυμα	mais étant un aiguillon
καὶ θάρσος	et un encouragement
πρὸς τὰ μέλλοντα,	aux *choses* futures,
ἐνέτικτον ἐπινοίας	engendraient-en *lui* des pensées
μειζόνων πραγμάτων	de plus grandes affaires
καὶ ἔρωτα καινῆς δόξης,	et le désir d'une nouvelle gloire,
ὡς ἀποκεχρημένῳ τῇ παρούσῃ·	comme ayant trop-usé de la présente :
τὸ μὲν πάθος ἦν οὐδὲν ἕτερον	sa passion n'était rien autre *chose*
ἢ ζῆλος αὐτοῦ,	qu'une jalousie contre lui-même,
καθάπερ ἄλλου,	comme *contre* un autre,
καί τις φιλονεικία	et une certaine rivalité
ὑπὲρ τῶν μελλόντων	en faveur des *choses* devant être
πρὸς τὰ πεπραγμένα·	eu égard aux *choses* faites :
παρασκευὴ δὲ	mais ses préparatifs
καὶ γνώμη	et son dessein *étaient*
στρατεύειν μὲν	d'abord de faire-une-expédition
ἐπὶ Πάρθους,	contre les Parthes,
καταστρεψαμένῳ δὲ τούτους	puis *à lui* ayant soumis ceux-ci
καὶ ἐκπεριελθόντι τὸν Πόντον	et ayant tourné le Pont
διὰ Ὑρκανίας	par l'Hyrcanie
παρὰ τὴν θάλασσαν Κασπίαν	le long de la mer Caspienne
καὶ τὸν Καύκασον	et du Caucase
ἐμβάλλειν εἰς τὴν Σκυθικήν·	de se jeter sur la Scythie :

Σκυθικὴν ἐμβαλεῖν· καὶ τὰ περίχωρα Γερμανοῖς καὶ Γερμανίαν αὐτὴν ἐπιδραμόντι, διὰ Κελτῶν ἐπανελθεῖν εἰς Ἰταλίαν καὶ συνάψαι τὸν κύκλον τοῦτον τῆς ἡγεμονίας τῷ πανταχόθεν Ὠκεανῷ περιορισθείσης. Διὰ μέσου δὲ τῆς στρατείας τόν τε Κορινθίων Ἰσθμὸν ἐπεχείρει διασκάπτειν, Ἀνιηνὸν ἐπὶ τούτῳ προχειρισάμενος· καὶ τὸν Τίβεριν εὐθὺς ἀπὸ τῆς πόλεως ὑπολαβὼν διώρυχι βαθείᾳ, καὶ περικλάσας ἐπὶ τὸ Κιρκαῖον[1], ἐμβαλεῖν εἰς τὴν πρὸς Ταρρακίνῃ[2] θάλατταν, ἀσφάλειαν ἅμα καὶ ῥᾳστώνην τοῖς δι' ἐμπορίας φοιτῶσιν εἰς Ῥώμην μηχανώμενος· πρὸς δὲ τούτοις τὰ μὲν ἕλη τὰ περὶ Πωμέντιον[3] καὶ Σήτιον ἐκτρέψας πεδίον ἀποδεῖξαι πολλαῖς ἐνεργὸν ἀνθρώπων μυριάσι· τῇ δ' ἔγγιστα τῆς Ῥώμης θαλάσσῃ κλεῖθρα διὰ χωμάτων ἐπαγαγὼν καὶ τὰ τυφλὰ καὶ δύσορμα τῆς Ὠστιανῆς ἠϊόνος ἀνακαθηράμενος λιμένας

de se jeter ensuite dans la Scythie, de soumettre tous les pays voisins de la Germanie, et la Germanie même; de revenir enfin en Italie par les Gaules, après avoir arrondi l'empire romain, qui aurait été ainsi de tous côtés borné par l'Océan. Pendant qu'il préparait cette expédition, il songeait à couper l'isthme de Corinthe; il avait même chargé Aniénus de cette entreprise et de celle de creuser un canal profond qui commencerait à Rome même, et irait jusqu'à Circéum, pour conduire le Tibre dans la mer de Terracine, et ouvrir au commerce une route plus commode et plus sûre jusqu'à Rome. Il voulait aussi dessécher les marais voisins de Pométium et de Sétium, et changer les terres qu'ils inondaient en des campagnes fertiles qui fourniraient du blé à des milliers de cultivateurs. Il avait enfin le projet d'opposer des barrières à la mer la plus voisine de Rome, en élevant sur ses bords de fortes digues; et, après avoir nettoyé la rade d'Ostie, que des rochers couverts par les eaux rendaient périlleuse pour les navigateurs, d'y construire des ports et des arsenaux

VIE DE CÉSAR.

καὶ ἐπιδραμόντι	et ayant envahi
τὰ περίχωρα Γερμανοῖς	les *contrées* voisines des Germains
καὶ Γερμανίαν αὐτὴν,	et la Germanie elle-même,
ἐπανελθεῖν διὰ Κελτῶν	de revenir par chez les Gaulois
εἰς Ἰταλίαν	en Italie
καὶ συνάψαι τοῦτον τὸν κύκλον	et de resserrer ce cercle
τῆς ἡγεμονίας περιορισθείσης	de l'empire qui aurait été borné
πανταχόθεν τῷ Ὠκεανῷ.	de-tous-côtés par l'Océan.
Διὰ μέσου δὲ	Mais dans l'intervalle
τῆς στρατείας	de cette expédition
ἐπεχείρει διασκάπτειν τε	il entreprenait et de creuser
τὸν Ἰσθμὸν Κορινθίων,	l'Isthme des Corinthiens,
προχειρισάμενος	ayant désigné
ἐπὶ τούτῳ Ἀνιηνόν·	pour cela Aniénus :
καὶ ὑπολαβὼν διώρυχι βαθείᾳ	et ayant reçu dans un fossé profond
τὸν Τίβεριν	le Tibre
εὐθὺς ἀπὸ τῆς πόλεως,	immédiatement hors de la ville,
καὶ περικλάσας ἐπὶ τὸ Κιρκαῖον	et *l*'ayant courbé jusqu'à Circéum
ἐμβαλεῖν εἰς τὴν θάλατταν	de *le* jeter dans la mer
πρὸς Ταῤῥακίνῃ,	à Terracine,
μηχανώμενος ἀσφάλειαν	procurant sûreté
ἅμα καὶ ῥᾳστώνην	à-la-fois et facilité
τοῖς φοιτῶσιν εἰς Ῥώμην	à ceux qui se rendent à Rome
δι' ἐμπορίας·	pour le commerce :
πρὸς δὲ τούτοις	et outre ces *choses*
ἐκτρέψας τὰ μὲν ἕλη	d'une part ayant détourné les marais
τὰ περὶ Πωμέντιον	ceux *étant* autour de Pométium
καὶ Σήτιον	et de Sétium
ἀποδεῖξαι	de montrer *à leur place*
πεδίον ἐνεργὸν	une plaine bonne-à-travailler
πολλαῖς μυριάσιν ἀνθρώπων·	par plusieurs myriades d'hommes :
ἐπαγαγὼν δὲ κλεῖθρα	d'autre part ayant élevé des barrières
διὰ χωμάτων	à l'aide de digues
τῇ θαλάσσῃ	à la mer
ἔγγιστα τῆς Ῥώμης	qui *est* le plus près de Rome
καὶ ἀνακαθηράμενος	et ayant nettoyé
τὰ τυφλὰ καὶ δύσορμα	les *endroits* cachés et peu-sûrs
τῆς ἠϊόνος Ὠστιανῆς	de la côte d'-Ostie
ἐμποιήσασθαι λιμένας	d'y-faire des ports
καὶ ναύλοχα ἀξιόπιστα	et des havres sûrs

ἐμποιήσασθαι καὶ ναύλοχα πρὸς τοσαύτην ἀξιόπιστα ναυτιλίαν. Καὶ ταῦτα μὲν ἐν παρασκευαῖς ἦν.

LIX. Ἡ δὲ τοῦ ἡμερολογίου διάθεσις καὶ διόρθωσις τῆς περὶ τὸν χρόνον ἀνωμαλίας, φιλοσοφηθεῖσα χαριέντως ὑπ' αὐτοῦ, καὶ τέλος λαβοῦσα, γλαφυρωτάτην παρέσχε χρείαν. Οὐ γὰρ μόνον ἐν τοῖς παλαιοῖς πάνυ χρόνοις τεταραγμέναις ἐχρῶντο Ῥωμαῖοι ταῖς τῶν μηνῶν πρὸς τὸν ἐνιαυτὸν περιόδοις, ὥστε τὰς θυσίας καὶ τὰς ἑορτὰς, ὑποφερομένας κατὰ μικρὸν, εἰς ἐναντίας ἐκπεπτωκέναι τοῖς χρόνοις ὥρας, ἀλλὰ καὶ περὶ τὴν τότε οὖσαν ἡλιακὴν, οἱ μὲν ἄλλοι παντάπασι τούτων ἀσυλλογίστως εἶχον, οἱ δ' ἱερεῖς μόνοι τὸν καιρὸν εἰδότες, ἐξαίφνης καὶ προησθημένου μηδενὸς τὸν ἐμβόλιμον προσέγραφον μῆνα, μερκηδόνιον[1] ὀνομάζοντες, ὃν Νομᾶς ὁ βασιλεὺς πρῶτος ἐμβαλεῖν λέγεται, μικρὰν καὶ διατείνουσαν οὐ πόρρω βοήθειαν ἐξευρὼν τῆς περὶ τὰς ἀποκαταστάσεις πλημμελείας, ὡς ἐν τοῖς περὶ ἐκείνου γέγραπται. Καῖσαρ δὲ, τοῖς ἀρίστοις τῶν φιλοσόφων καὶ μαθηματικῶν τὸ

qui pussent contenir le grand nombre de vaisseaux qui s'y rendaient de toutes parts : mais ces grands ouvrages restèrent en projets.

LIX. Il fut plus heureux dans la réforme du calendrier : il imagina une correction ingénieuse de l'inégalité qui jetait dans le calcul des temps beaucoup de confusion ; et cette réforme, heureusement terminée, fut depuis d'un usage aussi commode qu'agréable. Les Romains, dans les premiers temps de leur monarchie, n'avaient pas même de périodes fixes et réglées pour accorder leurs mois avec l'année ; et il en résultait que leurs sacrifices et leurs fêtes, en reculant peu à peu, se trouvaient successivement dans des saisons entièrement opposées à celles de leur établissement. Bien plus, au temps de César, où l'année solaire était seule en usage, le commun des citoyens n'en connaissait pas la révolution ; les prêtres, qui seuls avaient la connaissance des temps, ajoutaient tout à coup, sans qu'on s'y attendit, un mois intercalaire, qu'ils appelaient mercédonius, que le roi Numa avait imaginé, mais qui n'était qu'un faible remède aux erreurs qui, comme on l'a dit dans la Vie de ce prince, avaient lieu dans le calcul de l'année. César, ayant proposé cette question aux plus savants philosophes et aux plus habiles mathématiciens de son

VIE DE CÉSAR.

πρὸς τοσαύτην ναυτιλίαν.	pour une si grande navigation.
Καὶ ταῦτα μὲν	Et ces *choses* certes
ἦν ἐν παρασκευαῖς.	étaient en préparatifs.
LIX. Ἡ δὲ διάθεσις	LIX. Mais la constitution
τοῦ ἡμερολογίου	du calendrier
καὶ διόρθωσις τῆς ἀνωμαλίας	et la correction de l'inégalité
περὶ τὸν χρόνον,	concernant le temps,
φιλοσοφηθεῖσα χαριέντως	ayant été étudiée avec-esprit
ὑπὸ αὐτοῦ,	par lui,
καὶ λαβοῦσα τέλος,	et ayant pris fin,
παρέσχε χρείαν γλαφυρωτάτην.	offrit un usage très commode.
Ῥωμαῖοι γὰρ οὐ μόνον	Car les Romains non seulement
ἐν τοῖς χρόνοις πάνυ παλαιοῖς	dans les temps tout-à-fait anciens
ἐχρῶντο	se servaient
ταῖς περιόδοις τῶν μηνῶν	de périodes de mois
τεταραγμέναις πρὸς τὸν ἐνιαυτόν,	non-réglées par rapport à l'année,
ὥστε τὰς θυσίας καὶ τὰς ἑορτάς,	au point les sacrifices et les fêtes,
ὑποφερομένας κατὰ μικρὸν,	reculés peu-à-peu,
ἐκπεπτωκέναι εἰς ὥρας	être tombés en des saisons
ἐναντίας	contraires
τοῖς χρόνοις,	aux temps *de leur établissement*,
ἀλλὰ καὶ περὶ τὴν	mais même par rapport à la *période*
οὖσαν τότε ἡλιακὴν,	qui était alors solaire,
οἱ μὲν ἄλλοι εἶχον παντάπασιν	les autres *citoyens* étaient tout-à-fait
ἀσυλλογίστως τούτων,	dans-l'ignorance de ces *choses*,
οἱ δὲ ἱερεῖς μόνοι	et les prêtres seuls
εἰδότες τὸν καιρὸν,	sachant le temps-convenable,
ἐξαίφνης	tout-à-coup
καὶ μηδενὸς προῃσθημένου	et personne *ne l'*ayant pressenti,
προσέγραφον τὸν μῆνα ἐμβόλιμον,	ajoutaient le mois intercalaire,
ὀνομάζοντες μερκηδόνιον,	*le* nommant mercédonius,
ὃν ὁ βασιλεὺς Νομᾶς	lequel le roi Numa
λέγεται πρῶτος ἐμβαλεῖν,	est dit le premier avoir ajouté,
ἐξευρὼν βοήθειαν μικρὰν	ayant trouvé ce secours faible
καὶ οὐ διατείνουσαν πόρρω	et qui ne tendait pas loin
τῆς πλημμελείας	à l'erreur
περὶ τὰς ἀποκαταστάσεις,	concernant les révolutions-des-[astres
ὡς γέγραπται	comme il a été écrit
ἐν τοῖς περὶ ἐκείνου.	dans le *livre* sur celui-ci.
Καῖσαρ δὲ, προθεὶς τὸ πρόβλημα	Or César ayant proposé le problème

πρόβλημα προθείς, ἐκ τῶν ὑποκειμένων ἤδη μεθόδων ἔμιξεν ἰδίαν τινὰ καὶ διηκριβωμένην μᾶλλον ἐπανόρθωσιν, ᾗ χρώμενοι μέχρι νῦν Ῥωμαῖοι δοκοῦσιν ἧττον ἑτέρων σφάλλεσθαι περὶ τὴν ἀνωμαλίαν. Οὐ μὴν ἀλλὰ καὶ παρὰ τοῖς βασκαίνουσι καὶ βαρυνομένοις τὴν δύναμιν αἰτίας παρεῖχε. Κικέρων οὖν ὁ ῥήτωρ, ὡς ἔοικε, φήσαντός τινος αὔριον ἐπιτέλλειν Λύραν· « Ναὶ, εἶπεν, ἐκ διατάγματος· » ὡς καὶ τοῦτο πρὸς ἀνάγκην τῶν ἀνθρώπων δεχομένων.

LX. Τὸ δ' ἐμφανὲς μάλιστα μῖσος καὶ θανατηφόρον ἐπ' αὐτὸν ὁ τῆς βασιλείας ἔρως ἐξειργάσατο, τοῖς μὲν πολλοῖς αἰτία πρώτη, τοῖς δ' ὑπούλοις πάλαι πρόφασις εὐπρεπεστάτη γενομένη. Καίτοι καὶ λόγον τινὰ κατέσπειραν εἰς τὸν δῆμον οἱ ταύτην Καίσαρι τὴν τιμὴν προξενοῦντες, ὡς ἐκ γραμμάτων Σιβυλλείων ἁλώσιμα τὰ Πάρθων φαίνοιτο Ῥωμαίοις σὺν βασιλεῖ στρατευομένοις ἐπ' αὐ-

temps, publia, d'après les méthodes déjà trouvées, une réforme particulière et exacte, dont les Romains font encore usage, et qui prévient une partie des erreurs auxquelles les autres peuples sont sujets sur l'inégalité qui a lieu entre les mois et les années. Cependant ses envieux et ceux qui ne pouvaient souffrir sa domination en prirent sujet de le railler. Cicéron, si je ne me trompe, ayant entendu dire à quelqu'un que la constellation de la Lyre se lèverait le lendemain : « Oui, dit-il, elle se lèvera par édit; » comme si ce changement même n'avait été reçu que par contrainte.

LX. Mais la haine la plus envenimée des Romains contre lui et la véritable cause de sa mort vinrent du désir qu'il eut de se faire déclarer roi. De là naquit l'aversion que le peuple commença à lui porter, et le prétexte le plus spécieux pour ses ennemis secrets d'exécuter leur mauvais dessein. Ceux qui voulaient l'élever à la royauté semaient dans le public que, d'après un oracle des livres Sibyllins, les Parthes ne seraient soumis par les armées romaines que lorsqu'elles seraient commandées par un roi; que sans cela elles

τοῖς ἀρίστοις τῶν φιλοσόφων	aux plus habiles des philosophes
καὶ μαθηματικῶν,	et des mathématiciens,
ἔμιξεν ἐκ τῶν μεθόδων	mélangea avec les méthodes
ἤδη ὑποκειμένων	déjà établies
τινὰ ἐπανόρθωσιν ἰδίαν	une certaine réforme propre
καὶ μᾶλλον διηκριβωμένην,	et rendue-plus-exacte,
ᾗ Ῥωμαῖοι χρώμενοι	de laquelle les Romains se servant
μέχρι νῦν	jusqu'à présent
δοκοῦσι σφάλλεσθαι	semblent se tromper
ἧττον ἑτέρων	moins *que* d'autres
περὶ τὴν ἀνωμαλίαν.	quant à l'inégalité *du calcul des temps*.
Οὐ μὴν ἀλλὰ καὶ παρεῖχεν αἰτίας	Toutefois il fournit encore des griefs
τοῖς βασκαίνουσι	à ceux qui enviaient
καὶ βαρυνομένοις	et qui portaient-avec-peine
τὴν δύναμιν.	sa puissance.
Κικέρων οὖν ὁ ῥήτωρ,	Ainsi Cicéron l'orateur,
ὡς ἔοικε,	comme il paraît,
τινὸς φήσαντος Λύραν	quelqu'un ayant dit la Lyre
ἐπιστέλλειν αὔριον·	se lever le lendemain :
« Ναὶ, εἶπεν, ἐκ διατάγματος· »	« Oui, dit-il, par édit : »
ὡς τῶν ἀνθρώπων	comme les hommes
δεχομένων καὶ τοῦτο	recevant même cela
πρὸς ἀνάγκην.	par nécessité.
LX. Ὁ δὲ ἔρως τῆς βασιλείας	LX. Mais le désir de la royauté
ἐξειργάσατο ἐπὶ αὐτὸν	produisit contre lui
τὸ μῖσος μάλιστα ἐμφανὲς	la haine la plus évidente
καὶ θανατηφόρον,	et mortelle,
γενομένη μὲν	étant devenu il-est-vrai
τοῖς πολλοῖς	pour beaucoup
πρώτη αἰτία,	le premier grief,
τοῖς δὲ ὑπούλοις	mais *étant* pour ses ennemis-secrets
πρόφασις εὐπρεπεστάτη	le prétexte le plus spécieux
πάλαι.	depuis-longtemps.
Καίτοι καὶ οἱ προξενοῦντες	Or ceux même qui ménageaient
ταύτην τὴν τιμὴν Καίσαρι	cet honneur à César
κατέσπειραν τινα λόγον	semèrent un certain bruit
εἰς τὸν δῆμον,	dans le peuple,
ὡς ἐκ γραμμάτων Σιβυλλείων	que d'après les écrits Sibyllins
τὰ Πάρθων φαίνοιτο	les *forces* des Parthes paraissaient
ἁλώσιμα Ῥωμαίοις	destructibles par les Romains

τοὺς, ἄλλως ἀνέφικτα ὄντα· καὶ καταβαίνοντος ἐξ Ἄλβης¹ Καίσαρος εἰς τὴν πόλιν, ἐτόλμησαν αὐτὸν ἀσπάσασθαι βασιλέα. Τοῦ δὲ δήμου διαταραχθέντος, ἀχθεσθεὶς ἐκεῖνος οὐκ ἔφη βασιλεὺς, ἀλλὰ Καῖσαρ καλεῖσθαι· καὶ γενομένης πρὸς τοῦτο πάντων σιωπῆς, οὐ πάνυ φαιδρὸς οὐδ᾽ εὐμενὴς παρῆλθεν. Ἐν δὲ συγκλήτῳ τιμάς τινας ὑπερφυεῖς αὐτῷ ψηφισαμένων, ἔτυχε μὲν ὑπὲρ τῶν ἐμβόλων καθεζόμενος· προσιόντων δὲ τῶν ὑπάτων καὶ τῶν στρατηγῶν, ἅμα δὲ καὶ τῆς βουλῆς ἁπάσης ἑπομένης, οὐχ ὑπεξαναστὰς, ἀλλ᾽ ὥσπερ ἰδιώταις τισὶ χρηματίζων ἀπεκρίνατο, συστολῆς μᾶλλον, ἢ προσθέσεως, τὰς τιμὰς δεῖσθαι. Καὶ τοῦτ᾽ οὐ μόνον ἠνίασε τὴν βουλὴν, ἀλλὰ καὶ τὸν δῆμον, ὡς ἐν τῇ βουλῇ τῆς πόλεως προπηλακιζομένης· καὶ μετὰ δεινῆς κατηφείας ἀπῆλθον εὐθὺς οἷς ἐξῆν μὴ παραμένειν· ὥστε κἀκεῖνον ἐννοή-

n'entreraient jamais dans leur pays. Un jour qu'il revenait d'Albe à Rome, ces mêmes personnes osèrent le saluer du nom de roi. César, qui s'aperçut du trouble que ce titre excitait parmi le peuple, fit semblant d'en être offensé, et dit qu'il ne s'appelait pas roi, mais César. Ce mot fut suivi d'un silence profond de la part de tous les assistants, et César suivit son chemin d'un air triste et mécontent. Un autre jour que le sénat lui avait décerné des honneurs extraordinaires, les consuls et les préteurs, suivis de tous les sénateurs, se rendirent sur la place, où il était assis à la tribune, pour lui faire part du décret. Il ne daigna pas se lever à leur arrivée; et, leur donnant audience comme à de simples particuliers, il leur dit qu'il fallait diminuer ses honneurs plutôt que de les augmenter. Le sénat ne fut pas plus mortifié de cette hauteur que le peuple lui-même, qui crut voir Rome méprisée dans la personne des sénateurs; tous ceux qui n'étaient pas obligés par état de rester s'en retournèrent la

στρατευομένοις ἐπὶ αὐτοὺς	faisant-campagne contre eux
σὺν βασιλεῖ,	avec un roi,
ὄντα ἄλλως ἀνέφικτα·	ces *forces* étant autrement invincibles :
καὶ Καίσαρος καταβαίνοντος	et César revenant
ἐξ Ἄλβης εἰς τὴν πόλιν,	d'Albe dans la ville,
ἐτόλμησαν ἀσπάσασθαι	ils osèrent saluer
αὐτὸν βασιλέα.	lui roi.
Τοῦ δὲ δήμου διαταραχθέντος,	Mais le peuple étant troublé,
ἐκεῖνος ἀχθεσθεὶς	celui-ci s'étant plaint
ἔφη οὐ καλεῖσθαι βασιλεὺς,	dit ne-pas s'appeler roi,
ἀλλὰ Καῖσαρ·	mais César :
καὶ σιωπῆς πάντων	et le silence de tous
γενομένης πρὸς τοῦτο,	ayant eu-lieu sur cela,
παρῆλθεν οὐ πάνυ φαιδρὸς	il passa-outre non du tout rayonnant
οὐδὲ εὐμενής.	ni de-bonne-humeur.
Ἐν δὲ συγκλήτῳ	Puis dans le sénat
ψηφισαμένων αὐτῷ	*les sénateurs* ayant décerné à lui
τινὰς τιμὰς ὑπερφυεῖς,	certains honneurs excessifs,
ἔτυχε μὲν καθεζόμενος	il se trouva siégeant
ὑπὲρ τῶν ἐμβόλων·	sur les rostres :
τῶν δὲ ὑπάτων	et les consuls
καὶ τῶν στρατηγῶν,	et les préteurs
προσιόντων,	venant-vers *lui*,
ἅμα δὲ καὶ	et en même-temps aussi
τῆς βουλῆς ἁπάσης	le sénat tout-entier
ἑπομένης,	*les* suivant,
οὐχ ὑπεξαναστὰς,	César ne s'étant pas levé,
ἀλλὰ ὥσπερ χρηματίζων	mais comme donnant-audience
τισὶν ἰδιώταις,	à de simples-particuliers,
ἀπεκρίνατο τὰς τιμὰς	répondit ses honneurs
δεῖσθαι συστολῆς	avoir-besoin de diminution
μᾶλλον ἢ προσθέσεως.	plus que de surcroît.
Καὶ τοῦτο ἠνίασεν	Et cela chagrina
οὐ μόνον τὴν βουλὴν,	non seulement le sénat,
ἀλλὰ καὶ τὸν δῆμον,	mais encore le peuple,
ὡς τῆς πόλεως	comme la cité
προπηλακιζομένης ἐν τῇ βουλῇ·	étant outragée dans le sénat :
καὶ οἷς ἐξῆν	et *ceux* à qui il était-possible
μὴ παραμένειν	de ne-pas rester
ἀπῆλθον εὐθὺς	s'en-allèrent aussitôt

σαντα, παραχρῆμα μὲν οἴκαδε τραπέσθαι καὶ βοᾷν πρὸς τοὺς φίλους, ἀπαγαγόντα τοῦ τραχήλου τὸ ἱμάτιον, ὡς ἕτοιμος εἴη τῷ βουλομένῳ τὴν σφαγὴν παρέχειν· ὕστερον δὲ προφασίζεσθαι τὴν νόσον· οὐ γὰρ ἐθέλειν τὴν αἴσθησιν ἀτρεμεῖν τῶν οὕτως ἐχόντων, ὅταν ἱστάμενοι διαλέγωνται πρὸς ὄχλον, ἀλλὰ σειομένην ταχὺ καὶ περιφερομένην εἰλίγγους ἐπισπᾶσθαι καὶ καταλαμβάνεσθαι. Τὸ δ' οὐκ εἶχεν οὕτως, ἀλλὰ καὶ πάνυ βουλόμενον αὐτὸν ὑπεξαναστῆναι τῇ βουλῇ λέγουσιν ὑπό του τῶν φίλων, μᾶλλον δὲ κολάκων, Κορνηλίου Βάλβου κατασχεθῆναι φήσαντος· « Οὐ μεμνήσῃ Καῖσαρ ὢν, οὐδ' ἀξιώσεις ὡς κρείττονα θεραπεύεσθαι σεαυτόν; »

LXI. Ἐπιγίνεται τούτοις τοῖς προσκρούσμασιν ὁ τῶν δημάρχων προπηλακισμός. Ἦν μὲν γὰρ ἡ τῶν Λουπερκαλίων ἑορτή[1],

tête baissée et dans un morne silence. César s'en aperçut, et rentra sur-le-champ dans sa maison ; là, se découvrant la gorge, il criait à ses amis qu'il était prêt à la présenter au premier qui voudrait le frapper. Enfin il s'excusa sur sa maladie ordinaire, qui, disait-il, ôte à ceux qui en sont attaqués l'usage de leurs sens, quand ils parlent debout devant une assemblée nombreuse ; saisis d'abord d'un tremblement général, ils éprouvent des éblouissements et des vertiges qui les privent de toute connaissance. Mais cette excuse était fausse, car il avait voulu se lever devant le sénat; et il en fut empêché par un de ses amis, ou plutôt par un de ses flatteurs, Cornélius Balbus, qui lui dit : « Oubliez-vous que vous êtes César ? et vou-
« lez-vous rejeter les honneurs qui sont dus à votre dignité ? »

LXI. Après avoir ainsi mécontenté tous les ordres de la ville, il fit encore aux tribuns du peuple un outrage sanglant. On célébrait

μετὰ δεινῆς κατηφείας·	avec un morne abattement :
ὥστε καὶ ἐκεῖνον	au point celui-ci aussi
ἐννοήσαντα,	l'ayant remarqué
παραχρῆμα μὲν	sur-le-champ d'une part
τραπέσθαι οἴκαδε	être retourné à la maison
καὶ βοᾶν πρὸς τοὺς φίλους,	et crier à ses amis,
ἀπαγαγόντα τὸ ἱμάτιον	en rabattant son manteau
τοῦ τραχήλου,	de dessus son cou,
ὡς εἴη ἕτοιμος	qu'il était prêt
παρέχειν τὴν σφαγὴν	à présenter la gorge
τῷ βουλομένῳ·	à celui voulant *frapper*
ὕστερον δὲ προφασίζεσθαι	mais ensuite prétexter
τὴν νόσον·	sa maladie :
τὴν γὰρ αἴσθησιν	car *il disait* la sensibilité
τῶν ἐχόντων οὕτως	de ceux étant ainsi
οὐκ ἐθέλειν ἀτρεμεῖν,	ne-pas vouloir rester-en-repos,
ὅταν ἱστάμενοι	lorsque se tenant-debout
διαλέγωνται πρὸς ὄχλον,	ils parlent à la multitude,
ἀλλὰ σειομένην ταχὺ	mais *elle* agitée rapidement
καὶ περιφερομένην	et emportée-dans-tous-les-sens
ἐπισπᾶσθαι εἰλίγγους	exciter des vertiges
καὶ καταλαμβάνεσθαι.	et être saisie.
Τὸ δὲ οὐκ εἶχεν οὕτως,	Or cela n'était pas ainsi,
ἀλλὰ καὶ λέγουσιν	mais même on dit
αὐτὸν βουλόμενον πάνυ	lui voulant tout-à fait
ὑπεξαναστῆναι τῇ βουλῇ	se lever devant le sénat
κατασχεθῆναι	avoir été retenu
ὑπό του τῶν φίλων,	par quelqu'un de ses amis,
μᾶλλον δὲ κολάκων,	mais plutôt de ses flatteurs,
Κορνηλίου Βάλβου φήσαντος·	Cornélius Balbus qui dit :
« Οὐ μεμνήσῃ	« Ne te souviendras-tu-pas
ὢν Καῖσαρ,	étant César,
οὐδὲ ἀξιώσεις	et-ne jugeras-tu-pas-convenable
σεαυτὸν θεραπεύεσθαι	toi-même être honoré
ὡς κρείττονα; »	comme supérieur ? »
LXI. Ὁ προπηλακισμὸς	LXI. L'outrage
τῶν δημάρχων	*fait* aux tribuns
ἐπιγίνεται	vient-après
τούτοις τοῖς προσκρούσμασιν.	ces offenses.
Ἦν μὲν γὰρ ἡ ἑορτὴ	Car c'était la fête

περὶ ἧς πολλοὶ γράφουσιν ὡς ποιμένων τὸ παλαιὸν εἴη, καί τι καὶ προσήκει τοῖς Ἀρκαδικοῖς Λυκαίοις. Τῶν δ' εὐγενῶν νεανίσκων καὶ ἀρχόντων πολλοὶ διαθέουσιν ἀνὰ τὴν πόλιν γυμνοὶ σκύτεσι λασίοις τοὺς ἐμποδὼν ἐπὶ παιδιᾷ καὶ γέλωτι παίοντες. Ταῦτα Καῖσαρ ἐθεᾶτο, καθήμενος ἐπὶ τῶν ἐμβόλων ἐπὶ δίφρου χρυσοῦ, θριαμβικῷ κόσμῳ κεκοσμημένος. Ἀντώνιος δὲ τῶν θεόντων τὸν ἱερὸν δρόμον εἷς ἦν· καὶ γὰρ ὑπάτευεν. Ὡς οὖν εἰς τὴν ἀγορὰν ἐνέβαλε, καὶ τὸ πλῆθος αὐτῷ διέστη, φέρων διάδημα στεφάνῳ δάφνης περιπεπλεγμένον ὤρεξε τῷ Καίσαρι. Καὶ γίνεται κρότος οὐ λαμπρός, ἀλλ' ὀλίγος ἐκ παρασκευῆς. Ἀπωσαμένου δὲ τοῦ Καίσαρος, ἅπας ὁ δῆμος ἀνεκρότησεν· αὖθις δὲ προσφέροντος, ὀλίγοι, καὶ μὴ δεξαμένου, πάλιν ἅπαντες. Οὕτω δὲ τῆς πείρας ἐξελεγχομένης, Καῖσαρ μὲν ἀνίσταται, τὸν στέφανον εἰς τὸ Καπιτώλιον ἀπενεχθῆναι κελεύσας. Ὤφθησαν δὲ ἀν-

la fête des Lupercales, qui, selon plusieurs écrivains, fut anciennement une fête de bergers, et a beaucoup de rapport avec les fêtes lyciennes en Arcadie. Ce jour-là les jeunes gens des premières maisons de Rome et la plupart des magistrats courent nus par la ville, armés de bandes de cuir qui ont tout leur poil, et dont ils frappent, en s'amusant, toutes les personnes qu'ils rencontrent. César assistait à cette fête, assis dans la tribune sur un siége d'or et vêtu d'une toge de triomphateur. Antoine, en sa qualité de consul, était un de ceux qui figuraient dans cette course sacrée. Quand il arriva sur la place publique, et que la foule se fut ouverte pour lui donner passage, il s'approcha de César et lui présenta un diadème enlacé d'une branche de laurier. Cette tentative n'excita qu'un battement de mains faible et sourd, qui avait l'air de venir de gens apostés; César repoussa la main d'Antoine, et à l'instant tout le peuple applaudit. Antoine lui présenta une seconde fois le diadème, et très-peu de personnes battirent des mains; César le repoussa encore, et la place retentit d'applaudissements universels. Convaincu par cette double épreuve des dispositions du peuple, il se lève et ordonne qu'on porte ce diadème au Capitole. Quelques jours après, on vit ses sta-

τῶν Λουπερκαλίων, des Lupercales,
περὶ ἧς πολλοὶ γράφουσιν sur laquelle plusieurs écrivent
ὡς εἴη τὸ παλαιὸν ποιμένων, que c'était l'ancienne *fête* des bergers
καί τι καὶ et en quelque chose aussi
προσήκει elle se rapporte
τοῖς Λυκαίοις Ἀρκαδικοῖς. aux *fêtes* du-Lycée d'-Arcadie.
Πολλοὶ δὲ τῶν νεανίσκων εὐγενῶν Or plusieurs des jeunes-gens nobles
καὶ ἀρχόντων et des magistrats
διαθέουσι γυμνοὶ ἀνὰ τὴν πόλιν courent nus à travers la ville
παίοντες τοὺς ἐμποδὼν frappant ceux *étant* devant *eux*
ἐπὶ παιδιᾷ καὶ γέλωτι par plaisanterie et pour rire
σκύτεσι λασίοις. avec des lanières garnies-de-poils.
Καῖσαρ ἐθεᾶτο ταῦτα, César regardait ces *choses*,
καθήμενος ἐπὶ τῶν ἐμβόλων assis aux rostres
ἐπὶ δίφρου χρυσοῦ, sur un siége d'-or,
κεκοσμημένος κόσμῳ θριαμβικῷ. paré de l'ornement triomphal.
Ἀντώνιος δὲ ἦν εἷς Or Antoine était un [crée :
τῶν θεόντων τὸν δρόμον ἱερόν· de ceux qui couraient la course sa-
καὶ γὰρ ὑπάτευεν. et en effet il était-consul.
Ὡς οὖν ἐνέβαλεν εἰς τὴν ἀγοράν, Donc comme il déboucha sur la place,
καὶ τὸ πλῆθος et *comme* la multitude
διέστη αὐτῷ, se sépara devant lui,
φέρων διάδημα portant un diadème
περιπεπλεγμένον στεφάνῳ δάφνης enlacé d'une couronne de laurier
ὤρεξε τῷ Καίσαρι. il *le* tendit à César.
Καὶ κρότος γίνεται Et un applaudissement a-lieu
οὐ λαμπρὸς, non éclatant,
ἀλλὰ ὀλίγος ἐκ παρασκευῆς. mais faible par cabale.
Τοῦ δὲ Καίσαρος ἀπωσαμένου, Mais César *l*'ayant repoussé,
ἅπας ὁ δῆμος ἀνεκρότησε· tout le peuple applaudit :
προσφέροντος δὲ αὖθις, et *Antoine le* présentant de nouveau,
ὀλίγοι, quelques-uns *applaudirent*,
καὶ μὴ δεξαμένου, et *César* ne *l*'ayant pas-reçu,
πάλιν ἅπαντες. de nouveau tous *applaudirent*.
Οὕτω δὲ τῆς πείρας ἐξελεγχομένης, Et ainsi la tentative étant condamnée
Καῖσαρ μὲν ἀνίσταται, d'une part César se lève,
κελεύσας τὸν στέφανον ayant ordonné la couronne
ἀπενεχθῆναι εἰς τὸ Καπιτώλιον. être portée au Capitole.
Ἀνδριάντες δὲ αὐτοῦ D'autre part des statues de lui
ὤφθησαν ἀναδεδεμένοι furent vues enlacées

ὁριάντες αὐτοῦ διαδήμασιν ἀναδεδεμένοι βασιλικοῖς· καὶ τῶν
δημάρχων δύο, Φλαούϊος καὶ Μάρυλλος, ἐπελθόντες ἀπέσπασαν,
καὶ τοὺς ἀσπασαμένους βασιλέα τὸν Καίσαρα πρώτους ἐξευ-
ρόντες, ἀπῆγον εἰς τὸ δεσμωτήριον. Ὁ δὲ δῆμος εἵπετο κροτῶν,
καὶ Βρούτους ἀπεκάλει τοὺς ἄνδρας, ὅτι Βροῦτος ἦν ὁ καταλύ-
σας τὴν τῶν βασιλέων διαδοχὴν καὶ τὸ κράτος εἰς βουλὴν καὶ
δῆμον ἐκ μοναρχίας καταστήσας. Ἐπὶ τούτῳ Καῖσαρ παροξυν-
θείς, τὴν μὲν ἀρχὴν ἀφείλετο τῶν περὶ τὸν Μάρυλλον· ἐν δὲ τῷ
κατηγορεῖν αὐτῶν ἅμα καὶ τὸν δῆμον ἐφυβρίζων, πολλάκις Βρούτους τε καὶ Κυμαίους[1] ἀπεκάλει [τοὺς ἄνδρας].

LXII. Οὕτω δὴ τρέπονται πρὸς Μάρκον Βροῦτον οἱ πολλοί,
γένος μὲν ἐκεῖθεν εἶναι δοκοῦντα πρὸς πατέρων, καὶ τὸ πρὸς
μητρὸς δ᾽ ἀπὸ Σερβιλίων, οἰκίας ἑτέρας ἐπιφανοῦς, γαμβρὸν δὲ
καὶ ἀδελφιδοῦν Κάτωνος. Τοῦτον μὲν ἐξ ἑαυτοῦ ὁρμῆσαι πρὸς
κατάλυσιν τῆς μοναρχίας ἤμβλυνον αἱ παρὰ Καίσαρος τιμαὶ καὶ
χάριτες. Οὐ γὰρ μόνον ἐσώθη περὶ Φάρσαλον ἀπὸ τῆς Πομ-

tues couronnées d'un bandeau royal : deux tribuns du peuple, Fla-
vius et Marullus, allèrent sur les lieux, et arrachèrent ces dia-
dèmes. Ayant rencontré ceux qui les premiers avaient salué César
roi, ils les firent arrêter et conduire en prison. Le peuple suivait ces
magistrats en battant des mains, et les appelait des Brutus, parce
que anciennement Brutus avait mis fin à l'autorité monarchique, et
transféré le pouvoir souverain des rois au sénat et au peuple. César,
transporté de colère, priva les tribuns de leur charge, et, en se
plaignant d'eux publiquement, il ne craignit pas d'insulter le peuple
lui-même, en les appelant, à plusieurs reprises, des Brutes et des
Cuméens.

LXII. Cet événement attira sur Brutus les regards de la multitude:
il passait pour être, du côté paternel, un descendant de l'ancien
Brutus, et, par sa mère, il était de la famille Servilia, autre maison
non moins illustre : il était d'ailleurs neveu et gendre de Caton, et
devait naturellement désirer la ruine de la monarchie ; mais les honneurs et les bienfaits qu'il avait reçus de César émoussaient ce désir,
et l'empêchaient de se porter à la détruire. Non content de lui avoir
donné la vie après la bataille de Pharsale et la fuite de Pompée, et

διαδήμασι βασιλικοῖς·	de diadèmes royaux :
καὶ δύο τῶν δημάρχων,	et deux des tribuns,
Φλαούϊος καὶ Μάρυλλος,	Flavius et Marullus,
ἐπελθόντες ἀπέσπασαν,	étant survenus *les* arrachèrent,
καὶ ἐξευρόντες	et ayant trouvé
τοὺς πρώτους ἀσπασαμένους	les premiers qui avaient salué
τὸν Καίσαρα βασιλέα,	César roi,
ἀπῆγον εἰς τὸ δεσμωτήριον.	*les* emmenèrent en prison.
Ὁ δὲ δῆμος	Mais le peuple
εἵπετο κροτῶν,	*les* suivait *en* applaudissant,
καὶ ἀπεκάλει τοὺς ἄνδρας Βρούτους	et appelait ces hommes Brutus,
ὅτι Βροῦτος	parce que Brutus
ἦν ὁ καταλύσας	était celui ayant brisé
τὴν διαδοχὴν τῶν βασιλέων	la succession des rois
καὶ καταστήσας τὸ κράτος	et ayant fait-passer le pouvoir
ἐκ μοναρχίας εἰς βουλὴν καὶ δῆμον.	de la monarchie au sénat et au peu-
Καῖσαρ παροξυνθεὶς ἐπὶ τούτῳ,	César irrité pour cela, [ple.
ἀφείλετο μὲν τὴν ἀρχὴν	d'une part enleva la charge
τῶν περὶ τὸν Μάρυλλον·	à Marullus *et à son collègue* :
ἐν δὲ τῷ κατηγορεῖν αὐτῶν	d'autre part dans le accuser eux
ἅμα καὶ ἐρυθρίζων	en-même-temps aussi insultant
τὸν δῆμον,	le peuple,
ἀπεκάλει πολλάκις [τοὺς ἄνδρας]	il appelait souvent [ces hommes]
Βρούτους τε καὶ Κυμαίους.	et Brutes et Cuméens.
LXII. Οὕτω δὴ οἱ πολλοὶ	LXII. Ainsi donc la plupart
τρέπονται πρὸς Μάρκον Βροῦτον,	se tournent vers Marcus Brutus,
δοκοῦντα μὲν εἶναι πρὸς πατέρων	qui paraissait être par ses pères
γένος ἐκεῖθεν,	de la famille de-ce-côté-là (*les Brutus*)
καὶ τὸ πρὸς μητρὸς δὲ	et par sa mère
ἀπὸ Σερβιλίων,	*de la famille* des Servilius,
ἑτέρας οἰκίας ἐπιφανοῦς,	autre maison illustre,
γαμβρὸν δὲ καὶ ἀδελφιδοῦν	et de plus gendre et neveu
Κάτωνος.	de Caton.
Αἱ μὲν τιμαὶ καὶ χάριτες	A-la-vérité les honneurs et les faveurs
(αἱ) παρὰ Καίσαρος	*reçus* de César
ἤμβλυνον τοῦτον	émoussaient celui-ci
ὁρμῆσαι ἐξ ἑαυτοῦ	*l'empêchant* de s'élancer de lui-même
πρὸς κατάλυσιν τῆς μοναρχίας.	vers la destruction de la monarchie.
Οὐ γὰρ μόνον ἐσώθη	Car non seulement il avait été sauvé
περὶ Φάρσαλον	à Pharsale

πηίου φυγῆς, οὐδὲ πολλοὺς τῶν ἐπιτηδείων ἔσωσεν ἐξαιτησάμενος, ἀλλὰ καὶ πίστιν εἶχε μεγάλην παρ' αὐτῷ. Καὶ στρατηγίαν μὲν ἐν τοῖς τότε τὴν ἐπιφανεστάτην ἔλαβεν, ὑπατεύειν δ' ἔμελλεν εἰς τέταρτον ἔτος, ἐρίσαντος Κασσίου προτιμηθείς. Λέγεται γὰρ ὁ Καῖσαρ εἰπεῖν, ὡς δικαιότερα μὲν λέγοι Κάσσιος, αὐτὸς μέντοι Βροῦτον οὐκ ἂν παρέλθοι. Καί ποτε καὶ διαβαλλόντων τινῶν τὸν ἄνδρα, πραττομένης ἤδη τῆς συνωμοσίας, οὐ προσέσχεν, ἀλλὰ τοῦ σώματος τῇ χειρὶ θιγὼν ἔφη πρὸς τοὺς διαβάλλοντας· «Ἀναμένει τοῦτο τὸ σῶμα Βροῦτος», ὡς ἄξιον μὲν ὄντα τῆς ἀρχῆς δι' ἀρετὴν, διὰ δὲ τὴν ἀρχὴν οὐκ ἂν ἀχάριστον καὶ πονηρὸν γενόμενον. Οἱ δὲ τῆς μεταβολῆς ἐφιέμενοι καὶ πρὸς μόνον ἐκεῖνον ἢ πρῶτον ἀποβλέποντες, αὐτῷ μὲν οὐκ ἐτόλμων διαλέγεσθαι· νύκτωρ δὲ κατεπίμπλασαν γραμμάτων τὸ βῆμα καὶ τὸν δίφρον, ἐφ' οὗ στρατηγῶν ἐχρημάτιζεν· ὧν ἦν τὰ πολλὰ

d'avoir, à sa prière, sauvé plusieurs de ses amis, César lui avait encore témoigné la plus grande confiance, en lui conférant cette année même la préture la plus honorable, et le désignant consul pour quatre ans après; il lui donnait la préférence sur Cassius, son compétiteur, quoiqu'il avouât que Cassius apportait de meilleurs titres; mais il ne pouvait le faire passer avant Brutus : aussi, lorsqu'on lui dénonça ce dernier comme engagé dans la conjuration qui se tramait déjà, il n'ajouta pas foi à cette accusation; et, se prenant la peau du corps avec la main : « Brutus, dit-il, attend la fin de ce corps. » Il faisait entendre par là que la vertu de Brutus le rendait digne de régner; mais que pour régner il ne deviendrait pas ingrat et criminel. Cependant ceux qui désiraient un changement et qui avaient les yeux fixés sur Brutus seul, ou du moins sur lui plus que sur tout autre, n'osaient pas, à la vérité, lui en parler ouvertement; mais la nuit ils couvraient le tribunal et le siége où il rendait la justice comme préteur de billets conçus la plupart en ces termes : « Tu dors, Bru-

ἀπὸ τῆς φυγῆς Πομπηίου,	après la fuite de Pompée,
οὐδὲ ἔσωσε	et non *seulement* il avait sauvé
πολλοὺς τῶν ἐπιτηδείων	plusieurs de ses amis
ἐξαιτησάμενος,	*l'*ayant demandé *à César*,
ἀλλὰ καὶ εἶχε παρὰ αὐτῷ	mais encore il avait auprès de lui
μεγάλην πίστιν.	un grand crédit.
Καὶ ἔλαβε μὲν στρατηγίαν	Et d'une part il reçut une préture
τὴν ἐπιφανεστάτην ἐν τοῖς τότε,	la plus honorable parmi ceux *d'*alors,
ἔμελλε δὲ ὑπατεύειν	d'autre part il devait être-consul
εἰς τέταρτον ἔτος,	pour la quatrième année,
προτιμηθεὶς Κασσίου	ayant été préféré à Cassius
ἐρίσαντος.	qui rivalisait *avec lui*.
Ὁ γὰρ Καῖσαρ λέγεται εἰπεῖν,	Car César est dit avoir dit,
ὡς Κάσσιος μὲν	que Cassius il-est-vrai
λέγοι δικαιότερα,	disait des *choses* plus justes,
αὐτὸς μέντοι	*que* lui pourtant
οὐκ ἂν παρέλθοι Βροῦτον.	ne passerait-pas-devant Brutus.
Καί ποτε καί τινων	Et un-jour même quelques-uns
διαβαλλόντων τὸν ἄνδρα,	accusant cet homme,
τῆς συνωμοσίας ἤδη πραττομένης,	la conjuration déjà se faisant,
οὐ προσέσχεν, ἀλλὰ θιγὼν	il n'y fit-pas-attention, mais touchant
τοῦ σώματος τῇ χειρὶ	son corps avec la main
ἔφη πρὸς τοὺς διαβάλλοντας·	il dit à ceux qui accusaient *Brutus*:
« Βροῦτος ἀναμένει	« Brutus attend
τοῦτο τὸ σῶμα, »	ce corps-ci »,
ὡς ὄντα μὲν ἄξιον	comme *pensant celui-ci* étant digne
τῆς ἀρχῆς διὰ ἀρετήν,	du pouvoir par sa vertu,
οὐκ ἂν δὲ γενόμενον	mais ne devant pas-devenir
ἀχάριστον καὶ πονηρὸν	ingrat et mauvais
διὰ τὴν ἀρχήν.	en vue du pouvoir.
Οἱ δὲ ἐφιέμενοι τῆς μεταβολῆς	Mais ceux qui désiraient la révolution
καὶ ἀποβλέποντες	et qui regardaient
πρὸς ἐκεῖνον μόνον ἢ πρῶτον,	vers celui-là seul ou le premier,
οὐκ ἐτόλμων μὲν	n'osaient pas sans doute
διαλέγεσθαι αὐτῷ·	s'*en* entretenir avec lui:
νύκτωρ δὲ	mais de nuit
κατεπίμπλασαν γραμμάτων	ils remplissaient d'écrits
τὸ βῆμα καὶ τὸν δίφρον,	le tribunal et le siége,
ἐπὶ οὗ στρατηγῶν	sur lequel étant-préteur
ἐχρημάτιζεν·	il donnait-audience:

τοιαῦτα· «Καθεύδεις, ὦ Βροῦτε·» καί· «Οὐκ εἶ Βροῦτος.» Ὑφ᾽ ὧν ὁ Κάσσιος αἰσθόμενος διακινούμενον ἡσυχῇ τὸ φιλότιμον αὐτοῦ, μᾶλλον ἢ πρότερον ἐνέκειτο καὶ παρώξυνεν, αὐτὸς ἰδίᾳ τι καὶ μίσους ἔχων πρὸς τὸν Καίσαρα δι᾽ αἰτίας, ἃς ἐν τοῖς περὶ Βρούτου γεγραμμένοις δεδηλώκαμεν[1]. Εἶχε μέντοι καὶ δι᾽ ὑποψίας ὁ Καῖσαρ αὐτόν, ὥστε καὶ πρὸς τοὺς φίλους εἰπεῖν ποτε· «Τί φαίνεται βουλόμενος ὑμῖν Κάσσιος; ἐμοὶ μὲν γὰρ οὐ λίαν ἀρέσκει, λίαν ὠχρὸς ὤν.» Πάλιν δὲ λέγεται, περὶ Ἀντωνίου καὶ Δολοβέλλα διαβολῆς πρὸς αὐτόν, ὡς νεωτερίζοιεν, ἐλθούσης, «Οὐ πάνυ, φάναι, τούτους δέδοικα τοὺς παχεῖς καὶ κομήτας, μᾶλλον δὲ τοὺς ὠχροὺς καὶ λεπτοὺς ἐκείνους·» Κάσσιον λέγων καὶ Βροῦτον.

LXIII. Ἀλλ᾽ ἔοικεν οὐχ οὕτως ἀπροσδόκητον ὡς ἀφύλακτον εἶναι τὸ πεπρωμένον· ἐπεὶ καὶ σημεῖα θαυμαστὰ καὶ φάσματα φανῆναι λέγουσι. Σέλα μὲν οὖν οὐράνια καὶ τύπους νύκτωρ πολ-

tus », ou : « Tu n'es pas Brutus. » Cassius, qui s'aperçut que ces reproches réveillaient insensiblement en Brutus un vif désir de gloire, le pressa lui-même beaucoup plus qu'il n'avait fait encore; car il avait contre César des motifs particuliers de haine, que nous avons fait connaître dans la Vie de Brutus. Aussi César, qui avait des soupçons sur son compte, dit-il un jour à ses amis : « Que croyez-vous « que projette Cassius ? Pour moi , il ne me plaît guère, car je le « trouve bien pâle. » Une autre fois on accusait auprès de lui Antoine et Dolabella de tramer quelques nouveautés. « Ce ne sont pas , dit-il, « ces gens gras et bien peignés que je redoute; je crains plutôt ces « hommes pâles et maigres. » Il désignait Brutus et Cassius.

LXIII. Mais il est bien plus facile de prévoir sa destinée que de l'éviter; celle de César fut, dit-on, annoncée par les présages et les prodiges les plus étonnants. A la vérité, dans un événement de cette

VIE DE CÉSAR.

ὧν τὰ πολλὰ ἦν τοιαῦτα· « Καθεύδεις, ὦ Βροῦτε· » καί· « Οὐκ εἶ Βροῦτος. » Ὑπὸ ὧν ὁ Κάσσιος αἰσθόμενος τὸ φιλότιμον αὐτοῦ διακινούμενον ἡσυχῇ, ἐνέκειτο καὶ παρώξυνε μᾶλλον ἢ πρότερον, ἔχων καὶ αὐτὸς ἰδίᾳ τι μίσους πρὸς τὸν Καίσαρα δι' αἰτίας, ἃς δεδηλώκαμεν ἐν τοῖς γεγραμμένοις περὶ Βρούτου. Ὁ μέντοι Καῖσαρ καὶ εἶχεν αὐτὸν δι' ὑποψίας, ὥστε καί ποτε εἰπεῖν πρὸς τοὺς φίλους· « Τί Κάσσιος φαίνεται ὑμῖν βουλόμενος; οὐ μὲν γὰρ ἀρέσκει ἐμοὶ λίαν, ὧν λίαν ὠχρός. » Πάλιν δὲ λέγεται, διαβολῆς ἐλθούσης πρὸς αὐτὸν περὶ Ἀντωνίου καὶ Δολοβέλλα, ὡς νεωτερίζοιεν, « Οὐ δέδοικα πάνυ, φάναι, τούτους τοὺς παχεῖς καὶ κομήτας, μᾶλλον δὲ ἐκείνους τοὺς ὠχροὺς καὶ λεπτούς· » λέγων Κάσσιον καὶ Βροῦτον. LXIII. Ἀλλὰ τὸ πεπρωμένον ἔοικεν οὐκ εἶναι ἀπροσδόκητον οὕτως ὡς ἀφύλακτον· ἐπεὶ λέγουσι καὶ σημεῖα θαυμαστὰ καὶ φάσματα φανῆναι. Οὐκ ἄξιον μὲν οὖν μνημονεῦσαι ἐπὶ τηλικούτῳ πάθει	desquels *écrits* la plupart étaient tels : « Tu dors, ô Brutus : » et : « Tu n'es pas Brutus. » Par lesquels Cassius ayant remarqué l'ambition de celui-ci excitée doucement, insista et *l'*aigrit plus que auparavant, ayant aussi lui-même en-particulier une *part* de haine contre César pour des motifs, que nous avons indi- [qués dans le *livre* écrit **sur Brutus.** Cependant César avait aussi celui-ci en suspicion, au point même un-jour avoir dit à ses amis : « Quelle *chose* Cassius paraît-il à vous voulant? car il ne plaît pas certes à moi trop étant trop pâle. » Et une-autre-fois il est dit, une accusation étant venue à lui sur Antoine et Dolabella, qu'ils méditaient-un-changement, « Je ne crains pas du tout, avoir dit, ceux-ci les gras et bien-peignés, mais plutôt ceux-là les pâles et minces : » désignant Cassius et Brutus. LXIII. Mais la *chose* arrêtée-par-le-destin semble n'être-pas inattendue ainsi comme *elle est* inévitable : puisque on dit et des signes prodigieux et des apparitions s'être montrés. Il n'est pas digne certes de rappeler à propos d'un si grand malheur

λαχοῦ διαφερομένους, καὶ καταίροντας εἰς ἀγορὰν ἐρήμους ὄρνι-
θας, οὐκ ἄξιον ἐπὶ πάθει τηλικούτῳ μνημονεῦσαι. Στράβων¹ δ'
ὁ φιλόσοφος ἱστορεῖ πολλοὺς μὲν ἀνθρώπους διαπύρους ἐπιφερο-
μένους φανῆναι, στρατιώτου δ' ἀνδρὸς οἰκέτην ἐκ τῆς χειρὸς
ἐκβαλεῖν πολλὴν φλόγα, καὶ δοκεῖν καίεσθαι τοῖς ὁρῶσιν· ὡς δ'
ἐπαύσατο, μηδὲν ἔχειν κακὸν τὸν ἄνθρωπον. Αὐτῷ δὲ Καίσαρι
θύοντι τὴν καρδίαν ἀφανῆ γενέσθαι τοῦ ἱερείου, καὶ δεινὸν νομι-
σθῆναι τὸ τέρας· οὐ γὰρ ἂν φύσει γε συστῆναι ζῶον ἀκάρδιον.
Ἔστι δὲ καὶ ταῦτα πολλῶν ἀκοῦσαι διεξιόντων, ὥς τις αὐτῷ
μάντις ἡμέρᾳ μαρτίου μηνός, ἣν εἰδοὺς² Ῥωμαῖοι καλοῦσι,
προείποι μέγαν φυλάττεσθαι κίνδυνον· ἐλθούσης δὲ τῆς ἡμέρας,
προϊὼν ὁ Καῖσαρ εἰς τὴν σύγκλητον, ἀσπασάμενος προσπαίξειε
τῷ μάντει φάμενος· « Αἱ μὲν δὴ μάρτιαι εἰδοὶ πάρεισιν· » ὁ δ'
ἡσυχῇ πρὸς αὐτὸν εἴποι· « Ναὶ πάρεισιν, ἀλλ' οὐ παρεληλύθασι. »

importance, les feux célestes, les bruits nocturnes qu'on entendit en plusieurs endroits, les oiseaux solitaires qui vinrent, en plein jour, se poser sur la place de Rome, ne sont pas des signes assez frappants pour être remarqués. Mais, au rapport de Strabon le philosophe, on vit en l'air des hommes de feu marcher les uns contre les autres ; le valet d'un soldat fit jaillir de sa main une flamme très-vive ; on crut que sa main en serait brûlée ; mais quand la flamme eut cessé, il se trouva que l'homme n'avait aucun mal. Dans un sacrifice que César offrait, on ne trouva point de cœur à la victime ; et c'était le prodige le plus effrayant, car il est contre la nature que ce viscère manque à un animal. Plusieurs personnes racontent encore aujourd'hui qu'un devin avertit César qu'il était menacé d'un très-grand danger le jour des ides de mars ; et que ce jour-là César, en allant au sénat, rencontra le devin, le salua, et lui dit, en se moquant de sa prédiction : « Eh bien ! voilà les ides de mars venues. — Oui, lui répondit « tranquillement le devin, elles sont venues, mais elles ne sont pas

σέλα οὐράνια	les météores célestes
καὶ τύπους διαφερομένους	et les bruits se transmettant
νύκτωρ πολλαχοῦ,	de-nuit en-plusieurs-endroits,
καὶ ὄρνιθας ἐρήμους	et les oiseaux solitaires
καταίροντας εἰς ἀγοράν.	s'abattant sur la place-publique.
Ὁ δὲ φιλόσοφος Στράβων ἱστορεῖ	Mais le philosophe Strabon raconte
πολλοὺς μὲν ἀνθρώπους διαπύρους	d'une part plusieurs hommes de-feu
φανῆναι	avoir paru
ἐπιφερομένους,	se portant *les uns contre les autres*,
οἰκέτην δὲ	d'autre part le valet
ἀνδρὸς στρατιώτου	d'un homme soldat
ἐκβαλεῖν ἐκ τῆς χειρὸς	avoir lancé de sa main
πολλὴν φλόγα,	une grande flamme,
καὶ δοκεῖν καίεσθαι	et paraître se consumer
τοῖς ὁρῶσιν·	à ceux qui *le* voyaient :
ὡς δὲ ἐπαύσατο,	mais dès que *la flamme* eut cessé,
τὸν ἄνθρωπον ἔχειν μηδὲν κακόν.	l'homme *n*'avoir aucun mal.
Καίσαρι δὲ αὐτῷ θύοντι	Puis à César lui-même sacrifiant
τὴν καρδίαν τοῦ ἱερείου	le cœur de la victime
γενέσθαι ἀφανῆ,	avoir été invisible,
καὶ τὸ τέρας νομισθῆναι δεινόν·	et le signe avoir été jugé terrible :
ζῶον γὰρ ἀκάρδιον	car un animal sans-cœur
οὔ γε συστῆναι ἂν φύσει.	ne-pas devoir exister naturellement.
Ἔστι δὲ καὶ ἀκοῦσαι	Il est-possible encore d'entendre
πολλῶν	beaucoup *de gens*
διεξιόντων ταῦτα,	rapportant ces *choses*,
ὥς τις μάντις προείποι αὐτῷ	que un certain devin avait prédit à lui
φυλάττεσθαι μέγαν κίνδυνον,	de se garder d'un grand danger,
ἡμέρᾳ μηνὸς μαρτίου,	le jour du mois de mars,
ἣν Ῥωμαῖοι καλοῦσιν εἰδούς·	que les Romains appellent ides :
τῆς δὲ ἡμέρας ἐλθούσης,	et *que* le jour venu,
ὁ Καῖσαρ προϊὼν εἰς τὴν σύγκλητον,	César allant au sénat,
προσπαίξειε τῷ μάντει	avait plaisanté le devin
ἀσπασάμενος φάμενος·	*l*'ayant salué *en* disant :
« Αἱ μὲν δὴ εἰδοὶ μάρτιαι	« Certes les ides de-mars
πάρεισιν· »	sont venues. »
ὁ δὲ εἴποι πρὸς αὐτὸν	et *que* celui-ci avait dit à lui
ἡσυχῇ·	tranquillement :
« Ναὶ πάρεισιν,	« Oui, elles sont venues,
ἀλλὰ οὐ παρεληλύθασι. »	mais elles ne sont point passées. »

Πρὸ μιᾶς δ' ἡμέρας, Μάρκου Λεπίδου δειπνίζοντος αὐτὸν, ἔτυχε μὲν ἐπιστολὰς ὑπογράφων, ὥσπερ εἰώθει, κατακείμενος· ἐμπεσόντος δὲ λόγου, ποῖος ἄρα τῶν θανάτων ἄριστος, ἅπαντας φθάσας ἐξεφώνησεν· «Ὁ ἀπροσδόκητος.» Μετὰ ταῦτα κοιμώμενος, ὥσπερ εἰώθει, παρὰ τῇ γυναικὶ, πασῶν ἅμα τῶν θυρῶν τοῦ δωματίου καὶ τῶν θυρίδων ἀναπεταννυμένων, διαταραχθεὶς ἅμα τῷ κτύπῳ καὶ τῷ φωτὶ καταλαμπούσης τῆς σελήνης, ᾔσθετο τὴν Καλπουρνίαν βαθέως μὲν καθεύδουσαν, ἀσαφεῖς δὲ φωνὰς καὶ στεναγμοὺς ἀνάρθρους ἐκ τῶν ὕπνων ἀναπέμπουσαν· ἐδόκει δ' ἄρα κλαίειν ἐκεῖνον ἐπὶ ταῖς ἀγκάλαις ἔχουσα κατεσφαγμένον. Οἱ δ' οὔ φασι τῇ γυναικὶ ταύτην γενέσθαι τὴν ὄψιν· ἀλλ' ἦν γάρ τι τῇ Καίσαρος οἰκίᾳ προσκείμενον, οἷον ἐπὶ κόσμῳ καὶ σεμνότητι, τῆς βουλῆς ψηφισαμένης, ἀκρωτήριον¹, ὡς Λίβιος ἱστορεῖ· τοῦτ' ὄναρ ἡ Καλπουρνία θεασαμένη καταρρηγνύμενον, ἔδοξε

« passées. » La veille de ces ides il soupait chez Lépide, où, suivant sa coutume, il signa quelques lettres à table. Pendant qu'il faisait ces signatures, les convives proposèrent cette question : Quelle mort était la meilleure. César, prévenant leurs réponses, dit tout haut : « C'est la moins attendue. » Après souper, il rentra chez lui ; et, pendant qu'il était couché avec sa femme, comme à son ordinaire, les portes et les fenêtres s'ouvrirent tout à coup d'elles-mêmes : réveillé en sursaut et troublé par le bruit et par la clarté de la lune qui donnait dans sa chambre, il entendit sa femme Calpurnie, qui dormait d'un sommeil profond, pousser des gémissements confus et prononcer des mots inarticulés qu'il ne put distinguer ; mais elle semblait le pleurer en le tenant égorgé dans ses bras. Selon quelques auteurs, Calpurnie eut pendant son sommeil une autre vision que celle-là ; ils disent, d'après Tite-Live, que le sénat, par un décret, avait fait placer au faîte de la maison de César une espèce de pinacle qui en était comme un ornement et une distinction ; que Calpurnie avait songé que ce pinacle était rompu, et que c'était là le sujet de ses

Μιᾶς δὲ ἡμέρας πρὸ,	Or un jour avant,
Μάρκου Λεπίδου	Marcus Lépidus
δειπνίζοντος αὐτὸν,	ayant-à-souper lui,
ἔτυχε μὲν ὑπογράφων ἐπιστολὰς,	il se trouva signant des lettres,
ὥσπερ εἰώθει,	comme il avait-coutume,
κατακείμενος·	étant couché :
λόγου δὲ	et la conversation
ἐμπεσόντος,	étant tombée *sur ceci*,
ποῖος ἄρα ἄριστος τῶν θανάτων,	quelle *est* donc la meilleure des morts,
φθάσας ἅπαντας	ayant prévenu tous *les convives*
ἐξεφώνησεν·	il s'écria :
« Ὁ ἀπροσδόκητος. »	« L'inattendue. »
Μετὰ ταῦτα κοιμώμενος,	Après ces *choses* étant couché,
ὥσπερ εἰώθει,	comme il avait-coutume,
παρὰ τῇ γυναικὶ,	auprès de sa femme,
πασῶν τῶν θυρῶν ἅμα	toutes les portes à-la-fois
καὶ τῶν θυρίδων τοῦ δωματίου	et les fenêtres de l'appartement
ἀναπεταννυμένων,	s'ouvrant,
διαταραχθεὶς ἅμα τῷ κτύπῳ	troublé en-même-temps par le bruit
καὶ τῷ φωτὶ τῆς σελήνης	et par la clarté de la lune
καταλαμπούσης,	qui brillait,
ᾔσθετο τὴν Καλπουρνίαν	il remarqua Calpurnie
καθεύδουσαν μὲν βαθέως,	qui dormait profondément,
ἀναπέμπουσαν δὲ	et qui laissait-échapper
ἐκ τῶν ὕπνων	de son sommeil
φωνὰς ἀσαφεῖς	des mots obscurs
καὶ στεναγμοὺς ἀνάρθρους·	et des gémissements inarticulés :
ἐδόκει δὲ ἄρα κλαίειν	or elle semblait pleurer
ἔχουσα ἐπὶ ταῖς ἀγκάλαις	ayant dans ses bras
ἐκεῖνον κατεσφαγμένον.	celui-ci (*César*) égorgé.
Οἱ δέ φασι ταύτην τὴν ὄψιν	D'autres disent cette vision
οὐ γενέσθαι τῇ γυναικί·	n'avoir pas-eu-lieu à cette femme :
ἀλλὰ γάρ τι ἀκρωτήριον	mais un certain pinacle
ἦν προσκείμενον	était attaché
τῇ οἰκίᾳ Καίσαρος,	à la maison de César,
οἷον ἐπὶ κόσμῳ καὶ σεμνότητι,	tel-que pour ornement et dignité,
τῆς βουλῆς ψηφισαμένης,	le sénat *l'*ayant décerné,
ὡς Λίβιος ἱστορεῖ·	comme *Tite*-Live rapporte :
ἡ Καλπουρνία θεασαμένη ὄναρ	Calpurnie ayant vu en-songe
τοῦτο καταρρηγνύμενον,	ce *pinacle* qui se brisait,

ποτνιᾶσθαι καὶ δακρύειν. Ἡμέρας δ' οὖν γενομένης, ἐδεῖτο τοῦ Καίσαρος, εἰ μὲν οἷόν τε, μὴ προελθεῖν, ἀλλ' ἀναβαλέσθαι τὴν σύγκλητον· εἰ δὲ τῶν ἐκείνης ὀνείρων ἐλάχιστα φροντίζει, σκέψασθαι διὰ μαντικῆς ἄλλης καὶ ἱερῶν περὶ τοῦ μέλλοντος. Εἶχε δέ τις, ὡς ἔοικε, κἀκεῖνον ὑποψία καὶ φόβος. Οὐδένα γὰρ γυναικισμὸν ἐν δεισιδαιμονίᾳ πρότερον κατεγνώκει τῆς Καλπουρνίας, τότε δ' ἑώρα περιπαθοῦσαν. Ὡς δὲ καὶ πολλὰ καταθύσαντες οἱ μάντεις ἔφρασαν αὐτῷ δυσιερεῖν, ἔγνω πέμψας Ἀντώνιον ἀφεῖναι τὴν σύγκλητον.

LXIV. Ἐν δὲ τούτῳ Δέκιμος Βροῦτος, ἐπίκλησιν Ἀλβῖνος, πιστευόμενος μὲν ὑπὸ Καίσαρος, ὥστε καὶ δεύτερος ὑπ' αὐτοῦ κληρονόμος γεγράφθαι, τοῖς δὲ περὶ Βροῦτον τὸν ἕτερον καὶ Κάσσιον μετέχων τῆς συνωμοσίας, φοβηθεὶς μὴ, τὴν ἡμέραν

gémissements et de ses larmes. Quand le jour parut, elle conjura César de ne pas sortir, s'il lui était possible, ce jour-là, et de remettre à un autre jour l'assemblée du sénat. « Si vous faites peu d'at-« tention à mes songes, ajouta-t-elle, ayez du moins recours à d'au-« tres divinations, et faites des sacrifices pour consulter l'avenir. » Ces alarmes de Calpurnie donnèrent des soupçons et des craintes à César ; il n'avait jamais vu dans sa femme les faiblesses superstitieuses ordinaires à son sexe, et il la voyait alors vivement affectée. Après plusieurs sacrifices, les devins lui déclarèrent que les signes n'étaient pas favorables, et il se décida enfin à envoyer Antoine au sénat, pour remettre l'assemblée à un autre jour.

LXIV. Cependant Décimus Brutus, surnommé Albinus, en qui César avait une telle confiance, qu'il l'avait institué son second héritier, et qui pourtant était de la conjuration de l'autre Brutus et de Cassius, craignant que, si César ne tenait pas l'assemblée ce jour-là,

ἔδοξε ποτνιᾶσθαι καὶ δακρύειν.	crut se lamenter et pleurer.
Ἡμέρας δὲ οὖν γενομένης,	Le jour donc étant venu,
ἐδεῖτο τοῦ Καίσαρος	elle pria César
μὴ προελθεῖν, εἰ μὲν οἷόν τε,	de ne-pas sortir, si *cela était* possible
ἀλλὰ ἀναβαλέσθαι	mais de remettre
τὴν σύγκλητον·	l'assemblée :
εἰ δὲ φροντίζει ἐλάχιστα	et s'il s'inquiète très peu
τῶν ὀνείρων ἐκείνης,	des songes d'elle,
σκέψασθαι	de faire-des-recherches
διὰ ἄλλης μαντικῆς	par une autre divination
καὶ ἱερῶν	et par des sacrifices
περὶ τοῦ μέλλοντος.	au sujet de l'avenir.
Τὶς δὲ ὑποψία	Or un certain soupçon
καὶ φόβος	et *une certaine* crainte
εἶχε καὶ ἐκεῖνον, ὡς ἔοικε.	tenait celui-ci aussi, comme il paraît.
Κατεγνώκει γὰρ πρότερον	Car il n'avait remarqué auparavant
οὐδένα γυναικισμὸν	aucune faiblesse-de-femme
τῆς Καλπουρνίας	de Calpurnie
ἐν δεισιδαιμονίᾳ,	en fait de superstition,
ἑώρα δὲ τότε περιπαθοῦσαν.	et il voyait alors *elle* très-affectée.
Ὡς δὲ καὶ οἱ μάντεις	Mais comme les devins aussi
καταθύσαντες πολλὰ	ayant sacrifié plusieurs *victimes*
ἔφρασαν αὐτῷ	dirent à lui
δυσιερεῖν,	ne-pas-obtenir-d'heureux-auspices,
ἔγνω πέμψας Ἀντώνιον	il résolut ayant envoyé Antoine
ἀφεῖναι τὴν σύγκλητον.	de congédier l'assemblée.
LXIV. Ἐν δὲ τούτῳ	LXIV. Mais sur ce
Δέκιμος Βροῦτος,	Décimus Brutus,
Ἀλβῖνος ἐπίκλησιν,	Albinus par surnom,
πιστευόμενος μὲν	d'une part traité-avec-confiance
ὑπὸ Καίσαρος,	par César,
ὥστε καὶ	au point même
γεγράφθαι ὑπ' αὐτοῦ	d'avoir été inscrit par lui
δεύτερος κληρονόμος,	second héritier,
μετέχων δὲ τῆς συνωμοσίας	d'autre part étant de la conjuration
τοῖς περὶ τὸν ἕτερον Βροῦτον	avec l'autre Brutus
καὶ Κάσσιον,	et *avec* Cassius,
φοβηθεὶς μὴ, τοῦ Καίσαρος	ayant craint que, César
διακρουσαμένου	ayant écarté
ἐκείνην τὴν ἡμέραν,	ce jour-là,

ἐκείνην διακρουσαμένου τοῦ Καίσαρος, ἔκπυστος ἡ πρᾶξις γένη- ται, τούς τε μάντεις ἐχλεύαζε, καὶ καθήπτετο τοῦ Καίσαρος, ὡς αἰτίας καὶ διαβολὰς ἑαυτῷ κτωμένου πρὸς τὴν σύγκλητον, ἐντρυφᾶσθαι δοκοῦσαν· ἥκειν μὲν γὰρ αὐτὴν κελεύσαντος ἐκείνου, καὶ προθύμους εἶναι ψηφίζεσθαι πάντας, ὅπως τῶν ἐκτὸς Ἰτα- λίας ἐπαρχιῶν βασιλεὺς ἀναγορεύοιτο καὶ φοροίη διάδημα τὴν ἄλλην ἐπιὼν γῆν καὶ θάλασσαν· εἰ δὲ φράσει τις αὐτοῖς καθεζο- μένοις, νῦν μὲν ἀπαλλάττεσθαι, παρεῖναι δ᾽ αὖθις, ὅταν ἐντύχῃ βελτίοσιν ὀνείροις Καλπουρνία, τίνας ἔσεσθαι λόγους παρὰ τῶν φθονούντων; ἢ τίνα τῶν φίλων ἀνέξεσθαι διδασκόντων, ὡς οὐχὶ δουλεία ταῦτα καὶ τυραννίς ἐστιν; Ἀλλ᾽ εἰ δοκεῖ πάντως, ἔφη, τὴν ἡμέραν ἀφοσιώσασθαι, βέλτιον αὐτὸν προελθόντα καὶ προς- αγορεύσαντα τὴν βουλὴν ὑπερθέσθαι. Ταῦθ᾽ ἅμα λέγων ὁ Βροῦ- τος, ἦγε τῆς χειρὸς λαβόμενος τὸν Καίσαρα, καὶ μικρὸν μὲν αὐτῷ

leur complot ne fût découvert, se moqua des devins, et représenta vivement à César que ce décret donnerait lieu aux plaintes et aux reproches du sénat qui se croirait insulté. « Les sénateurs, lui dit-il, « ne se sont assemblés que sur votre convocation; ils sont disposés à « vous déclarer roi de tous les pays situés hors de l'Italie, et à vous « permettre de porter le diadème partout ailleurs qu'à Rome, sur « terre et sur mer. Si, maintenant qu'ils sont sur leurs siéges, quel- « qu'un va leur dire de se retirer et de revenir un autre jour où Cal- « purnie aura eu des songes plus favorables, quels propos ne ferez- « vous pas tenir à vos envieux? Et qui voudra seulement écouter vos « amis, lorsqu'ils diront que ce n'est pas d'un côté la plus entière « servitude, et de l'autre la tyrannie la plus absolue? Si toutefois, « ajouta-t-il, vous croyez devoir éviter ce jour comme malheureux « pour vous, il convient au moins que vous alliez en personne au « sénat, pour lui déclarer vous-même que vous remettez l'assemblée « à un autre jour. » En achevant ces mots, il le prend par la main et le fait sortir. Il avait à peine passé le seuil de sa porte, qu'un esclave

ἡ πρᾶξις γένηται ἔκπυστος,	l'entreprise ne devînt connue,
ἐχλεύαζέ τε τοὺς μάντεις,	et se moquait des devins,
καὶ καθήπτετο τοῦ Καίσαρος,	et censurait César,
ὡς κτωμένου ἑαυτῷ	comme celui-ci attirant sur soi-même
αἰτίας καὶ διαβολὰς	des accusations et des reproches
πρὸς τὴν σύγκλητον,	du côté du sénat,
δοκοῦσαν ἐντρυφᾶσθαι·	qui croirait être insulté :
αὐτὴν μὲν γὰρ ἥκειν	car lui (*le sénat*) être venu
ἐκείνου κελεύσαντος,	celui-ci (*César*) l'ayant ordonné,
καὶ πάντας εἶναι προθύμους	et tous être disposés
ψηφίζεσθαι, ὅπως ἀναγορεύοιτο	à décréter, qu'il fût déclaré
βασιλεὺς τῶν ἐπαρχιῶν	roi des provinces
(τῶν) ἐκτὸς Ἰταλίας	*situées* hors de l'Italie
καὶ φοροίη διάδημα	et *que* il portât le diadème
ἐπιὼν τὴν ἄλλην γῆν	*en* parcourant les autres terres
καὶ θάλασσαν·	et mers :
εἰ δέ τις φράσει	mais si quelqu'un va dire
αὐτοῖς καθεζομένοις,	à eux siégeant,
ἀπαλλάττεσθαι μὲν νῦν,	de se séparer maintenant,
παρεῖναι δὲ αὖθις,	et de se présenter une-autre-fois,
ὅταν Καλπουρνία ἐντύχῃ	lorsque Calpurnie aura rencontré
βελτίοσιν ὀνείροις,	de meilleurs songes,
τίνας λόγους	quels propos
ἔσεσθαι	*pense-t-il* devoir être *tenus*
παρὰ τῶν φθονούντων;	par ceux qui l'envient ?
ἢ τίνα ἀνέξεσθαι	ou qui devoir supporter
τῶν φίλων διδασκόντων,	ses amis déclarant,
ὡς ταῦτα οὐχί ἐστι	que ces *choses* ne sont pas
δουλεία καὶ τυραννίς;	servitude et tyrannie ?
Ἀλλὰ εἰ δοκεῖ πάντως,	Mais s'il *lui* semble-bon absolument,
ἔφη,	dit-il,
ἀφοσιώσασθαι τὴν ἡμέραν,	de rejeter ce jour,
βέλτιον αὐτὸν προελθόντα	*il est* mieux lui-même étant allé
καὶ προσαγορεύσαντα	et ayant porté-la-parole
ὑπερθέσθαι τὴν βουλήν.	remettre le sénat *à un autre jour*.
Ὁ Βροῦτος ἅμα λέγων ταῦτα,	Brutus ensemble disant ces *mots*.
ἦγε τὸν Καίσαρα	emmenait César,
λαβόμενος τῆς χειρὸς,	l'ayant pris par la main,
καὶ οἰκέτης μὲν ἀλλότριος	et un esclave étranger
προθυμούμενος ἐντυχεῖν	désirant-fort avoir-un-entretien

προελθόντι τῶν θυρῶν οἰκέτης ἀλλότριος ἐντυχεῖν προθυμούμενος, ὡς ἡττᾶτο τοῦ περὶ ἐκεῖνον ὠθισμοῦ καὶ πλήθους, βιασάμενος εἰς τὴν οἰκίαν, παρέδωκεν ἑαυτὸν τῇ Καλπουρνίᾳ, φυλάττειν κελεύσας ἄχρις ἂν ἐπανέλθῃ Καῖσαρ, ὡς ἔχων μεγάλα πράγματα κατειπεῖν πρὸς αὐτόν.

LXV. Ἀρτεμίδωρος δὲ, Κνίδιος τὸ γένος, Ἑλληνικῶν λόγων σοφιστὴς, καὶ διὰ τοῦτο γεγονὼς ἐνίοις συνήθης τῶν περὶ Βροῦτον, ὥστε καὶ γνῶναι τὰ πλεῖστα τῶν πραττομένων, ἧκε μὲν ἐν βιβλιδίῳ κομίζων ἅπερ ἔμελλε μηνύειν· ὁρῶν δὲ τὸν Καίσαρα τῶν βιβλιδίων ἕκαστον δεχόμενον καὶ παραδιδόντα τοῖς περὶ αὐτὸν ὑπηρέταις, ἐγγὺς σφόδρα προσελθών· «Τοῦτο, ἔφη, Καῖσαρ, ἀνάγνωθι μόνος καὶ ταχέως· γέγραπται γὰρ ὑπὲρ πραγμάτων μεγάλων καὶ σοὶ διαφερόντων.» Δεξάμενος οὖν ὁ Καῖσαρ, ἀναγνῶναι μὲν ὑπὸ πλήθους τῶν ἐντυγχανόντων ἐκωλύθη, καίπερ ὁρμήσας πολλάκις· ἐν δὲ τῇ χειρὶ κατέχων καὶ φυλάττων μόνον ἐκεῖνο, παρῆλθεν εἰς τὴν σύγκλητον. Ἔνιοι δέ φασιν ἄλλον ἐπι-

étranger, qui voulait absolument lui parler, n'ayant pu l'approcher, à cause de la foule qui l'environnait, alla se jeter dans sa maison, et se remit entre les mains de Calpurnie, en la priant de le garder jusqu'au retour de César, à qui il avait des choses importantes à communiquer.

LXV. Artémidore de Cnide, qui enseignait à Rome les lettres grecques, qui voyait habituellement des complices de Brutus, et savait une partie de la conjuration, vint pour remettre à César un écrit qui contenait les différents avis qu'il voulait lui donner; mais, voyant que César, à mesure qu'il recevait quelques papiers, les remettait aux officiers qui l'entouraient, il s'approcha le plus près qu'il lui fut possible, et en présentant son écrit: « César, dit-il, lisez ce « papier seul et promptement ; il contient des choses importantes, « qui vous intéressent personnellement. » César l'ayant pris de sa main essaya plusieurs fois de le lire, mais il en fut toujours empêché par la foule de ceux qui venaient lui parler. Il entra dans le sénat, le tenant toujours dans sa main, car c'était le seul qu'il eût gardé. Quel-

αὐτῷ προελθόντι μικρὸν	avec lui qui était sorti un-peu
τῶν θυρῶν,	des portes,
ὡς ἡττᾶτο	comme il était-moins-fort
τοῦ ὠθισμοῦ καὶ πλήθους	que la presse et la foule
περὶ ἐκεῖνον,	autour de celui-ci,
βιασάμενος εἰς τὴν οἰκίαν,	s'étant-jeté-de-force dans la maison,
παρέδωκεν ἑαυτὸν	se livra lui-même
τῇ Καλπουρνίᾳ,	à Calpurnie,
κελεύσας φυλάττειν	l'ayant engagée à le garder
ἄχρις Καῖσαρ ἂν ἐπανέλθῃ,	jusqu'à ce que César fût revenu,
ὡς ἔχων μεγάλα πράγματα	comme ayant de grandes affaires
κατειπεῖν πρὸς αὐτόν.	à dire à lui.
LXV. Ἀρτεμίδωρος δὲ,	LXV. Or Artémidore,
Κνίδιος τὸ γένος,	Cnidien de naissance,
σοφιστὴς λόγων Ἑλληνικῶν,	professeur de lettres grecques,
καὶ διὰ τοῦτο γεγονὼς	et par cela devenu
συνήθης ἐνίοις	intime à quelques-uns
τῶν περὶ Βροῦτον,	de ceux autour de Brutus,
ὥστε καὶ γνῶναι	au point même de connaître
τὰ πλεῖστα τῶν πραττομένων,	la plupart des *choses* qui se faisaient,
ἧκε μὲν κομίζων ἐν βιβλιδίῳ	arriva apportant dans un billet
ἅπερ ἔμελλε μηνύειν·	les *choses* qu'il devait révéler :
ὁρῶν δὲ τὸν Καίσαρα	mais voyant César
δεχόμενον ἕκαστον	recevant chacun
τῶν βιβλιδίων	des billets
καὶ παραδιδόντα	et remettant *eux*
τοῖς ὑπηρέταις (τοῖς) περὶ αὐτὸν,	aux officiers autour de lui,
προσελθὼν σφόδρα ἐγγύς·	s'étant approché fort près.
« Καῖσαρ, ἔφη, ἀνάγνωθι τοῦτο	« César, dit-il, lis celui-ci
μόνος καὶ ταχέως·	seul et vite :
γέγραπται γὰρ ὑπὲρ πραγμάτων	car il a été écrit sur des affaires
μεγάλων καὶ διαφερόντων σοί. »	grandes et importantes pour toi. »
Ὁ Καῖσαρ οὖν δεξάμενος,	César donc *l*'ayant reçu,
ἐκωλύθη μὲν ἀναγνῶναι	fut empêché de *le* lire
ὑπὸ πλήθους	par la foule
τῶν ἐντυγχανόντων,	de ceux étant-sur-son-passage,
καίπερ ὁρμήσας πολλάκις	quoique s'étant efforcé souvent :
κατέχων δὲ καὶ φυλάττων	mais retenant et gardant
ἐκεῖνο μόνον ἐν τῇ χειρὶ,	ce *billet* seul dans sa main,
παρῆλθεν εἰς τὴν σύγκλητον.	il passa-outre jusqu'au sénat.

δοῦναι τὸ βιβλίον τοῦτο, τὸν δ' Ἀρτεμίδωρον οὐδ' ὅλως προσελθεῖν, ἀλλ' ἐκθλιβῆναι παρὰ πᾶσαν τὴν ὁδόν.

LXVI. Ἀλλὰ ταῦτα μὲν ἤδη που φέρει καὶ τὸ αὐτόματον· ὁ δὲ δεξάμενος τὸν φόνον ἐκεῖνον καὶ τὸν ἀγῶνα γῶοος, εἰς ὃν ἡ σύγκλητος ἠθροίσθη τότε, Πομπηΐου μὲν εἰκόνα κειμένην ἔχων, Πομπηΐου δ' ἀνάθημα γεγονὼς τῶν προσκεκοσμημένων τῷ θεάτρῳ, παντάπασιν ἀπέφαινε δαίμονός τινος ὑφηγουμένου καὶ καλοῦντος ἐκεῖ τὴν πρᾶξιν ἔργον γεγονέναι. Καὶ γὰρ οὖν καὶ λέγεται Κάσσιος εἰς τὸν ἀνδριάντα τοῦ Πομπηΐου πρὸ τῆς ἐγχειρήσεως ἀποβλέπων, ἐπικαλεῖσθαι σιωπῇ, καίπερ οὐκ ἀλλότριος ὢν τῶν Ἐπικούρου λόγων· ἀλλ' ὁ καιρός, ὡς ἔοικεν, ἤδη τοῦ δεινοῦ παρεστῶτος, ἐνθουσιασμὸν ἐνεποίει καὶ πάθος ἀντὶ τῶν προτέρων λογισμῶν. Ἀντώνιον μὲν οὖν, πιστὸν ὄντα Καίσαρι καὶ ῥωμαλέον, ἔξω παρακατεῖχε Βροῦτος Ἀλβῖνος[1], ἐμβαλὼν ἐπί-

---

ques auteurs disent qu'Artémidore, sans cesse repoussé dans le chemin par la foule, ne put jamais approcher de César, et qu'il lui fit remettre le papier par un autre.

LXVI. Toutes ces circonstances peuvent avoir été l'effet du hasard; mais on ne saurait en dire autant du lieu où le sénat fut assemblé ce jour-là, et où se passa cette scène sanglante. Il y avait là une statue de Pompée, et c'était un des édifices qu'il avait dédiés pour servir d'ornement à son théâtre. N'est-ce pas une preuve évidente que cette entreprise était conduite par un dieu, qui avait marqué cet édifice pour le lieu de l'exécution? On dit même que Cassius, lorsqu'on fut près d'attaquer César, porta ses yeux sur la statue de Pompée, et l'invoqua en secret, quoiqu'il fût d'ailleurs dans les sentiments d'Épicure: mais la vue du danger présent pénétra son âme d'un vif sentiment d'enthousiasme, qui lui fit démentir ses anciennes opinions. Antoine, dont on craignait la fidélité pour César et la force de corps extraordinaire, fut retenu hors du lieu de l'assemblée par Albinus,

VIE DE CÉSAR. 239

Ἔνιοι δέ φασιν ἄλλον
ἐπιδοῦναι τὸ βιβλίον,
τὸν δὲ Ἀρτεμίδωρον
οὐδὲ προσελθεῖν ὅλως,
ἀλλὰ ἐκθλιβῆναι
παρὰ πᾶσαν τὴν ὁδόν.
 LXVI. Ἀλλὰ ἤδη
καὶ τὸ αὐτόματον
φέρει που μὲν ταῦτα·
ὁ δὲ χῶρος δεξάμενος
ἐκεῖνον τὸν φόνον καὶ τὸν ἀγῶνα,
εἰς ὃν ἡ σύγκλητος
ἠθροίσθη τότε,
ἔχων μὲν
εἰκόνα Πομπηΐου κειμένην,
γεγονὼς δὲ
ἀνάθημα Πομπηΐου
τῶν προσκεκοσμημένων
τῷ θεάτρῳ,
ἀπέφαινε παντάπασιν
τὴν πρᾶξιν γεγονέναι ἔργον
τινὸς δαίμονος ὑφηγουμένου
καὶ καλοῦντος ἐκεῖ.
Καὶ γὰρ οὖν καὶ Κάσσιος λέγεται
ἀποβλέπων πρὸ τῆς ἐγχειρήσεως
εἰς τὸν ἀνδριάντα τοῦ Πομπηΐου,
ἐπικαλεῖσθαι σιωπῇ,
καίπερ οὐκ ὢν ἀλλότριος
τῶν λόγων Ἐπικούρου·
ἀλλὰ, ὡς ἔοικεν, ὁ καιρὸς
τοῦ δεινοῦ ἤδη παρεστῶτος,
ἐνεποίει
ἐνθουσιασμὸν καὶ πάθος
ἀντὶ τῶν προτέρων λογισμῶν.
Βροῦτος μὲν οὖν Ἀλβῖνος
παρακατεῖχεν ἔξω Ἀντώνιον,
ὄντα πιστὸν Καίσαρι
καὶ ῥωμαλέον,
ἐμβαλὼν ἐπίτηδες
ὁμιλίαν

Mais quelques-uns disent un autre
lui avoir remis le billet,
et Artémidore
ne s'être pas-approché du-tout,
mais avoir été foulé
le long de toute la route.
 LXVI. Cependant jusque-là
même le hasard   [*ses :*
comporte en-quelque-sorte ces *cho-*
mais le lieu qui reçut
ce meurtre et cette lutte,
dans lequel (*lieu*) le sénat
fut assemblé alors,
d'une part ayant
une statue de Pompée érigée,
d'autre part étant
une offrande de Pompée
de celles ajoutées-comme-ornements
à son théâtre,
montra tout-à-fait
cette action avoir été l'œuvre
de quelque génie *la* conduisant
et *l'*appelant là.
En effet certes Cassius est dit
regardant avant l'attaque
vers la statue de Pompée,
*l'*avoir invoquée en-silence,
quoique n'étant-pas étranger
aux doctrines d'Épicure :
mais, comme il semble, le moment
du danger déjà présent,
lui inspirait
de l'enthousiasme et de l'émotion
au lieu de ses précédentes opinions.
Cependant Brutus Albinus
retenait dehors Antoine
qui était fidèle à César
et vigoureux,
ayant introduit (amené) à-dessein
une conversation

τηδες ὁμιλίαν μῆκος ἔχουσαν. Εἰσιόντος δὲ Καίσαρος, ἡ βουλὴ μὲν ὑπεξανέστη θεραπεύουσα· τῶν δὲ περὶ Βροῦτον οἱ μὲν ἐξόπισθεν τὸν δίφρον αὐτοῦ περιέστησαν, οἱ δ' ἀπήντησαν, ὡς δὴ Τυλλίῳ Κίμβρῳ, περὶ ἀδελφοῦ φυγάδος ἐντυγχάνοντι, συνδεησόμενοι, καὶ συνεδέοντο μέχρι τοῦ δίφρου παρακολουθοῦντες. Ὡς δὲ καθίσας διεκρούετο τὰς δεήσεις, καὶ προσκειμένων βιαιότερον, ἠγανάκτει πρὸς ἕκαστον, ὁ μὲν Τύλλιος τὴν τήβεννον αὐτοῦ ταῖς χερσὶν ἀμφοτέραις συλλαβὼν, ἀπὸ τοῦ τραχήλου κατῆγεν· ὅπερ ἦν σύνθημα τῆς ἐπιχειρήσεως. Πρῶτος δὲ Κάσκας ξίφει παίει παρὰ τὸν αὐχένα, πληγὴν οὐ θανατηφόρον οὐδὲ βαθεῖαν, ἀλλ', ὡς εἰκὸς, ἐν ἀρχῇ τολμήματος μεγάλου ταραχθείς· ὥστε καὶ τὸν Καίσαρα μεταστραφέντα τοῦ ἐγχειριδίου λαβέσθαι καὶ κατασχεῖν. Ἅμα δέ πως ἐξεφώνησαν, ὁ μὲν πληγεὶς, Ῥω-

qui engagea à dessein avec lui une longue conversation. Lorsque César entra, tous les sénateurs se levèrent pour lui faire honneur. Des complices de Brutus, les uns se placèrent autour du siége de César; les autres allèrent au-devant de lui pour joindre leurs prières à celles de Tullius Cimber, qui demandait le rappel de son frère ; et ils le suivirent, en redoublant leurs instances, jusqu'à ce qu'il fût arrivé à sa place. Il s'assit, en rejetant leurs prières ; et, comme ils le pressaient toujours plus vivement, il leur témoigna à chacun en particulier son mécontentement. Alors Tullius lui prit la robe de ses deux mains et lui découvrit le haut de l'épaule ; c'était le signal dont les conjurés étaient convenus. Casca le frappa le premier de son épée ; mais le coup ne fut pas mortel, le fer n'ayant pas pénétré bien avant. Il y a apparence que, chargé de commencer une si grande entreprise, il se sentit troublé. César, se tournant vers lui, saisit son épée, qu'il tint toujours dans sa main. Ils s'écrièrent tous deux en

ἔχουσαν μῆκος.	ayant *quelque* longueur.
Καίσαρος δὲ εἰσιόντος,	Mais César entrant,
ἡ βουλὴ μὲν ὑπεξανέστη	le sénat d'une part se leva
θεραπεύουσα·	*lui* faisant-honneur :
τῶν δὲ περὶ Βροῦτον	d'autre part de ceux autour de Brutus
οἱ μὲν περιέστησαν ἐξόπισθεν	les uns se tinrent-debout par-derrière
τὸν δίφρον αὐτοῦ,	autour du siége de lui,
οἱ δὲ ἀπήντησαν,	les autres allèrent-à-sa-rencontre,
ὡς δὴ συνδεησόμενοι	comme certes devant prier *lui*
Τυλλίῳ Κίμβρῳ,	avec Tullius Cimber,
ἐντυγχάνοντι	qui l'entretenait
περὶ ἀδελφοῦ φυγάδος,	pour son frère exilé,
καὶ συνεδέοντο	et ils prièrent-ensemble
παρακολουθοῦντες	*l'*accompagnant
μέχρι τοῦ δίφρου.	jusqu'à son siége.
Ὡς δὲ καθίσας	Mais comme s'étant assis
διεκρούετο τὰς δεήσεις,	il repoussait leurs prières,
καὶ προσκειμένων βιαιότερον,	et *que*, eux insistant plus fortement,
ἠγανάκτει πρὸς ἕκαστον,	il s'indignait contre chacun,
ὁ μὲν Τύλλιος συλλαβὼν	Tullius ayant saisi
ἀμφοτέραις χερσὶ	avec les deux mains
τὴν τήβεννον αὐτοῦ,	la toge de lui,
κατῆγεν ἀπὸ τοῦ τραχήλου·	*la* ramena de dessus son cou :
ὅπερ ἦν σύνθημα	ce-qui était le signe-convenu
τῆς ἐπιχειρήσεως.	de l'attaque.
Κάσκας δὲ πρῶτος	Alors Casca le premier
παίει ξίφει παρὰ τὸν αὐχένα,	frappe *lui* de l'épée au col,
πληγὴν οὐ θανατηφόρον	d'un coup non mortel
οὐδὲ βαθεῖαν,	ni profond,
ἀλλὰ, ὡς εἰκὸς.	mais, comme *c'est* naturel,
ταραχθεὶς	étant troublé
ἐν ἀρχῇ	au commencement
μεγάλου τολμήματος·	d'une grande hardiesse :
ὥστε καὶ τὸν Καίσαρα	au point même César
μεταστραφέντα	s'étant retourné
λαβέσθαι τοῦ ἐγχειριδίου	avoir saisi son épée
καὶ κατασχεῖν.	et l'avoir tenue-fortement.
Ἐξεφώνησαν δὲ	Et ils crièrent
ἅμα πως,	ensemble en-quelque-sorte,
ὁ μὲν πληγεὶς, Ῥωμαϊστὶ	d'une part le frappé, en-Romain :

μαϊστί· «Μιαρώτατε Κάσκα, τί ποιεῖς;» ὁ δὲ πλήξας, Ἑλληνιστὶ πρὸς τὸν ἀδελφόν· «Ἀδελφὲ, βοήθει.» Τοιαύτης δὲ ταραχῆς γενομένης, τοὺς μὲν οὐδὲν συνειδότας ἔκπληξις εἶχε καὶ φρίκη πρὸς τὰ δρώμενα, μήτε φεύγειν μήτ' ἀμύνειν, ἀλλὰ μηδὲ φωνὴν ἐκβάλλειν τολμῶντας. Τῶν δὲ παρεσκευασμένων ἐπὶ τὸν φόνον ἑκάστου γυμνὸν ἀποδείξαντος τὸ ξίφος, ἐν κύκλῳ περιεχόμενος καὶ πρὸς ὅ τι τρέψειε τὴν ὄψιν, πληγαῖς ἀπαντῶν, καὶ σιδήρῳ φερομένῳ καὶ κατὰ προσώπου καὶ κατ' ὀφθαλμῶν διελαυνόμενος, ὥσπερ θηρίον ἐνειλεῖτο ταῖς πάντων χερσίν. Ἅπαντας γὰρ ἔδει κατάρξασθαι καὶ γεύσασθαι τοῦ φόνου. Διὸ καὶ Βροῦτος αὐτῷ πληγὴν ἐνέβαλε μίαν εἰς τὸν βουβῶνα. Λέγεται δ' ὑπό τινων, ὡς ἄρα πρὸς τοὺς ἄλλους ἀπομαχόμενος καὶ διαφέρων δεῦρο κἀκεῖ τὸ σῶμα, καὶ κεκραγὼς, ὅτε Βροῦτον εἶδεν ἐσπασμένον τὸ ξίφος, ἐφειλκύσατο κατὰ τῆς κεφαλῆς τὸ ἱμάτιον καὶ παρῆκεν ἑαυτὸν,

même temps, César en latin : « Scélérat de Casca, que fais-tu ? » et Casca, s'adressant à son frère, en grec : « Mon frère, au secours ! » Dans le premier moment, tous ceux qui n'étaient pas du secret furent saisis d'horreur; et, frissonnant de tout leur corps, ils n'osèrent ni prendre la fuite, ni défendre César, ni proférer une seule parole. Cependant les conjurés, tirant chacun son épée, l'environnent de toutes parts ; de quelque côté qu'il se tourne, il ne trouve que des épées qui le frappent aux yeux et au visage : tel qu'une bête féroce assaillie par les chasseurs, il se débattait entre toutes ces mains armées contre lui; car chacun voulait avoir part à ce meurtre, et goûter, pour ainsi dire, à ce sang. Brutus lui-même lui porta un coup dans l'aine. César s'était défendu, dit-on, contre les autres, et traînait son corps de côté et d'autre en poussant de grands cris. Mais quand il vit Brutus venir sur lui l'épée nue à la main, il se couvrit la tête de sa robe, et s'abandonna au fer des conjurés. Soit hasard, soit

« Μιαρώτατε Κάσκα, τί ποιεῖς; »   « Très-scélérat Casca, que fais-tu ? »
ὁ δὲ πλήξας,   et le ayant frappé,
Ἑλληνιστὶ πρὸς τὸν ἀδελφόν·   en-Grec à son frère :
« Ἀδελφέ, βοήθει. »   « Frère, secours-moi. »
Τοιαύτης δὲ ταραχῆς γενομένης,   Or un tel tumulte ayant eu-lieu,
ἔκπληξις μὲν καὶ φρίκη εἶχε   l'effroi et le frisson saisirent [plot
τοὺς οὐδὲν συνειδότας   ceux qui ne-savaient-rien du com-
πρὸς τὰ δρώμενα,   à la vue de ce qui se faisait,
τολμῶντας μήτε φεύγειν   n'osant ni fuir
μήτε ἀμύνειν,   ni défendre César,
ἀλλὰ μηδὲ ἐκβάλλειν φωνήν.   mais pas-même émettre une parole.
Ἑκάστου δὲ   Mais chacun
τῶν παρεσκευασμένων   de ceux déterminés
ἐπὶ τὸν φόνον   au meurtre
ἀποδείξαντος τὸ ξίφος γυμνόν,   ayant montré le glaive nu,
περιεχόμενος ἐν κύκλῳ   César entouré en cercle
καὶ ἀπαντῶν πληγαῖς,   et rencontrant des coups,
πρὸς ὅ τι τρέψειε τὴν ὄψιν,   de quelque côté qu'il tournât la vue,
καὶ διελαυνόμενος σιδήρῳ   et percé par le fer
φερομένῳ καὶ κατὰ προσώπου   qui se portait et contre son visage
καὶ κατὰ ὀφθαλμῶν,   et contre ses yeux,   [vage
ἐνειλεῖτο ὥσπερ θηρίον   était ballotté comme une bête-sau-
ταῖς χερσὶ πάντων.   dans les mains de tous.
Ἔδει γὰρ πάντας   Car il fallait tous
κατάρξασθαι   frapper-la-victime
καὶ γεύσασθαι τοῦ φόνου.   et goûter au meurtre.
Διὸ καὶ Βροῦτος   C'est pourquoi même Brutus
ἐνέβαλεν αὐτῷ   porta à lui
μίαν πληγὴν εἰς τὸν βουβῶνα.   un seul coup à l'aine.
Λέγεται δὲ ὑπό τινων,   Et il est dit par quelques-uns,
ὡς ἄρα ἀπομαχόμενος   que César qui se débattait
πρὸς τοὺς ἄλλους   contre les autres
καὶ διαφέρων τὸ σῶμα   et qui portait son corps
δεῦρο καὶ ἐκεῖ,   ici et là,
καὶ κεκραγώς,   et qui poussait-de-grands-cris,
ὅτε εἶδε Βροῦτον   lorsqu'il vit Brutus
ἐσπασμένον τὸ ξίφος,   qui avait tiré l'épée,
ἐφειλκύσατο τὸ ἱμάτιον   rabattit sa robe
κατὰ τῆς κεφαλῆς   sur sa tête
καὶ παρῆκεν ἑαυτόν,   et s'abandonna lui-même,

εἴτ' ἀπὸ τύχης, εἴθ' ὑπὸ τῶν κτεινόντων ἀπωσθεὶς πρὸς τὴν βάσιν, ἐφ' ἧς ὁ Πομπηΐου βέβηκεν ἀνδριάς. Καὶ πολὺ καθῄμαξεν αὐτὴν ὁ φόνος, ὡς δοκεῖν αὐτὸν ἐφεστάναι τῇ τιμωρίᾳ τοῦ πολεμίου Πομπηΐον ὑπὸ πόδας κεκλιμένου, καὶ περισπαίροντος ὑπὸ πλήθους τραυμάτων· εἴκοσι γὰρ καὶ τρία λαβεῖν λέγεται· καὶ πολλοὶ κατετρώθησαν ὑπ' ἀλλήλων, εἰς ἓν ἀπερειδόμενοι σῶμα πληγὰς τοσαύτας.

LXVII. Κατειργασμένου δὲ τοῦ ἀνδρὸς, ἡ μὲν γερουσία, καίπερ εἰς μέσον Βρούτου ἐλθόντος, ὥς τι περὶ τῶν πεπραγμένων ἐροῦντος, οὐκ ἀνασχομένη διὰ θυρῶν ἐξέπιπτε, καὶ φεύγουσα κατέπλησε ταραχῆς καὶ δέους ἀπόρου τὸν δῆμον, ὥστε τοὺς μὲν οἰκίας κλείειν, τοὺς δὲ ἀπολιπεῖν τραπέζας καὶ χρηματιστήρια, δρόμῳ δὲ χωρεῖν, τοὺς μὲν ἐπὶ τὸν τόπον, ὀψομένους τὸ πάθος, τοὺς δ' ἐκεῖθεν, ἑωρακότας. Ἀντώνιος δὲ καὶ Λέπιδος, οἱ μάλιστα φίλοι Καίσαρος, ὑπεκδύντες, εἰς οἰκίας ἑτέρας κατέφυγον.

dessein formé de leur part, il fut poussé jusqu'au piédestal de la statue de Pompée, qui fut couvert de son sang. Il semblait que Pompée présidât à la vengeance qu'on tirait de son ennemi, qui, abattu et palpitant, venait expirer à ses pieds du grand nombre de blessures qu'il avait reçues. Il fut percé, dit-on, de vingt-trois coups; et plusieurs des conjurés se blessèrent eux-mêmes en frappant tous à la fois sur un seul homme.

LXVII. Quand César fut mort, Brutus s'avança au milieu du sénat pour rendre raison de ce que les conjurés venaient de faire : mais les sénateurs n'eurent pas la force de l'entendre; ils s'enfuirent précipitamment par les portes, et jetèrent parmi le peuple le trouble et l'effroi. Les uns fermaient leurs maisons, les autres abandonnaient leurs banques et leurs comptoirs; les rues étaient pleines de gens qui couraient çà et là, et dont les uns allaient au sénat pour voir cet affreux spectacle, les autres en revenaient après l'avoir vu. Antoine et Lépide, les deux plus grands amis de César, se dérobant de la foule, cherchèrent un asile dans des maisons étrangères. Mais Brutus

ἀπωσθεὶς εἴτε ἀπὸ τύχης,	ayant été poussé soit par le hasard,
εἴτε ὑπὸ τῶν κτεινόντων	soit par ceux qui *le* tuaient
πρὸς τὴν βάσιν, ἐπὶ ἧς	vers le piédestal, sur lequel
ὁ ἀνδριὰς Πομπηΐου βέβηκεν.	la statue de Pompée est dressée.
Καὶ ὁ φόνος	Et le meurtre
καθήμαξεν αὐτὴν πολύ,	ensanglanta ce *piédestal* beaucoup,
ὡς Πομπήϊον δοκεῖν	au point Pompée sembler
ἐφεστάναι αὐτὸν τῇ τιμωρίᾳ	présider lui-même au châtiment
τοῦ πολεμίου κεκλιμένου	de son ennemi étendu
ὑπὸ πόδας,	à ses pieds,
καὶ περισπαίροντος	et palpitant
ὑπὸ πλήθους τραυμάτων.	sous le nombre des blessures.
Λέγεται γὰρ λαβεῖν	Car il est dit avoir reçu
εἴκοσι καὶ τρία·	vingt-trois *blessures :*
καὶ πολλοὶ κατετρώθησαν	et plusieurs furent blessés
ὑπ' ἀλλήλων,	les-uns-par-les-autres,
ἀπερειδόμενοι εἰς ἓν σῶμα	*en* appuyant sur un seul corps
τοσαύτας πληγάς.	tant de coups.
LXVII. Τοῦ δὲ ἀνδρὸς	LXVII. Mais l'homme
κατειργασμένου,	ayant été achevé,
ἡ μὲν γερουσία, καίπερ Βρούτου	le sénat, quoique Brutus
ἐλθόντος εἰς μέσον,	étant venu au milieu,
ὡς ἐροῦντός τι	comme devant dire quelque *chose*
περὶ τῶν πεπραγμένων,	sur les *choses* faites,
οὐκ ἀνασχομένη	ne supportant pas *cela*
ἐξέπιπτε διὰ θυρῶν,	se précipita par les portes,
καὶ φεύγουσα	et fuyant
κατέπλησε τὸν δῆμον ταραχῆς	remplit le peuple de trouble
καὶ δέους ἀπόρου,	et d'une crainte inexplicable,
ὥστε τοὺς μὲν κλείειν οἰκίας,	au point les uns fermer leurs maisons,
τοὺς δὲ ἀπολιπεῖν τραπέζας	les autres laisser leurs banques
καὶ χρηματιστήρια,	et leurs comptoirs,
χωρεῖν δὲ δρόμῳ,	et se rendre à la course
τοὺς μὲν ἐπὶ τὸν τόπον,	les uns vers le lieu,
ὀψομένους τὸ πάθος,	devant voir le malheur,
τοὺς δὲ ἐκεῖθεν, ἑωρακότας.	les autres de-là, *l'*ayant vu.
Ἀντώνιος δὲ καὶ Λέπιδος,	Mais Antoine et Lépide,
οἱ μάλιστα φίλοι Καίσαρος,	les plus amis de César,
ὑπεκδύντες, κατέφυγον	s'étant esquivés, se réfugièrent
εἰς ἑτέρας οἰκίας.	dans d'autres maisons.

Οἱ δὲ περὶ Βροῦτον, ὥσπερ ἦσαν ἔτι θερμοὶ τῷ φόνῳ, γυμνὰ τὰ ξίφη δεικνύντες, ἅμα πάντες ἀπὸ τοῦ βουλευτηρίου συστραφέντες ἐχώρουν εἰς τὸ Καπιτώλιον, οὐ φεύγουσιν ἐοικότες, ἀλλὰ μάλα φαιδροὶ καὶ θαρραλέοι, παρακαλοῦντες ἐπὶ τὴν ἐλευθερίαν τὸ πλῆθος, καὶ προσδεχόμενοι τοὺς ἀρίστους τῶν ἐντυγχανόντων. Ἔνιοι δὲ καὶ συνανέβαινον αὐτοῖς, καὶ κατεμίγνυσαν ἑαυτοὺς ὡς μετεσχηκότες τοῦ ἔργου, καὶ προσεποιοῦντο τὴν δόξαν· ὧν ἦν καὶ Γάϊος Ὀκταούϊος καὶ Λέντλος Σπινθήρ. Οὗτοι μὲν οὖν τῆς ἀλαζονείας δίκην ἔδωκαν ὕστερον, ὑπ' Ἀντωνίου καὶ τοῦ νέου Καίσαρος ἀναιρεθέντες, καὶ μηδὲ τῆς δόξης, δι' ἣν ἀπέθνησκον, ἀπολαύσαντες, ἀπιστίᾳ τῶν ἄλλων. Οὐδὲ γὰρ οἱ κολάζοντες αὐτοὺς τῆς πράξεως, ἀλλὰ τῆς βουλήσεως τὴν δίκην ἔλαβον. Μεθ' ἡμέραν δὲ τῶν περὶ Βροῦτον κατελθόντων καὶ

et les autres conjurés, encore tout fumants du sang qu'ils venaient de répandre, et tenant leurs épées nues, sortirent tous ensemble du sénat, et prirent le chemin du Capitole, non comme des gens qui fuient, mais d'un air content et avec un visage gai qui annonçait leur confiance. Ils appelaient le peuple à la liberté, et recevaient dans leurs rangs les personnes de distinction qu'ils rencontraient dans les rues. Il y en eut même qui se joignirent à eux pour faire croire qu'ils avaient eu part à la conjuration, et en partager faussement la gloire. De ce nombre furent Caius Octavius et Lentulus Spinther, qui, dans la suite, furent bien punis de cette vanité. Antoine et le jeune César les firent mettre à mort, et leur ôtèrent même l'honneur qu'ils avaient ambitionné, et qui causa leur perte. Ceux qui les condamnèrent punirent en eux, non la complicité du meurtre, mais l'intention. Le lendemain, Brutus et les autres conjurés se rendirent sur la place, et par-

Οἱ δὲ περὶ Βροῦτον,	Mais ceux *étant* autour de Brutus,
ὥσπερ ἦσαν	comme ils étaient
ἔτι θερμοὶ τῷ φόνῳ,	encore chauds du meurtre,
δεικνύντες τὰ ξίφη γυμνὰ,	montrant leurs épées nues,
συστραφέντες ἅμα πάντες	s'étant serrés ensemble tous
ἐχώρουν ἀπὸ τοῦ βουλευτηρίου	sortirent du sénat
εἰς τὸ Καπιτώλιον,	*allant* au Capitole,
οὐκ ἐοικότες	ne ressemblant-pas
φεύγουσιν,	à des *gens* qui fuient,
ἀλλὰ μάλα φαιδροὶ	mais très-rayonnants
καὶ θαρραλέοι,	et pleins-de-confiance,
παρακαλοῦντες τὸ πλῆθος	appelant la multitude
ἐπὶ τὴν ἐλευθερίαν,	à la liberté,
καὶ προσδεχόμενοι	et recevant
τοὺς ἀρίστους	les plus distingués
τῶν ἐντυγχανόντων.	de ceux se trouvant-sur-leur passage.
Ἔνιοι δὲ καὶ	Et quelques-uns même
συνανέβαινον αὐτοῖς,	y montaient-avec eux
καὶ κατεμίγνυσαν ἑαυτοὺς	et *se* mêlaient eux-mêmes *à eux*
ὡς μετεσχηκότες τοῦ ἔργου,	comme ayant pris-part à l'œuvre,
καὶ προσεποιοῦντο τὴν δόξαν·	et s'*en* attribuaient la gloire :
ὧν ἦν καὶ Γάϊος Ὀκταούϊος	desquels étaient et Caius Octavius
καὶ Λέντλος Σπινθήρ.	et Lentulus Spinther.
Οὗτοι μὲν οὖν ὕστερον	Or ceux-ci plus tard
ἔδωκαν δίκην	donnèrent satisfaction
τῆς ἀλαζονείας,	de leur forfanterie,
ἀναιρεθέντες ὑπὸ Ἀντωνίου	ayant été mis-à-mort par Antoine
καὶ τοῦ νέου Καίσαρος,	et par le jeune César,
καὶ μηδὲ ἀπολαύσαντες	et n'ayant pas-même-joui
τῆς δόξης,	de la gloire,
δι' ἣν ἀπέθνησκον,	pour laquelle ils mouraient,
ἀπιστίᾳ τῶν ἄλλων.	par l'incrédulité des autres.
Οἱ γὰρ κολάζοντες αὐτοὺς	Car ceux qui punissaient eux,
οὐδὲ ἔλαβον δίκην	ne tirèrent pas vengeance
τῆς πράξεως,	de l'action,
ἀλλὰ τῆς βουλήσεως.	mais de l'intention.
Μετὰ ἡμέραν δὲ	Mais après un jour
τῶν περὶ Βροῦτον	ceux autour de Brutus
κατελθόντων	étant descendus
καὶ ποιησαμένων λόγους,	et ayant fait des harangues,

ποιησαμένων λόγους, ὁ μὲν δῆμος οὔτε δυσχεραίνων οὔτε ὡς ἐπαινῶν τὰ πεπραγμένα, τοῖς λεγομένοις προσεῖχεν, ἀλλ' ὑπεδήλου τῇ πολλῇ σιωπῇ Καίσαρα μὲν οἰκτείρων, αἰδούμενος δὲ Βροῦτον. Ἡ δὲ σύγκλητος ἀμνηστίας τινὰς καὶ συμβάσεις πράττουσα πᾶσι, Καίσαρα μὲν ὡς θεὸν τιμᾶν ἐψηφίσατο, καὶ κινεῖν μηδὲ τὸ σμικρότατον ὧν ἐκεῖνος ἄρχων ἐβούλευσε· τοῖς δὲ περὶ Βροῦτον ἐπαρχίας τε διένειμε, καὶ τιμὰς ἐπέδωκε πρεπούσας· ὥστε πάντας οἴεσθαι τὰ πράγματα κατάστασιν ἔχειν, καὶ σύγκρισιν ἀπειληφέναι τὴν ἀρίστην.

LXVIII. Ἐπεὶ δὲ, τῶν διαθηκῶν τῶν Καίσαρος ἀνοιχθεισῶν, εὑρέθη δεδομένη Ῥωμαίων ἑκάστῳ δόσις ἀξιόλογος, καὶ τὸ σῶμα κομιζόμενον δι' ἀγορᾶς ἐθεάσαντο ταῖς πληγαῖς διαλελωβημένον, οὐκ ἔτι κόσμον εἶχεν οὐδὲ τάξιν αὐτῶν τὸ πλῆθος, ἀλλὰ τῷ μὲν νεκρῷ περισωρεύσαντες ἐξ ἀγορᾶς βάθρα καὶ κιγκλίδας καὶ τραπέζας, ὑφῆψαν αὐτοῦ καὶ κατέκαυσαν· ἀράμενοι δὲ δαλοὺς δια-

lèrent au peuple, qui les écouta sans donner aucun signe de blâme ni d'approbation; le profond silence qu'il garda faisait seulement connaître que, si d'un côté il plaignait César, de l'autre, il respectait Brutus. Le sénat décréta l'amnistie générale du passé; d'une part il ordonna qu'on rendrait à César les honneurs divins, et qu'on ne changerait aucune des ordonnances qu'il avait faites pendant sa dictature.; de l'autre il distribua à Brutus et à ses complices des gouvernements, et leur décerna des honneurs convenables. Tout le monde crut que les affaires étaient sagement arrangées, et la république remise dans le meilleur état.

LXVIII. Mais, quand on eut ouvert le testament de César, et qu'on y eut lu qu'il laissait à chaque Romain un legs considérable; qu'ensuite on vit porter, à travers la place, son corps sanglant et déchiré de plaies, le peuple, ne se contenant plus, et ne gardant aucune modération, fit un bûcher des bancs, des barrières et des tables qui étaient sur la place, et brûla le corps de César. Prenant ensuite des

ὁ μὲν δῆμος οὔτε δυσχεραίνων
οὔτε ὡς ἐπαινῶν τὰ πεπραγμένα,
προσεῖχε τοῖς λεγομένοις,
ἀλλὰ ὑπεδήλου τῇ πολλῇ σιωπῇ
οἰκτείρων μὲν Καίσαρα,
αἰδούμενος δὲ Βροῦτον.
Ἡ δὲ σύγκλητος πράττουσα πᾶσι
τινὰς ἀμνηστίας
καὶ συμβάσεις,
ἐψηφίσατο μὲν τιμᾶν
Καίσαρα ὡς θεὸν,
καὶ μηδὲ κινεῖν
τὸ σμικρότατον ὧν ἐκεῖνος
ἐβούλευσεν ἄρχων·
τοῖς δὲ περὶ Βροῦτον
διένειμέ τε ἐπαρχίας,
καὶ ἐπέδωκε
τιμὰς πρεπούσας·
ὥστε πάντας οἴεσθαι
τὰ πράγματα ἔχειν κατάστασιν,
καὶ ἀπειληφέναι
τὴν ἀρίστην σύγκρισιν.
LXVIII. Ἐπεὶ δὲ,
τῶν διαθηκῶν τῶν Καίσαρος
ἀνοιχθεισῶν,
δόσις ἀξιόλογος
εὑρέθη δεδομένη
ἑκάστῳ Ῥωμαίων,
καὶ ἐθεάσαντο τὸ σῶμα
κομιζόμενον διὰ ἀγορᾶς
διαλελωβημένον ταῖς πληγαῖς,
τὸ πλῆθος αὐτῶν
οὐκ εἶχεν ἔτι κόσμον οὐδὲ τάξιν,
ἀλλὰ περισωρεύσαντες μὲν
τῷ νεκρῷ
βάθρα καὶ κιγκλίδας
καὶ τραπέζας
ἐξ ἀγορᾶς,
ὑφῆψαν αὐτοῦ
καὶ κατέκαυσαν·

le peuple certes ni *ne* s'indignant
ni comme louant les *choses* faites,
fit attention aux *paroles* dites,
mais fit-voir par un grand silence
d'une part plaignant César,
de l'autre respectant Brutus.
Et le sénat faisant pour tous
certaines amnisties
et conventions
décréta d'une part d'honorer
César comme un dieu,
et de ne pas changer même
la plus petite des *mesures* que celui-ci
avait décrétées étant-le-maître :
d'autre part à ceux autour de Brutus
et il distribua des gouvernements,
et il accorda
des honneurs convenables :
au point tous croire
les affaires avoir une constitution,
et avoir reçu
la meilleure solution.
LXVIII. Mais lorsque,
le testament celui de César
ayant été ouvert,
un don considérable
fut trouvé ayant été donné
à chacun des Romains,
et *que* ils eurent vu son corps
apporté à travers la place
mutilé par les blessures,
la multitude d'eux
n'eut plus ordre ni rang,
mais ayant entassé
autour du mort
des bancs et des barreaux
et des tables
de la place-publique,
ils mirent-le-feu-sous lui
et *le* brûlèrent :

πύρους ἔθεον ἐπὶ τὰς οἰκίας τῶν ἀνῃρηκότων, καταφλέξοντες, ἄλλοι δ' ἐφοίτων πανταχόσε τῆς πόλεως, συλλαβεῖν καὶ διασπάσασθαι τοὺς ἄνδρας ζητοῦντες. Οἷς ἐκείνων μὲν οὐδεὶς ἀπήντησεν, ἀλλ' εὖ πεφραγμένοι πάντες ἦσαν. Κίννας δέ τις τῶν Καίσαρος ἑταίρων ἔτυχε μὲν, ὥς φασι, τῆς παρῳχημένης νυκτὸς ὄψιν ἑωρακὼς ἄτοπον· ἐδόκει γὰρ ὑπὸ Καίσαρος ἐπὶ δεῖπνον καλεῖσθαι· παραιτούμενος δ', ἄγεσθαι τῆς χειρὸς ὑπ' αὐτοῦ, μὴ βουλόμενος, ἀλλ' ἀντιτείνων· ὡς δ' ἤκουσεν ἐν ἀγορᾷ τὸ σῶμα καίεσθαι τοῦ Καίσαρος, ἀναστὰς ἐβάδιζεν ἐπὶ τιμῇ, καίπερ ὑφορώμενός τε τὴν ὄψιν ἅμα καὶ πυρέττων. Καί τις, ὀφθέντος αὐτοῦ, τῶν πολλῶν ἔφρασεν ἑτέρῳ τοὔνομα πυνθανομένῳ, κἀκεῖνος ἄλλῳ, καὶ διὰ πάντων εὐθὺς ἦν, ὡς οὗτός ἐστιν ὁ ἀνὴρ τῶν ἀνῃρηκότων Καίσαρα· καὶ γὰρ ἦν τις ὁμώνυμος ἐκείνῳ Κίννας ἐν τοῖς συνωμοσαμένοις, ὃν τοῦτον εἶναι ὑπολαβόντες, ὥρμησαν

tisons enflammés, il courut en foule aux maisons des meurtriers pour y mettre le feu ; plusieurs même se répandirent dans la ville, et les cherchèrent dans le dessein de les mettre en pièces ; mais on ne put les découvrir, parce qu'ils se tinrent bien renfermés. Un des amis de César, nommé Cinna, avait eu. la nuit précédente, un songe assez extraordinaire : il avait cru voir César qui l'invitait à souper, et qui, sur son refus, l'avait pris par la main, et l'avait entraîné malgré sa résistance. Quand il apprit qu'on brûlait sur la place publique le corps du dictateur, il se leva ; et, quoique inquiet du songe qu'il avait eu, quoique malade de la fièvre, il y courut pour rendre à son ami les derniers devoirs. Lorsqu'il arriva sur la place, quelqu'un du peuple le nomma à un citoyen qui lui demandait son nom ; celui-ci le dit à un autre ; et bientôt il courut dans toute la foule que c'était un des meurtriers de César : il y avait en effet un des conjurés qui s'appelait Cinna ; et le peuple, prenant cet homme pour le meurtrier, se

ἀράμενοι δὲ δαλοὺς διαπύρους	puis ayant pris des tisons enflammés
ἔθεον ἐπὶ τὰς οἰκίας	ils coururent aux maisons
τῶν ἀνῃρηκότων,	de ceux qui avaient tué *César*,
καταφλέξοντες,	devant incendier *elles*,
ἄλλοι δὲ ἐφοίτων	et d'autres allaient
πανταχόσε τῆς πόλεως,	de-tous-les-côtés de la ville,
ζητοῦντες συλλαβεῖν	cherchant à saisir
καὶ διασπάσασθαι τοὺς ἄνδρας.	et à déchirer ces hommes.
Οἷς μὲν οὐδεὶς ἐκείνων	Lesquels certes aucun de ceux-ci
ἀπήντησεν,	ne rencontra,
ἀλλὰ πάντες ἦσαν	mais tous étaient
εὖ πεφραγμένοι.	bien gardés.
Τις δὲ Κίννας	Mais un certain Cinna
τῶν ἑταίρων Καίσαρος	des amis de César
ἔτυχε μὲν, ὥς φασιν,	se trouva, comme on dit,
ἑωρακὼς ὄψιν ἄτοπον	ayant vu une vision étrange
τῆς νυκτὸς παρῳχημένης·	la nuit passée :
ἐδόκει γὰρ καλεῖσθαι	car il croyait être invité
ὑπὸ Καίσαρος ἐπὶ δεῖπνον·	par César à souper :
παραιτούμενος δὲ, ἄγεσθαι	et refusant, être entraîné
τῆς χειρὸς ὑπὸ αὐτοῦ,	par la main par lui,
μὴ βουλόμενος,	ne voulant pas,
ἀλλὰ ἀντιτείνων·	mais résistant :
ὡς δὲ ἤκουσε	et dès qu'il eut appris
τὸ σῶμα τοῦ Καίσαρος	le corps de César
καίεσθαι ἐν ἀγορᾷ,	être brûlé sur la place-publique,
ἀναστὰς ἐβάδιζεν ἐπὶ τιμῇ,	s'étant levé il alla par honneur,
καίπερ ὑφορώμενός τε τὴν ὄψιν	quoique et se défiant de sa vision
καὶ ἅμα πυρέττων.	et en-même-temps ayant-la-fièvre.
Καί τις, αὐτοῦ ὀφθέντος,	Et quelqu'un, lui ayant été vu,
ἔφρασε τὸ ὄνομα	dit son nom
ἑτέρῳ τῶν πολλῶν πυνθανομένῳ,	à un autre de la foule qui s'informait
καὶ ἐκεῖνος ἄλλῳ,	et celui-là à un autre,
καὶ εὐθὺς ἦν διὰ πάντων,	et aussitôt *le bruit* fut parmi tous,
ὡς οὗτος ὁ ἀνήρ ἐστι	que cet homme est
τῶν ἀνῃρηκότων Καίσαρα·	de ceux qui ont tué César.
καὶ γάρ τις Κίννας ἦν	en effet un certain Cinna était
ὁμώνυμος ἐκείνῳ	homonyme de celui-là
ἐν τοῖς συνωμοσαμένοις,	parmi les conjurés,
ὃν ὑπολαβόντες εἶναι τοῦτον,	lequel ayant supposé être celui-ci,

εὐθὺς καὶ διέσπασαν ἐν μέσῳ τὸν ἄνθρωπον. Τοῦτο μάλιστα δείσαντες οἱ περὶ Βροῦτον καὶ Κάσσιον, οὐ πολλῶν ἡμερῶν διαγενομένων, ἀπεχώρησαν ἐκ τῆς πόλεως. Ἃ δὲ καὶ πράξαντες καὶ παθόντες ἐτελεύτησαν, ἐν τοῖς περὶ Βρούτου γέγραπται.

LXIX. Θνήσκει δὲ Καῖσαρ, τὰ μὲν πάντα γεγονὼς ἔτη πεντήκοντα καὶ ἕξ, Πομπηΐῳ δ' ἐπιβιώσας οὐ πολὺ πλέον ἐτῶν τεσσάρων· ἦν δὲ τῷ βίῳ παντὶ ἀρχὴν καὶ δυναστείαν διὰ κινδύνων τοσούτων διώκων μόλις κατειργάσατο, ταύτης οὐδὲν ὅτι μὴ τοὔνομα μόνον καὶ τὴν ἐπίφθονον καρπωσάμενος δόξαν παρὰ τῶν πολιτῶν. Ὁ μέντοι μέγας αὐτοῦ δαίμων, ᾧ παρὰ τὸν βίον ἐχρήσατο, καὶ τελευτήσαντος ἐπηκολούθησε τιμωρὸς τοῦ φόνου, διά τε γῆς πάσης καὶ θαλάσσης ἐλαύνων καὶ ἀνιχνεύων ἄχρι τοῦ μηδένα λιπεῖν τῶν ἀπεκτονότων, ἀλλὰ καὶ τοὺς καθ' ὁτιοῦν ἢ χειρὶ τοῦ ἔργου θιγόντας, ἢ γνώμης μετασχόντας, ἐπεξελθεῖν.

jeta sur lui, et le mit en pièces sur la place même. Brutus et Cassius, effrayés de cette fureur populaire, sortirent de la ville peu de jours après. J'ai raconté dans la Vie de Brutus ce qu'ils firent depuis, et les malheurs qu'ils éprouvèrent.

LXIX. César mourut âgé de cinquante-six ans, et ne survécut guère que de quatre ans à Pompée. Cette domination, ce pouvoir souverain qu'il n'avait cessé de poursuivre à travers mille dangers, et qu'il obtint avec tant de peine, ne lui procura qu'un vain titre, qu'une gloire fragile, qui lui attirèrent la haine de ses concitoyens. Mais ce génie puissant, qui l'avait conduit pendant sa vie, le suivit encore après sa mort; il s'en montra le vengeur, en s'attachant sur les pas de ses meurtriers et par terre et par mer, jusqu'à ce qu'il n'en restât plus un seul de ceux qui avaient pris la moindre part à l'exé-

ὥρμησαν εὐθὺς	ils s'élancèrent aussitôt
καὶ διέσπασαν τὸν ἄνθρωπον	et déchirèrent l'homme
ἐν μέσῳ.	au milieu *de la place.*
Οἱ περὶ Βροῦτον καὶ Κάσσιον	Brutus et Cassius
δείσαντες μάλιστα τοῦτο,	ayant craint surtout cela,
οὐ πολλῶν ἡμερῶν διαγενομένων,	non beaucoup de jours s'étant écou-[lés,
ἀπεχώρησαν ἐκ τῆς πόλεως.	se retirèrent de la ville.
Ἃ δὲ καὶ πράξαντες	Mais les *choses* que ayant faites
καὶ παθόντες ἐτελεύτησαν,	et ayant souffertes ils moururent,
γέγραπται ἐν τοῖς	ont été écrites dans le *livre*
περὶ Βρούτου.	sur Brutus.
LXIX. Καῖσαρ δὲ θνήσκει,	LXIX. Or César meurt,
γεγονὼς πεντήκοντα καὶ ἓξ ἔτη	âgé de cinquante-six ans
τὰ μὲν πάντα,	en-tout,
ἐπιβιώσας δὲ Πομπηΐῳ	et ayant survécu à Pompée
οὐ πολὺ πλέον τεσσάρων ἐτῶν·	non beaucoup plus *que* quatre ans :
καρπωσάμενος δὲ οὐδὲν	et n'ayant recueilli rien
ὅτι μὴ τὸ ὄνομα μόνον	si ce n'est un nom seul
καὶ τὴν δόξαν ἐπίφθονον	et une gloire sujette-à-l'envie
παρὰ τῶν πολιτῶν	de la part des citoyens [raine,
ταύτης,	de cette *puissance et autorité souve-*
ἣν ἀρχὴν	laquelle puissance
καὶ δυναστείαν	et autorité-souveraine
διώκων παντὶ τῷ βίῳ	poursuivant toute sa vie
διὰ τοσούτων κινδύνων	à travers de si grands dangers
κατειργάσατο μόλις.	il avait acquise avec-peine.
Ὁ μέντοι μέγας δαίμων αὐτοῦ,	Cependant le grand génie de lui,
ᾧ ἐχρήσατο παρὰ τὸν βίον,	duquel il se servit pendant sa vie,
ἐπηκολούθησε καὶ τελευτήσαντος	accompagna *lui* même étant mort
τιμωρὸς τοῦ φόνου,	*comme* vengeur du meurtre,
ἐλαύνων	pourchassant
καὶ ἀνιχνεύων	et dépistant *les meurtriers*
διά τε πάσης γῆς	à travers toute terre
καὶ θαλάσσης	et *toute* mer
ἄχρι τοῦ λιπεῖν μηδένα	jusqu'à ne laisser aucun
τῶν ἀπεκτονότων,	de ceux qui l'avaient tué,
ἀλλὰ καὶ ἐπεξελθεῖν	mais même *jusqu'*à punir
τοὺς ἢ θιγόντας	ceux ou ayant touché
κατὰ ὁτιοῦν	en quoi-que-ce-soit
τοῦ ἔργου χειρὶ,	à l'acte avec la main,

Θαυμασιώτατον δὲ τῶν μὲν ἀνθρωπίνων τὸ περὶ Κάσσιον· ἡττη-
θεὶς γὰρ ἐν Φιλίπποις[1], ἐκείνῳ τῷ ξιφιδίῳ διέφθειρεν ἑαυτὸν, ᾧ
κατὰ Καίσαρος ἐχρήσατο· τῶν δὲ θείων ὅ τε μέγας κομήτης
(ἐφάνη γὰρ ἑπτὰ νύκτας μετὰ τὴν Καίσαρος σφαγὴν διαπρεπὴς,
εἶτ' ἠφανίσθη), καὶ τὸ περὶ τὸν ἥλιον ἀμαύρωμα τῆς αὐγῆς.
Ὅλον γὰρ ἐκεῖνον τὸν ἐνιαυτὸν ὠχρὸς μὲν ὁ κύκλος καὶ μαρμα-
ρυγὰς οὐκ ἔχων ἀνέτελλεν, ἀδρανὲς δὲ καὶ λεπτὸν ἀπ' αὐτοῦ
κατῄει τὸ θερμόν· ὥστε τὸν μὲν ἀέρα δνοφερὸν καὶ βαρὺν ἀσθε-
νείᾳ τῆς διακρινούσης αὐτὸν ἀλέας ἐπιφέρεσθαι, τοὺς δὲ καρποὺς
ἡμιπέπτους καὶ ἀτελεῖς ἀπανθῆσαι καὶ παρακμάσαι διὰ τὴν
ψυχρότητα τοῦ περιέχοντος. Μάλιστα δὲ τὸ Βρούτου γενόμενον
φάσμα τὴν Καίσαρος ἐδήλωσε σφαγὴν οὐ γενομένην θεοῖς ἀρε-
στήν· ἦν δὲ τοιόνδε. Μέλλων τὸν στρατὸν ἐξ Ἀβύδου[2] διαβιβάζειν

cution, ou qui avaient seulement approuvé le complot. Entre les
événements humains, il n'en est pas de plus étonnant que celui qu'é-
prouva Cassius : vaincu à la bataille de Philippes, il se tua de la
même épée dont il avait frappé César ; et parmi les phénomènes célestes, on vit un premier signe remarquable dans cette grande comète,
qui, après le meurtre de César, brilla avec tant d'éclat pendant sept
nuits, et disparut ensuite. Un second signe, ce fut l'obscurcissement
du globe solaire, qui parut fort pâle toute cette année-là, et qui,
chaque jour à son lever, au lieu de rayons étincelants, n'envoyait
qu'une lumière faible et une chaleur si languissante, que l'air fut
toujours épais et ténébreux ; car la chaleur seule peut le raréfier ;
son intempérie fit avorter les fruits, qui se flétrirent avant que d'arriver à leur maturité. Mais ce qui prouve surtout combien le meurtre
de César avait déplu aux dieux, c'est le fantôme qui apparut à Brutus.
Étant sur le point de faire passer son armée d'Abydos au rivage op-

	VIE DE CÉSAR.
ἢ μετασχόντας γνώμης.	ou ayant eu-part au dessein.
Τὸ δὲ περὶ Κάσσιον	Mais l'*événement* concernant Cassius
θαυμασιώτατον	est le plus étonnant
τῶν μὲν ἀνθρωπίνων·	des *événements* humains :
ἡττηθεὶς γὰρ ἐν Φιλίπποις,	car vaincu à Philippes,
διέφθειρεν ἑαυτὸν	il se tua lui-même
ἐκείνῳ τῷ ξιφιδίῳ,	de cette épée-là [sar:
ᾧ ἐχρήσατο κατὰ Καίσαρος·	de laquelle il s'était servi contre Cé-
τῶν δὲ θείων	mais des *phénomènes* divins [mète
ὅ τε μέγας κομήτης	*le plus étonnant est* et la grande co-
(ἐφάνη γὰρ διαπρεπὴς	(car elle parut brillante
ἑπτὰ νύκτας	pendant sept nuits
μετὰ τὴν σφαγὴν Καίσαρος,	après le meurtre de César,
εἶτα ἠφανίσθη),	puis elle disparut),
καὶ τὸ ἀμαύρωμα τῆς αὐγῆς	et l'obscurcissement de l'éclat
περὶ τὸν ἥλιον.	autour du soleil.
Ὅλον γὰρ ἐκεῖνον τὸν ἐνιαυτὸν	Car toute cette année-là
ὁ κύκλος μὲν ἀνέτελλεν ὠχρὸς	le disque se leva pâle
καὶ οὐκ ἔχων μαρμαρυγάς,	et n'ayant pas de rayonnements,
τὸ δὲ θερμὸν	et la chaleur
κατῄει ἀπὸ αὐτοῦ	descendit de lui
ἀδρανὲς καὶ λεπτόν·	languissante et faible :
ὥστε τὸν μὲν	au point d'une part
ἀέρα ἐπιφέρεσθαι	l'air circuler
δνοφερὸν καὶ βαρὺν	ténébreux et lourd
ἀσθενείᾳ τῆς ἀλέας	par la faiblesse de la chaleur
διακρινούσης αὐτόν,	qui raréfie lui,
τοὺς δὲ καρποὺς	d'autre part les fruits
ἡμιπέπτους καὶ ἀτελεῖς	demi-mûrs et avortés
ἀπανθῆσαι καὶ παρακμάσαι	s'être flétris et fanés
διὰ τὴν ψυχρότητα	par la fraîcheur
τοῦ περιέχοντος.	de *l'air* environnant.
Μάλιστα δὲ	Mais surtout
τὸ φάσμα Βρούτου	la vision de Brutus
γενόμενον	qui eut-lieu
ἐδήλωσε τὴν σφαγὴν Καίσαρος	montra le meurtre de César
οὐ γενομένην ἀρεστὴν θεοῖς·	n'ayant pas été agréable aux dieux :
ἦν δὲ τοιόνδε.	or elle fut telle.
Μέλλων διαβιβάζειν τὸν στρατὸν	Devant faire-passer son armée
ἐξ Ἀβύδου	d'Abydos

εἰς τὴν ἑτέραν ἤπειρον, ἀνεπαύετο νυκτός, ὥσπερ εἰώθει, κατὰ σκηνήν, οὐ καθεύδων, ἀλλὰ φροντίζων περὶ τοῦ μέλλοντος. Λέγεται γὰρ οὗτος ἀνὴρ ἥκιστα δὴ τῶν στρατηγῶν ὑπνώδης γενέσθαι, καὶ πλεῖστον ἑαυτῷ χρόνον ἐγρηγορότι χρῆσθαι πεφυκώς. Ψόφου δέ τινος αἰσθέσθαι περὶ τὴν θύραν ἔδοξε, καὶ πρὸς τὸ τοῦ λύχνου φῶς ἤδη καταφερομένου σκεψάμενος, ὄψιν εἶδε φοβερὰν ἀνδρὸς ἐκφύλου τὸ μέγεθος καὶ χαλεποῦ τὸ εἶδος. Ἐκπλαγεὶς δὲ τὸ πρῶτον, ὡς ἑώρα μήτε πράττοντά τι μήτε φθεγγόμενον, ἀλλ' ἑστῶτα σιγῇ παρὰ τὴν κλίνην, ἠρώτα ὅστις ἐστίν. Ἀποκρίνεται δ' αὐτῷ τὸ φάσμα· «Ὁ σός, ὦ Βροῦτε, δαίμων κακός· ὄψει δέ με περὶ Φιλίππους.» Τότε μὲν οὖν ὁ Βροῦτος εὐθαρσῶς· «Ὄψομαι,» εἶπε· καὶ τὸ δαιμόνιον εὐθὺς ἐκποδὼν ἀπῄει. Τῷ δ' ἱκνουμένῳ χρόνῳ περὶ τοὺς Φιλίππους ἀντιταχθεὶς Ἀντωνίῳ καὶ Καίσαρι¹, τῇ μὲν πρώτῃ μάχῃ κρατήσας τὸ καθ' ἑαυτὸν ἐτρέ-

posé, il se reposait la nuit dans sa tente, suivant sa coutume, sans dormir, et réfléchissant sur l'avenir. C'était de tous les généraux celui qui avait le moins besoin de sommeil, et que la nature avait fait pour veiller le plus longtemps. Il crut entendre quelque bruit à la porte de sa tente; et, en regardant à la clarté d'une lampe prête à s'éteindre, il aperçut un spectre horrible, d'une grandeur démesurée et d'une figure hideuse. Cette apparition lui causa d'abord de l'effroi; mais quand il vit que le spectre, sans faire aucun mouvement et sans rien dire, se tenait en silence auprès de son lit, il lui demanda qui il était: « Brutus, lui répondit le fantôme, je suis ton mauvais génie, et tu me verras à Philippes. » — « Eh bien! reprit Brutus d'un ton assuré, « je t'y verrai. » Et aussitôt le spectre s'évanouit. Quelque temps après, à la bataille de Philippes contre Antoine et César, il remporta une première victoire, renversa de son côté tout ce qui lui

εἰς τὴν ἑτέραν ἤπειρον, l'autre continent,
ἀνεπαύετο νυκτὸς, il reposait une nuit,
ὥσπερ εἰώθει, comme il avait-coutume,
κατὰ σκηνήν, dans sa tente,
οὐ καθεύδων, ἀλλὰ φροντίζων ne dormant pas, mais réfléchissa-
περὶ τοῦ μέλλοντος. sur l'avenir.
Οὗτος γὰρ ὁ ἀνὴρ λέγεται Car cet homme est dit
πεφυκὼς γενέσθαι ὑπνώδης né pour être porté-au-sommeil
ἥκιστα δὴ τῶν στρατηγῶν, le moins certes des généraux,
καὶ χρῆσθαι ἑαυτῷ ἐγρηγορότι et se servir de soi-même éveillé
πλεῖστον χρόνον. le plus de temps.
Ἔδοξε δὲ αἰσθέσθαι Or il crut avoir entendu
τινὸς ψόφου περὶ τὴν θύραν, quelque bruit vers la porte,
καὶ σκεψάμενος et ayant examiné
πρὸς τὸ φῶς τοῦ λύχνου à la lueur de la lampe
καταφερομένου ἤδη, qui baissait déjà,
εἶδεν ὄψιν φοβερὰν ἀνδρὸς il vit le fantôme effrayant d'un homme
ἐκφύλου τὸ μέγεθος étranger par la grandeur
καὶ χαλεποῦ τὸ εἶδος. et hideux par la figure.
Ἐκπλαγεὶς δὲ τὸ πρῶτον, Et effrayé d'abord,
ὡς ἑώρα μήτε πράττοντα comme il vit *lui* ni *ne* faisant
μήτε φθεγγόμενόν τι, ni *ne* disant quelque *chose*,
ἀλλὰ ἑστῶτα σιγῇ mais se tenant-debout en-silence
παρὰ τὴν κλίνην, près du lit,
ἠρώτα ὅστις ἐστίν. il *lui* demanda qui il est.
Τὸ δὲ φάσμα Or le fantôme
ἀποκρίνεται αὐτῷ. répond à lui :
« Ὁ σὸς κακὸς δαίμων, ὦ Βροῦτε· « Ton mauvais génie, ô Brutus :
ὄψει δέ με περὶ Φιλίππους. » Et tu verras moi à Philippes. »
Τότε μὲν οὖν ὁ Βροῦτος εὐθαρσῶς· Alors donc Brutus avec-assurance :
« Ὄψομαι, » εἶπε· « Je *te* verrai », dit-il :
καὶ τὸ δαιμόνιον εὐθὺς et le génie aussitôt
ἀπῄει ἐκποδών. s'en-alla de-devant *Brutus*.
Τῷ δὲ χρόνῳ ἱκνουμένῳ Or au temps convenable
ἀντιταχθεὶς περὶ τοὺς Φιλίππους étant rangé-en-bataille à Philippes
Ἀντωνίῳ καὶ Καίσαρι, contre Antoine et César,
κρατήσας μὲν ayant eu-le-dessus à-la-vérité
τῇ πρώτῃ μάχῃ dans le premier combat
ἐτρέψατο τὸ κατ' ἑαυτὸν il mit-en-fuite ce *qui était* devant lui
καὶ διεξήλασε et *le* poursuivit

ψατο και διεξήλασε πορθῶν το Καίσαρος στρατόπεδον· την δε δευτέραν αυτῷ μάχεσθαι μέλλοντι φοιτᾷ το αυτό φάσμα της νυκτός αὖθις, οὐχ ὥστε τι προσειπεῖν· ἀλλὰ συνεὶς ὁ Βροῦτος τὸ πεπρωμένον, ἔρριψε φέρων ἑαυτὸν εἰς τὸν κίνδυνον. Οὐ μὴν ἔπεσεν ἀγωνιζόμενος, ἀλλὰ, τῆς τροπῆς γενομένης, ἀναφυγὼν πρός τι κρημνῶδες καὶ τῷ ξίφει γυμνῷ προσβαλὼν τὸ στέρνον, ἅμα καὶ φίλου τινὸς, ὥς φασιν, συνεπιρρώσαντος τὴν πληγὴν, ἀπέθανεν.

faisait tête, et poursuivit les fuyards jusqu'au camp de César, qui fut livré au pillage. Il se préparait à un second combat, lorsque ce même spectre lui apparut encore la nuit, sans proférer une seule parole. Brutus, qui comprit que son heure était venue, se précipita volontairement au milieu des plus grands dangers. Cependant il ne mourut pas dans le combat : ses troupes ayant été mises en déroute, il se retira sur une roche escarpée ; là, se jetant sur son épée, avec l'aide d'un de ses amis, il se l'enfonça dans la poitrine, et expira sur le coup.

πορθῶν τὸ στρατόπεδον Καίσαρος·	pillant le camp de César :
αὐτῷ δὲ μέλλοντι	mais à lui étant-sur-le-point
μάχεσθαι τὴν δευτέραν	de combattre le second *combat*
τὸ αὐτὸ φάσμα φοιτᾷ	le même fantôme vient
αὖθις τῆς νυκτὸς,	de nouveau pendant la nuit,
οὐχ ὥστε προσειπεῖν τι·	non au point de dire quelque *chose*
ἀλλὰ ὁ Βροῦτος	toutefois Brutus
συνεὶς	ayant compris
τὸ πεπρωμένον,	la *chose* arrêtée-par-le-destin,
ἔρριψεν ἑαυτὸν φέρων	se jeta lui-même se portant
εἰς τὸν κίνδυνον.	dans le danger.
Οὐ μὴν ἔπεσεν	Cependant il ne tomba-pas
ἀγωνιζόμενος,	*en* combattant,
ἀλλὰ, τῆς τροπῆς γενομένης,	mais, la déroute ayant eu-lieu,
ἀναφυγὼν	s'étant réfugié
πρός τι κρημνῶδες	vers quelque *endroit* escarpé
καὶ προσβαλὼν τὸ στέρνον	et ayant jeté sa poitrine
τῷ ξίφει γυμνῷ,	sur son épée nue,
ἅμα καί τινος φίλου,	en-même-temps aussi un certain ami,
ὥς φασιν,	comme on dit,
συνεπιῤῥώσαντος τὴν πληγὴν,	ayant affermi le coup,
ἀπέθανεν.	il mourut.

NOTES

SUR LA VIE DE CÉSAR.

Page 4. — 1. Il avait seize ans passés, au rapport de Suétone (*in Cæs.*, c. 1). Selon Velleius Paterculus (II, 43), c'était encore un enfant, *pœne puer*. Il n'y a, ce me semble, entre ces deux témoignages et celui de Plutarque qu'une contradiction apparente.

Page 6. — 1. Ce Cornélius, surnommé Phagita, était affranchi de Sylla.

— 2. Φαρμακοῦσσαν. Pharmacussa (aujourd'hui *Fermaco*), petite île de la mer Égée, en face de Milet.

Page 8. — 1. Κίλιξι. Les Ciliciens, au midi de l'Asie-Mineure, près de la Syrie et en face de l'île de Cypre.

— 2. Μιλήτου. Milet, ville principale de l'Ionie, en Asie-Mineure, sur la côte.

Page 10. — 1. Περγάμῳ. Pergame, ville de Mysie (aujourd'hui *Pergamo*).

— 2. Ἰούνιον. Junius. Correction d'après Velleius Paterculus (II, 42). Tous les manuscrits de Plutarque donnent Ἰούγκον.

— 3. Ῥόδον. Rhodes, île de la Méditerranée, près des côtes de l'Asie-Mineure.

— 4. Apollonius, fils de Molon. Il est appelé plus souvent Apollonius Molon, ou seulement Molon.

Page 12. — 1. Correction d'après Coray. Les autres éditions donnent à tort : μᾶλλον, ἄλλοις ἀσχοληθεὶς, ὑφεῖναι.

Page 14. — 1. Ὅπου. Correction de M. Dübner, au lieu de ἦν οὗ des autres éditions, qui d'ailleurs intercalent le mot οὕτω devant μικράν, contrairement à tous les manuscrits.

Page 16. — 1. Habitude d'efféminé. Elle est notée par Lucien dans le portrait qu'il trace d'un homme de ce genre : Πάγκαλον ἄνδρα, διασεσαλευμένον τὸ βάδισμα, ἐπικεκλασμένον τὸν αὐχένα, γυναικεῖον τὸ βλέμμα, μελιχρὸν τὸ φώνημα, μύρων ἀποπνέοντα, τῷ δακτύλῳ ἄκρῳ τὴν κεφαλὴν κνώμενον. (*Rhetor. præcept.*, c. 11.)

Page 18. — 1. Cet usage remontait à l'année 360 de la fondation de Rome. *Matronis, pro auro ad liberandam a Gallis Romam collato, gratiæ actæ, honosque additus, ut earum, sicut virorum, post mortem solemnis esset laudatio.* (Tite-Live, V, 25.)

— 2. Il s'agit de Cornélie, fille de Cinna, seconde épouse de César. Il avait épousé en premières noces Cossutia, qu'il avait répudiée.

— 3. Ἰβηρίαν. Ancien nom de l'Espagne, emprunté au fleuve Iberus (l'*Èbre*).

Page 22. — 1. Il est question ici des deux grandes victoires que Marius remporta à Aix, sur les Teutons, et à Verceil, sur les Cimbres, à quelques mois d'intervalle de la même année (101 av. J.-C.).

Page 24. — 1. Προμαλαττόμενον. Métaphore prise des bains. On appelait προμαλακτήριον un endroit particulier où l'on se frictionnait le corps avant de se mettre dans l'eau.

Page 30. — 1. Παρέξει. Correction de Coray. Les manuscrits donnent πράξει, qui ne présente aucun sens, et les éditions ordinaires ὑπάρξει.

Page 32. — 1. On dit ordinairement : ἀποδειλιάζειν πρός τινα.

Page 34. — 1. Ἑπτακόσιαι. Correction, au lieu de πεντακόσιαι que donnent les meilleurs manuscrits. On s'est autorisé pour la faire d'un autre passage de Plutarque, dans la Vie de Caton (ch. 26), où l'évaluation de la même dépense est faite en talents (χίλια καὶ διακόσια καὶ πεντήκοντα τάλαντα), ce qui équivaut à 7,500,000 drachmes.

— 2. Nous passons les chapitres IX et X, dont les détails ne sauraient figurer dans une édition classique.

— 3. La manière dont Plutarque s'exprime pourrait faire croire que César eut le commandement de toute l'Espagne; mais il n'obtint que celui de l'Espagne ultérieure, comme le dit Suétone (*in Cœs.*, XVIII). — L'Espagne ultérieure comprenait la Lusitanie et la Bétique, aujourd'hui le *Portugal* et l'*Andalousie*.

Page 38. — 1. Καλλαϊκούς. Callaïci, ou Callæci, ou encore Gallæci. Ces peuples habitaient la partie de l'Espagne connue aujourd'hui sous le nom de *Galice*.

— 2. Τῆς ἔξω θαλάσσης. Plutarque désigne ainsi l'océan Atlantique.

Page 46. — 1. Ἅπασαν Κελτικήν. On entend par là les deux Gaules, Cisalpine et Transalpine.

Page 50. — 1. Ὑπουράνιον κλέος... παντοίης ἀρετῆς... κλέος ἀνθεῖ... Lambeaux poétiques pris par Plutarque à Homère (*Odyss.*, I, 264; *Iliad.*, X, 268) et à Pindare (*Nem.*, IX, 39; *Pyth.*, I, 66). Le mot τότε manque dans les meilleurs manuscrits.

— 2. Un manuscrit donne καθωμίλησε, *callide conversando sibi conciliavit*.

Page 52. — 1. Dyrrachium, ville maritime de l'Illyrie, sur la mer Adriatique (aujourd'hui *Durazzo*).

— 2. Διεληλαμένος, partic. parf. pass. de διελαύνω.

Page 62. — 1. Les Tigurins habitaient cette partie de la Suisse qui comprend aujourd'hui les cantons de *Zurich, Appenzell, Schaffouse* et *Schwitz*.

Page 64. — 1. Περιόντων. Correction. Toutes les éditions donnent παρόντων.

Page 70. — 1. Τετρακοσίους. Leçon des manuscrits. Les éditions donnent τριακοσίους.

— 2. La Gaule Cisalpine se subdivisait en Cispadane et en Transpadane. Ces deux dénominations lui venaient du fleuve Padus (aujourd'hui le *Pô*), qui prend sa source dans un lac du mont Vésulus, et se jette dans la mer Adriatique.

— 3. Le Rubicon, petite rivière qui séparait l'Italie proprement dite de la Gaule Cisalpine (aujourd'hui le *Luso*).

Page 72. — 1. Les Nerviens, peuples de la Gaule Belgique, habitaient le pays qui forme aujourd'hui la *Flandre* et le *Hainaut*.

Page 74. — 1. Δοχοίη. Correction de M. Dübner. Les manuscrits varient entre δοχεῖ et δοχῇ, auxquels Coray a substitué ἐδόχει.

Page 76. — 1. Ville d'Étrurie (aujourd'hui *Lucques*).

Page 78. — 1. Οὐσίπας. César les appelle *Usipetes*; d'autres, *Usipii*. Peuple germain entre le *Berkel* et la *Lippe*.

Page 80. — 1. Τεντερίτας. Leçon des manuscrits. Les éditions ordinaires donnent Τεντερίδας. Dans César, *Tencteri* ou *Tenchteri*, autre peuple germain entre la *Lippe* et le *Ruhr*.

— 2. Plutarque confond ici les *Éphémérides* de César avec ses *Commentaires*.

— 3. Τανύσιος. Leçon des manuscrits. Les éditions ordinaires donnent à tort Γανύσιος. Tanusius Géminus était un historiographe, plusieurs fois cité par Suétone.

— 4. Ἑορτὰς καὶ σπονδάς. Ces deux mots manquent dans toutes les éditions.

— 5. Les Sicambres habitaient entre le *Sieg* et le *Ruhr*, ou, selon d'autres, entre le *Sieg* et la *Lippe*.

Page 82. — 1. Il paraît que l'on comprenait sous le nom de Suèves tous les peuples qui habitaient entre l'*Elbe* et la *Vistule*.

Page 84. — 1. Ἀτλαντικῆς. Leçon des manuscrits. Les éditions donnent Ἀτλαντίδος.

Page 92. — 1. Les Arvernes (aujourd'hui les *Auvergnats*).

— 2. Les Carnutes, entre la *Loire* et la *Seine*. Ils avaient pour capitale Autricum (aujourd'hui *Chartres*).

— 3. Ἄραρα. Correction de Coray. Les manuscrits, Ἀδρίαν, qui ne présente ici aucun sens.

Page 94. — 1. Les Éduens, peuples de la Gaule, occupaient le pays appelé autrefois l'*Autunois*, et qui comprend aujourd'hui les départements de la *Côte-d'Or*, de la *Nièvre*, de *Saône-et-Loire* et du *Rhône*.

— 2. Les Lingons occupaient cette partie de la Gaule qui est devenue le département de la *Haute-Marne*.

Page 96. — 1. Alésia (aujourd'hui *Alize*, dans le département de a *Côte-d'Or*).

Page 106. — 1. Ἥκιστο, 3ᵉ pers. sing., plus-que-parf. moy. de αἰκίζω.

Page 116. — 1. Ariminum (aujourd'hui *Rimini*), ville de l'Ombrie, sur la mer Adriatique, à l'embouchure d'une rivière du même nom.

Page 126. — 1. Corfinium, ville du Samnium.

Page 128. — 1. Brindes (en latin *Brundusium*, et aujourd'hui, en italien, *Brindisi*), ville d'Italie, sur la mer Adriatique.

Page 136. — 1. Posidéon, mois des Athéniens (du 20 décembre au 20 janvier).

— 2. Oricum (aujourd'hui *Ericho*), ville d'Illyrie, près des monts Acrocérauniens.

Page 138. — 1. Il n'y a dans ces contrées aucun fleuve du nom d'Anius ou Anias. Plutarque veut parler sans doute du fleuve Aoüs (aujourd'hui *Vajusa*).

Page 142. — 1. Cette racine est nommée *chara* ou *cara* dans César. Peut-être est-ce la même qui est désignée dans Athénée (IX, p. 371) sous le nom de καρωτόν, et chez nous sous celui de *carotte*.

Page 152. — 1. Tusculum (aujourd'hui *Frascati*), ville du Latium, à trois lieues de Rome.

— 2. Gomphes (aujourd'hui *Gonfi*), ville de la Thessalie, sur le Pénée.

Page 156. — 1. Il faut lire Κορνιφίκιος, Cornificius.

— 2. Mégare, ville grecque, au fond du golfe Saronique.

Page 158. — 1. Scotussa, ville de Thessalie.

— 2. Cneius Domitius Calvinus.

Page 164. — 1. Ἀκμήν. Leçon des manuscrits. Αἰχμήν, donné par les éditions ordinaires, ne peut se dire d'une épée.

Page 168. — 1. Suétone fait dire à peu près les mêmes paroles à César : *Hoc volueruntː tantis rebus gestis C. Cæsar condemnatus essem, nisi ab exercitu auxilium petissem.* (c. 30.)

Page 170. — 1. Tralles (aujourd'hui *Sultanhissar*), ville de Carie, près du Méandre.

— 2. Padoue (en latin *Patavium*), ville de la Gaule Cisalpine, patrie de Tite-Live.

Page 172. — 1. Cnide, ville de Carie, à l'extrémité de la pointe la plus occidentale de l'Asie-Mineure.

Page 178. — 1. Ptolémée Aulète.

Page 180. — 1. Pharos, petite île d'Égypte, jointe par une chaussée au port d'Alexandrie.

Page 182. — 1. Ville du Pont (aujourd'hui *Zile*).

— 2. Tous les manuscrits donnent Ἀμάντιον ici et au chapitre suivant.

Page 184. — 1. Voyez, plus haut, la note 1 de la page 156. — Il doit y avoir ici une transposition dans le texte. C'est à Antoine, et non à Cornificius que fut adjugée la maison de Pompée. On connaît la belle apostrophe de Cicéron à cette maison même, dans la seconde Philippique : *O domus antiqua, quam dispari domino dominaris!*

Page 190. — 1. Thapsus, ville d'Afrique, entre le fleuve Triton et la petite Syrte.

Page 194. — 1. Utique, ville maritime d'Afrique, ancienne colonie des Tyriens, et capitale sous la domination romaine.

Page 196. — 1. Un manuscrit donne Κικέρωνα.

— 2. Plutarque oublie le plus important des triomphes de César, celui des Gaules, qui fut même le premier de tous, au rapport de Suétone (*in Cæs.*, c. XXXVII). L'*Epitome* du 115ᵉ livre de Tite-Live en fait aussi mention.

Page 200. — 1. Συνειλοχότας, parf. partic. act. de συλλέγω.

— 2. Munda, ville de la Bétique, en Espagne.

— 3. Allusion aux fils de Pompée.

— 4. Les Dionysiaques s'appelaient en latin *Liberalia.*

Page 208. — 1. La mer Caspienne ou mer Hyrcanienne, entre la Perse, la Russie et la Tartarie.

— 2. Le Caucase, grande chaîne de montagnes en Asie.

Page 210. — 1. Circéum, ville maritime et promontoire du Latium.

— 2. Terracine (autrefois *Anxur*), ville du Latium.

— 3. Il faut entendre par là les marais Pontins. — Sétium (aujourd'hui *Sezze*), ville du Latium.

Page 212. — 1. Dans la Vie de Numa ce mois est nommé Mercedinus.

Page 216. — 1. Albe la Longue, ville du Latium.

Page 218. — 1. Fête très-ancienne, célébrée en l'honneur de Pan et de Faune, à qui l'on sacrifiait un loup.

Page 222. — 1. Les habitants de Cumes, en Éolie, passaient pour des gens grossiers et stupides. Voyez Strabon, l. XIII, p. 622, et Lucien, *in Pseudologista*, t. III, p. 164.

Page 226. — 1. Dans la Vie de Brutus, Plutarque rapporte que Cassius, entre autres sujets de plainte qu'il avait contre César, ne lui pardonnait pas de lui avoir enlevé des lions qu'il avait fait rassembler et conduire à Mégare, pour les jeux de son édilité.

Page 228. — 1. Strabon, si connu par sa *Géographie*, était encore un philosophe distingué de la secte des stoïciens, selon les uns, ou de l'école du Lycée, selon d'autres. Il avait aussi composé plusieurs ouvrages historiques.

— 2. Les ides variaient ainsi que les nones. Dans les mois de mars, de mai, de juillet et d'octobre, les nones étaient le 7 et les ides le 15. Dans tous les autres mois, les nones étaient le 5 et les ides le 13.

Page 230. — 1. Ce pinacle était une sorte d'ornement que l'on mettait au faîte des temples, et que les Grecs nommaient aigle, comme on le voit dans *les Oiseaux* d'Aristophane.

Page 238. — 1. Dans la Vie de Brutus, c'est Caius Trébonius qui retient Antoine hors du sénat. Il y a évidemment ici une faute de copiste. Plutarque ne pouvait pas tomber en contradiction avec lui-même sur un fait aussi connu, attesté par plusieurs historiens, et surtout par Cicéron (XIe Philippique, c. 14, et XIIIe, c. 10).

Page 254. — 1. Philippes (anciennement *Datos* et *Crenides*, aujourd'hui *Filibeh?*), ville de Macédoine.

— 2. Abydos (aujourd'hui *Avido*), petite ville de l'Asie-Mineure sur l'Hellespont, vis-à-vis de Sestos.

Page 256. — 1. Il est question ici de César Octave, qui devint César Auguste.

Typographie Lahure, rue de Fleurus, 9. a Paris.

LIBRAIRIE HACHETTE ET Cⁱᵉ

TRADUCTIONS JUXTALINÉAIRES
DES PRINCIPAUX AUTEURS CLASSIQUES GRECS
FORMAT IN-16.

Cette collection comprend les principaux auteurs qu'on explique dans les classes.

- **ARISTOPHANE** : Plutus . . 2 fr. 25
- — Morceaux choisis de M. Poyard. 6 fr.
- **ARISTOTE** : Morale à Nicomaque, livre VIII . . . . . . 1 fr. 50
- — Morale à Nicomaque, livre X. 1 fr. 50
- — Poétique . . . . 2 fr. 50
- **BABRIUS** : Fables . . . . . . 4 fr.
- **BASILE** (Saint) : De la lecture des auteurs profanes . . . . 1 fr. 25
- — Contre les usuriers . . . . . 75 c.
- — Observe-toi toi-même . . . 90 c.
- **CHRYSOSTOME (S. JEAN)** : Homélie en faveur d'Eutrope . . . 60 c.
- — Homélie sur l'évêque Flavien 1 fr.
- **DÉMOSTHÈNE** : Discours contre la loi de Leptine . . . . . 3 fr. 50
- — Discours sur la couronne . . 3 fr. 50
- — Harangue sur les prévarications de l'ambassade . . . . 6 fr.
- — Les trois Olynthiennes . . . 1 fr. 50
- — Les quatre Philippiques . . . 2 fr.
- — La 1ʳᵉ Philippique séparément. 60 c.
- **DENIS D'HALICARNASSE** : Première lettre à Ammée . . 1 fr. 25
- **ESCHINE** : Disc. contre Ctésiphon 4 fr.
- **ESCHYLE** : Prométhée enchaîné. 3 fr.
- — Les Sept contre Thèbes . . . 1 fr. 50
- — Morceaux choisis de M. Weil. 5 fr.
- **ÉSOPE** : Fables choisies . . . 1 fr. 25
- **EURIPIDE** : Alceste . . . . . 2 fr.
- — Electre . . . . 3 fr.
- — Hécube . . . . 2 fr.
- — Hippolyte . . . . 3 fr. 50
- — Iphigénie à Aulis . . . . . . 3 fr.
- **GRÉGOIRE DE NAZIANZE** (Saint) : Eloge funèbre de Césaire . . 1 fr. 25
- — Homélie sur les Machabées . 90 c.
- **GRÉGOIRE DE NYSSE** (Saint) : Contre les usuriers . . . . . 75 c.
- — Eloge funèbre de Saint Mélèce. 75 c.
- **HÉRODOTE** : Morceaux choisis. 7 fr. 50
- **HOMÈRE** : Iliade, 6 volumes . . 20 fr.
- Chants I à IV. 1 vol . . . . . 3 fr. 50
- Chants V à VIII. 1 vol . . . . 3 fr. 50
- Chants IX à XII. 1 vol . . . . 3 fr. 50
- Chants XIII à XVI. 1 vol . . . 3 fr. 50
- Chants XVII à XX. 1 vol . . . 3 fr. 50
- Chants XXI à XXIV. 1 vol . . 3 fr. 50
- Chaque chant séparément . . 1 fr.
- — Odyssée, 6 vol . . . . 24 fr.
- Chants I à IV. 1 vol . . . . . 4 fr.
- Chants V à VIII. 1 vol . . . . 4 fr.
- Chants IX à XII. 1 vol . . . . 4 fr.
- Chants XIII à XVI. 1 vol . . . 4 fr.
- Chants XVII à XX. 1 vol . . . 4 fr.
- Chants XXI à XXIV. 1 vol . . 4 fr.
- Les chants I, II, VI, XI, XII, XXII et XXIII séparément. Chacun . . 1 fr.

- **ISOCRATE** : Archidamus . . . 1 fr. 50
- — Conseils à Démonique . . . 75 c.
- — Eloge d'Evagoras . . . . . 1 fr.
- — Panégyrique d'Athènes . . . 2 fr. 50
- **LUC** (Saint) : Evangile . . . . 3 fr.
- **LUCIEN** : Dialogues des morts. 2 fr. 25
- — Le Songe ou le Coq . . . . 1 fr. 50
- — De la manière d'écrire l'histoire. 2 fr.
- **PÈRES GRECS** : Discours . . . 7 fr. 50
- **PINDARE** : Isthmiques (les). 2 fr. 50
- — Néméennes (les) . . . . . . 3 fr.
- — Olympiques (les) . . . . . . 3 fr. 50
- — Pythiques (les) . . . . 3 fr. 50
- **PLATON** : Alcibiade (le 1ᵉʳ) . 2 fr. 50
- — Apologie de Socrate . . . . 2 fr.
- — Criton . . . . 1 fr. 25
- — Gorgias . . . . 6 fr.
- — Phédon . . . . 5 fr.
- — République, livre VI . . . . 2 fr. 50
- — République, livre VIII . . . 2 fr. 50
- **PLUTARQUE** : Lect. des poètes. 3 fr.
- — Sur l'éducation des enfants . 2 fr.
- — Vie d'Alexandre . . . . . . 3 fr.
- — Vie d'Aristide . . . . 2 fr.
- — Vie de César . . . . 2 fr.
- — Vie de Cicéron . . . . . . 3 fr.
- — Vie de Démosthène . . . . 2 fr. 50
- — Vie de Marius . . . . 3 fr.
- — Vie de Pompée . . . . . . 5 fr.
- — Vie de Solon . . . . 3 fr.
- — Vie de Sylla . . . . 3 fr.
- — Vie de Thémistocle . . . . 2 fr.
- **SOPHOCLE** : Ajax . . . . . . 2 fr. 50
- — Antigone . . . . 2 fr. 25
- — Electre . . . . 3 fr.
- — Œdipe à Colone . . . . . . 2 fr.
- — Œdipe roi . . . . 1 fr. 50
- — Philoctète . . . . 2 fr. 50
- — Trachiniennes (les) . . . . . 2 fr. 50
- **THÉOCRITE** : Œuvres . . . . 7 fr. 50
- **THUCYDIDE** : Guerre du Péloponèse, livre I . . . . . . 6 fr.
- — Guerre du Péloponèse, liv. II. 5 fr.
- — Morceaux choisis de M. Croiset. 5 fr.
- **XÉNOPHON** : Les sept livres de l'Anabase . . . . 12 fr.
- Chaque livre séparément . . 2 fr.
- — Apologie de Socrate . . . . 60 c.
- — Cyropédie, livre I . . . . . 1 fr. 25
- — livre II . . . . 1 fr. 25
- — Économique, chapitres I à XI. 3 fr. 50
- — Entretiens mémorables de Socrate (les quatres livres) . . 7 fr. 50
- Chaque livre séparément . . 2 fr.
- — Extraits des Mémorables de Socrate . . . . 2 fr. 50
- — Morceaux choisis de M. de Parnajon . . . . 7 fr. 50

A LA MÊME LIBRAIRIE : Traductions juxtalinéaires des principaux auteurs latins, allemands, anglais, qu'on explique dans les classes.

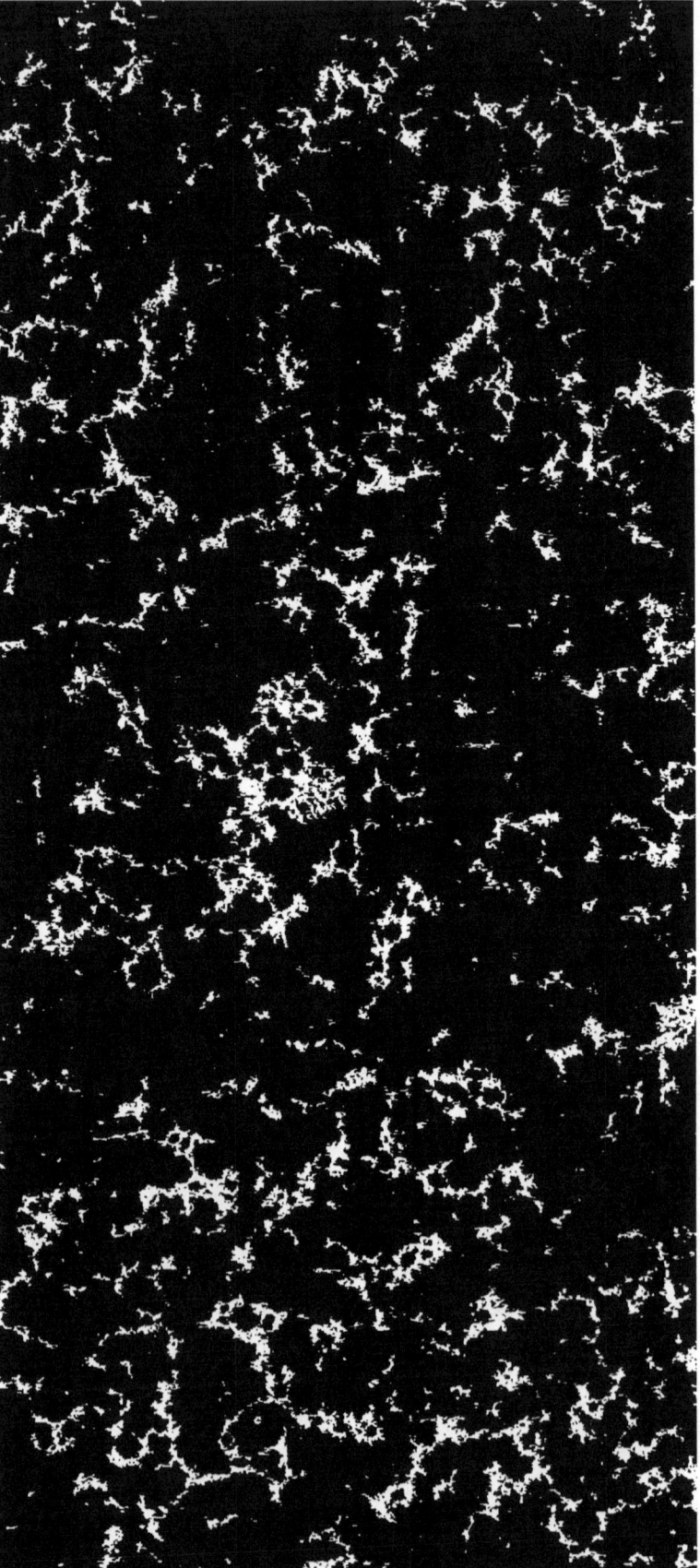

www.ingramcontent.com/pod-product-compliance
Lightning Source LLC
Chambersburg PA
CBHW050319170426
43200CB00009BA/1377